エスニック・アメリカを問う

「多からなる一つ」への多角的アプローチ

Searching Ethnic America: Multiple Approaches to "E Pluribus Unum"
edited by the Migration and America Research Project

［編］
「人の移動とアメリカ」研究プロジェクト

［執筆者］
飯野正子　飯野朋美　小澤智子
北脇実千代　粂井輝子　小谷伸太
菅(七戸)美弥　長谷川寿美　増田直子
丸山悦子　三浦裕子

彩流社

まえがき

「多からなる一つ」(E Pluribus Unum) は、歴史的にも現代もアメリカ合衆国 (本書では以下、アメリカもしくは米国と記す) を表す際によく用いられる表現である。アメリカ建国時、国璽《こくじ》に記されたこの表現は、一三の州の存在と国家としての統一とを示すものであった。その後、さまざまな文化的背景を持つアメリカ人やアメリカ社会全体の多様性を称賛する意味合いを強めつつ、この表現は、多くの重要な局面で使われ続けている。実際、二〇一四年の感謝祭に寄せられた大統領の演説でも、「多からなる一つ」の様子が語られている。アメリカの人びとは感謝祭を祝う食卓テーブルに、「それぞれの伝統、文化、料理を持ち寄る」が、「アメリカの豊かさへの感謝の気持ちを分かち合い」、感謝祭の日を共有することで「一つ」となる、というイメージである。(1) 人びとの多様性を尊重しつつ社会全体としての統一を維持することは、アメリカにとって常に課題となってきたのである。

本書は、「多からなる一つ」を客観視しつつ、エスニシティ・人種をめぐるアメリカの歴史、政治、文化の諸相に関する研究の新地平を提示するものである。ここでは国際関係に注目しながら、人の移動にまつわる二つの側面を考察する。つまり、グローバルかつナショナルな包摂と排除のメカニズムと、文化の混交や境界線の変遷——ハイブリディティ——にみられる、移動する人びとと彼らを受け入れる社会のローカルな日常実践、という二つの側面である。

アメリカ研究や移民研究のなかで、個人史や各エスニック集団の多様性は詳細に解明されてきている。しかし、そこにおける人びとの多様性の認識はまだ十分とはいえず、将来的にもその多様性は記録されなければならない。その意味で、多文化主義に後押しされた各エスニック集団の経験や立場についての実証的な研究は、いまもなお有意義である。他方、多文化主義を軸に据えた研究は、国民史の物語に包含されがちであるところに枠組みとしての限界があろう。たとえば、特定のエスニック集団の特徴や独自性を記録すれば、それはその集団の「他者化」の再生産となり、結果的に、エスニシティや人種などの社会的なアイデンティティを用いたヒエラルキー構造を強化してしまう可能性がある。これに対し、最近は、アイデンティティ――国籍、エスニシティ、人種、ジェンダーなど――が社会の力関係の競合のなかで活用される仕組みやその過程に焦点をあてる研究が、目立ち始めている。従来の研究と比較すると、これらの研究では、個人と集団のありよう、その関係性、さらには国民史や既存のヒエラルキー構造を、改めて検討する傾向がある。つまり、人の多様なアイデンティティがどのような社会的意味合いを付与されるか、そして個人や集団の主体的言動がどのようなものであるかを重視する研究である。

本書は、最新の研究動向を踏まえつつ、研究そのものの普遍的価値を追究することを目指している。執筆者は、みな、津田塾大学の学部または大学院で飯野正子（津田塾大学名誉教授・前学長）のセミナーで研鑽を積んだという共通項を持つ。最近のアメリカ研究や移民研究の分野では、トランスナショナル、ボーダーランドが主要な分析の視点となっているが、飯野正子は、著書『もう一つの日米関係史――紛争と協調のなかの日系アメリカ人』（有斐閣、二〇〇〇年）やその他の論文にみられるように、早くから、理論だけに依存しない、歴史家としての徹底した史料の検証によるいわば「下から」のトランスナショナルな様相の炙り出しを行なってきた。また飯野は、『エスニック・アメリカ』（明石紀雄との共著、有斐閣、初版一九八四年、第三版二〇一一年）等を通じて、アメリカがエスニシティ・人種の多様な社会であり、そのために生じたさまざまな状況や問題を日本に紹介することに大きく貢献してきた研究者の一人でもある。本書は、「人の移動」「エスニシティ」「人種」をキーワードとして飯野が長年行なってきた講義やセミナーに参加し、飯野の研究を踏襲しながらも独自のテーマへと関心を広げ、研究を続けている者による、「人の移動とアメリカ」研究プロジェクトの成果である。

このなかで執筆者は、アメリカ史における日系人を中心としたさまざまな移民の事例研究を基本としながら、従来の研究では見落とされてきた内容を考察した。『エスニック・アメリカを問う』というタイトルのもと、テーマは多岐にわたっているが、すべての執筆者が地道かつ丹念な資料収集および資料の解読と分析を経て執筆にあたっていることは、ここにまとめられた研究の共通点の一つとして挙げられる。丁寧な実証研究の成果は、流行の論争にも揺るがず、長く読み続けられ、そこに人や社会のありようについての普遍性が読みとれるものだと執筆者は考えている。これはまさに飯野の研究姿勢を継いだものである。加えて、すべての研究から浮かび上がる共通の方向性として、近代世界の我々／他者、西洋／東洋、包摂／排除といった二項対立的な思考枠組みを超越する歴史性を追求し、地域密着的なローカル性を重視しつつ、さらにグローバルな視点から人びとの多様性、重層性を相互連関的に論じていることも挙げられる。

本書は二部構成となっている。【第一部】の前半は、とくにアメリカ国内のエスニシティ・人種と政治・社会の関連のなかで、従来十分に検証されていないテーマ、集団、資料に新たな光を当てる。第一章（菅［七戸］美弥）は、現代の「人種」集団「アジア系」の由来について、二〇世紀転換期のアメリカ国勢調査・調査票を資料とし、中国人や日本人と、当時「アジア」が示したオスマン帝国領土出身者への差異と同化の異なる眼差しを検証する。第二章（飯野朋美）は、多様な人種・エスニック集団が集う都市ニューヨークに定着した日本人移民の渡航経緯や日常世界を、従来にはなかった「コミュニティ」の事例として論じる。また第三章（北脇実千代）は、日本人の移動に伴い異なる地で行なわれる文化的・日常実践のなかで、裁縫に光を当て、従来深く論じられてこなかった裁縫のもつ規範的意義を考察する。第四章（丸山悦子）は、現在アメリカで最大のマイノリティ集団となった、中南米移民の「汎ラティーノ」としてのアイデンティティ構築を移民法改正過程と連動させつつ検証する。

後半は、日米関係とエスニシティ・人種とが交差する事例を扱い、太平洋を渡った人びとによって各地域にローカルとグローバルが重なりつつ時に新たな文化が構築された点を論じる。第五章（増田直子）は、従来外交史の枠組みで分析されてきた一九一九年パリ講和会議の人種差別撤廃案を日本人移民の視点から検証し、移民が抱いた人種・エスニシティ（エスニック）意識を明らかにする。第六章（粂井輝子）は、アメリカに「移植」された川柳が、故国日本を意識しながらもアメリカの川柳として変容したことを考察する。第七章（長谷川寿美）は、研究蓄積の非常に薄い、アメリカ人による被爆後の広島復興支援についてフロイド・シュモーの活動とその意義を検証する。第八章（小澤智子）は、第二次大戦後の在日アメリカ軍基地設立に伴う社会的問題を、アメリカ軍人とその家族の基地内外の居住と受け入れ側の反応に注目しつつ、考察する。

【第二部】では、これらの論考に関連する小説、研究書や映画の情報を紹介する。第九章（三浦裕子）は、小説『非色』（有吉佐和子著）を本書のテーマであるエスニシティ・人種の視点から分析するものである。第十章（小谷伸太）では、一般読者や学生のアメリカ理解がいっそう深まるように、エスニシティ・人種を扱う古典や最新作品までを網羅した文献および映画のリストと解題を掲載する。

いずれの論考も、人の移動にかかわる外的要因ともいうべきグローバルかつナショナルな包摂と排除のメカニズムを検証するだけではなく、移動する人びと、および彼らを受け入れる人びとによるハイブリッドな文化創造や抵抗のありようなど、ローカルな日常世界を議論し、グローバルとローカルの交点から新たなアメリカ研究／移民研究の側面を浮かび上がらせていると自負している。また、これら論考に関連する小説、研究書や映画の情報も本書に組み込むことで、幅広い読者のアメリカ理解に貢献することができるだろうと考えている。

本書を日米戦争終結七〇年という大きな節目である平成二七（二〇一五）年に刊行できることの意義を特筆したい。本書の研究プロジェクトが、長年にわたり研究成果を上げてきた日系アメリカ人研究に端を発しているという背景があるからである。日系アメリカ人史を扱ううえで看過できない、戦時下における日系人の強制収容は、アメリカ史上最大の過ちの一つといわれている。また、アメリカ社会における日系人への人種差別が、日本社会の反米感情を高め、アメリカ製品の不買運動ならびに右翼や軍部の戦争必須論を擁護し、太平洋戦争の大きな要因となったことも指摘されている。一方で、日系人やラティーノ等人種・エスニック上のマイノリティに対する差別は、単にアメリカにおける問題ではなく、「多文化共生」の求められる日本の課題でもあり、包括的に検証されなければならない。本書が、人の移動やエスニシティ・人種の包摂と排斥が究極的に何をもたらしてきたのか、そして歴史から我々は何を学ぶのかについて再考し、広く問題提起を行なうことにつながれば、と願ってやまない。

飯野正子先生の退職に際し、先生の指導を今もなお受けている者として、その学恩にいささかなりとも報いることができればという思いを込め、本書を企画した。先生の期待する水準には及ばないかもしれないが、先生の誠実で真摯な研究姿勢を受け継ぎ、それぞれの今後の成果につなげたい。

彩流社の河野和憲氏、組版担当の永田眞一郎氏には、大変お世話になった。とくに編集段階で大いに助けていただいたことに感謝している。

執筆者一同

もくじ

第一部

人の移動からみるアメリカの多様性

第一章　「アジア」の包摂と排除
一九―二〇世紀転換期米国センサスのポリティクス

菅（七戸）美弥

はじめに

一七九〇年の第一回から数えて第二三回目の二〇一〇年米国人口センサス（以下センサス）によれば、「人種（race）」集団は、「ホワイト（白人）」、「ブラック（黒人）」、「アメリカ・インディアンおよびアラスカ先住民」、「ハワイ先住民およびその他太平洋諸島系」、「アジア系（Asian）」、「その他の人種（Some Other Race）」である。(1) 全米人口は三億八七四万人強、そのうち「黒人」は一二・六％、「アジア系」は四・八％を占めているほか、「人種」とは異なるエスニック集団としての「ヒスパニックまたはラティーノ」人口は一六・三％を占めるまでになり、その規模は一層重みを増した。(2) 二〇一〇年センサスでは非ヒスパニック白人以外の「マイノリティ」は、全米の三分の一以上を占め、数的にもはや少数派とは言えず、大統領選をはじめとしてマイノリティ票をめぐるポリティクスが注目されている。(3)

本稿が着目するのは、これらの「マイノリティ」の「人種」集団のなかで二〇〇〇年からの増加率が四三・三％と最も高い「アジア系」をめぐるセンサスの歴史である。(4) 一九七七年、行政管理予算局（ＯＭＢ）によって「アジア系または太平洋諸島系」の「人種」が「極東、東南アジア、インド亜大陸、または太平洋諸島に起源を持つ人びとであり、この地域にはたとえば、中国、インド、日本、韓国、フィリピン諸島、サモアが含まれる」と定義された。初めて「人種」分類としての「アジア系または太平洋諸島系」が登場したのが一九九〇年。その後「太平洋諸島系」が独立した人種分類になったために、二〇一〇年センサスで「アジア系」とは「極東、東南アジア、インド亜大陸に起源を持つ人びとを意味する人種や複数の人種をアジアン・インディアン、チャイニーズ、フィリピノ、コリアン、ジャパニーズ、ヴェトナミーズ、または他のアジアン、記入欄に他の集団名を記載した人びとを含む」と定義されている。一方で、センサスにおける「ホワイト」の定義をみると、一九七七年の「ヨーロッパ、北アフリカ、中東に元来いた人びと（original peoples）に起源を持つ人びと」が現在でも引き続き有効である。(5)

一九七七年のOMBによる新人種分類「アジア系」誕生には、飯野正子やイェン・エスピリツが明らかにするように、「ブラック」の公民権運動に触発された「アジア系」による連帯を目指す動きや、アジア系研究の学科誕生が背後にあった。(6)「アジア系」とは、「帰化不能外国人」との烙印を押され、市民権をはく奪された歴史をもつ東アジアを主な出身地とする人びとの名乗りとして一九六〇年代後半から浸透していった。

本稿の目的は、センサスにおける「アジア」の概念地図と人種化の変容のポリティクスを歴史的に明らかにすることである。また、「アジア」のなかの極東と近東に対するホワイトネスへの包摂と排除双方を、センサス調査員のローカルなまなざしから照射する。その際、刊行されたセンサス・レポートに加えて調査原票—調査員による手書きの記録—(manuscript schedule, 以下調査票）に注目し、中国人と日本人が「人種」分類として明示化される一方で、一九世紀中葉から二〇世紀初頭までの時期に語彙の変容をみた「アジア」からの移民の大半がホワイトネスの境界内に留まった経緯について明らかにする。(7)太平洋、大西洋と異なる航路で渡った、中国人、日本人、アルメニア人等に対する「ホワイト」の境界—ホワイトネス—への包摂と排除の双方の道のりを検証することとしたい。(8)

一　「オリエント」「アジア」とアメリカ

周知のとおり、「オリエンタリズム」を差異のまなざしにもとづく言説・支配様式として批判的に検証したのはエドワード・サイードである。サイードの『オリエンタリズム』が扱う「オリエント」とはアラブおよびイスラムが中心である。「オリエント」は、「ヨーロッパにただ隣接しているというだけでなく・・・ヨーロッパの文明と言語の源泉であり、ヨーロッパ文化の好敵手であり、またヨーロッパ人の心のもっとも奥深いところから繰り返したち現われる他者イメージであった」[9]。ただし、「オリエント（近東と極東）に対する帝国的目論見」との言葉にみられるように、広大な「オリエント」にはインド、中国、そして日本を含むとも言及されている。[10]

サイードが引用する書物や演説などでは、西洋と二項対立する、物言わぬ総体は「オリエント」、「東洋」、そして時として「アジア」（または「アジアティク」）と呼ばれている。このなかで、「アジアティク」はオックスフォード英語辞典によれば、「アジア」出身を示すギリシャ語の「アシアティコス」Asiatikos、ラテン語の「アシアティクス」Asiaticusが語源である。一方現在の「アジア」は、日が昇る、東を意味する語源をもち、古代ギリシャ人はアナトリア半島を「アシア」と呼んでいたという。[11]アレクサンドロス大王の東方遠征により「アシア」とは現在の中央アジアをも含むようになり、現在のトルコと重なるアナトリア半島が「小アジア」と呼ばれるようになった。このように、語源をさかのぼれば、地中海世界の東方が「アジア」であったことが分かる。大航海時代を経てヨーロッパの植民地支配の拡大から、極東をも含む「オリエント」が想像されるようになっていた一八世紀中葉に、ラテン語で書かれたカール・フォン・リンネ（一七〇七－一七七八）の「人種」分類名は「アシアティクス」であった。[12]ヨーロッパのなかでも「一九世紀から二〇世紀までオリエントとオリエンタリズムを支配していた」イギリスとフランスの「独自の権力組織」である学会名称でも「アジアティク」が使われ、一八二二年、フランスでソシエテ・アジアティク（Societe Asiatique）が、イギリスでは王立アジアティク・ソサイエティ（Royal Asiatic Society）が設立された。

一方、アメリカではサイードの言葉を借りれば「欧米帝国主義列強のひそみにならわんがため[13]」に、一八四二年発足のアメリカ・オリエント学会が研究の中心を担っていく。アメリカでは同学会創設と同年、南京条約によって開港された中国が主要な「研究対象」の一つであり、極東への関心の高さが当初からみられた。またヨーロッパとアメリカとでは、一九世紀中葉以降中国人をはじめとする太平洋を渡る移民の存在が、決定的に異なっていた。そして一九世紀末になると自身が太平洋をまたがる「帝国」となる過程が、海外領土としてグアムやフィリピンを獲得する点、移民のいっそうの増加と連動していた点が独自といえる。ロバート・G・リーは、『オリエンタルズ　大衆文化のなかのアジア系アメリカ人』のなかで、中国人が「外国人の人種として構築されて、オリエンタルはいまここにある汚染の危険」となったと論じ、「フォーリン」と「エイリアン」の違いについて以下のように述べている。

「フォーリン(foreign)」は「ある地域の外にある、遠い」という意味であるのに対して、「エイリアン（alien）」は、「現在、いまここに存在しているのだけれども、外国人性をもち、外に忠誠を誓っている」[14]。

リーが言う、古代文明へのあこがれを背景とした「フォーリン」としての中国人が、移民増加の現実によって今ここにある脅威としての「エイリアン」となる、オリエンタリズムの質的な変化はまさに、アメリカ独自の体験であった。それゆえ、リーをはじめとしてアメリカにおけるオリエンタリズムの関連書には、中国人や日本人など太平洋を渡る移民へのまなざしと差別措置を扱ったものが多く含まれる[15]。なかでも竹沢泰子がいうように「今日アジア系と呼ぶ集団の外的境界」は、一八八二年の中国人排斥法を通じて中国人の帰化が認められなくなり、その後一九世紀末から二〇世紀初頭に、当初は曖昧であった「アジア系」の人種が次々に細分化され「『人種』概念が恣意的に用いられる」ことにより構築されていった[16]。一方で、「オリエント」のなかの「近東」出身者に対する帰化権上のホワイトネスの境界については、法や法体系が人種を構築してきたとの立場から、五二件の帰化権訴訟を分析したイアン・ヘニー・ロペスの研究が嚆矢である[17]。また、シリア人の移住をオスマン帝国史から掘り起こしたうえで、のちのアメリカ社会での帰化権上のホワイトネス獲得の経緯と、一方での南部におけるリンチなどのシリア系移民への過酷な人種差別をあぶりだしたのはサラ・グアルティエッリである。[18]これらの研究は帰化権訴訟を主たる対象としつつ、「アメリカ的アジア」と一九一七年移民法と帰化権訴訟との連動についても明らかにしてきている。他方、「アメリカ的アジア」の創造におけるセンサスの役割や位置づけ、そしてセンサスを通じてのローカルなホワイトネスへのまなざしの変容についてはほとんど言及されていない。[19]

このセンサスでの「アジア系の外的境界」は、ナオミ・メージーがいうように、「法的にまた一般的にチャイニーズの人種の状態がより曖昧であった時代に、チャイニーズという人種をセンサスが形作り、公式化した」[20]一八七〇年にさかのぼる。ミシェル・フーコーの「監視と処罰」を参照するメージーの論考は中国人移民の「人種」分類変遷と移民政策との連動についてのもっとも本格的な研究といえるが、いくつかの問題点もはらむ。たとえば、メージーは、一八五〇年代を「チャイニーズの人種の状態がより曖昧であった時代」と位置づけつつ、他方では「彼らがホワイトとみなされていたと主張するものではない」という。[21]しかし、メージーを含め先行研究では十分に検証されてこなかった、調査票を史料とするならば、「チャイニーズが非白人であるとの考えが一般的に浸透していた」という言葉とは対照的に、中国人が一八五〇年の移住当初のセンサスでは明らかに「ホワイト」とまなざされていた事実が浮かび上がる。[22]以下では、公式に分類化される前の中国人や日本人の「肌の色」欄の記載の実態に目を向け、センサスにおいて「人種化」される／されない規準とポリティクスを検証していく。

二　中国人とホワイトネスの境界　一八五〇―六〇年

一八五〇年に行われた第七回センサスは、一九一六年に出された *The Story of the Census: 1790-1916* 中の言葉を借りれば「最初の近代的なセンサス」であった。[23]質問表の形態もこの年のものがその後定着していく。質問項目のなかで注目されるのは、「生まれた場所（place of birth）」が追加されたこと、また、「肌の色」の調査項目では、一八四〇年「自由白人（Free White Persons）」「自由カラード（Free Colored Persons）」から「ホワイト」「ブラック」「ムラトー」の三つが分類項目となったことである。第七回センサスが行なわれたのは、ゴールドラッシュで沸くカリフォルニアが州に昇格した直後であった。中国人についての限られた記載では「外国生まれ」の表のなかに中国を出身地とする人々が全米で合計七五八人いたことが示されている。(24)

一八五〇年当時の「中国生まれ」の人々のホワイトネスの境界について、調査票上の「肌の色」の記載からみると、「生まれた場所」で中国をキーワードとして抽出された四八八件の調査票のうち、「中国」「ホワイト」と記載された割合は九四・八％を占めていた。(25)このことから現場レベルにおいては、中国人の「人種の状態」は曖昧ではなかったことが分かる。むしろ一八五〇年の時点では中国人は現場調査員―一定の知識層以上の白人男性―の圧倒的多数から「ホワイト」とみなされていたのである。そして、首都ワシントンでのレポート作成時の製表においても中国人は「ホワイト」人口に含められた。連邦加入直後のカリフォルニア州で中国人が顕在化しはじめたこの時期、彼らが「ホワイト」として記載・記録されたという事実が注目される。同時にロペスが議論するように「白人とは非白人ではない」（強調は筆者）という二重否定によるホワイトネスの境界であったとすれば、アンテベラム期の一八五〇年時点の非白人は黒人を意味した点にも注意が必要である。つまり、ホワイトネスの境界は黒人以外によってつくられる曖昧なものであったのである。

ただし境界線の変化の訪れも早かった。一八五二年には一八五〇年連邦センサスの不備を補う形で、カリフォルニア州センサスが行なわれる。この間の急速な移民数増加を背景に、「中国生まれ」は六二八六件に急増する。調査票での最大の特徴は、中国人の「肌の色」欄に〝C〟や「チャイナマン」と書かれた事例が目立つことである。(26)ユバ郡（一四〇一件）、エル・ドラド郡（五七六件）、サクラメント郡（一〇七件）等でみられ合計二一三八件（三四・一％）にのぼった。(27)中国人の六五％余りは依然として「肌の色」欄に「ホワイト」と記載されていたとはいえ、一八五二年には早くも「肌の色」による分類に「チャイナマン」や「チャイニーズ」が独自の存在として現地の調査員から区別され始めたのであった。

このあと一八六〇年までに中国人人口がさらに拡大した。同年のセンサス・レポート中の「国別」の外国人人口の表では全米で中国生まれの外国人が三万五五六五人（そのうちカリフォルニア州に三万四九三五人）と報告されている。(28)

一八六〇年については現時点で全調査票三万二四三七件分のうち五一四七件の検証段階ではあるが、一八五二年にはまったくみられなかった「モンゴリアン」を表す〝mong〟などが三五六五件（六九・三％）となり、また「チャイニーズ」を表す〝C〟や〝Chi〟が一一八二件（二三％）で、両者の合計が九〇％を超えるまでになった。一方で、一八五二年には六五％であった「ホワイト」が激減し三七一件（七・三％）となった。[29] 一八七〇年の公式分類化の前で政府からの指示はないなか、七〇％近くの調査員が中国人の「肌の色」を「モンゴリアン」と記載したことに、ヨハン・F・ブルーメンバッハ（一七五二－一八四〇）由来の「モンゴリアン」の浸透を確認できる。[30]

ところが首都ワシントンで発行される公式のレポートでは、「モンゴリアン」の表記は一切でてこない。レポート中では一八五〇年以降の人口急増を受けて、「多数の『中華帝国臣民』であるアジアティクスが黄金の土地にひきつけられてカリフォルニアにやってきた」[31] 等、「アジアティクス（Asiatics）」が使われている。この年が「アジアティクス」の初出だと思われる。「中華帝国」の原語〝Celestial Empire〟は直訳すると「天上の帝国」であり、チェンが述べるように差別的な表現とはいえず、リーのいうところの「フォーリン」のまなざしによる言葉遣いとみるのが妥当であろう。いずれにせよ一八六〇年に、現場では「モンゴリアン」の記載が多数であったにもかかわらず、中国人は依然としてセンサス当局が発表する数々の統計表のなかで「ホワイト」人口に含まれていた。移住当初の一八五〇年、そして南北戦争直前の一八六〇年センサスにおいて、中国人の大部分は「苦力」という厳しい労働形態に置かれていたものの、歴史的に奴隷身分と不可分の黒人ではないことを背景に、ホワイトネスの境界内に留まっていたのである。[32] ただし変化もみられた。レポート中では「ホワイト」「カラード」はそれぞれ「コーカサス（Caucasian）」とアフリカ（African）人種」と定義され、「ホワイト」に「インディアン」と「アジアティクス」が含められてはいるものの、注で区別されているのである。一八六〇年のこうした区別と「アジアティクス」との名づけ（表記）双方に、初期の差異化の兆候が読みとれる。つまり、一八六〇年には中国人が「アフリカ」人種でも「コーカサス」人種でもない存在へと変容するプロセスのただなかにいたといえるのではないか。[33]

三　「チャイニーズ」「ジャパニーズ」の誕生と移民・外交政策

南北戦争直後に行なわれた一八七〇年センサスでは、元奴隷を念頭に成人男性市民が投票権を侵害されていないかどうかを問う「憲法との関係」との質問項目が挿入された。「肌の色」の項目は、従来からの「ホワイト」「ブラック」「ムラトー」に「チャイニーズ」「インディアン」が追加された。また、両親が外国生まれであるかどうかの項目「血統（parentage）」も新設されたほか、調査員に対しては「生まれた場所」が外国の場合、国名を特定するよう調査員に対して詳しく指示された。

南北戦争後の市民権の侵害と「外国人」に対する関心の広がりの一方で、一八七〇年の公式分類「チャイニーズ」の誕生は、中国人を初めとする太平洋を渡る移住者への名づけの始まりであった。[34]それではなぜ、分類名が、一八六〇年には多くの調査員が記入していた「モンゴリアン」ではなかったのだろうか。一九〇〇年出版の *History and Growth of the United States Census:1790-1890* のなかでは、その理由が「チャイニーズ」同様、新たに追加された「課税されるインディアン」と区別するためと説明されている。[35]しかし、センサス・レポート上で示された数少ない同時代の手掛かりによれば、『チャイニーズ』記述のセンサス上の目的は、「ジャパニーズ」を包含して把握する（しかし人口統計表の中では区別し）、ハワイアンを除外する」（強調は筆者）ことにあった。[36]わずか数行ではあるがこの文章からは、「チャイニーズ」の誕生に外交・移民政策との連動を読み取ることができる。

一八六九年十二月一六日、新センサス法案通過を求める演説のなかで、後の第二〇代大統領ジェームズ・A・ガーフィールド下院議員が中国からの移民の「重大な影響」について言及したことからも示唆されるように、一八六〇年には三万人を超えた中国人のいっそうの増加を背景に、「移民」の数と実態の掌握のためには出身国ごとの分類が必要であった。[37]逆に、ヨーロッパ由来の「科学的権威」を持ち、かつ一般的にも浸透していた「人種分類」の「モンゴリアン」や「アジアティクス」の実態を把握しても、それは中国からの移民制限のために活用することができなかった。それゆえ、出身国別の「チャイニーズ」が正式な分類となると同時に、下位分類としての「ジャパニーズ」が別記され「把握」されたのである。当時、カリフォルニア州を中心に排華運動は広がりを見せ、移民制限の議論が連邦の政策にまで影響を与え始めていた。そのため、出身国別の分類名に基づいたセンサスの統計でない限り、移民政策には有用ではないとの判断が働いたことは間違いないであろう。つまり、国内のブラック・ホワイトを軸とする従来からの「肌の色」による集団の区別に、国際関係の要素が加わったのだった。

それゆえに、全米人口は三八九二万人超を数えた一八七〇年にわずか五五人という極小集団である日本人が中国人からは別記された。この一八七〇年こそは、カリフォルニア州の「若松コロニー」の三三人や東海岸に居住する留学生などの記録が日本人に対するセンサスの調査元年であった[38]。調査票の記載で興味深いのは、公式の「人種」分類となってはいないなか、五五人のうち三〇人の日本人の「肌の色」を現地の調査員が当初から「ジャパニーズ」ないし「ジャップ」と記入していた点である。加えて、「チャイニーズ」を示す〝C〟から〝J〟へと後日修正されたものが七人分あった。それ以外には「チャイニーズ」を意味する〝C〟のままのものや〝W〟から〝C〟へ修正されたものが含まれた[39]。こうしたローカル発のやり取りは、エリカ・リーが検証した、おもにサンフランシスコにおける入国審査官の「街角の官吏」との位置づけと重なる。リーによれば、法律が具体的に人々に影響を及ぼす場所と人物は、首都ワシントンの小ぎれいなオフィスにおいてではなく、入国拒否者の収容所などの現場であり、また法の執行に際して独自の規制や手順を取った「街角の官吏」だった。入国審査官に比較すれば、センサス調査員は臨時雇用でその権力は微小であった。とはいえ、「ジャパニーズ」を「チャイニーズ」と異なる存在とした「街角の官吏」のまなざしこそが、首都ワシントンでの下位分類採用に及ぼした影響力は無視できないだろう[40]。

一方で、移民・外交政策との連動の観点からすると、日本人とは対照的な扱いが当時のハワイ王国（「サンドイッチ島」）出身者に対してみられた。「サンドイッチ島」を出身地とする人々の労働の実態は、一八五〇年以降「チャイニーズ」と隣接する地区で鉱山労働に従事するなど、契約労働者が多く含まれた。いわゆるタイラー・ドクトリンのなかで、一八五四年には時の大統領ジョン・タイラーがハワイ王国の独立を認める宣言を行っていたが、一八七〇年センサス実施当時は、カメハメハ五世の治世のもとハワイ王国側の抵抗にもかかわらず、アメリカの影響力はいよいよ強まっていた。このようななかでのセンサス上の「カナカ」に対する「ジャパニーズ」との対照的な扱いには、互恵条約の批准の失敗や今後のハワイ併合を視野にしたアメリカ政府の意向を受けた判断が働いたように思われる。つまり、数的には圧倒的に少数の「ジャパニーズ」を「チャイニーズ」の下位分類として区別する一方で、「カナカ」を「除外する」という対応は、センサス上の分類決定が労働実態や当該集団数の多寡ではなく、移民政策を視野に入れる必要性の有無、別言すれば太平洋にまたがるアメリカの国家間関係（外交関係）によって決定される事例の雛形となったのではないだろうか。(41)

このように一八七〇年、従来の「肌の色」ではなく、また「モンゴリアン」という「科学的」人種分類でもなく、出身国別の集団という新たな語彙を付与された「人種」分類が誕生した。また、同年、「カラード」が「ブラック」「ムラトー」を示していた一八六〇年からの変化がみられた。「課税されるインディアン」と「チャイニーズ」が分類化されたことで、「チャイニーズ」が集中するカリフォルニア州では「カラード」「チャイニーズ」「インディアン」別の統計が発表された。ただし、「ジャパニーズ」や「アジアティクス」は「カラード」のなかに含まるとの注釈がみられたことから、「チャイニーズ」は「カラード」に包含されたうえに、数の多さゆえに別記されたと考えるのが自然である。(42)事実、マサチューセッツ州などでは「カラード」の中に「チャイニーズ」「ジャパニーズ」「インディアン」が含まれていた。(43)また、カリフォルニア州で「アジアティクス」が相当数計上されているのは、中国出身者が「チャイニーズ」ではなく「アジアティクス」と書かれたためであろう。(44)このように、一八七〇年は、移民・外交政策と連動する「監視と処罰」を主要な任務の一つとする近代センサスの出発点であり、また「カラード」の境界の拡大が決定的になったターニングポイントであった。

続く一八八〇年の第十回センサスの主な表では「カラード」に「チャイニーズ」「ジャパニーズ」「文明化されたインディアン」が含められるようになった。(45)ただし、白人と黒人の人口比を示す表では、「カラード」に「チャイニーズ、ジャパニーズ、イースト・インディアン等のアジアティクスおよび、アメリカ・インディアンとその混血は含まれない」と明記された。[46]注目されるのはこの「アジアティクス」とは「チャイニーズ」と全米一四八人の「ジャパニーズ」のみならず、当時一八七〇年から七九年までの期間、わずか移民数一七人[47]の「イースト・インディアン」を含むとの定義が示されたことである。[48]さらにいまだに極小ともいってもよい人口規模の「ジャパニーズ」が「チャイニーズ」、「インディアン」とともに独立した項目で掲載される表がみられるようになった。[49]たとえば一八六〇年、七〇年、八〇年の州・準州の人種別の表には「ホワイト」「カラード」の表とは別の「チャイニーズ」「ジャパニーズ」「文明化されたインディアン」の表が併記されている。[50]ただし、一八七〇年と同様に、州内の郡ごとの表には「ホワイト」「カラード」「チャイニーズ」「インディアン」の四分類の統計が掲載されており、「チャイニーズ」のなかに「ジャパニーズ」が脚注でその数が特記される事例も混在している。[51]このように「チャイニーズ」や「ジャパニーズ」が「カラード」に含まれるか否かは、表の中身いかんであった。数的には全米人口の大部分を占める、旧奴隷を含む黒人を示す「カラード」の場合や、白人を細かく見るための、いわば白人対その他という趣旨では、「チャイニーズ」等も「カラード」として包含されたのである。

一八九〇年センサス

一八九〇年センサスは「フロンティアの消滅」が発表されたことで知られる。質問項目には「肌の色」も「人種」も使用されず、文章形式で「ホワイト、ブラック、ムラトー、クアドロン、オクトロン、チャイニーズ、ジャパニーズ、またはインディアンであるかどうか」となった。ただし、調査員への指示書では「肌の色または人種」と明記された。再建終了後、各州で異人種間結婚禁止法が復活されるなか、センサスでもブラックの「混血」に対する細分化がみられた。その一方、「チャイニーズ」に加えて「ジャパニーズ」が「人種」分類名として追加されることで、「肌の色」から「人種」への分類軸変化のターニングポイントとなった。

加えて、一八九〇年センサスで目立つのは、ヨーロッパからの移民（新移民）の増加を背景とした警戒感の高まりによって、移民への「監視と処罰」を目的とする質問項目が増えたことである。「英語が話せるか、そうでない場合にはどの言語や方言を使うか」、「帰化」等の質問に加えて、「生まれた場所」については、本人と両親の「生まれた場所」を記載するとの項目自体には変更がないが、その書き方については以前にも増して詳しい指示が出された。そうした関心の高さは、レポート中の外国人人口に対する各州の人口比、分散地図等に表れている。外国人人口は、「国別、エスニック別に(nationally and ethnically)」、「ブリティッシュ・アメリカン、アイリッシュ、ブリティッシュ、チュートン、スカンディナヴィアン、スラヴ、グレコ・ラテン、アジアティクス」の八集団で分類され、それぞれの出身国が記された。[52] ここでは、包括的な名称として「おもにチャイニーズを示す」とされる「アジアティクス」が使用されている。[53] それ以外にも「チャイニーズ」「ジャパニーズ」それぞれの表も掲載されている。このように、一八九〇年第十一回センサスには外国人への関心と差異化の試みが際立っている。

それだけではない。一八八九年三月一日のセンサス法可決前の二月二七日にHR六二四〇法案(カリフォルニア州選出ウイリアム・モロー下院議員、共和党)に付随したレポートが提出された。これはセンサス実施直前に提出されたもので、「チャイニーズ」の調査を「正確かつ慎重に行うこと」が目的であり、「調査の際に彼らの滞在許可証を発行する」との内容であった。[54] 法案は成立しなかったが、センサスを通じての新たな「監視と処罰」の機能が付与されようとした初の試みであった。[55] 労働者の入国が禁止されていた中国人の合法的身分の監視と非合法滞在者への処罰の際には、「ジャパニーズ」を確実に区別して統計を取る必要があった。つまり、中国人が日本人にまぎれていないかどうか、日本からの移民はどの程度どこに増えているのか、についても監視の要素が追加された。結果、数としては大西洋を渡る移民とは比較にならないほどの「ジャパニーズ」(二〇三九人)が、「チャイニーズ」や「文明化されたインディアン」と併記された。

また同年、「カラード」が「ニグロ、ムラトー、ニグロの出自[オクトロン、クアドロン]、チャイニーズ、ジャパニーズ、文明化されたインディアン」であると定義された。[56] 一八五〇年の時点では「ブラック」と「ムラトー」のみを意味した「カラード」の境界が、「チャイニーズ」や「ジャパニーズ」も含む形で変化しセンサス上で「公式」に定義されたことが分かる。同時に、人口を二分する分類軸での表タイトル「州、準州ごとのホワイトとニグロの人口　一八五〇―一八九〇」に象徴されるように、「黒人」を特定する言葉が「ニグロ」となったことも注目される。[57]センサスの人種分類とは「白人とは非白人ではない」との了解の基盤と考えられるため、一八九〇年のセンサスにおける「カラード」の定義の提示は重要である。マイノリティの総称「カラード」の市民権の領域において白人と異なる位置づけをセンサスが追認／補強することとなったからである。一八九〇年のカリフォルニア州では、この新たな定義の「カラード」人口の九万六四五八人のうち七万二四七二人（七五％）を中国人が占め、「文明化されたインディアン」が一万一五一七人、ほぼ同数で「ニグロの末裔」が一万一三二二人と続いた。[58]当時人口増加が著しかったカリフォルニア州における「カラード」のうち四分の三が「チャイニーズ」であった。このように、拡大された「カラード」と外国人に対する「監視と処罰」の機能が加わったことから、筆者は一八九〇年センサスを近代センサスの完成と位置づけている。

続いて一九〇〇年のレポート中、一八九〇年のハワイでのチャイニーズ一万七〇〇二人には、「ほとんどすべての人がおそらくチャイニーズである、一七〇一人のモンゴリアンを含む」との説明がみられる。[59]また、「郡ごとのチャイニーズ人口　一八八〇―一九〇〇年」との表には、アラスカでの二二六八人の中国人が「モンゴリアンとして一八九〇年レポートでは示されたが、おもにチャイニーズで、数人のジャパニーズも含む」と注記されていた。[60]一八七〇年に正式な人種分類「チャイニーズ」が誕生してからも、調査員が「モンゴリアン」と記入する事例がおそらく一部にみられたために、センサスをさかのぼって「モンゴリアン」を出身国で特定化する試みがなされている。そして、一九〇六年には、「モンゴリアン」とは「少なくとも八分の一のチャイニーズかジャパニーズの血を持った人で、インディアンやニグロよりもモンゴリアン〔の血〕が多く〔強く〕、コミュニティにおいてチャイニーズないしジャパニーズとみなされている人」と定義された。[61]このように、移民・外交政策と連動し中国人、日本人が人種化されつつ、中国人や日本人を「カラード」の一部として包含する分類名「モンゴリアン」が併用されていった。一九一〇年センサスを受けて一九一四年にはチャイニーズとジャパニーズにかんする特別レポートが発表され、本土とハワイに分けた全体像に加えて、それぞれの農地面積や価値など州、郡ごとに関するデータが初めて掲載された[62]。

四　「その他」としての「アジア」一九一〇―一九二〇年

「モンゴリアン」が事実上中国人、日本人に限定されたため、一九一〇年センサスでは「モンゴリアン」以外の太平洋を渡る移住者も「その他すべて（All other）」として人種化の対象となった。「その他」としてひと括りにされる人々へのセンサス調査の歴史を振り返ってみれば、そのはじまりは一七九〇年の第一回センサスの「その他すべての自由人」まで遡ることが出来る。一七九〇年から一八二〇年までの初期センサスでは、「その他すべての自由人」は自由黒人が大半を占めた。「その他すべて」が含まれる項目名は、一八二〇年の「課税されないインディアンを除くその他すべての人」を最後に消滅した。そして約一世紀を経て一九一〇年に、「ホワイト」「ブラック」という「肌の色」や「チャイニーズ」「ジャパニーズ」「モンゴリアン」という「人種」にも当てはまらない「その他すべて」が復活したのである。それは太平洋を渡る「モンゴリアン」以外の多様な移住者に対するセンサスによる「監視と処罰」のはじまりであった。

その背景には「帝国」としてのアメリカの領土拡大とハワイ準州の調査実態が背景にあった。一九一〇年には、一八九八年米西戦争で併合されたフィリピン、プエルトリコ、グアムのうち、プエルトリコがセンサスの対象に含まれたが、「準州や領土を除く合衆国が合衆国プロパー」（強調は筆者）であるとレポートには記載されている[63]。センサスが「その他すべて」としたのは、「ハワイアン」「パート・ハワイアン」と「フィリピノ、ヒンドゥ、コリアン、マオリ」であったが、それぞれの定義は示されていない。合衆国プロパー、アラスカ、ハワイ準州、プエルトリコ、陸軍、海軍別の人口統計では、「その他すべて」の細目が「ハワイアン」「パート・ハワイアン」「その他の人種（Other races）」に分かれており、この「その他の人種」に「フィリピノ、ヒンドゥ、コリアン、マオリ」が対応している[64]。このように既に人種分類となって久しい「チャイニーズ」、「ジャパニーズ」に、一九一〇年の「その他すべて」を加えたものが、一九七七年のＯＭＢによる「アジア太平洋系」の出身地域と重なりあう。つまり後のセンサス上の「アジア太平洋」人種の原型がみられたのは一九一〇年であったことが分かる。

同年、「その他すべて」の人口数が圧倒的に多いのはハワイ準州の四万五八一七人であり、「ハワイアン」が二万六〇四一人、「パート・ハワイアン」が一万二五〇六人であるほか、「その他の人種」も七二七〇人記録されている。ハワイ準州等を除く合衆国本土での「その他」は合計で三一七五人でありそのうち「ヒンドゥ」が二五七五人の一方で、「マオリ」は全米で八人のみであった。(65)「ヒンドゥ」の移民数の増加—とはいえ数は二五〇〇人余り—を背景として、かれらを「その他すべて」に含み非白人としたのである。この点に関連して、興味深いのは、同表で本土に二五七五人いるとされた「ヒンドゥ」に対する以下の記述である。

純潔のヒンドゥはエスニック的にコーカソイドないし白人種に属し、帰化判決では裁判所から白人と宣言されている事例もいくつかある。しかし、合衆国においては、一般的な「ホワイト」との言葉の概念とは、この国のホワイトはほぼすべてヨーロッパ出自のコーカソイドに限定されるという事実から判断されるのは疑いないことである。ヒンドゥが、純潔であろうとなかろうと、ヨーロッパの文明とは明白に異なる文明を代表していることから、彼らは非白人のアジアティクスとして分類するのが正しい。(66)

このような記述は、インド人の帰化権をめぐって争われた一九二三年の最高裁ティンド判決の中身をまさに先取りするもので、センサス局がホワイトネスの境界について傍観者ではなかったことを示す好例である。ここには、「ヨーロッパ出身のコーカソイド」や「ヨーロッパ文明」を基軸としたホワイトネスの境界意識がみられ、そこでは「ヒンドゥ」は「非白人のアジアティクス」と分類されている。ただ既述のように、この「非白人のアジアティクス」分類の軌跡をさかのぼれば、一八八〇年センサス上の「アジアティクス」への「イースト・インディアン」の包摂にこそ、「ヒンドゥ」の人種化／非白人化の出発点があったといえる。一方で、一九一一年の上下院合同移民委員会（通称ディリンガム委員会）は、「人種や民族（races or peoples）」にかんして、数多の人種分類のなかでブルーメンバッハの人種分類に従うのが妥当とみなすとし、「ヒンドゥ」を「アーリア」ストック（人種の下位分類）に含めていたものの、移民増の懸念に触れているほか、「多くのインドにおける集団（人種、部族）が極めて低い文明状態で身体的特徴はニグロに近くなっている」といった否定的な既述が目立つ。[67] さらに、「モンゴリアン、モンゴロイド、アジアティク」等が同じ分類として列記されるなかで、「アジアティクとは地理的な意味でインドを含めるときに使われる」との説明を入れ、「アジアティクス」としての「ヒンドゥ」の差異化を図っている。[68]

一九一〇年「ハワイアン、フィリピノ、ヒンドゥ、コリアン、マオリ」を意味した「その他すべて」に、一九二〇年には「マレー、シャミーズ、サモアン」が加わった。[69] さらに、一九二四年移民法成立を経て、一九三〇年には「チャイニーズ」「ジャパニーズ」「フィリピノ」「ヒンドゥ」「コリアン」に対しても独自の「人種」集団としての記録が求められるようになった。この時点で、現在の「アジア系」の出身地域「極東、インド亜大陸、東南アジア」の人々が個別の集団名で揃って人種化されたことになる。同年、全米人口を三つの集団に大別する際には、「白人」「ニグロ」以外の「その他」に「インディアン」や「メキシカン」と同様、「チャイニーズ」や「ジャパニーズ」などがひとまとめにされていた。[70] しかし、「メキシカン」も独自の人種分類となったことで「人種」項目がいっそう細分化しホワイトネスの境界が狭まったのが一九三〇年であった。

五　「アジア」の境界の変容と調査実態

これまでサイードのいう「オリエント」のなかの「極東」とインドが次第に人種化されていく過程を追ってきた。それでは、元来、ギリシャからみた東方という意味を持つ言葉とされる「アジア」は、時空を超えたアメリカ・センサスではどのような意味で使われていたのだろうか。

ロペスは、竹沢同様に「科学的」人種分類から「一般的知識」へ次第に論拠が移っていく経緯を詳細に分析したうえで、ホワイトネスへの包摂と排除によってもたらされた、アルメニア人と日系人との社会・経済的格差についても検証した[71]。ロペスによれば、アルメニア人は「西アジアに起源をもつ人びとで、当初連邦当局に「アジアティクス」と分類されたが、一九〇九年に連邦裁判所はアルメニア人を『白人』とみなした」という混乱がみられたという[72]。その混乱とは、「アルメニア人は公式なヨーロッパとアジアの地理的境界線、ボスポラス海峡の東の出身であるゆえ、少なくとも地理的にはアジア系となるにもかかわらず、白人と結論づけられた」（強調は筆者）であった[73]。しかしこのような見解は問題点をはらむ。第一に「連邦当局」とは誰なのかが曖昧な点である。「連邦当局」にセンサスも含まれるとすると、センサスではアルメニア人が「アジアティクス」と分類されたことはないので不正確である。第二に、公式なヨーロッパとアジアの境界線とは、いつの時点のものであるのかが、不明である。「西アジア」との地理範囲は、二〇世紀初頭のセンサスでは使用されておらず、ロペスのいう「西アジア」という地理範囲とは果たして妥当なのか疑問である。さらには判決の出た一九〇九年前後のセンサスにおいて、「アジア系(Asian)」という分類名称は管見の限り、どこにもみられない。つまり、「アジア」が歴史化されず、一九七七年以降の「アジア系」の定義、つまりは現代の「アジア系」の概念地図に依拠して議論が進められている。

このように、ロペスのいう「混乱」とは広義の法体系に含まれるセンサス上のものなのか、訴訟に限った議論であるのか明らかではないが、センサスを舞台としたとき、アルメニア人やシリア人は「アジアティクス」に含まれてはおらず「混乱」はみられなかった。それでは、彼らのホワイトネスについてはどのような記録が現地で残され、レポートに報告されたのであろうか。以下、センサスにおける記述との関連に絞り、一九世紀末から二〇世紀初頭のアメリカ合衆国において調査員が「アジア」として意味する地域や出身者はどのような人びとであったのか、調査票とセンサス・レポートの記載双方からみていくこととする。

調査票の記載　一八五〇―一八八〇年

上記の点について検証すべく、一八五〇年から八〇年までの調査票を「生まれた場所」およびキーワードを「アジア」として検索したところ、一八五〇年では三八件、六〇年には一八件が抽出された。その後、「アジア」で抽出できる調査票の件数は、一八七〇年は七一件、一八八〇年には百一一件と増加していく(74)。

まず一八五〇年の「生まれた場所」の記入例としては「アジア」とだけ書かれたものが二四件、「小アジア(Asia minor)」と記載されているものが七件「東アジア(E.Asia)」が二件、「シャム・アジア(Siam Asia)」が三件、「カルカッタ・アジア」が一件あった。「アジア」と併記されたものには現在のインドやタイが含まれていたが、中国は含まれていない。また、地域や国が特定されない「アジア」との記録をみると、その半数が一八歳以下(親はアメリカないしアイルランド生まれ)、「生まれた場所」が「小アジア」の場合には七人全員が一八歳以下であった。一八歳以下の人びとの場合、父親の職業には牧師が目立った(75)。居住地域は東海岸が中心である一方、カリフォルニア州には皆無で、名前としてはペンシルバニア州のアンナ(Anna M. J.)とサラ(Sarah W.)のローレンス姉妹など(76)、典型的な「アメリカ人」の名前ばかりで移民は含まれていないと考えられる。一八六〇年には一八件のうち一二件は「アジア」のみ、残りは「ペルシャ・アジア」、「小アジア」などと記載されていた。家族単位で父親の職業が牧師など、赴任先で生まれたと思われる子どもが依然として目立つ(77)。一八七〇年には「アジア」と併記される地域として「インド」「ペルシャ」が含まれる。そのような典型例が一八七〇年オハイオ州にみられた「インド・アジア」生まれのダグラス八兄弟(父親フランシス・ダグラスの職業は牧師)である(78)。一八八〇年には「アジア」が五六件と過半数であるほかは、「アジア側トルコ(Turkey in Asia)」が一二件で「小アジア」が七件であった。当人が移民であるかどうかは一八八〇年センサスから導入された質問項目、「両親の生まれた場所」の記載からも導くことが出来る。同年抽出された百一一件中、父母そろってアメリカ生まれが二八件、そろってヨーロッパ生まれが二二件、そろって「アジア」「小アジア」の生まれが二七件であった(79)。

次に「肌の色」の記載についてみると、一八七〇年の七一件中「チャイニーズ」が一件、外国人を意味する「×」二件のほかは、すべて「ホワイト」と記載されていた。「チャイニーズ」が「人種」として分類化した後の一八八〇年には、三人が「ムラトー」、二人が「ブラック」と「肌の色」の欄に記載されたが、残りはほぼすべて「ホワイト」と記録されていた。「ホワイト」以外と書かれた人びとの生まれた場所は、「ムラトー」はそれぞれ「エジプト」と「アジア」、「ブラック」は一人が表示無しで、もう一人は「アフリカ」と記載されていた。[80] このように移民と思われる人びとのなかでも、「トルコ・アジア」「インド・アジア」「スミルナ（Smyrna）アジア」などを含む「アジア」生まれの圧倒的多数の人びとの「人種」が「ホワイト」と記録されていたことが分かる。また地理的範囲も、アッサム、マドラス、シャムがアジアと併記されていることから、現在のインド、ビルマ、タイが含まれる。また、「アジア」と併記される出身地名には、古代からの都市名が多く含まれている。このように、一八五〇年、一八六〇年には「アジア」とは、「小アジア」を含む現在の中近東をおもに指しつつも、インド、タイをも含む広範囲の地域を指す言葉であったといえよう。

続いて、レポート中の「アジア」に関する記述についてみていこう。センサスにおいて「アジア」が中国とともに初めて記載されたのは一八五〇年である。その中で、「アジア」からの乗船客入国数が、一八四四年度一人、一八四六年度九人、一八五一年度四人と報告された。[81] ただし場所ないし国としての「アジア」がどこを意味するかの説明はみられない。一八六〇年も同様に定義はないまま、中国と「アジア」とが別記され、一八二一年から六〇年までの中国からの移民が四万一四四三人の一方で、「アジア」からの移民がわずか二七人であったことが報告されている。[82] また同年の在米外国人の統計では、中国出身の外国人が全米で三万五五六五人（うちカリフォルニア州に三万四九三五人）、「アジア」出身の外国人が全米で一二三一人（うちカリフォルニア州に三四六人）であったとの報告がある。[83] メージーは、「どのような定義であれ、アジアの一部としてみられた国々から中国が別扱いされている」ことに「チャイニーズ」としての人種化の芽をみている。中国人とは対照的に移民が少数の状況では、総称としての「アジア」はひと括りにされ曖昧な存在のままであった。実態は中国とは別の曖昧な「アジア」があるという位置づけであったように思われる。一八七〇年にも、全米の

「アジア」出身の外国人のうち「ホワイト」が八三四人に対して「カラード」が三〇人と書かれた表にも、「アジア」の定義はみられない。[84] このように「アジア」出身者の大多数（九七％）が「ホワイト」に計上されていた点が注目される。[85]

排華法の成立後で「ジャパニーズ」の人種分類が登場する一八九〇年には、名詞の「アジアティクス」はおもにチャイニーズとジャパニーズをさすようになった。[86] 日本とインドも「アジア」からは別記されるようになったが、曖昧な「アジア」も残存していた。それは一八九〇年のセンサス・レポート中の「大英帝国およびアイルランド」、「スカンディナビアン・ネーションズ」などに分かれた国別・地域別の外国人に関する表の「アジアティク・ネーションズ」の細目、「アジア／中国／日本／インド」の脚注「アジア―特定されず」との記載にいみじくも表れている。[87] それぞれの人口数は、中国（一〇万六六八八人）を筆頭に、日本（二二九二人）、インド（二一四三人）、「アジア―特定されず」二二六〇人であった。[88] 一方で、注目すべきは、オスマン帝国はこの「アジアティク・ネーションズ」ではなく、アフリカやオーストラリアなどと一緒に「その他」に含まれていることである。[89] このように、センサス上の「アジアティク」の概念地図にオスマン帝国は含まれていなかった。移民統計でも「その他のアジア」が使われたがシリアやトルコとは別のもので、一八八〇―一八八九年にはその数八八八人であった。[90] 一八九〇年の調査票は既述のように火事で焼失しているため検証できないが、これらの移民がセンサス上の二二五〇人の「アジア―特定されず」の母集団になったと思われる。

六　「アジア」の変容　一九〇〇―一九二〇年

ところで一八九〇年以降の移民統計をみると、オスマン帝国からの移民は一八八〇年から一八九〇年には二四七八人、一八九〇年からの一〇年間には二万七五一〇人、次の一九〇〇年から一九一〇年には一二万七九九九人まで増加した。さらに一九一〇年からの一〇年には一六万七一〇人となった。[91] このなかには一九世紀末からオスマン帝国下でのトルコ人による虐殺を逃れ難民となったアルメニア人も含まれる。一九〇〇年以降の急激な増加には、一八九八年オスマン帝国の政策が変更となり、実質的に当時シリア人を指した「レバノン人」の旅行が自由となったことが影響している。シリアもオスマン帝国領土であり、統計上では一八八六年から一九二三年までのシリアからの移民数はトルコに含まれている。

二〇世紀初頭、出身地に関する質問のなかで、正式な国名とは異なる回答を引き出すことがセンサス局の狙いであった。一九〇〇年外国生まれの場合には、「生まれた場所」の記載には国名を記入することになっていた。調査員には、国名の一般的な事例としてプロイセンやザクセンではなくドイツと記載する事例にならうとされた。しかし例外として、大英帝国（グレート・ブリテン）ではなくアイルランド、イングランド、スコットランド、ウエールズ、オーストリアではなくハンガリーやボヘミア、さらには生まれがフィンランドの場合ロシアではなくフィンランドと記入することが指示された[92]。イギリスからのアイルランド移民を初めとするエスニックな区別と、自治や民族独立を目指す集合体を尊重する区別が合体し、こうした規定となったのである。オスマン帝国出身者へも出身地、エスニック別の出自を問うたからであろうか、「オスマン帝国」を出身地として検索しても二〇件ほどしか抽出されない。調査票で生まれた場所としての記載には、トルコ、アルメニア、シリアが多数を占め、「トルコ」の件数が一九〇〇年から一九二〇年までに、九一六六件、八万七〇〇件、二万八五六六件と推移している。同年間で「アルメニア」では二八一〇件、三八七一件、三万一八五件と推移、「シリア」で八一九〇件、一万一六八一件、五万一一八三件と推移している[93]。

管見の限り、オスマン帝国のなかのアルメニアやシリアといった出身地いずれの場合も、多くがセンサス調査の現場では「人種」欄に「ホワイト」と記載されていた。一方で、一九世紀末から二〇世紀初頭まで、イアン・ロペスが論じるように、帰化権訴訟では、現在の中近東出身の人びとの勝算は五分五分であった。一九〇九年のアルメニア人の帰化権を認める判決では、植民地時代からの法律やセンサスを参照しながら、「白人とは非白人ではない人」という認識に加えてアルメニア人（シリア人、トルコ人も同様に）が非白人に分類された前例がないために、帰化権有資格という判断が下された[94]。つまりそれは、二重否定によるホワイトネスと前例踏襲主義によるものであった。事実、帰化訴訟において、アルメニア人やシリア人は「チャイニーズ」、「ジャパニーズ」、「カラード」ではないと強く主張していた。ここに、センサスにおいて一八九〇年以降「チャイニーズ」、「ジャパニーズ」が分類化され「カラード」と定義された事実が重みを持つ理由がある。ただし、公式な分類名がない場合でも、現地の調査員が独自に集団名を書き込むことは、「モンゴリアン」、「メキシカン」「スパニアード」「カナカ」など、一九世紀半ばからみられた慣行であった。シリア人やアルメニア人に対しては、管見の限りこうした独自の記載はみられない。そのうえ、現場の調査員のためらい—消されたり、斜線が引かれたり—や、修正もみられない。むしろ、現場調査員は迷うことなく、彼ら／彼女らを「ホワイト」と記入していたと考えるのが自然である。このような現場の調査に基づき、アルメニア人やシリア人は、二重否定によるホワイトネスにセンサス上入り続けていたのである。

レポート中の表記　一九〇〇—一九二〇年

一九一〇年センサスでの大きな変化は、「アジアティク・ネーションズ」の代わりに「アジア」の使用と、トルコがヨーロッパとアジアの二つに分けられたことである。これは調査員に対して「トルコ生まれの人びとには必ず『アジア側トルコ』(Turkey in Asia) から『ヨーロッパ側トルコ』(Turkey in Europe) を区別すること」と指示が出されたことによる。[95] その結果、「一九一〇年の生まれた国別の外国人総人口、一九一〇年および一九〇〇年」の表では、ヨーロッパのなかのバルカン半島との区分のもとで、ルーマニア、ブルガリア、ギリシャとは別に、ヨーロッパ側トルコ出身者が三万二二三〇人数えられている。「アジア側トルコ」も含まれていた一九〇〇年にはその数九九一〇人であったので、一九〇〇年—一九一〇年に一二万七九九九人を数えた移民増がセンサスにも反映されている。同じ表では、「アジア側トルコ」を筆頭に、中国、日本、インド、その他の別で「アジア」出身の外国人が分類されている。[96]「ヨーロッパ側トルコ」と「アジア側トルコ」に分けられたのは、第一次バルカン戦争直前で、バルカン半島におけるオスマン帝国からの民族独立の動きと出身地記載が背景にある。

ここから、ロペスの議論では特定はされていなかった「アジア」の境界線が策定されたのはセンサス上では一九一〇年ということになる。つまり、この時点で「アジア」の概念地図がボスポラス海峡の東として明示され、「アジア側トルコ」が「アジア」の一部となったことがわかる。また、ヨーロッパ、アジアのどちらにしても、「トルコ」出身者が白人人口に含まれていることが注目される。[97] グアルティエッリによれば、「アジア側トルコ」出身者は実質的にシリア人を指していたが、「アジア」の概念地図の策定は、「アジア側トルコ」の出身者の人種化を意味しなかったのである。[98] この点について、一九一一年のディリンガム委員会報告書でも、現代のシリア人とは「シリア人、アラビア人、ユダヤ人の混血であり、コーカソイド人種のセム系に属する。よって、彼らの支配者トルコ人がモンゴリアン人種に起源をもつのとは大きく異なる」[99]と定義づけ、「モンゴリアン」と「コーカソイド」という「人種」の境界においてシリア人を差異化していた。また、宗教は包摂と排除の重要な基準だったが、オスマン帝国下のシリア人やアルメニア人のなかでイスラム教徒は少数であった。よって、シリア人は帰化訴訟において「純血のシリア人でありキリスト教徒である」こと、そして歴史をさかのぼってユダヤ・キリスト教文明の出自と地中海世界の東方出身であることを訴え続けた。[100] また、そのさい、ディリンガム委員会による独自の「ヘブライ」分類によって人種化／非白人化を恐れた著名なユダヤ人弁護士らが、シリア人の帰化訴訟を支援したほか、センサス局に独自の人種項目を作らないよう働きかけたのだった。[101]

このように「アジア」に含まれつつホワイトネスを維持した人びとの一方で、「アジアティク」に対してはさらに厳しい差別措置が待っていた。第一次世界大戦、新移民増加に反対するネイティヴィストは、一九一七年移民法における識字テストの導入に成功する。一九一七年移民法本文では移民禁止地帯についてセンサス同様に「アジアティク」との言葉は使われておらず、「アジア大陸（Continent of Asia）」と言及された。それは、既に排華法の成立していた中国と、紳士協約によって自主制限が行なわれた日本とその植民地を除く、東南アジア、インドを含む広大な地域であった。ジョン・ハイアムは禁止地帯はインドからの移民労働者の締め出しを狙ったものだと述べている。[102] しかし、これはあくまでも名目であった。水谷憲一が述べるように、西部選出議員の排日の目論見は果たせず、インドからの移民数は一九〇〇から一九一〇年には三〇二六人、一九一〇年から一九一九年には三四七九人と少数であったから、結果として「結局最も不幸を被ったのは微々たる数のインド人」[103]であった。

移民法と帰化訴訟は連動しており、ホワイトネスをめぐる帰化訴訟についてもインド人は不幸を被ったといえる。これに先立ち、一九一〇年の時点で「ヒンドゥが、純潔であろうとなかろうと、ヨーロッパの文明とは明白に異なる文明を代表していることから、彼らは非白人のアジアティクスとして分類するのが正しい」[104]とした、センサス局のロジックは、先に触れたように、一九二四年最高裁帰化権訴訟を先取りするものであった。同時期のディリンガム委員会への貢献や、出身国別割り当て制考案への直接的な関与に象徴されるように、センサスが市民権や移民・帰化政策についてメイ・ナイのいう、「包括的人種政策」の基盤であったことは明らかである。[105]そしてそのような人種化の源泉は、一八八〇年以降インド人を「アジアティクス」とみなすとのセンサスの定義までさかのぼることが出来る。

この一九一七年移民法成立をもって、メノンが主張するようにインドを西端とする「アメリカ的アジア」が創造された。[106]一方で、移民禁止地帯にオスマン帝国が含まれず、「アメリカ的アジア」から除外されたこと—移民法上のホワイトネス—は、シリア人の帰化に大きな影響を与えた。[107]一九世紀末より人種化／非白人化され、移民・帰化権上の排斥の対象となるなかで、「アメリカ的アジア」はその輪郭を整え、センサス上では一九二〇年に「アジア太平洋系」人種の原型として現れた。一方、センサス調査員による記録のうえでは、シリア人やアルメニア人は明らかにホワイトネスの境界線に入り続けていたのであった。

一九二〇年のセンサスが行なわれたのは第一次大戦終戦まもなくであり、オスマン帝国の敗戦によって、シリア、レバノンがフランスの委任統治領となっていた。オスマン帝国はまもなく一九二二年には滅亡するが、こうした激動を背景に、一九二〇年のセンサスでは、「第一次大戦後の領土の変更に伴う統計の比較」の説明がなされた。トルコについては、「ヨーロッパ側トルコ」から離脱したギリシャやアルバニアが中欧・東欧に含まれ、「アジア側トルコ」からはアルメニア、パレスチナ、シリア等の離脱が説明されている。[108]これらがそれぞれ別の出身地として数えられていることで、一九一〇年から一九二〇年には「ヨーロッパ側トルコ」出身者は三万二二三〇人から五二八四人に、「アジア側トルコ」出身者人口は、五万九七二九人から一万一〇一九人へとそれぞれ減少している。[109] 一九二〇年のセンサス・レポートでは、「アジア」とは中国、日本、インド、アルメニア、シリア、「アジア側トルコ」、「その他アジア」等を包括する広大な地域をさすようになった。オスマン帝国領土解体とともに、「アジア」のなかで再編成された国々の人口はそれぞれアルメニア（三万六六二八人）、パレスチナ（三三〇三人）、シリア（五万一九〇一人）、アジア側トルコ（一万一〇一九人）だった。[110]

ただし、「その他のアジア」は時として別の意味を持った。例えば、「全米の白人・非白人の出身地 一九二〇」の表では、「アジア」のなかで中国、日本、インドが独立し、シリア、アルメニア、トルコなどが「その他のアジア」としてひと括りにされている。そして、そのような一〇万七九八七人の「その他のアジア」の出身者中、一〇万六九二四人（九九％）が「ホワイト」として記録された。[111] また同表では、中国、日本、インド出身者の一部が依然として「ホワイト」としてカウントされている点も興味深い。中国生まれ七一六人、日本生まれ二七八人がそれぞれ「ホワイト」として記載された他、インド生まれにいたっては「ホワイト」二五三二人と「その他すべて」二三六〇人と拮抗している。[112] これは、ホワイトネスをめぐるインド人へのまなざしは調査の現場では五分五分だったことに加えて、独自の分類項目になってしばらくたってからでも、調査票に中国、日本生まれの人々の一部が「ホワイト」として記録されたことが反映している。[113] 独立した「人種」分類の登場を経て、「ニグロ」「インディアン」と一緒に「カラード」として括られるようになった「モンゴリアン」や「アジアティクス」は、社会的にも「非白人」として差別措置が先鋭化されていった。そうした時代にも、センサス局は自らが定義する「人種」の境界との矛盾に無頓着であったともいえる。しかしより正しくは、「街角の官吏」である現場の調査員がそのような「矛盾する」報告をしていたのである。つまり、センサスの公式分類項目と指示には従わない「矛盾する」現場のまなざしをそのままレポートに掲載せざるを得なかったのである。

センサスにおいて、人種差別をめぐる争点や利害は、移民管理行政の現場や帰化権や異人種間結婚をめぐる訴訟とは別のポリティクスとして表出した。メイ・ナイが検証するように、東部のワスプ、エリート層出身のセンサス責任者たちは、自らもそうであったようにネイティヴィストの懸念に直接答える移民制限を科学的装いをまとって実行しようとした。[114] ただし、こうしたワスプ男性エリート層の人種観とは時として異なり、「街角の官吏」である調査員はアルメニア人やシリア人を一貫してホワイトとみなし、また少数ではあるがジャパニーズもホワイトネスの境界内に位置づけ続けた。このような現場のまなざしは当時の一般社会の人種観を映すひとつの鏡である。そこでセンサス調査員は、アルメニア人やシリア人に対しては当局の指示に従わない独自の記載や、一九一〇年に登場した「その他」に分類することはなかった。そしてそれは公式のセンサス・レポート上でも同様だった。こうした古代地中海世界の東方「アジア」出身者のホワイトネスには、ローマ帝国、そしてビザンツ帝国の領土であり、ユダヤ・キリスト教文明との深いつながりを持つ歴史が反映されたと考えるのは不自然ではないだろう。再びサイードの言葉を借りれば、彼らは「ヨーロッパにただ隣接しているというだけでなく……ヨーロッパの文明と言語の源泉」の出身者だった。[115] また別の位相からみれば、アメリカではヨーロッパのように長きにわたる十字軍、コンスタンティノープル陥落、オスマン帝国のウイーン包囲など、古代地中海世界の東方を経由する「オリエント」との直接の対峙の歴史がないがゆえに、アルメニア人やシリア人は「エイリアン」として差異化されずに、「フォーリン」のままであったといえるのではないか。そして、そのような地中海世界に源流をもつホワイトネスの地理的境界(概念地図)が、冒頭に示したとおり、現代のホワイトの定義「ヨーロッパ、北アフリカ、中東に起源を持つ人びと」にまで連綿とつながっている。つまり、近東(中東)は現代に至るまでアメリカ・センサス上の「ホワイト」に含まれる人びとの出身地であり続けているのである。

一九一七年移民法成立は、たしかにホワイトネスの包摂と排除の大きなターニングポイントではあったが、そこまでの道のりには、一八六〇年に登場し、一八八〇年からはインド人が含まれる「アジアティクス」に対する長きにわたる非白人化のプロセスがあった。そのなかには、一九一〇年センサスで、ヨーロッパ文明との密接な関係がインド人のホワイトネスの分かれ目とするロジックの表明も含まれる。このように、直接利害が争われなくても、ジョン・トーピーがいうように、人口センサスの「人種」分類は移民・帰化をはじめとする人間の管理の基礎であった。[116] よってセンサス上のホワイトネスの境界の編成／再編成は、直接的に移民・帰化政策と連動していただけでなく、帰化権訴訟や異人種間結婚訴訟の人種をめぐる利害に対しても間接的に甚大な影響を与えたと考えられるのである。

おわりに　人種化される「アジア」、「その他」としての「アジア」、変容する「アジア」

ここまで「アジア系と呼ぶ集団の外的境界」の創造を、センサスを通じた当時の「アジア」の概念地図の変遷と重ね合わせながら明らかにしてきた。太平洋を渡る移民へのセンサスの記録は、中国人へのまとまった形の記録があった一八五〇年から始まった。当初は圧倒的多数の調査員から「ホワイト」と記入された中国人も、南北戦争後の再建期に国民の境界から排除され、一八七〇年には「チャイニーズ」が公式の分類となった。一八九〇年には「ジャパニーズ」が「人種」分類になると同時に「カラード」と位置づけられていき、「ヒンドゥ」、「コリアン」も続いて非白人化された。一九七七年に提示された現在の「アジア系」の起源や出身の地理的範囲とされる「極東、東南アジア、インド亜大陸」の国々が、一八七〇年以降、「チャイニーズ」「ジャパニーズ」等が移民・外交政策と連動する認知と監視の対象となり、出身国別に人種化されていくプロセスは、「アジアティクス」や「モンゴリアン」と総称され「カラード」と括られていくプロセスと表裏一体の関係であった。さらに、一九二三年の最高裁ティンド判決に先立ち一九一〇年にインド人の非白人化のロジックがヨーロッパ文明との異質性によってセンサス上で語られたことも確認された。

一九世紀半ばから二〇世紀初頭まで、センサス上で、「オリエンタル」や「アジア系(Asian)」が使用されることはなかった。また、地域としての「アジア」の範囲が明示されることもなかったが、一九一〇年の「アジア側トルコ」の登場によって、「アジア」がボスポラス海峡より東のアジア大陸を実質上指すことになった。先に示したロペスの分析の問題点の一つ、「アジア」の概念地図の誕生については、この一九一〇年のセンサスをもってなされたと筆者は考えている。また調査票の記録からは、「アジア」とは「小アジア」をはじめとして多くはオスマン帝国領土であり、古代ギリシャから見た東方「アジア」として、また領土内の民族別に記録が行なわれた。ただし、インドや現在のタイなども「アジア」の範囲に含まれることもあった。

以上のように、冒頭に示した一九七七年以降のOMBの「ホワイト」と「アジア系」人種の定義とは、人種化される「アジア」、「その他」としての「アジア」、変容する「アジア」という、アメリカにおける「オリエント」の交錯の歴史を背負って生まれたものである。ここで今一度強調したいのは、中国人や日本人が人種化されホワイトネスから漏れ落ちていく一方で、古代からの東方「アジア」出身者は「その他」として人種化された「ヒンドゥ」や「コリアン」より数としては多かったが、ホワイトの境界にとどまり、リーのいう「今ここにある危機」としての「エイリアン」にはならなかった点である。むろん現実には非常に厳しい差別もみられたのだが、サイードがいう人種による二項対立、西洋（＝白人）対オリエント＝（非白人）という図式において、明らかにアメリカ・センサスでは「オリエント（近東と極東）」のなかの異同が存在し続けた。それは、大西洋という航路にも象徴されるヨーロッパとの密接性に依存する異同であった。「オリエント」からの移民は太平洋と大西洋のどちらを渡ってくるかによって、ホワイトネスの境界への包摂と排除の道のりが異なっていたのである。また、アラブ、トルコ、アルメニア、シリア人が人種化されなかった理由は、アメリカの「帝国」としての関与・関心の薄さと無縁ではないだろう。二〇世紀初頭までの「東方問題」とはヨーロッパのものであり、アメリカの入り込む余地は少なかったともいえる。人種化のポリティクスは複雑であり、本稿はその一端を示したに過ぎない。しかし、それは世紀転換期のアメリカの帝国主義と勢力圏の拡大の動きと深く連動していた。わずか五五名の「ジャパニーズ」が一八七〇年に言及され、後に「微々たる数の」「ヒンドゥ」や「コリアン」が人種化されていく、数の多寡によらないセンサス人種分類のポリティクスは、太平洋における「帝国」としてのアメリカの展開と分かちがたく結びついていたのである。

第二章　アメリカ社会に埋もれた一世

二〇世紀転換期ニューヨークの日本人労働者たち

飯野朋美

はじめに

一九七〇年代後半から八〇年代にかけて、ニューヨークでひっそりと暮らす日本人一世が相次いで「発見」された。福祉施設やアパートで独り暮らしをしている高齢者たちだった。福祉支援を必要とする状況にありながら、ニューヨーク日系人会でも彼らの状況を把握しておらず、施設や病院からの連絡により、その存在が明らかになったのである。一九八一年にボランティアの福祉団体を設立し、一世の支援にもかかわった日系二世のミドリ・S・レデラーは、当時次のように語っている。「いま私が全力を尽くして取り組んでいる福祉活動のかなりの部分は『日本人街』があれば、不必要であるのかもしれない。そうしたコミュニティーが存在すれば、互助的組織も半ば自然発生的に数多くつくられるだろうからだ。[1]」レデラーは、目に見える形でのコミュニティに言及しているが、おそらく日系人会などの団体を含め、包括的で求心力のあるコミュニティが存在しないことを示唆しているのだろう。

ニューヨークには、古くからチャイナタウンやリトル・イタリー、ユダヤ人街などのエスニック・コミュニティが形成されてきたが、ロサンゼルスのリトル・トーキョーやサンフランシスコのジャパンタウンのような、日本人／日系人の空間的なコミュニティが歴史的に存在したかどうかは、はっきりと確認されていない。[2]むしろ、そのような空間的コミュニティは存在しなかったというのが、通説であろう。その理由の一つとして考えられるのは、ニューヨークへやってきた日本人には、定住型の「移民」というより、日本企業の駐在員などビジネス関係の一時滞在者や留学生が多く、彼らが定着せず、コミュニティの基盤ができにくかったのではないかということである[3]。

たしかに、一時滞在者に注目すると、そのような説明は妥当である。しかし、一時滞在者が多かったから、というだけで説明できるだろうか。そもそもニューヨークには、定住する日本人移民はいなかったのだろうか。そのような視点から、一九世紀終わりから二〇世紀初めの記録を見ると、ニューヨークでは、船員や家内労働者といった職業に従事していた日本人労働者が、ある程度の数で存在していたことがわかる[4]。上述した高齢の一世のなかにも「船乗り上がりの独身男性」が多く見られ、彼らは一九一〇年代から二〇年代に船員としてアメリカに渡り、上陸後そのまま定住したということである[5]。二〇世紀転換期、このような「船乗り」「水夫」と呼ばれた船員は、ニューヨークの日本人社会のなかでユニークな存在であり、船員としての仕事の拠点となるブルックリン[6]に小さなコミュニティを形成していたのである。

本稿では、二〇世紀転換期のニューヨークにおいて、これらの労働者階層の日本人がある種のコミュニティを形成していたことに注目し、それが持続し得なかった理由を考察したい。まず、労働者として、とくに船員として日本からニューヨークへ渡った人びとについて、彼らがニューヨークに渡った背景、そしてニューヨークでの就労状況について明らかにする。そして、彼らが日本人／日系人コミュニティの形成にどのような影響を与えたのかについて論じたい。ニューヨークで日本人コミュニティが存続しえなかった要因を探ることで、逆に移民コミュニティの形成に必要な要素も明らかになると考えられる。ニューヨークの日本人移民に関する研究は数少ないが、そのなかでもこれまでほとんど言及されてこなかった日本人労働者の状況を、邦字新聞の記事や外交文書などによって再構築し、コミュニティ形成との関係を考察することが、本稿の目的である。

一　ニューヨークの日本人史に関する研究および資料

はじめに、一九世紀終わりから二〇世紀初めにかけてのニューヨークの日本人史について概観したい。ニューヨークを中心とするアメリカ東海岸への日本人移民についての研究は、西海岸での事象をテーマとした研究の蓄積と比べると圧倒的に少ない。それは、西海岸と比べると流入した日本人の数が少ないことに起因するだろう。日本人人口についていは、たとえば一九〇〇年当時、アメリカ合衆国在住の日本人二万四三二六人中、七五パーセントにあたる一万八二六九人が西海岸諸州に住み、一・八パーセントにあたる四四六人がニューヨークを含む東海岸諸州に住んでいたとされる。(7)人口が少なく、職業上の競争など、アメリカ社会への影響力を持っていなかったとすれば、集団として排斥を受けるようなこともなく、また、第二次世界大戦の影響も西海岸の状況とは異なるため、研究テーマとなりうる事柄が少ないと考えられる。

このような状況から、研究対象もテーマも限られているが、その一つが、経済史・経営史分野でも扱われる「日米貿易の開始とその創始者」に関する研究である。(8)ハワイへの官約移民が始まるのは一八八五年だが、同時期に、ニューヨークにも日本人が住んでいた。新井領一郎や森村豊を中心とした、日米貿易の創始者と呼ばれる起業家・実業家たちである。(9)彼らは、一八七六年、生糸、茶、美術品、陶器などをアメリカで販売する道筋をつけることを目的にニューヨークへやってきた。江戸から明治へと時代が変わり、日本が国家として海外発展に力を尽くすなかで、彼らにかかる期待は大きく、その役割は日米の直接貿易のみならず、両国の良好な関係を築くことでもあった。(10)彼らはいわば、国の期待を背負って海を渡った若者だったのだ。新井も含めて、ビジネス分野で成功し、のちに日本人会などニューヨークの日本人社会でも中心的な役割を果たす者もいた。このようなビジネス分野での成功者については、企業の記録や個人の書簡、伝記等が残っているため、現時点での研究が可能である。

しかし、日本人社会全体について見てみると、一九四一年七月の日本資産凍結により、日本人会が解散させられたこともあり、(11)戦前のニューヨークの日本人／日系人に関する資料は、邦字新聞の一部や外務省の記録を除いてほとんどみられない。そのようななか、ジャーナリストで紐育日本人会の理事でもあった水谷渉三が中心となって一九二一年にまとめた『紐育日本人発展史』[12]（以下『発展史』）は、一九世紀終わりから二〇世紀初めのニューヨークにおける日本人社会を知るうえで貴重な記録である。一九一七年にこの企画が持ち上がり水谷が編纂委員長を務めたもので、協力者には、新井のほか科学者で実業家として日本人社会の重鎮だった高峰讓吉、貿易商社、商船会社、銀行などの幹部、ニューヨーク領事などが名を連ねている。序文を寄せた大隈重信は、日本人の海外発展に日米貿易を重要なものとして位置づけ、アメリカの文化・経済の中心地ニューヨークで貿易の発展とともに、日本人のさらなる活躍を鼓舞している。[13]『発展史』の刊行は、もともと、ニューヨークの日本人社会で見聞される「逸話奇聞」に興じた日本人社会の上層部が、日本人流入以来四〇年の歴史をさかのぼって、日本人史を編纂しようと考えたことに端を発したもので、[14]ニューヨークで発行されていた邦字新聞記事などの記録や聞き書きをまとめたものと推測される。水谷あるいは日本人社会のエリート層の主観的記述もみられ、また水谷自身が認めているように正確さに欠ける記述があることから、統計的な数字などは全面的に頼ることはできないが、当時の様子を想像する材料にはなる。[15]

八七〇ページにおよぶ『発展史』は、日米貿易や日米関係についての記述に大半のページを割いているが、日本人在住者の来歴や生活状況、日本人会をはじめとする諸団体についても随所で記している。それによると、ニューヨークに領事館が設置されたのが一八七三年で、以降、日清戦争終結後の一八九五年までが「邦人移住の初期時代」であり、先述のように日米貿易の「先駆者」が乗り込んできた時代だった。一八九一年にニューヨークへやってきた実業家・茂木喜太郎によると、一八九二年当時、ニューヨークの在留日本人は三〇〇人で、そのうちビジネス関係者と政府関係者が約五〇人、その他の約二五〇人が家内労働者だったという。[16]

日本の海運会社により、一八九六年にシアトル、一八九八年にサンフランシスコへの航路が開通すると、アメリカへの日本人移民が増えることになるが、ニューヨークでは、日本との地理的距離から、西海岸のようには日本人移民は増えなかった。しかし、この時期は、大陸横断鉄道の競争により旅費が安くなり、西海岸から移動してきた日本人が多かったこともあり、ニューヨークの日本人人口は増えたという。[17] 西海岸で旅費を蓄えて、徐々に東に移動してきた若者のほかに、「水火夫、司厨等の下級海員となりて東洋並に英国方面より紐育港に上陸せる者」がいた。[18] つまり日本から船に乗り込んで世界を回り、ニューヨーク港で船を降りた船員が、ある程度の人数いたことを示唆している。

その後、一九〇四年のセントルイス万博の開催や一九〇五年の日露戦争での勝利により、日本の「國際的價値」が高まり、ニューヨークを中心とする東海岸諸州において日本人は「米人より好感を以て優遇せらるる」状況であったため、さらに日本人が増加する傾向にあったという。[19] また、一九一四年の第一次世界大戦勃発以降、日米貿易は大いに発展し、日本企業の駐在員が増えることとなった。「従前家庭勞働者九割獨立經營者其他を合せ一割」だった在住日本人の職業別割合は、駐在員が増えた結果、「勞働者七割五分、會社銀行等の従業員一割二分五厘、其他の職業に從事する者並に學生一割二分五厘」になったという。[20] 前者がどの時代からの「従前」なのかは定かではないが、先述の茂木の一八九二年当時の実感とあわせて、この記述から言えることは、日本人の母数は少なくても、そのなかで労働者の占める割合が七五パーセントから九〇パーセントという大きな数字だということである。そして、そのなかに、船員として渡米した者や船員として働く者がいたと考えられる。歴史学者のミチコ・サワダは、一九一〇年代から二〇年代にかけてニューヨークに在住した日本人像について、その四分の三が高学歴で都会出身の「非移民旅券」を持つ学生、商人、実業家であると分析し、「非移民」がニューヨークに移民として定着した可能性を示唆している。[21] 旅券を持たない多くの船員がアメリカに上陸し、結果的に「移民」となった可能性が考えられるのである。

二　日本人船員のアメリカ流入

日本の海運業と船員

『発展史』には、一八八〇年に船員としてニューヨークに上陸した前川小次郎の談話が紹介されている。前川は、同年三月、カナダ船に船員として乗り込み、他の五人の日本人船員とともに下船した。約六か月間、日本人在住者を探したが見つけられず、再び外国船に「水夫として就労」しインドを回り、二年後に再上陸したが、その時も日本人の姿が見られずサンフランシスコに向かったという[22]。日本人移住の初期とされるこの時代、日本人在住者は目に見える存在感を持っていなかったようだ。一九五二年の邦字新聞『北米新報』で、一八八五年にニューヨークへ来た当時の様子を一世の長濱伊三郎が次のように語っている。

當時は三井三菱などの進出はなく、日本商店としては森村と関西貿易だけで、日本人もこれら商店に勤める店員のほかは米海軍軍艦に乗組んでいる人たちや留學に来ている書生さんぐらいのもので、たまたま日本人同志「ママ」が落合うと異郷の空の下のめぐりあわせに涙がでるほど懐しがりあい、支那人町へでかけて十仙ぐらいで大へんな御馳走を腹いっぱい食べながら歓談するといった風だった[23]。

このような時代に、前川のような日本人船員が世界を航海し、ニューヨークに上陸していること、また「米海軍軍艦に乗組んでいる人たち」がいることが興味深い。

船員のアメリカ流入については、『米国西北部日本移民史』によると、シアトルの移民の先駆けは、世界最大の材木工場があったポートブラックレーに上陸した外国船の乗組員だったという次のような記述がある。「船乗稼業に飽いた同胞は外国船から脱出しては、必ず足場をポートブラックレーに求めていたことは否むことが出来ない[24]」。これら船員は、売春婦の密航を手助けするなど、日本人社会の悪の部分で語られることが多いが[25]、ニューヨークでは、そのような船員と醜業がかかわる領事報告等の記述は見られない。

日本人が外国船で働くことができるようになったのは、一八六六年に江戸幕府がイギリス、アメリカ、フランス、オランダとの間で「改税約書」に調印してからである。第一〇条に「政府の印章を得れは修行又は商賣する為め各外国に赴く事、並に日本と親睦ある各外国の船中に於て諸般の職事を勤むる事故障ふし」とある。[26] 明治期に入り、日本の船会社が海外航路に就航するようになった。日本郵船の前身会社は一八七〇年、大阪商船は一八八四年に創立され、貿易の発展とともに航路を広げていった。[27] 一八八〇年には、海運の発展を鑑み、当時劣悪だった船員の労働環境を改善することと福利厚生を目的とした「海員寄宿所」が東京に設立された。のちに「掖済会」となるこの海員寄宿所は、宿泊施設であっただけでなく、船員養成や船での就職あっせんの役割も果たしていた。[28] 宿泊と就職あっせんが対になっているのは、船員は船を解雇されると次の船を探すことになるため、港を足場とする必要があったからである。明治時代の後半であるが、一九〇八年に発行された船員になるためのガイドブックともいえる『海員出身便覧』によると、当時、横浜や大阪、神戸、門司、長崎など全国の港湾都市には掖済会に似た海員周旋業者が多数あった。船長や運転士、機関長、機関士などは高等海員と呼ばれ、養成所で学んで試験を受ける必要があったが、普通海員と呼ばれる水火夫には誰でも簡単な手続きでなることができた。『発展史』で言うところの「下級海員」がこれにあたると思われる。船員志願者は多かったとみえ、なかには、乗船後すぐに高給をもらえるような詐欺まがいの新聞広告を出して、船員志望の若者をだます悪徳業者もいたという。[29] 悪徳業者にだまされないよう注意を促すことにページを多く割いているところを見ると、大きな社会問題となっていたのだろう。

このように、明治時代に入り海運業の発展とともに、船員の需要も増え、その供給のシステムも作られていた。『海員出身便覧』の著者は、「一國の財政をも左右する程」海運業は重要であることから、若者に「海に親しめ」とよびかけ、「奮励一番して船員となり世界各國を巡航し徐に適當の仕事を見付て盛に海外に發展し大に國を富し又自をも富ませねばならぬ義務があると思ふ」と激励している。[30] 日本の海運業発展の状況が、日本人船員が海外へ出かける後押しをしていたのだ。

一八九一年にニューヨークに渡り、労働者生活を経て医師となり、のちの紐育日本人会の前身団体である日本人共済会を設立した高見豊彦も、船員として海を渡った一人だった。一八七三年に熊本で生まれた高見は、アメリカ人宣教師の伝道に触れた際、新島襄の渡米エピソード[31]に感銘を受け、アメリカに渡ることを決意し、一六歳の時に友人とともに友人の従兄がいる大阪に向けて家出した。わずかな所持金で苦労の末、なんとか大阪にたどり着いた高見は、ある商船会社の船長に、渡米への近道は「船員となるに在り」と助言を受け、商船学校に入学した。じきに、学校に通うより神戸で外国船に雇ってもらうほうが早いと考えた高見は、神戸の海員下宿に移った。そこでイギリス船モーガル号に船長つきボーイの職を得、一八九〇年夏に同船に乗り込んだ。船はロンドン、南米、ロンドン、神戸と航海を続け、一八九一年四月にニューヨークに入港した。高見はニューヨーク係留中に脱船し、ブルックリンの日本人下宿に身を寄せたという(32)。

脱船員の入国と取り締まり

船員としてアメリカに入国することは、アメリカ側の取り締まりの制度が整っていなかったこともあり、比較的容易なことだった。高見の例は、就労している船の停泊中に脱船したものだが、港で解雇されそのまま滞在し続ける例もあり、どちらにしても不法入国であった。一八九九年のワシントン州タコマの帝国領事は、解雇された外国人船員の扱いについて報告している。アメリカ各地の港で解雇された船員が上陸する際、「外國移民トシテ検査ヲ要スヘキヤ否ヤ」については、各移民検査官の管轄であり、方針が定まっていなかった。その件で一一月二日にアメリカ政府から、「向後外國水夫ノ解雇セラレ上陸スルモノハ外國移民同様移民條例ニ依リ検査スヘキ」との通達があったが、タコマの汽船会社船主からはその対処が適切でなく迷惑であり、政府にとっても無駄な費用がかかるとの声があがっていた。解雇された船員は所持金も少なく、すぐに他の船での職を求めるのが常であるため、出稼ぎ目的の「日本人支那人ノ如キ純然タル移民ト同一視スヘキモノニ非ラス」からというのが理由だった。このような反対にもかかわらず、タコマでは検査を行なうこととし、移民の場合と同じ検査をした結果、本国送還者が出たことが報告されている(33)。ここで興味深いのは、船員の検査については基本的に移民検査官に任せられていることで、検査の必要がないという意見も聞かれるということである。領事館としてとくに対応を迫られている様子もない。ここで問題視されている日本人移民の多いワシントン州でさえこのような反応であることを考えると、東海岸など他地域での取り締まりはより緩やかだったのではないだろうか。あるいは、船員の不法入国の件数が、タコマでは深刻な問題とはなっていなかったということも考えられるが、いずれにせよ、アメリカ入国をもくろんで船員になる者がいるとしたら、これが法の抜け穴となって、船員の不法入国が容認されることになったのではないかと考えられる。

実際、二〇世紀の初めには、船を降りた外国人船員（脱船員）の取り扱いはアメリカの移民当局を悩ませる深刻な問題となっていた。合衆国移民委員会はこう説明している。船が寄港する際、船員は所用で上陸するかもしれないし、その地で休暇を過ごすかもしれないが、移民として望ましくないとされるものであっても、一度上陸すれば彼らは自由であった。船に戻ろうが戻るまいが、当局の手は届かない。[34] 一九〇五年から一九〇九年にかけての移民委員会による報告書には、脱船員の取り締まりに対するジレンマが表れている。移民当局としては、移民検査や脱船者を見逃した船長にペナルティを課すことで脱船員を取り締まりたいと考えるが、「通商・航海を不当に妨げないよう」扱わなければならないデリケートな問題であるため、移民当局には手を出すことができないというのである。[35]

一九〇七年七月の『ニューヨーク・タイムズ』に掲載された日本人船員の不法上陸を伝える記事も同様の例である。記事によると、ハワイから砂糖を積んでフィラデルフィアに寄港したアースキン・M・フェルプス号で、一四人の日本人船員が解雇された。彼らは航海法に従い船長によって移民当局に連れて行かれたが、別の船で就労する意思表示をせず、当局も何もできなかった。彼らは町のなかへ消え、その消息は誰にもわからないという。[36] このように、一九世紀終わりから二〇世紀初めにかけて、外国船に就労する日本人船員の増加、アメリカでの脱船員に対する取り締まりの甘さから、日本人船員がアメリカに入国する機会が増えたとみられる。

船員や密航者のアメリカ入国について、時代は下るが、一九一九年当時のことをある日本人船員が回想している。

この大正八年（一九一九年）のころは国内では仕事がなく、それにひきかえアメリカでは皿洗いしてでも生活ができ、その上一攫千金の夢も見られぬわけではなかったので、アメリカでの船員の逃亡や脱船が多かった。［…］船員が逃げるばかりでなく、密航者も多かった。そして、密航者を船員が手助けしてやるのも多かった[37]。先述の高見が得た助言と同様に、この証言からも、渡米の近道は船員になることだという認識は、渡米を希望する者にとって暗黙の了解事項であったことがわかる。

では、世紀転換期にとくにニューヨークに上陸する日本人船員が多かったとすると、その理由は何か。一つには、ニューヨークが一八〇〇年以前からすでに商業・貿易の中心地として繁栄していたことが挙げられる[38]。商船の入港機会が多いことは明らかである。そしてもう一つ考えられるのが、ブルックリンにアメリカ海軍工廠（ネイビーヤード）があったということである。次項に述べるが、ネイビーヤードでは、ある時期、国籍に関係なく外国人が雇用され、日本人も軍艦に勤務していたのである。ニューヨークの領事館報告では、一八九九年の時点で、アメリカの軍艦にコックやボーイとして勤務するものが二〇〇人以上いるとされ、また、一九〇〇年には「航海業（当国軍艦ニ雇ハレ居ル者ヲ含ム）ニ従事セル者ノ如キハ其数頗ル多」く、正確な数はわからないという記述がある[39]。このことから、日本人在住者の正確な数を領事館も把握しておらず、その理由は船員が多かったからだということがわかる。つまり、不法入国した脱船員がそのままニューヨークに滞在していたとしても、数字としては表に出てこないのである。先述の茂木喜太郎の回想では、一八九二年当時、「家内労働者」が二五〇人いたということだったが、労働者としての船員と家内労働者が流動的であったため、家内労働者に限らず海軍勤務者も含まれていたと考えられる。一九〇二年の領事報告では、ニューヨークの日本人労働者は日本から直接来るのではなく、西海岸から移ってくるかまたは「船舶雇員となりて来りて此地にて解雇残留するものにして即多くはすでに外国の生活に慣れたる者なり」と脱船員も含めて好意的とも取れる説明をしている[40]。船員は、外国船に乗り、世界を航海する生活であるため、その点でアメリカでの生活に親しみやすかったといえるだろう。

三　アメリカ海軍と日本人

海軍での任務

『発展史』によると、一八八〇年、アメリカの東洋艦隊所属の軍艦三隻がブルックリンに帰航した際、三二人の日本人船員を乗船させており、一八八一年にオマハ号ほか軍艦が帰航したときにもまた数十人の日本人を雇っていたという。[41] 彼らがどこで雇用されたのかは、この記述からは明らかではないが、アメリカ海軍に勤務していた日本人がいたことを示すものである。一八九二年から一八九五年にかけて、四〇〇～五〇〇人の日本人がブルックリンでアメリカ軍艦に雇われ、コックやボーイとして働いていたという。[42] このような日本人のアメリカ海軍勤務は、ニューヨーク独特の事象であるといえる。

ちょうどそのころ、海軍勤務者のなかに高野房太郎がいた。[43] 高野の評伝を著した労働史研究者の二村一夫によると、日本の労働組合運動の先駆者と言われる高野は、一八八六年に渡米し、サンフランシスコやタコマで、働きながら学ぶ「スクールボーイ」として家内労働をしたり、雑貨店やレストランを営んだりした後、一八九四年にニューヨークへやってきた。高野の目的は、かねてから連絡を取り合っていたアメリカ労働総同盟（ＡＦＬ）会長のサミュエル・ゴンパースと会うことだったが、海軍に応募するためでもあった。二村は、高野が海軍に応募したのは、それまでに抱えていた自身と東京の実家の負債を一掃するためだったと説明している。海軍に雇われると、「衣食住が保証され」月三〇ドルの給料がもらえたという。結果的に、高野は十分な金額を蓄えることができ、一八九六年にアメリカの軍艦に乗って横浜で脱船する形で帰国したのだった。[44]

ネイビーヤードは軍艦の造船所であるが、兵員採用業務や物資補給を行なう拠点でもあった。ブルックリンに係留されていたヴァーモント号は、もともとは軍艦だったが、改造されオフィスとして機能しており、採用された者は、まずヴァーモント号に乗り組み、その後、それぞれの軍艦に配属されたという。[45] 海軍での任務については、一九五〇年代に一世の堀久俊が、『北米新報』のインタビューで語っていることが参考になる。鹿児島県の喜界島出身の堀は、一八八四年ごろ渡米し、一八八五年にアメリカ海軍に採用された。軍艦では従来、中国人がコックとして働いていたが、「衛生上の理由から」日本人に代わっていったころだった。白人は日本人を「リキショウ」(人力車)と呼んでいたという。軍艦に乗り込む前に半年間、ヴァーモント号で訓練を受けた。給料は一か月九ドルから後に一六ドルに上がった。上陸していたときに、ブルックリンにある食料品店のアメリカ人店主から、月一五ドルで働かないかと声をかけられたが、「海軍ではくってねて月一六ドルなので」断ったという。(46)高野の経験と同じように、海軍の仕事は楽して稼げるものと認識されていたことがわかる。

コックの仕事が中国人から日本人に代わったというのは、一八八二年の中国人排斥法の影響であろう。一八九八年六月三〇日付のヴァーモント号の乗組員点呼簿(Muster Roll of the Crew of the U.S.S. Vermont on the 30th day of June, 1898)を見ると、全乗組員一四三人のうち、苗字から推測できる日本人は二一人いた。そのうち三人がコックで、一一人が給仕兵、五人がボーイだった。(47)つまり、ほとんどが食堂や給仕にかかわる仕事だといえる。二村によると、たとえばイタリア人は音楽隊に配属されるなど、外国人はエスニック・グループごとに「特定の職場に集中する傾向」があり、それは言語の問題等から管理上都合がよかったからではないかという。(48)このような人種やエスニシティによる区分けを差別的であるととらえる見方もあるが、アメリカ人ではなく外国人として雇われていることを考えると、機密の問題もあるため、職務にも制限があったのではないかと考えられる。一九〇三年二月の邦字新聞『日米週報』は、ニューヨークでは日本人の働き口も多く、給料もよいことを伝える記事のなかで、「過日進水した新メーン号には六〇名の日本人ボーイコックとなりて乗り込み居り候」と報じている。(49)

一八八四年の渡米後から一九〇七年まで海軍に勤務した千葉県出身の岩瀬徳次郎は、海軍就労のあっせんを行なっていた。岩瀬の紹介を受けて海軍に勤務した者は一〇〇人以上いたという。(50)一九〇二年当時、『日米週報』の記事は、日本人のなかに海軍勤務希望者が増えていることを次のように報じている。

［…］何故ニ近頃同所［海軍屯所（アメリカ海軍）］ニ入ラントスル同胞ノ多キヤト云ヘバ海軍屯所ニテモ日本人ヲ好メルモ雇入レタル日本人ノ其多クハ中途ヨリ逃走スルモノアリテ其ノ原因ハ或ハ家内的勞働口ノ給金高價ナルヨリ逃走スルモノトシ大ニ従來ノ給金ヲ引キ上ゲタル處ヨリ斯クハ同所ニ入ルコトヲ好ムモノ多キニ至リシナリトカ兎ニ角ニ金ヲ貯ヘント志スモノハ海軍屯所ニ勝ルモノナシト云フ[51]

つまり、ニューヨークの労働者にとってのもう一つの選択肢である白人家庭での家内労働のほうが給料がよいという理由で、海軍勤務から「脱走」するものが増えているため、海軍が給料を引き上げ、その結果、海軍勤務希望者が増えているというのである。このような記事は時々掲載されていた。アメリカにとっては、給料を引き上げてでも脱走する日本人を引き留め、あるいは新たな勤務者を獲得したいほど日本人を重用し、また、多くの人手を必要とする「海軍拡張」の時代だったことがうかがえる。[52]日本から乗り込んだ船の中でもコックやボーイなどの仕事をしていた船員にとって、時代的にも場所的にも、ブルックリンはなじみのある仕事で十分な給料が得られる、ありがたい、ちょうどよい受け皿だったのである。

海軍勤務とアメリカ市民権

アメリカ海軍勤務者について語るうえで重要なのは、アメリカ市民権をめぐる問題である。帰化申請の資格は、一七九〇年の帰化法で「自由な白人」と規定されていたが、一八七〇年にアフリカ生まれの外国人も含むよう改定され、一八七五年に帰化法第三〇巻第二一六九条として「自由な白人およびアフリカ生まれの外国人とアフリカ系の子孫」と規定された。この人種規定により、日本人の移民が始まった当初から、日本人は帰化不能のカテゴリーに入っていることは明らかだった。しかし、一九一〇年の国勢調査では、日本人から帰化したアメリカ人は全米で四二〇人いたとされ、これは帰化法での人種に関わる規定の解釈があいまいだったか軽視されていたかにより、「たまたま」帰化が認められたケースだと考えられている。[53]このように帰化した人がいる一方で、一般的には、日本人移民の間で帰化権についてはあまり議論されず、帰化権の問題が表面化するのは、一九〇五年ごろのハワイからアメリカ本土への転航者の急増や一九〇六年のサンフランシスコでの学童隔離問題といった排日運動の時期である。[54]しかし、ニューヨークではそれ以前から、たびたび帰化権について邦字新聞でも取り上げられており、一九〇三年にはニューヨーク在住の菱田静治という人物が、「米国ノ帰化法ト日本人」と題する文章を『日米週報』に三回にわたり寄稿し、日本人の帰化権について実例を挙げて解説している。[55]

ニューヨークで帰化権について話題になる理由としては、二つ考えられる。第一に、先述のとおり、国の期待を背負った形で渡米した日米貿易の創始者のようないわゆる起業家たちは、アメリカに定住することを考え、帰化を視野に入れていたのではないかということである。商業膨張主義のなかで「起業家移住」を促した福澤諭吉は、慶応義塾での教え子などの若者に思想的な影響を与えたが、[56]慶応義塾出身で福澤の勧めで一八七九年にニューヨークに渡り、のちに日本人社会の重鎮となった村井保固《やすかた》は、福澤から次のような助言を受けたという。「米国政府は果して日本人に帰化を許容するや否や予之を審にせず、然れ共若し好機会を得ば帰化権を獲得し帰化米人として永久的に奮闘努力するを要す」[57]。ただし、当時のニューヨークの日本人実業家で帰化した者がいるという記録は確認できていない。

第二の理由は、アメリカ海軍勤務との関係である。先に紹介した堀は、回想のなかで、「海軍に勤めれば市民権をくれるということだった」と述べている。[58]市民権がもらえるというのは、菱田が寄稿文で説明した次の条項を指すと思われる。すなわち、一八九四年の修正第三条「合衆國ノ海軍若クハ商船ニ属シタル二十一歳以上ノ外國人ニシテ五年間服役シタル海員ハ歸化ノ意思表示ナクシテ直チニ市民トナルヲ得」である。当時の一般的な帰化申請は、帰化する二年前までに意思表示をして裁判所で第一証書（帰化証）を得、さらに帰化条件に適合し市民となる許可が得られれば第二証書（帰化証）が付与されるという手順であったが、[59]海軍もしくは商船勤務者については例外が認められ、五年間勤めれば意思表示をしなくても市民となれるということであった。先に紹介した一八九八年の軍艦ヴァーモント号の乗組員点呼名簿では、日本人とみられる者のうち、イワセ・T、ナガイ・T、ナガノ・Yの三人については市民権を問う欄に「帰化アメリカ人」(Naturalized, NUS) と書かれている。本人の申告によると考えられるが、そのうちの一人イワセ・T (Iwase Char. T) は、海軍勤務者をあっせんしていた岩瀬徳次郎だと考えられる。五年間の勤務のみで帰化が認められるならば、一八八四年から海軍に勤務していた岩瀬の帰化もあり得るだろう。(60) また、市民権を目的に海軍を志望した者があったであろうことは考えられる。このような点で、ニューヨークでは、西海岸よりも、市民権 (帰化権) の問題が労働者にとっても身近にあったのである。

このように、アメリカ海軍に勤務した日本人が帰化できる可能性はあったものの、実際には、「白人およびアフリカ系の子孫」という規定について審査を担当した裁判所がどのように解釈するかで、帰化申請が認められたり却下されたりしていた。菱田の解説では一例として、一八九五年にボストンで帰化第二証書の手続きを拒絶された齊藤という人物が、マサチューセッツの連邦巡回裁判所に訴えたところ、裁判官は「人類學者ノ學説ヲ引証シ」、日本人は「支那人ト同シクもんごりあん [ママ]」であるため「日本人ニハ合衆國ノ歸化法ヲ適用スル能ハスト宣告」したことが紹介されている。(61) これは、一八八二年に中国人排斥法とあわせて成立した、中国人の帰化申請を認めないという条項と照らし、中国人ではない日本人にはその条項が当てはまらないため、第二一六九条がどのように解釈されるかを説明したものである。

在ニューヨーク総領事の内田定槌《さだつち》は、帰化によりアメリカ市民としての特典を得ることが、日本人がアメリカ社会で発展していくうえで重要だと考えていた。西海岸と異なり、農業などの地盤が築きにくいニューヨークでは、とくに必要とのことだった。(62) 内田はこのような帰化手続き上のあいまいさを認め、法律改正でしか問題は解決できないと、一九〇六年五月の外務省大臣林董あての書簡に記している。しかし、西海岸で排日運動が高まる状況では、高等裁判所で日本人の帰化権の有無を確かめる試験的訴訟を起こすことは適切ではないとして、次のように述べている。

［…］仮令試験的訴訟事件ヲ起シ高等法院ノ判決ヲ求ムルモ果シテ日本人ノ帰化ヲ許スコトニ決定セラルルヤ否ヤ疑ハシク若シ日本人ハ現行法ニヨリ帰化出来可ラサルモノナリトノ判決有之候ハハ従来帰化ノ手続ヲ了シ当国人タル特典ヲ有シ居リ候本邦人は其特典ヲ喪失スルコトニ相成可申(63)［…］

つまり、ここで日本人に帰化権がないという判決が下りると、すでに帰化している日本人もその権利を失うのではないかというのである。そして「権利を失う」という内田の懸念は、別の形で現実のものとなってしまう。一九〇六年六月二九日、帰化法が改正され、帰化資格の規定第二一六九条「自由な白人およびアフリカ生まれの外国人とその子孫」が明文化されることになる。この改正により、規定以外の日本人を含む外国人からの帰化申請を受理しないよう、担当する裁判所に徹底されたようだ。そのため、それまでに認められていたアジア系の帰化権を無効にすることが、この法改正の目的の一つであったといわれる(64)。長年、海軍に勤務した田村耕馬は、法改正前の同年二月、メイン州の巡回裁判所で第二帰化証を取得したが、八月に同裁判所書記から田村の弁護士あてに、その無効を知らせる手紙が届いた。九月八日の『日米週報』が「時事評論　再ビ邦人帰化権問題ニ就テ」のなかでこの件を取り上げている。書記は田村の名前を（書類から）探して確かめるのも煩わしいとして「ジャップ」呼ばわりしている。手紙の翻訳内容は次のとおりである。

此者ハ帰化権ヲ有セサル者ニシテ彼ヲ帰化セシメシハ全ク誤謬ヨリ生セル者ナリ故ニ判事ハ余ニ命シテ貴下ニ呈書シ貴下カ此『ヂャプ』ヲシテ第二帰化証ヲ本所ニ返上セシメ同時ニ彼レヲシテ、本歸化証ヲ楯トシテ撰擧權ヲ實行セシメラレサランコトヲ貴下ニ乞ハレタリ／近頃此性質ノ問題ニ判決例アリ是ニ依ッテ『ヂャプ』ハ歸化權ヲ有セサル者ナルコト確定セリ、判事『ヘール』氏カ此問題ニ就テ精シク研究ノ結果斯ク判明セルカ故ニ此ニ以上ヲ通知スル者ナリ帰化不能である田村に帰化を許可したのは誤りだったとして帰化証を返すよう要求しており、それは判事が判例を詳しく調査した結果わかったということであった。書記は体面を気にしてか、この手紙を「成ル可ク事件ヲ秘密ニセラレンコトヲ乞フ」と結んでいる。記事のなかで執筆者は、これは一個人だけでなく日本人在住者全体に関わる大問題であり看過できないと訴えている。(65)また、法改正直後の七月には同じ時事評論欄で、日本人に帰化権を認めないという「迫害的冷遇」に対して抗議をしないのは、外務省があまりに「軟弱」だからであり、今や日本が「列強」に連なる「好時機」にアメリカに対して交渉しないのは「外交ノ稚拙ヲ自白スルモノナリ」と強く非難している。(66)しかしながら、日本人の帰化権問題に関しては、日本政府による対応など、これ以上の展開は見られなかったようである。

このような一連の帰化権を巡る問題や西海岸での排日熱および日米紳士協約に至る交渉過程の影響であろうか、一九〇七年、アメリカ海軍は、新規採用をアメリカ市民権保持者に制限することを決定した。それにより、日本人の新たな採用は中止され、すでに就労している者は徐々に解雇されることとなった。(67)市民権を持たない者を採用しないということは、日本人だけを対象とするのではないが、この時点ですでに中国人が帰化不能とされていたことを考えると、日本人を排除することを意味していたと解釈できる。『発展史』によると、海軍を解雇された日本人労働者は、「離散して料理店、旅人宿を開き、或は家庭労働に轉じた」という。(68)軍艦での仕事がコックやボーイなどであったため、料理店や宿屋などは経験が活かせる仕事であり、家内労働については、もともと先述のように、「海軍勤務とどちらが得か」と両天秤にかけられてきた職であることから、労働者が流れ込むのは自然のことだったと考えられる。時代は下って一九四二年に行なわれた調査では、回答した七〇〇人の一世のうち、職業として一番多いのはコックで次に多いのが家内労働者だったという。(69)

四　日本人労働者とコミュニティの形成

これまで述べてきたように、ニューヨークには一九世紀の終わりから日本人労働者が存在し、日本人人口の大きな部分を占めていた。彼らの存在は、日本人／日系人コミュニティの形成にどのような影響を及ぼしたのだろうか。三つの点について考えたい。

第一に、可視的なコミュニティの形成への影響である。一九〇〇年代の初めまで、海軍勤務者を中心として日本人労働者の多くはブルックリンに生活の拠点を置いていたため、ブルックリンにコミュニティとも呼べるものが形成されていた。海軍勤務者の陸上での住まいは、旅館と呼ばれる下宿屋だった。ブルックリンのネイビーヤードに近いサンヅ街（Sands Street、サンヅ町とも呼ばれていた。以下同）やゴールド街(Gold Street)を中心に、日本人経営の店や日本人教会があった（表1）。一九〇二年の総領事館報告は次のように述べている。

當地方ニ於テハ西部ニ於ケルカ如ク鐵道、耕作、採鑛等ノ力業ニ従事スル者誠ニ少ナク多クハ艦船ニ雇ハル、カ若クハ下僕、料理人等トナルモノニシテ一體ニ西部地方ヨリハ給料高キヲ以テ此種ノ心得アルモノハ相應ニ蓄財スルヲ得ルカ如シ［…］右ノ勞働者ハ多クハブルークリン市ヲ生活ノ本據トスルヲ以テ従テ同市ニテハ日本人旅宿又ハ料理店ノ如キモノ其他小前ノ雑貨商人等漸時増加セリ(70)

最初の日本人下宿、中濱旅館がゴールド街に開業したのは、一八八六年のことだった(71)。新聞広告によると、下宿というだけでなく、周旋屋の役割も果たしていたようだ(72)。一九〇八年に出版されたニューヨークにおける日本人の概況をまとめた案内本によると、日本雑貨店や食料品店もいくつかあったことがわかる。ベッドフォード街の葛西商店は、一八九五年創業で、一九〇八年当時には支店を持ち、三〇人以上の店員がいたという。堀久俊は、一九〇一年にサンヅ街に雑貨店「堀商会」を開業した。日本の食品や書籍、雑貨を扱い『太陽』や『文藝倶楽部』ほかの雑誌を取り次いでいたようだ(73)。サンヅ街には日本人経営の店がその後増えて、上記以外に一〇件もの日本人経営の店があった。薬師寺せんべい屋は、サンフランシスコで開業していた薬師寺喜六が一九〇六年に開業した。「昨夏の大火災に丸焼けとなり」ブルックリンに来たという。餅菓子やせんべいを売る石川風月堂の店主も、サンフランシスコで菓子製造に従事しており、一九〇七年に移転開業したという。(74) 一九〇六年のサンフランシスコ地震とその後の大火災や排日運動の影響で、西海岸の日本人コミュニティで日本人向けに商売をしていた者が新天地を求めてやってきたのである。また、船員としてニューヨークに上陸後、海軍勤務や家内労働を経てコーネル大学医学部に学んだ高見豊彦は、一九〇六年にハイ街に医院を開業している。(75)

日本人によって設立されたキリスト教会も、ニューヨークの日本人社会において重要な役割を果たしていた。教会はボーディングハウス（下宿）であり、集会や社交の場でもあったからである。ニューヨークで最初の日本人キリスト教会は、一八九四年にブルックリンで設立された日本人メソジスト教会である。下宿人の増加により、一八九六年にはコンコード街のより大きな建物に移った。(76) 教会には、図書館や娯楽設備があり、またスピーチやディベートを学ぶクラスもあったという。さらに、就労あっせんもしており、アメリカ人が家内労働者を求めて教会を訪れていたという。(77) 一八九八年には、シカゴから移動してきた廣瀬由助夫妻がプロスペクト街に日本人教会を設立した。廣瀬は、一九〇〇年には労働者が海軍勤務から家内労働に移っていくことを見通して、教会をマンハッタンの東五四丁目に移した。すぐに下宿人が増え、翌年には五七丁目に引っ越したという。(78)

一九〇〇年代の初め、すでにマンハッタンにも日本人経営の旅館や料理店などがあったが、サンヅ街のように場所的に集中していたわけではなく、ブルックリンで労働者を中心としたコミュニティが作られていたことは興味深い。一九〇七年に海軍での雇用が中止になって以降、廣瀬が予見したように、ブルックリンの日本人コミュニティは縮小したであろうことは考えられるが、マンハッタンで新たな可視的コミュニティが形成されたかどうかということと合わせて、今後、詳細な検証が必要であろう。

第二に、共通の目的を持ったコミュニティという意味での社会機関に注目したい。一九〇七年、高見豊彦の呼びかけにより、労働者の相互扶助を目的とした「日本人共済会」がブルックリンに設立された。まさに、冒頭で紹介したミドリ・S・レデラーが示唆した「互助的組織」である。高見はコーネル大学で医学を学んでいた時に、ニューヨークで亡くなった身元不明の日本人男性二人の解剖をした経験から、日本人同士の共済組織を持たなければ、日本人はさびしく貧困者用の共同墓地に葬られてしまうという懸念にかられ、自分が開業したときにはそのような共済組織を作ろうと考えていたという。[79]そして、一九〇六年の開業からすぐに実行に移したのである。発起人には、ブルックリンの商店主たちも名を連ね、堀久俊も会計係を務めていた。[80]一八人いる発起人のメンバーを見ると、いわゆる実業家や企業人の名前はなく、個人事業主が多く、生活に根ざした助け合いの組織だったことがわかる。

共済会の大きな目的は、病気などで助けを必要とする者の援助と共同墓地の購入だった。この設立趣旨は多くの労働者から賛同を集め、会員数は一九〇八年には二二三人に上ったという。海軍での雇用中止や、西海岸での排日運動など、ニューヨークに生きる日本人にとっても不安の種が高まっていたためであろう。そして、一九一二年にロングアイランドのマウント・オリベッティに二五〇〇ドルで墓地を購入したのである。[81]共済会は、当時、日本人をまとめる唯一といってよい組織であった。

このような社会機関である共済会は、一つのコミュニティとしての機能を果たしていたが、より大きな組織である紐育日本人会の設立により、コミュニティ内の階層差が表出することとなった。一九一三年、高峰譲吉ほか日本人社会の有力者から、包括的な機関としての日本人会設立の声が高まった。同年、カリフォルニア州で外国人土地法が制定されたことが一つのきっかけであったようだ。日本人会の目的は、相互扶助だけでなく、ニューヨーク在住の日本人を団結させることにもあった。高見もその趣旨に賛同し、一九一四年、共済会は日本人会に吸収された。[82]

日本人会設立を主導した有力者たちは、西海岸での排日の動きを危機感を持って捉えていたとみられ、そのため労働者を堕落した者とみなし、厳しい目を注いでいたことが、『発展史』の記述からもうかがえる。家内労働を「元來奴隷的歴史を有する職業」として、家内労働者の増加は「理想にあらず」と断じ、一九一〇年代半ばには、家内労働者の他の職業への転化や風紀改善などの運動が展開されることとなる。[83]コミュニティを主導する実業家・企業勤務者層と、人口比では圧倒的に多い労働者層。このような極端な階層の違いが、当時のニューヨーク日本人社会の特徴ではないだろうか。紐育日本人会は団結を目指した包括的なコミュニティでありながら、いや、であるからこそ日本人社会に内在する階層差があらわになっていくのである。第二次世界大戦中に解散させられた日本人会が、戦後の日本人会（日系人会）に継続性を持たせなかったように見えるのは、戦前にまとまりきれなかったことに原因があり、その一因が構成員の階層差にあるのではないだろうか。日本人会とコミュニティの分裂については、分析に値すると考えられる。

日本人労働者がコミュニティ形成に与えた影響の第三の点として、彼らの婚姻状況により、持続的なコミュニティが形成されなかった可能性を指摘したい。エスニック・コミュニティが形成され発展していくには、二世以降の世代が生まれることが必要だと考えられるが、ニューヨークにおいては、それが不十分だったのではないだろうか。つまり、一世のコミュニティが形成されていたとしても、二世以降の集団を含んだコミュニティが十分に形成されなかったということである。

ニューヨークの日本人労働者には独身者が多く、既婚者でも異人種間結婚が多かったという。当時のニューヨーク日本人社会では女性の割合は五パーセント前後だった[84]。既婚女性も含んでのことなので、結婚適齢期の女性に絞るといっそう少なかったはずである。先述の一九四二年の調査によると、七〇〇〇人の一世のうち九割が男性であり、平均年齢は五一歳、多くは未婚で、既婚者二四〇人中五〇パーセント強が白人と結婚していた[85]。ニューヨークでは、異人種間結婚が州法で禁止されていなかったため、日本人男性もアメリカ人女性との結婚が可能であった。先に紹介した村井保固や高峰譲吉もアメリカ人女性と結婚していた[86]。二〇世紀初めのニューヨークで、家内労働者から身を起こし下宿屋経営に成功した桑山仙蔵は、白人女性との結婚は「大してむずかしくもなく［…］家庭働きをしている若い者のうちにも、日白結婚で、おさまっている人々もあった」と後に回想している[87]。

二世以降の世代で異人種間結婚が行なわれた場合は、日系人コミュニティの人種・エスニック上の拡張あるいは多様化を論じることができるが、一世の場合は状況が異なる。すなわち、コミュニティの縮小である。異人種間結婚について、一九三六年の報告書のなかで、ニューヨーク領事は次のように予測している。「東部では沿岸のように多数の邦人が集結しておらずごく少数の邦人が各地に散在し雑婚も行なわれているから［…］日系市民は結局は日本的色彩を失って米人の中に吸収され尽くすであろうと思われる」[88]。つまり、異人種間結婚により二世が誕生したとしても、日本人／日系人コミュニティの再生につながらないことが示唆されている。同じ報告のなかで、次のようなより詳しい記述がある。

雑婚の結果は家庭的にも全部が良好とは言えない。また外国人と結婚し白人とのみ交際する結果は本邦近親とは全然孤立無縁となり文通せず他の在留邦人社会とも漸次隔離し思想的に日本より離れていく傾向がみられる。ことにこれら雑婚者の子弟に至っては日本国籍留保の有無にかかわらずこの傾向は顕著である[89]。

一世にとってもう一つの結婚の手段である写真結婚については、状況はまだ明らかではないが、いずれにせよ日本人同士の結婚が少なかったことが、コミュニティの形成に影響を与えたと考えられるのである。もちろんこのような婚姻状況は、労働者に限ったことではなく、日本人社会全体でみられる傾向だが、日本人人口の多数を占める労働者が与えた影響は看過できないだろう。

以上三点の考察を通して見えてくるのは、ニューヨークの日本人労働者の生活が、日本人コミュニティの繁栄につながる安定したものではなかったということである。アメリカ海軍や白人家庭での仕事はあったものの、農業や自営業などとは異なり、家族を持ち子孫を繁栄させ社会に定着するという労働形態ではなかったことが想像される。その点で、日本人会が職業や風紀の改善運動を行なったことは評価できる。しかし、運動が功を奏さず依然、家内労働者が多数存在した日本人社会では、構成員の階層差がコミュニティの繁栄を阻む一因だったと考えられる。このような諸条件が重なった結果が、冒頭で紹介した見えない存在となった一世の「発見」につながることになったのだろう。

おわりに

これまでみてきたように、二〇世紀転換期には多くの日本人がニューヨークに流入し労働者層を形成していた。この時代、日本では貿易事業とそれにともなう海運業の発展により、若者が船員となって海を渡る機会が開かれ、一方アメリカでは、手続き上の問題から船員のいわゆる不法入国が容認されていた。そうしてニューヨークにやってきた日本人たちは、ブルックリンにコミュニティと呼べるものを形成していたが、結果的にそれが存続することはなかったのである。

本稿では、従来ほとんど研究されてこなかったニューヨークへの日本人移民労働者について、彼らが流入した背景と、ニューヨークに特有な労働状況、とくに船員のアメリカ海軍勤務について考察した。そして、彼らの状況がコミュニティの形成にどのような影響を与えたか、コミュニティが存続しなかった要因は何かを探った。

一九〇七年にアメリカ海軍が日本人の雇用を中止して以降、日本人労働者はアメリカ人家庭での家内労働者に転じていくが、それに伴う人の動きと新たなコミュニティの形成については、検証が可能であろう。また、包括的な機関として設立された日本人会がコミュニティ形成に与えた影響や、日本人労働者の婚姻状況など、本稿で言及した点についてはまだ仮説の段階であり、それぞれ詳細な研究が必要である。

二〇世紀転換期、船員となった日本人にとって、国境を超えるのは難しいことではなかった。ニューヨークで職を得て、一時は可視的なコミュニティを形成した日本人労働者が、やがて日本人社会から遠ざかり、アメリカ社会に埋もれていく。このことをアメリカ社会への同化とみることもできるかもしれないが、それは日本人コミュニティが存続し得ないことの大きな要因でもあった。今回は一世の職業を海軍勤務に絞ったが、今後、家内労働者の仕事や生活についても詳細に調査することで、さらにコミュニティ形成との関係を考察したい。その過程で、これまで光の当たらなかったニューヨークの一世の足跡を掘り起こすことができたらと考えている。

	業　種	住　　所	創業（設）年
日本人教会	キリスト教会	17 Concord St.	1892 年
共済会		182 High St.	1907 年
ドクトル　高見豊彦	医院	182 High St.	1906 年
薬師寺せんべい屋	菓子	44 Sands St.	1906 年
川添料理店	料理店	57 Sands St.	不明
自由亭	下宿・料理店	70 Sands St.	1906 年
造花店		114 Sands St.	1907 年
東洋館	料理店	116 Sands St.	1904 年
堀商会	雑貨	125 Sands St.	1901 年
中崎旅館	下宿・料理店	128 Sands St.	1899 年
東京館	料理店	130 Sands St.	1905 年
石川風月堂	菓子	132 Sands St.	1907 年
植田旅館 *	下宿・料理店	164 Sands St.	不明
原料理店兼旅館	下宿・料理店	164 Sands St.	1905 年
日の出商店	雑貨	179 Sands St.	1907 年
中濱旅館	下宿	183 Sands St.	1886 年
清水西洋料理店	料理店	199 Sands St.	1905 年
四ツ本洋食店 *	料理店	233 Sands St.	不明
葛西商店	雑貨	1231 Bedford Ave.	1895 年
竹田商店	食料品	154 Gold St.	1902 年
出浦商会	雑貨	26Boerum Place	1905 年
高野日本雑貨店	雑貨	1238 Fulton St.	1907 年
東郷雑貨店	雑貨	1258 Broadway	1906 年
山下旅館	下宿	140 Nassau St.	1905 年

表1　ブルックリンで営業していた日本人経営の店・施設
a『日米年鑑　第一巻』(1905 年)(復刻版『日系移民史料集第 3 期』日本図書センター、2001 年）および b『紐育の日本人』(1908 年)（復刻版『第二期初期在北米日本人の記録《北米編》』文生書院、2006 年）より筆者作成。* は b では所在が確認できなかったもの。

第三章　日本人移民女性と裁縫

移民社会における裁縫学校を中心として

北脇実千代

はじめに

一九一〇年代、多くの日本人女性が海を渡ってアメリカへ移住した。大半は、アメリカで働いていた日本人移民男性による呼び寄せであり、その多くが、写真や手紙のやりとりのみで結婚した女性であったことから、「写真花嫁」と呼ばれた。一九〇八年、アメリカ社会で勢力を増す排日運動を考慮して、日本政府は、アメリカ政府との「紳士協約」のもと、労働者移民への旅券の発行を自粛することになったが、家族の移住はひきつづき可能であったことがその背景としてあった。また、日本人移民社会において独身女性の数がきわめて少なかったこと、アメリカ社会で異人種間結婚が禁止されていたことなども日本からの呼び寄せに拍車をかけた(1)。一方、日本においても、アメリカでの生活に対して憧れを抱く女性も多く、家族同士で取り決められた結婚だからといった消極的な理由からだけでなく、女性自身の強い意志も働いて渡米が促されていった(2)。このような結果、渡米する女性の数は急増し、写真花嫁への旅券が停止された一九二〇年までに、写真花嫁として渡米した女性の数は、アメリカ本土だけでも約七〇〇〇人になった。子どもや既婚女性および年配の女性も含めると、一九一〇年代に約三万五〇〇〇人の女性が渡米したとされている(3)。

日本人女性が多く渡米した時代は、東欧・南欧を中心とした国々から来た「新移民」が増加し、アメリカは国家の概念が揺さぶられていたときでもあった。それに伴い、移民排斥運動が高まると同時に、移民の教化を試みる「アメリカ化」

運動も盛んになってくる。(4) とくにカリフォルニア州では、公的な援助を受けつつ、草の根レベルのアメリカ化運動が展開されていた。(5) またこの時代、着用しているもの、すなわち衣服がアメリカ化の指標の一つとして捉えられるようにもなる。衣服の大量生産が始まり、既製服を比較的容易に買い求めることができるようになったという社会状況が、出自を覆い隠し「アメリカ化」することを後押ししていた。(6) 歴史学者のダニエル・ブアスティンは、一九世紀末までにアメリカではみな似たような衣服を着用しており、ヨーロッパほど衣服から階級を判別することがなかったと指摘しているが、そのような状況も既製服を着れば「アメリカ人」になれる状況を作り出したといえる。(7)

歴史学者のエリザベス・ユーエンは、ヨーロッパから移民して来たユダヤ人女性やイタリア人女性が、ニューヨーク到着後に母国の服を恥じ、アメリカで買い求めた既製服を着用したことをアメリカ化の例として挙げているが、(8) 日本人移民の場合も、着物ではなく洋服を着ることがアメリカ化の証とみられ、洋服を着ているから同化の傾向にあるという言説が生まれた。たとえば、日本での在住経験もある白人宣教師のハーバート・ジョンソンは、排日運動興隆のなかで、「中国《チャイ》人移民《ナマン》と違って、日本人移民は我われの服装を着用し、また可能な限り我われの生活様式を取り入れている」と主張することで、日本人移民を擁護した。(9) 洋服の着用が、同化できる移民と同化できない移民とを区別する重要な判断材料として扱われていたことがわかる。(10)

このように服装が同化の基準の一つとなった当時のアメリカ社会は、全体として容姿に対する関心が高まった時代でもあった。とくに一九二〇年代に入ると、長い髪を短く切ってボブヘアーにし、コルセットの着用をやめて膝丈のスカートをはく、いわゆるフラッパーと呼ばれる女性が登場するなど、女性の外見において大きな変化がみられた。またそれまで売春婦を連想されることの多かった化粧を施した顔が、一般的に受容されるようにもなる。女性向けの雑誌でも化粧品の広告があふれるようになり、容姿の美しさをめぐる産業も確実に発展していった。(11) 歴史学者キャシー・パイスも一九〇九年からの二〇年間でアメリカの香水ならびに化粧品製造業者の数が約二倍に増加し、関連商品の売り上げは約一〇倍になったと指摘している。(12) 化粧・髪型・服装への関心が高まり、関連産業が発展し、広告等のマスメディアによって消費が後押しされるといったビューティ・カルチャーが形成されつつあった時代に、日本人移民女性はアメリカにやってきたのである。[13] 歴史学者の常松洋や松本悠子は、大量消費社会において、消費することや消費の仕方さえも同化すなわちアメリカ化の指標として捉えられたと指摘しているが、[14] 移民女性たちは必然的に大量消費社会に身を置くこととなり、消費にも向き合うことになったといえる。

本稿では、同化の基準とされ、容姿の美しさをめぐる消費とも関連してくる服装に着目し、日本人移民女性が服装にいかに対応したかを裁縫という私的な活動に焦点を置きながら検証していきたい。とくに、当時最大の日本人移民社会があったカリフォルニア州ロサンゼルスに設立された裁縫学校に焦点を当てていく。当時ロサンゼルスでは、ホーム・ティーチャー・プログラムも導入され、家庭訪問を通して移民を教育していくアメリカ化運動に力が入れられていた。移民してきた女性たちには、妻ならびに母としての役割を全うすることが期待され、次世代の子どもたちを育てていく者として、アメリカ的なよき家庭を築いていくことが求められた。[15] そのようなジェンダー観にもふれながら、アメリカ化運動が興隆していたアメリカ社会において、日本人移民女性の私的な活動である裁縫がどのような意味合いを含んでいたのか、また日本人移民社会における裁縫学校にどのような意義があったのかを考察したい。

一　洋服を着ること

日本人移民女性のなかには、日本で洋服を買い求めてから渡米する者もいたが、多くはアメリカに来て初めて洋服を着るという体験をした。シアトル在住の一世の男性も、一九一〇年代にやってきた写真花嫁のことを「花嫁は和服でやってきましたが、こちらに着くなり、ホテルのそばにあったアベ洋装店に連れていかれ、洋服を買いました」と回想している。[16] 当時の日本は、女性雑誌の『婦人之友』が洋装運動を展開するなど、洋装を取り入れようとする動きはあったものの、一般的にはまだ和服が女性たちの服装の主流であった。[17] 流行の発信地でもあった東京の銀座において民俗学者の今和次郎が一九二五年に行った調査でさえ、九九％の女性が和服を着ているという結果であった。[18] さらに、移民女性の多くは、広島・山口・福岡・熊本など地方の出身であったため、洋服にあこがれこそはあってもなじみはなかったに違いない。[19] 靴を左右逆にはいてしまったり、レースの下着をドレスの上に着用してしまったりと失敗もあったようだ。[20] 一九一〇年代はまだヴィクトリアン・スタイルが洋服の主流であり、女性たちは、コルセットとブラウス、ロングスカートに帽子とブーツを合わせた服装一式を盛装として用意することになった。草履に慣れている足にとってブーツはとても窮屈で痛みを伴うものであったといえる。[21] ある一世の女性も、「コルセットを胸のあたりまでしめつけるので、かがむことができなかった。靴紐は主人に結んでもらうしかなかった」と自身の洋装体験を語り、きつすぎて失神する女性もいたとさえ回想している。[22]

洋服を着ることに対しては、あこがれだけではなく当時のアメリカ化運動も関係していた。「紳士協約」締結以降も、排日運動は衰えることはなく、一九一三年にはカリフォルニア州で外国人土地法が制定されるなど、農業を生業とする者が多い日本人移民には大きな打撃となっていた。そして写真花嫁として移民してくる女性への批判も高まっていく。アメリカにやってきた女性たちが出産し、市民権を有する子どもの名前で土地を購入するケースが出てきたことも批判の一因であった。[23] このような状況を鑑みて、日本人移民社会の指導者層が推進したのが主流社会のアメリカ化運動を念頭に置いた矯風運動および「米化運動」であった。とくに指導者らは、主流社会において盛り上がりをみせていたアメリカ化運動を「米化運動」と称しながら移民社会への浸透を試みたのである。[24] 移民社会にある日本語で書かれた看板をローマ字表記にしていく試みや日本人移民男性の娯楽の中心となっていた賭博を撲滅していくといった活動のなかで、洋服の着用ということも積極的に奨励されていった。[25]

移民社会の指導者らが推進する運動のなかでは、単に洋服を着るということだけでなく、遜色なく着こなすということにも注意が払われた。日本人移民社会で発行されていた新聞『羅府新報』の記事でも、日本人移民女性の服装が「日本婦人の常として何處となくダラシなき風姿」であることが指摘され、「日本服の習慣つき洋装に慣れざる結果もあらんか。同じスカート同じウエストを着ながらも極めて締りなく而かも場所に依りては是等ダラシなき姿の婦人三々五々隊をなしベビーを抱へてズルリ〳〵と行列をなし居るを見受くる」と批判されている。また同記事では、帽子をかぶるようにとも注意が促され、「日本婦人の帽子を被らず乳母車を押して人通り繁きメーン街を通行せるがジャップを見よと多数白人の後指を指して笑ひつゝありし」と白人の眼にいかに映るかが言及され、排斥の声が高まることになるという懸念も示された。[26] 服装が同化の基準であるということは、服装いかんでは排斥の原因ともなることを意味し、とくに日本人移民女性の服装には関心が集まったといえる。

概して米化運動は、さまざまな日本人移民組織の連携によって進められていったが、とりわけ日本人移民女性を対象とした活動に積極的だった団体の一つにキリスト教女子青年会（以下、ＹＷＣＡと略記）が挙げられる。ＹＷＣＡの活動は、日本人移民社会のなかだけに限定されたものではなく、移民送出国でもある日本社会と連携をとりながら進められていった。日本ＹＷＣＡの総幹事であった河合道は、移民を一時的に収容するサンフランシスコのエンジェル島を視察した際にも女性たちの服装を嘆き、「日本の下手な田舎洋服師の仕立てし肩巾を狭くせし看護用の如き洋服を着せるあり。裾模様の似合はぬあり」と述べるなど外見に対して厳しく評した。[27] ロサンゼルスを訪れた際にも、「渡米婦人の多数は米國の事情如何なるかを呼寄人より注意を受け居らざるを以て見苦しき姿にて余り白からぬ脛を現はすも敢て恥かしき事」と思わないことを憂い、このような女性を渡米前から啓発していくべきだとして横浜で「洋服の着け方其他一切の注意」をしたいと述べた。[28]

そして実際、翌年の一九一六年に横浜に渡航婦人講習所が開設される。講習所は、「海外に渡航する婦人に必要な諸種の準備教育を施すのが目的」とされ、「修身、渡航注意、外國事情、英語、外國家事法、外國衛生々理、外國育兒法」などの科目が設置された。具体的には「在外婦人の心得」「渡航準備法」「外國風俗、習慣、外國禮式作法」といった内容が含まれているため、そのなかで服装についても扱われたに違いない。[29] この横浜ＹＷＣＡの試みは、女性たちの到着地となるサンフランシスコのＹＷＣＡの協力を得ながら行なわれた。[30] またロサンゼルスのＹＷＣＡにおいても移民女性への啓発活動は行われ、「家庭集会」が随時開かれて英語やアメリカでのマナーなどを学ぶ場が設けられたり、白人女性と交流していくことが奨励されたりもした[31]。

日本人移民社会では、外見に無頓着な移民を嘆く指導者層がいる一方で、いかに装うかを気にする女性も徐々に増えてきたのも事実である。アメリカは二〇世紀前半より大量消費社会を迎え、それに伴い人の持っているものや買い求めたものをうらやむ傾向が生まれたとも指摘されているが[32]、そのような状況は日本人移民社会においてもみられた。羅府婦人会の幹事代理であった林収蔵は、「從來各婦人會の微々として振はない理由を研究いたしました所第一には服装であります。兎角婦人の集會には美服の競争が始まるので二回若しくは三回目にはパッタリと人の數が減少するとのことです」とお互いの服装を気にする風潮を指摘しつつ、羅府婦人会ではそのような競争がないので、その「美風」を維持したいと述べている[33]。お互いの服装を気にする傾向は、移民社会で行われるピクニックでもみられたのか、運動できるような軽装でよいのに「身代あり丈の盛装を凝して出発する」と苦言が呈されるほどであった[34]。

また、四、五名の女性たちが路上で、自らの購入したシルクのストッキングを自慢し合っていることを批判する女性もいた[35]。ここで女性たちが自慢し合ったというシルクのストッキングは、当時の主流社会の女性たちにとって必携品となっていたものであった。従来は上流階級しか購入できなかったものだが、一九二〇年になるまでに白人中産階級の女性も買い求めるものになり、その後は黒人女性をはじめさまざまな労働者階級の女性も購入するようになっていた[36]。日本人移民女性たちも、リトル・トーキョーといった日本人移民社会内だけで購入したわけではなく、近隣のデパートにも出向いたようだ。デパート側も日本人移民を顧客として認識していたのか、『羅府新報』にも日本語による広告が掲載されたりもしている[37]。ある意味で女性たちの行動は、消費を通してのアメリカ化でもあった。

米化という名のもとで、アメリカ化を進めていた移民社会ではあったが、消費については消極的でもあった。たとえばある女性は、女性たちが「夫の給金迄浪費して流行の衣服や帽子靴さては何の彼のと軽佻浮薄な華美に流れて行く」ことを「情けない」と強く批判した[38]。けれどもその一方で、「流行遅れの婦人の服装」を「在留同胞の日常生活中で一番見苦しいと思ふ事」として挙げる男性もいるなど、流行に敏感でない女性も批判の対象となったりもした[39]。流行を追い過ぎても批判され、追わなくとも批判されるといった消費社会特有の状況に日本人移民女性も身を置くことになったことがここでうかがえる。いかに装うかが米化運動のなかで注目される一方、流行というキーワードにも女性たちは左右されることになったのだ。

二　裁縫とジェンダー規範

女性たちが着用する洋服が注視されていたなか、日本人移民女性をめぐる状況は、主流社会が期待するジェンダー規範に沿っていないことが多く、その点でも主流社会の眼を気にしなければならなかった。その最大の理由は、白人中産階級が規定する女性性の概念に即した「家庭的」な女性に、経済的な理由からなり得なかったからである。農業を生業とする場合が多かった日本人移民家庭において、妻は家事をしつつも、夫とともに家庭の外でも働かなければならなかった。ある女性は、アメリカに到着した翌日から夫と義理の兄夫婦とともに畑に出たことを回想し、まさか自分が農作業をすることになるとは予想すらしなかったと述べている。[40] 日本人移民女性の多くが、アメリカ主流社会のジェンダー規範に従った生活を送ることはできなかったのだ。[41] 排日活動家は、そのような日本人移民社会の状況に対して女性を虐待しているなどと厳しく批判したため、アメリカでの定住が視野に入っている移民指導者層は、戸外での女性の労働を自粛するよう、とくに日曜日は避けるよう通達を出さなければならなかった。[42]

そしてここでも女性たちの野外労働における服装が議論の俎上に上がってくることになる。たとえば『羅府新報』が募集した懸賞論文で二等を獲得した山口彦太郎は、その論文のなかで「彼《か》の畠に働く女子等がスカーツを穿ち臼大の尻を突き立て働くが如きは遠方より見る人も直ちに女子就働の醜態を認め得るを以て改良の要あり」とまで指摘した。[43] このような状況を受け、中央日本人会書記長でありロサンゼルスで保険会社を営んでいた近藤長衛は、妻の逹子とともに、戸外での労働をすぐにやめられないのであれば、せめて服装だけでも注意を払うよう呼びかけ、白地を中心とした縦縞、碁盤縞のような服はアメリカ社会では家庭内で着用するものだと指摘しつつ、青色やカーキ色のオーバーオールを着用するよう提案した[44]。また排日運動を気にしながらも苺摘みを経験したという女性も、オーバーオールは暖かくてよいと、まだ着用していない女性労働者に対して勧め、近藤の提案を支持した[45]。

総じて女性が農場で働くことがさまざまな議論を呼ぶ一方で、本稿が注目する裁縫という行為は、主流社会のジェンダー規範に抵触するものではなかったといえる。主流社会において、洋服を縫ったり繕ったりすることは、家事の一部であり、「家庭的」なことを象徴する活動であった。すでに既製服が販売されていたものの、アメリカ社会全体をみても、裁縫することは依然として重視されていていた。一九一九年にアメリカ農務省が実施した調査によると、調査対象三三州のうち西部の州の農村地域に住む女性九五パーセントが家庭で洋服を縫うと回答している。また一九二五年のアメリカ家政学会では、都市部に住む女性の九二パーセント、農村部に住む女性の九五パーセントが、女子は洋服の縫い方を知っておくべきだと回答したとも報告され、家庭で洋服を縫うことに重きが置かれていたことがわかる。一九二五年と二六年に実施された調査では、家庭で洋服を縫うと答えた女性のうちの約九〇パーセントが安く済ませることができるからとその理由を答え、約七五パーセントが、良質な生地を使うことができることを理由として挙げた[47]。

一般的にアメリカの女性たちは、自らの居住環境や社会階層に応じて裁縫をした。都市部から離れて暮らす女性は、当時発達しつつあった通信販売によって生地を買い求め、家族のための洋服を作った。また小麦粉が入っていた袋を染め直すなどして入手できるものを生地として充てることもあった[48]。一方で、経済的に余裕のある女性にとって裁縫は、子どものための服を時間をかけて作るなど、「女性性」や「母性」を発揮する手段の一つでもあった[49]。概してアメリカ社会において、女性たちは状況に応じて工夫をしながら裁縫をし、また周囲も女性が裁縫をすることが当たり前のことのように受け止めていたといえる。

日本人移民にとっても、裁縫は女性に課された役割の一つであった。リトル・トーキョーにある東京商会や亜細亜商会等の日系人が経営する店や白人が経営する近隣のデパートで買い求めたりすることもできたが、日本人移民社会でも農村部を中心に自らの洋服や家族の洋服を縫うことが主流であったようだ。たとえばワシントン州の農村部に移住した女性も、「はじめは古くなったワンピースをていねいにほどいて、型紙をコピーして仕立てた。ミシンを買えなかったころは、手でぬった」と後に回想している。[46]

また母国の日本においても、一八七二年の学制発布以降、女子初等教育において裁縫や機織りなどを含む「手芸」が科目として置かれ、[50]一八七九年の改正教育令発布の際には、「裁縫」という科目が設置されたうえで教えられるなど、裁縫は公教育のなかで重視されていた。[51]どの家庭においても女性にとって裁縫が重要であると捉えられていたようで、一八九三年には、当時の文部省が、女子の就学率向上を目指すためにも学校における裁縫教育にさらに力を入れるべきであるという指針を打ち出すほどであった。[52]これは良妻賢母の育成を重視する明治政府の方針でもあったが、他の方策とともに裁縫教育の充実を図ったことが功を奏し、実際に女子の就学率が上昇する結果がみられることになる。[53]このことからも女性の成長に裁縫技術の習得が欠かせないものとして認識されていたといえよう。

おそらくアメリカに来てからも女性には裁縫の心得があってしかるべきであるという考え方は変わらなかったと思われる。たとえば移民社会において行われるピクニックにおいても、さまざまな競技が用意されているなかで、青年男子には計算競争が、青年女子には針に糸を通してハンカチの縁を縫う裁縫競争が実施された。[54]結婚前の女性に裁縫のたしなみがあることは当然のことであったのだ。ある一世の男性は、子どもの将来について尋ねられた際、「私は女の子二人ありますが将来良妻賢母にしたいと思つて居ます。若し男の子なら職業の如何を問はず須らく當人の特長を十分發揮させて見たいと思ふ」と述べているが、日本人移民社会において、実質上女性も家庭の外で働かざるを得ない状況にあったとしても、概念としては良妻賢母の思想が根強くあったと思われる。[55]日本人移民社会におけるジェンダー規範のなかで、裁縫するという行為は、良妻賢母思想に沿う容認されるべきものであり、それが同時にアメリカ主流社会の規範にも沿ったものだったといえる。ただ一つの相違があったとすれば、日本人移民女性が親しんだ裁縫とは着物を縫う、いわゆる和裁が主流だったという点であろう。女性たちは、アメリカに来てから洋服を縫うことを学んでいかなければならなかった。

三　裁縫学校で学ぶ

日本において、裁縫を学ぶということは和裁の技術を習得することが主流ではあったが、洋裁が学べる場も増えつつはあった。たとえばアメリカのシンガーミシン社は、ミシンを普及させるため、一九〇六年に東京、横浜、大阪にてシンガーミシン裁縫女学院を設立している[56]。二〇名ほどから始まったその女学院も、生徒数は徐々に増えて一九〇八年には四〇〇名ほどいたとされており、徐々に洋裁教育が受け入れられてはいたようだ[57]。けれども、このような機会は簡単に得られるものではなく、とくに移民女性の多くは地方出身者であったため、機会が限られていたともいえる。ある移民女性は、アメリカに一緒に行こうと夫となる男性に言われた際、アメリカでは英語や洋裁の学校に通ったらよいと提案され渡米への期待が高まったと回想している[58]。海外へ旅立とうとするほど外国への関心が高い女性にとってはとくに、洋裁を学ぶことは憧れであり、夢のような話であった。

和裁しか学んだことのない日本人移民女性が、アメリカで洋裁を学ぶ場の一つとして、先に述べたアメリカ化運動のなかのホーム・ティーチャー・プログラムが挙げられるだろう。これは一九一五年にカリフォルニア州知事であるハイラム・ジョンソンが成立させたホーム・ティーチャー法に基づいて、教員免許の資格を持つ女性が移民家庭を訪問し、英語やマナーそして家事全般の助言を行なうものであった[59]。メキシコ系、ユダヤ系、ポーランド系、ハンガリー系など地域ごとにさまざま移民が対象とされ、日本人移民もそのような訪問を通して裁縫を学ぶことが可能であった[60]。訪問教師用のマニュアルには、まずはバッグやエプロンを縫うことからはじめて、乳児用のおむつ、子ども服ならびに大人用のペティコートなどを教えるようにと述べられている[61]。さらに余った布もキルトにしてベッドカバーにするなど倹約を教えることも指導の目的とされた[62]。

福島源太郎編『南加州同胞發展寫眞帖』（文林堂書店、1913 年）22 頁。国立国会図書館蔵。

また家庭訪問だけでなく、地域の公立学校においても移民女性を対象とした講習会が開催された。講習会では、英語のほかにも裁縫や料理も学べたようで、『羅府新報』においても講習会への参加が奨励された。講習会は、「毎火木曜日両日午後三時より四時まで」と記載されており、平日の昼ではあるものの、授業料や教材費は無料でしかも乳児も同伴可能ということで、通いやすいよう配慮がされていたことがうかがえる[63]。また移民女性の指導に熱心であったＹＷＣＡも、英語に加えて、裁縫や帽子製作、料理のクラスを設けた。こちらも月謝は無料で、女性が一〇名集まれば、昼でも夜でも女性たちの都合のよい時間に講師が派遣されるというシステムであった[64]。

　主流社会においてそのような機会が提供されていた一方で、移民社会では、女性が経営する裁縫学校が多くみられるようになる。一九一五年に結婚の仲介をするべく渡米した日本力行会の島貫しか子は、移民女性の数がかなり増えたことを指摘しつつ、多くの女性たちが裁縫の稽古をしていると報告しているが[65]、慣れない洋裁技術の習得ができる場を女性たちは求めていたに違いない。また日本語で習得できることも移民女性にとっては魅力的であったのだろう。移民女性が増加し始める一九一〇年頃には早くも、山口県出身の日高朝子が、ロサンゼルスの裁縫学校で洋裁の技術を習得した後に、リトル・トーキョーにて学校を設立している。[66]日高の学校が日本人移民社会における最初の裁縫学校といわれているが、その後も次々と裁縫学校は設立されていき、一九二五年にロサンゼルスで発行された女性雑誌『在米婦人の友』には、横田繁子による羅府裁縫女学校、猪瀬たつによる女子高等裁縫学院など九校もの裁縫学校の広告が掲載されるほどになっていた。[67]女性による女性のための学校が、必要に迫られ、発展していったといえる。また裁縫学校の存在は、移民社会の指導者層からも重んじられていたようで、フレンチ・アメリカン裁方［ママ］意匠学校分校の卒業式では、羅府日本人会会長、羅府中央日本人会理事長、羅府婦人会長が祝辞を述べるなど、指導者層が来賓として出席もした。[68]一方、裁縫学校側も移民社会で何か動きがあれば、協力するという姿勢をとっていたようで、第一次世界大戦の際に羅府新聞社が日本の軍人へ送る慰問袋を募集した際には、裁縫学校が慰問袋を縫う役割を積極的に担ったりもした。[69]

裁縫学校のなかには、寮を設置したり車での送迎というサービスを提供したりするなど、都市部の女性だけでなく、農村部に住む女性を受け入れる学校もあった。[70]また農作業などの仕事に昼間従事している女性のために、夜間の講座を設けたり、[71]裁縫学校から講師が出向いて農村部で講習会を開催するという機会も設けられたりもした。[72]そのような対応の成果もあり、裁縫すなわち洋裁をすることが日本人移民社会に徐々に浸透していった。一九二七年に、裁縫について宣伝するためにカリフォルニア州の日本人移民社会を行脚したという伊藤謙哉は、「常に忙しい家庭の人でありながら、何處の家庭にも裁縫ミシンの据つてない家のない」とまで報告している。[73]

裁縫学校では、実際何が学べたのであろうか。先に挙げた九校のうちの一つ、小川信子による南加裁縫女学校を例にみていきたい。[74]小川信子は熊本県出身で、同郷の嘉悦孝を助けて私立女子商業学校の設立に貢献して和裁の教員として働いた後に、「洋服裁縫研學の目的で渡米して種々の學校」で学び、ついにはロサンゼルスで裁縫学校を経営するまでになった人物である。[75]小川の経営する南加裁縫女学校では洋裁だけでなく、和裁や帽子、生け花、料理、衛生、英語、音楽な

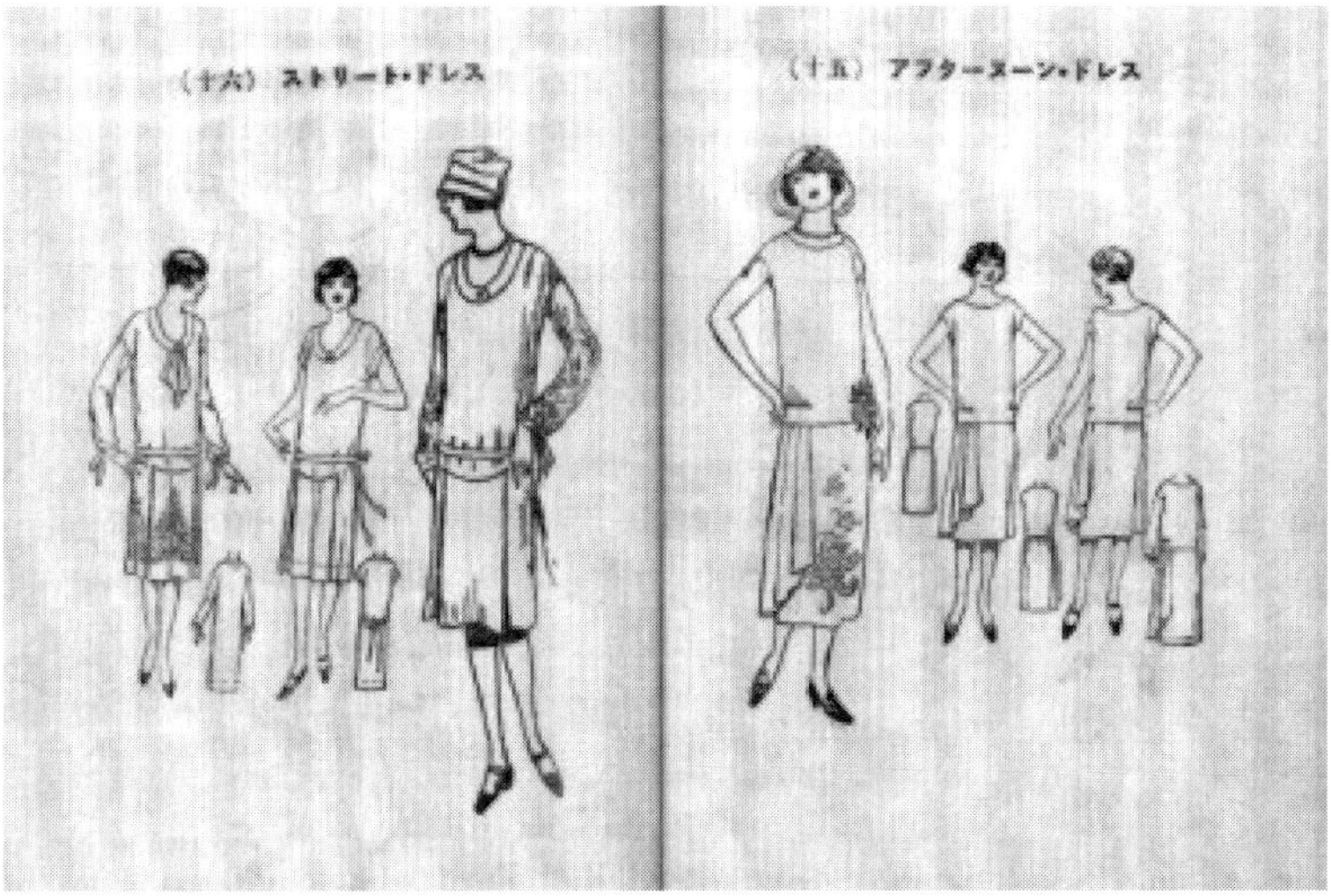

小川信子『最新キースター式婦人小供洋服の裁方』（東京家政専修学校、1927 年）90 − 91 頁。

ど多彩な科目が提供されていた。また本科だけでなく専攻科、速成科、専修科も設置されており、必要に応じて履修できたようだ(76)。小川も「三ヶ月で一通りの事を修め得ることになつて居りますし、又十分に御研究なされ度き方は本科生として六ヶ月御修學なさる、ことになつて居ります」と説明している(77)。第一回の卒業生を一九一八年五月に二七名送り出し、翌年は五〇名、翌々年は約八〇名と、その数も着実に増えていった。一九二四年七月のロサンゼルス滞在中に小川の学校を訪問したという社会活動家の賀川豊彦も「百名近くの家庭の主婦が一生懸命に洋服の裁服［ママ］を研究して居た」と報告している(78)。

　小川は、一九二六年に裁縫学校の校長を辞して日本へ帰国し、その直後に『最新キースター式婦人小供洋服の裁方』という本を日本で出版している。ロサンゼルスの裁縫学校で教えていた「全科目の大要を網羅して編纂いたした」と本人が述べているとおり(79)、その本では、洋服裁縫の基礎から、採寸の仕方、型紙の作り方、縫製の仕方まで順に説明されており、女性のブラウス、スカート、下着、ドレス、コートを中心に、子ども服や紳士服に至るまでひととおりの洋服が扱われた。ドレスなどのデザインも流行を取り入れ、膝丈程度のスカートにコルセットなどの締め付けのない動きやすいものとなっており、どの挿絵の女性もいわゆるフラッパーのようである。[80]

小川が教授した裁縫について特に注目すべき点は、着物を洋服にリメイクする方法を教授したことであろう。賀川豊彦も「日本婦人が箪笥の底に藏ひ込んでゐる浴衣の着古し或は銘仙の古着をそのまゝ洋服に仕立てゝ、而も最も藝術的に表現し得るものであることを、力説せらるゝを聞いて」自分の考えと一致したと称賛している。[81]アメリカ主流社会で小麦粉の袋などの入手できるもので洋服を作ったことは先に述べたが、日本人移民社会では、着物がそれに相当したといえるであろう。流行を取り入れた型紙や生地をリトル・トーキョーの店で買い求めることは可能ではあったが、[82]女性たちは手元にある物も利用しながら工夫をして自分たちが着る洋服を縫いあげていったのだ。

自身の洋服を自分で縫うということは、自らのサイズに合った服を作ることができるという利点もあった。ある女性は、初めて買い求めた洋服を着たときの印象を「とてもきつく感じて、腕さえも動かせませんでした。でも洋服を着たのは初めてだったので、こんなものだと思っていたのです」と話した後で、「Sさんに服の縫い方を教えてもらい、Sさんが持っている型紙で私たちみんなが違う生地で同じ服を作りました。それで最初の洋服が小さすぎたのだと分かったのです」と回想している。[83]そもそも初期の日本人移民社会において洋服仕立屋が受け入れられたのも同じ理由からであった。洋服を着る必要性を感じつつも、英語に苦労する移民にとって、自分に合ったサイズの洋服をアメリカ社会で買い求めることは困難であった。日本にいたときから洋服の心得があったという松田午三郎と浦田毛佐次郎によって二〇世紀初頭にリトル・トーキョーで開かれた松浦洋服店は、そのような日本人移民の需要を得て繁盛していくようになる。[84]そしてその後は、亜細亜商会や東京商会といった店も、洋服を扱うとともに裁縫部を設け、日本人移民の体型や好みにあった服を提供するようになっていった。[85]

当初は、家族のため自分のために裁縫学校で学ぶことを考える女性も多かったようだが、次第に自身の経済力を高めようとする女性も増えていった。これは商店が裁縫部を設けるといったことからも推察できるように、洋服をめぐるビジネスが成長し始めたことと関係していると思われる。これにより、女性たちは自らの技術を生かす場を家庭外で見つけられるようになっていった。[86] 一九二三年に羅府裁縫女学校の横田繁子もそのような変化にふれながら、自らの生徒について、「最近になつて［…］多くは全科を取り一生懸命に勉強して裁縫に依つて生活して行かうと云ふ人々」だと述べた。[87] また南加裁縫女学校の小川信子も、卒業生の多くが、「裁縫學校の教師として、或は洋服店に於て、或は獨立の婦人洋服仕立師として、又は家庭内助の傍ら商店其他の仕立物を引受けて働いて居られるなど多方面にそれぐ＼活動して居られる様になりました」と報告している。さらに小川自身も女性が経済力をつけていくことを学校設立の目的の一つとしていたようで、「私の希望の幾分が達せられた事を喜んで居ります」と続けた。[88]

家事の合間をぬって技術を習得するということは並大抵のことではなかったと思われる。昼間を避けて夜間に通ったり、農作業に従事する家庭では農閑期に通ったりするなど工夫をしなければならなかった。[89] 中馬裁縫学校校長の中馬よね子は「想ふに目下の境遇上、主婦の大役母の大任、雑多の出來事を整理し、出でて一藝を研究なされし御奮發は、たとへがたなき尊きものたることを思はねばなりません」と卒業していく生徒に向けて、賛辞を送っている。[90] 多くの女性が、家庭内で家事や育児をこなしつつ、また夫を補助するべく家庭外で働きつつ学ばなければならなかったのである。

このように労苦を伴う裁縫技術の習得が、「家庭的」であることを重視するジェンダー規範に則ったかたちで大々的に容認されるものの、結果として家庭の外に出ていくことを促していくことになっているのは大変興味深い。夫の仕事を補助するために働くという立場ではなく、自らの技術で賃金を得ることを裁縫は可能にしたのだ。加えて女性たちは、裁縫を通してアメリカ主流社会へと溶け込もうとしたようだ。たとえば年に一度、裁縫によって出来上がったものを展示する「技藝展」が商業会議所の主催で開かれた際、審査は日本人移民が行うのではなく、主流社会から審査員が数名招かれた。それは婦人用コート類、ドレス、子ども服、造花、クッション、刺繍、袋物、帽子など部門が細かく分かれており、部門ごとに一等から五等までが発表され、裁縫学校を経営する校長さえも審査される立場となるものであった。その場での販売も行なっていたようなので、ビジネスを生む場として、またお互いが切磋琢磨する場として設けられたものだったのであろうが、その「技藝展」を見たある女性は、「排日移民法案が通過致しました今日、在米同胞が進むべき一路として、斯うした美しい催しは、今一層お互に御努力致しまして白人社會へ進展致したいものであります」と感想を述べている[91]。女性たちのなかで、裁縫をすることは家庭内、そして移民社会内に留まるものではなく、主流社会へとつながっていくものと意識されていたといえる。

また『羅府新報』の紙面においても、羅府裁縫女学校校長の横田繁子が同様に次のように主張している。

裁縫に就いては日本婦人は特殊のを持つて居りまして白人の眞似の出来ない強みがあります。夫れ故白人社會から随分歓迎されて居りますが日本婦人の考へが引込み思案過ぎまして折角の歓迎に添ふ様に出てないのは甚だ残念な事であります。けれ共［…］最近の裁縫習得志望者の多くが夫れに依つて生計を立て様と云ふ雄々しい考へと決心とをお持ちで進んで行かれますから自然に白人社會に侵入して行き其處に日本婦人の新らしい道が開拓されるであろうと思ひます[92]。

この横田の考えが示すように、裁縫をすることが、自らの技能を生かしながら主流社会に入っていく手段の一つとなりえると認識されつつあったことがわかる。裁縫をすること自体は、主流社会のジェンダー規範にも沿ったものだったため、排日運動が高まるなかでも積極的に主張することができたともいえよう。日本人移民女性たちは、アメリカ社会のなかでいかに生きていくかを模索し、自らの強みを通して、自らの存在意義を見出そうとしたのだ。

おわりに

排日運動が高まるなか、またアメリカ化運動ならびに米化運動が進められるなかで、日本人移民女性はアメリカ社会において、洋服を適切に着こなすことが求められた。日本で着物に慣れていた女性たちは、洋服の着用にとまどいつつも、アメリカという新しい土地において洋服での生活へと移行していく。当初は、買い求めることから始まった洋服ではあるが、徐々に自ら洋服を作ることで調達するようになる。洋服を作ること、すなわち洋裁そのものは、移民女性にとっては慣れないことであった。けれども、女性は裁縫をするものだというジェンダー規範に従いつつ、女性たちは洋裁の技術を新たに習得し、自分や家族に合ったものを作り出すようになる。そして家庭内でおさまるはずの裁縫は、女性たちに賃金を得る機会を与えることになり、自らが培った技術で自身の経済力を高めていく可能性を広げることになった。また結果として、そのことは、女性たちに大きな自信を与え、アメリカ主流社会へ参入していこうという希望を抱かせることになっていく。この参入への思いは、帰化不能外国人ということで市民権獲得の可能性が断たれているなかで、アメリカ社会で生きていく可能性を女性たちが模索していた証でもあった。

移民社会における裁縫学校は、そのような女性たちの後押しをしたことになるが、注目すべきは、女性が主体となって裁縫学校が運営されたことであろう。配偶者の理解と支援が陰にあったには違いないが、裁縫学校は、移民社会において、女性たちが集まる場をつくり出し、裁縫の指導者を中心とした女性同士のネットワークを築くきっかけにもなっていった。さらに、裁縫の指導者となった女性たちは、自らの技術を同胞の移民女性のために生かしていくということで、ロールモデルのような存在にもなっていく。一九二八年にアメリカ生まれの二世の女子を対象に実施されたアンケートでは、「裁縫師」が「先生」に次いで就きたい職業の第二位となり、そのうちのほぼ九割が裁縫の先生を希望していたと報告されている。[93] 二世にとっては、アメリカ主流社会での就業機会が限られていたという現実が影響しているかもしれないが、[94] この結果から、裁縫学校の指導者が日本人移民女性の子どもである次の世代が憧れるような目立つ存在であったといえる。

また移民女性の需要に応じて設立された裁縫学校自体も二世の成長に伴い二世の受講生も視野に入れるようになっていった。たとえば、横田繁子の羅府裁縫女学校は、一九二七年には、日本語だけでなく英語で教えるクラスも提供して二世の女性を勧誘し始めるようになる。[95] 女性は裁縫ができて当たり前と周囲に促されたため、都会の雰囲気を味わいたかったなど理由はそれぞれであったようだが、様々な地域に住む多くの二世の女性たちが高校卒業後に通うようになった。[96] 二世の受講生が増えてくると、これら裁縫学校はファッションショーを開催するようにもなる。たとえば太平洋裁縫女学校は、卒業式に合わせて卒業生や在校生によるファッションショーを行ない、スポーツウェアからカジュアルドレスそしてイヴニングドレスに至るまでの成果を披露した。プログラムには歌や踊り等も組み込まれ、移民社会に開かれた催しであることがうかがえる。[97]歴史学者のジーナ・ワイズマン・ジョスリットは、一九二〇年代以降、全米各地で、地域社会や教会などが主催するファッションショーが頻繁に開催され、消費者として何を選び何を買うべきかを伝える場にもなったと指摘しているが、[98]日本人移民社会における裁縫学校も、ファッションショー等の催しを通して流行に関する情報を移民社会に向けて発信し、洋服に関して何らかの指針を提示するまでになったといえる。当時ファッションショーを企画した二世の一人、リエ・ヨシザワが「着るべきふさわしい洋服をコミュニティに示したかった」と後に回想しているように、[99]移民社会において、裁縫学校の存在感が改めて示され、子どもたちを含めた各世代にとって裁縫学校が存在意義のあるものになっていったことがわかる。

アメリカ社会全体をみると、化粧・髪型・服装をめぐるビューティ・カルチャーにおいて、女性たちが自らビジネスを起こし、ビューティ・カルチャーの担い手として深く関わっている例は数多く見受けられる。[100]本稿で論じたように、日本人移民社会においても、洋服を買い求めるだけの消費者としてだけではなく、作り出す側となっていった女性たちがいたことが、裁縫学校の存在を通して認めることができる。アメリカ化運動や米化運動のなかで指導を受ける立場にいた移民女性たちが、裁縫学校を通して洋服のことを深く知り、アメリカ社会で容認される洋服を自ら作り出す立場になっていくことは大変興味深い。その意味でも、日本人移民社会において裁縫学校が果たした役割は大きかったといえよう。

第四章　汎ラティーノ・アイデンティティ構築の可能性

二〇〇五年移民法改定の試みと非合法移民をめぐって

丸山悦子

はじめに

アメリカに在住する中南米を出自とする人びと（以下、ラティーノ）[1]は、二〇一二年現在五三〇〇万人を数え、米国総人口の一七パーセントを占めている。そもそも中南米には三〇以上の国家があり、スペイン語を母語とするところが多いとはいえ、フランス語やポルトガル語が母語であったり、英語が公用語の国もある。そのため、多様な国籍や文化背景に根ざした中南米住民を、一つの呼称で括ることは本来不自然なことである。しかし、米国政府による国勢調査や政府機関の文書、新聞等のマスコミにおいては、「ヒスパニック／ラティーノ」という呼称が日常的に用いられており、スペイン語系住民が「ヒスパニック／ラティーノ」という単一的なエスニック集団を形成しているという認識が社会に定着している。

実際にはラティーノ住民の構成は複雑で、その内訳は多様性に富んでいる。出身地も広範囲にわたり、居住地域ごとに住民の構成や特色も一様ではない。歴史的に、ラティーノ住民のなかではメキシコ系が圧倒的多数を占めてきたが、これもラティーノが住む地域によって一様ではなく、出自構成は様変わりする。幾つか例を挙げれば、東部コネチカット州のある郡では、居住するラティーノのうち七一パーセントをプエルト・リコ系が占めていて、メキシコ系住民はわずか六パーセントに過ぎない。フロリダ州のマイアミでは、全ラティーノ住民のなかで最大集団はキューバ系で、五四パーセントを占めている。

上記のように、単一のラティーノ下位集団がある地域で圧倒的多数を占めるのでなく、その人口割合が拮抗しているケースも増えている。ロードアイランド州のある郡では、在住するラティーノのうちドミニカ系住民が最大構成員（三三パーセント）である。さらに同郡では、プエルト・リコ系が三一パーセントと、ほぼ同じ割合を占めているのに加え、グアテマラ系が一三パーセントという出自構成になっている。南西部州ではラティーノ人口の筆頭集団がメキシコ系である場合がほとんどであるが[2]、その状況とは一線を画す人口動態的様相といえる[3]。

このように、決して一枚岩ではない中南米系住民を一つの連帯意識で括ろうとするのが、近年 Latinidad と表記される汎ラティーノ・アイデンティティである。Latinidad とは、中南米系住民の間で存在が想定される文化的・政治的意識のことを指す。つまり、ラティーノは互いに政治的利害を共有する仲間という認識であり、さらに中南米出自者に対する偏見や他者化（あるいは人種化）の力に対抗するための集団意識であるといえる[4]。現実としてラティーノ住民の間には、人種や階級、市民権の有無、および滞在資格による隔たりもあるはずだが、こうした差異を超越する意識が Latinidad ということになる。

本稿はラティーノ住民が内包する多様性を認識しつつも、歴史的に変遷を遂げてきたエスニック・アイデンティティの複合性に着目し、近年たびたび可視化される中南米系全般を糾合しようとする連帯意識―汎ラティーノ・アイデンティティの検証を目的とする。

具体的には、二〇〇六年以降活発化したラティーノの政治的示威行動に注目する。その起爆剤となった移民排斥感情をラティーノ住民がどのように受け止め、対処しようと試みたかに焦点を当てる。さらに二〇〇五年一二月に下院で可決された非合法移民取り締まりの移民法や、オバマ政権下で進められた二〇一〇年の移民法改定法案の経緯に焦点を当て、改定の動きに対する関連団体の反応を分析するとともに、ラティーノ住民のなかでも非合法移民学生による新たな権利獲得運動に注目する。米国市民権の有無にかかわらず、中南米系住民のなかで出身国や経済力の違いを越えた連帯の機運が、なぜ今高まっているのかを考察していく。

分析の対象として、幾つかのラティーノ団体に焦点を当てる。ひとつは、現在三〇〇の関連団体を傘下にもつ統括組織となっていて、全米で数百万人規模の中南米系住民に関与している全米ラ・ラーサ協議会（The National Council of La Raza、以下NCLR）[5]である。そして、NCLRと同様に代表的な中南米系組織であり、四六年にわたりラティーノ市民の権利擁護を目的としてきたMexican American Legal Defense and Educational Fund（メキシコ系米国人のための法的権利の保護と教育基金）である（以下、MALDEFと表記）。さらに、非合法移民学生が組織するUnited We Dreamを取り上げ、現代における非合法移民学生の常態化の現状について触れていく。

一　ラティーノ・エスニシティの変遷とエスニック・アイデンティティの流動性

汎ラティーノ・アイデンティティを考察する一助として、メキシコ系アメリカ人の歴史研究で描かれてきたエスニック・アイデンティティの可変性についてまず概観したい。チカノ史学研究においてはD・グティエレスの研究に昇華されているように、メキシコ系アメリカ人のアイデンティティは流動的であり、高い可変性を示してきた。とくに（非合法）移民問題への対応を通してみるとき、二〇世紀初頭以降、メキシコ系アメリカ人が顕現してきたエスニック・アイデンティティは、各時代の反移民感情や政府の移民政策の影響を複雑に受けて、その時の歴史的状況を反映しながら変容してきたといえる[6]。

移民に対し不寛容な時代においては、市民権を保持し何世代にも渡り米国に暮らすメキシコ系住民にとっては、民族的出自の顕在化は抑制し、新参の移民との区別化を図ることが、偏見の目から逃れ、社会的上昇を果たすうえで必要不可欠であった。たとえば一九二〇年代初頭、テキサスのメキシコ系アメリカ人は、メキシコ人移民の制限を支持することが同胞の立場を守るためには必要であると痛感していたし、もっとも古いメキシコ系アメリカ人公民権団体の一つであるLU

LAC（The League of the United Latin American Citizens）は、会員資格を米国市民権保持者に限定していた。

時代が進み、ブラセロ・プログラムが導入されると、[7]安価な労働力としてメキシコ人移民が大挙して労働市場に入ってくるようになった。メキシコ系アメリカ人労働者は、ブラセロ移民が賃金上昇を阻む障害となると警戒した。民族的な出自においては同胞であっても、同じ労働市場では雇用を争うライバルとして、メキシコ系アメリカ人とメキシコ人移民が対峙せざるを得なかった時代があったのである。一九六〇年代に農業労働者運動を全国的に有名にしたメキシコ系アメリカ人のセサール・チャベスは、彼が創設したＵＦＷ（United Farm Workers）による非合法移民への対応をめぐり、厳しい批判の的となった経緯がある。ＵＦＷはアメリカ人労働者の組織化への障害となる非合法移民の存在を問題視し、ブラセロ・プログラムにも反対を表明していた。とくに、スト破り要員として非合法移民が動員されるのを警戒したＵＦＷは、移民管理局（ＩＮＳ）に非合法移民が働く農場を通告するという行動にまで及んだのである。[8]このように、米国で育ったメキシコ系アメリカ人はメキシコ人移民に好意的ではなく、むしろ邪魔者扱いしているというエピソードは頻繁に見受けられる。同胞であるはずのメキシコ系アメリカ人は、新参のメキシコ人移民にとっては事実上いちばんの敵であるという言説である。[9]

これまで様々な先行研究によって、新参のメキシコ人移民に対する古くからのメキシコ系アメリカ人住民が抱く複雑な差別化意識や、エスニシティに依拠する帰属意識の違いに焦点が当てられてきた。[10]例えば、あるカリフォルニアの事例研究は、古参のメキシコ系アメリカ人住人が抱く、相反する移民感情と同胞意識を扱っている。普段は近隣のメキシコ人移民とは交流を持たず、英語を身につけようとしない移民を古参のメキシコ系住民は腹立だしく感じている。しかし、何らかの社会的圧力が外社会からメキシコ系移民に向けられると、その態度は一変して、両者の間には連帯意識が生まれ協力体制がとられるという。[11]

しかし近年の研究では、単一のラティーノ出自グループにおける集団関係にとどまらず、複数のラティーノ・エスニック・グループを横断する集団関係を考察した研究が進んでいる。ある研究は、シカゴを舞台としたラティーノ住民のエスニック関係を吟味している。その住民—メキシコ系とプエルト・リコ系—が顕現するエスニック・アイデンティティは、非常に柔軟であり可変性に富むことが示唆されている。プエルト・リコ系は不法移民と同一視されるメキシコ系住民に対し、市民権保持者という点で暗黙の優越感をもっている。一方、メキシコ系住民は福祉依存者というステレオタイプをプエルト・リコ系住民に抱いているという。(12) このように、近年の研究によりラティーノ住民間で観察されるエスニック・アイデンティティは、複雑であるに加え、各集団を取り巻く社会的文脈と状況により流動的である。その流動性とは、ある触媒によって汎エスニック・アイデンティティの発生に作用するのではないかと推測する。つまり、主流アメリカ社会からの反発や逆風を契機として、ラティーノ住民が差異を超越する幅広い同胞意識が顕現されるのではないだろうか。

二　ネイティヴィズムの作用と移民集団

長年にわたりラティーノ住民と関連団体は、中南米系住民を非合法移民と同一視し、潜在的犯罪者のように見なす言説に抵抗してきた。二〇〇五年に下院を通過した移民法案は、広範囲で大規模なラティーノ住民を糾合する結果となったが、その背景には、移民法案の内容に汎ラティーノ・アイデンティティを喚起するような要素があったと推論する。

同法案が採択された直後からラティーノ関連組織は強い不快感を表明し、移民擁護団体やラティーノ住民有志による法案反対のデモが頻発することとなった。とりわけ、ピーク時に開催されたロサンゼルスの集会では、五〇万人もの人びとが抗議デモに参加し、かつてない規模の中南米系住民による政治的動員が果たされたのだった。(13) この現象に示されるように、移民取締まりの法改正のなかに、社会で高まる移民排斥感情をラティーノ住民は敏感に察知していた。移民法改定をめぐるラティーノ住民の一致団結した行動には、外国に出自をもつ人びとを短絡的に同一視し、敵愾心をもって見るまなざし—ネイティヴィズムへの警戒が強く反映されていると推察する。

移民排斥感情へのラティーノ住民の敏感な反応は、米国におけるネイティヴィズムが内包する、あいまいかつ暴力的な作用に依拠していると考える。このネイティヴィズムの性質について、現代のラティーノを対象とした論説について考察したい。歴史的に米国におけるネイティヴィズムとは、「白人性」に乏しい人びと、つまりアングロ・サクソン・プロテスタントの伝統からかけ離れた集団へ向けられる排斥感情として現れた。ジョン・ハイアムは著作*Strangers in the Land*のなかで、一八六〇年から一九二五年の米国におけるネイティヴィズムを分析している。彼の定義によれば、ネイティヴィズムとは国内の少数派に対して、外国との結びつきを理由に「非アメリカ的」と見なし、強く反発することである。[14] このハイアムの定義を踏まえ、村田勝幸は米国におけるネイティヴィズムとは、単なる「移民排斥主義」にとどまらないと述べている。つまり、とりわけ現代のラティーノ住民に向けられるネイティヴィズムとは、「排斥の対象が狭義の〈移民（外国生まれ）〉だけに限定されているわけではない」ということになる。ハイアムによれば、移民排斥主義者のもっとも特徴的な主張とは、「外国人、あるいは外国人と集団」の忠誠心への不信である。[15] ラティーノが「アメリカ人的でない」という理由で排斥されるとき、彼（女）らがアメリカ生まれであるか、外国生まれであるかは決定的な要素ではないのである。[16] この無条件かつ盲目的な排斥のメカニズムは、移民集団あるいは移民と「みなされる」人びとにとって、重大な影響を及ぼすといえる。

さらに、ネイティヴィズムがはらむ負の作用は、ラティーノへ向けられるステレオタイプに限られたわけではない。アジア系アメリカ人も、中国系や日系アメリカ人を同一視する社会の誤った認識や、アジア系への短絡的なイメージに一致団結して抵抗してきた歴史をもつ。日本人および日系人と、他のアジア系アメリカ人が標的となったヘイト・クライムとして、一九八〇年代に中国系アメリカ人が殺害されたヴィンセント・チン事件がある。この事件は、当時米国経済の不況のあおりから、自動車工場を解雇された白人アメリカ人が日本の自動車企業を逆恨みしたことに端を発している。犯人は日本人と日系アメリカ人を混同し、さらに日系と他のアジア系アメリカ人を区別できなかったことから、中国系アメリカ人のチンを殺害してしまうのである。[17]

二〇〇五年移民法改定をめぐる中南米系住民連帯の動きは、上記の考察を当てはめて考えられるのではないか。ヴィンセント・チン事件は、日本と日系アメリカ人に向けられたネイティヴィズムが、「誤って」何の関係もない中国系アメリカ人に向けられたという悲劇である。その根底には、一方的ながらいったん「移民」と見なされれば、容赦なく排斥の対象にされるという、暴力的なネイティヴィズムの作用が潜んでいる。ラティーノに考察の目を移せば、合法・非合法を問わず、「ラテンアメリカからの移民を、さらにはラティーノ住民全体を非〈アメリカ人〉的な存在として問題化する」という[18]、現代の米国におけるネイティヴィズムを多くのラティーノ住民は敏感に察知しているといえる。

三　ラティーノ青年人口の拡大と政治的影響力

二〇一二年に行われた大統領選挙では、全投票者のうち一〇パーセント余りがラティーノ有権者であったといわれている。表面的には控えめに映るこの数値だが、ラティーノが持ち合わせる人口動態的特徴と、政治的決定力となる潜在性を考慮すると、この割合は近い将来、合衆国社会に大きなインパクトを与えると推測される。一点目にはラティーノ人口にみる投票行動の将来的影響である。上述の大統領選挙では一一五〇万人のラティーノが投票に赴いたが、それとは別に一一〇〇万人余りのラティーノ有権者が存在した[19]。しかし、これらの人々は投票には行っていない。後者の棄権率が減少し、積極的に投票に赴くような有権者の掘り起しがなされれば、各選挙においてラティーノの政治的影響力は倍増することになる。二点目には、ラティーノ住民は他のエスニック集団と比べ、もっとも若い人口集団であることである。白人とアジア系、そしてアフリカ系アメリカ人の中央年齢はそれぞれ四一歳、三六歳、三一歳であるのに対し、ラティーノの中央年齢は二七歳と格段に低い[20]。各エスニック集団の年齢別人口構成を見ても、白人は二六歳以上の人が六八・七パーセントを占めており、アジア系も六七・一パーセントという高い割合の住民が二六歳以上である。一方、ラティーノ住民の場合は、五二・パーセントという低い割合である。これからの数値が示すように、ラティーノは年齢層が低いほど人口層が厚いので、二〇三〇年にはラティーノ有権者の数は四〇〇〇万人となり、現在の二倍近くに膨らむと見込まれている[21]。

米国の人種・エスニック集団別年齢人口（2009年3月）					
	総人口	ヒスパニック（ラティーノ）	白人	黒人（アフリカ系）	アジア系
人口（千人）	300,544	47,395	196,506	36,467	13,708
中央年齢	36	27	41	31	36
年齢別人口(千人) 0－15歳	65,459	14,810	36,198	9,285	2,768
16－25歳	41,709	7,544	25,388	5,948	1,743
26歳以上	193,377	25,041	134,920	21,234	9,198
年齢別人口割合					
0－15歳	21.8%	31.2%	18.4%	25.5%	20.2%
16－25歳	13.9%	15.9%	12.9%	16.3%	12.7%
26歳以上	64.3%	52.8%	68.7%	58.2%	67.1%

表1　ピュー・リサーチセンタの資料を基に筆者作成。

ラティーノ住民の政治的影響力の増大は顕著であるが、近年は市民権を持たないことや在留資格の違いを障壁とせず、あらゆる法的立場で暮らすラティーノ住民が投票以外の方法で政治参画する事例が目立ってきている。例えば非合法滞在者とその家族、また未成年の非合法移民学生などである。このような「非市民」による公民権獲得を目指す運動がラティーノの政治活動の中で存在感を増しており、結果としてアメリカ市民のラティーノも巻き込んだ大きな社会運動へ発展する兆しを見せている。(22) 昨今、マスコミ等で大きく報道されたように、ラティーノ住民がさまざまな場面で政府の移民政策に敏感に反応してきたが、それらの動きなかで、正式な「アメリカ市民」以外のラティーノ住民が積極的な運動参画者となっている事例については、のちに触れたい。

四　二〇〇五年移民法案

二〇〇五年一二月、共和党の主導により新たな移民法案が下院で可決された。「二〇〇五年国境保護・テロ対策・不法移民管理法」と命名されたこの法案は、翌春ラティーノ住民による全国的かつ、近年まれに見る大規模な反対運動を呼び起こすことになった。この移民法案が大きな反響を引き起こした最大の理由は、その強硬な移民取締まりの姿勢である。同移民法案は、二〇〇一年九月一一日の同時多発テロ以降、米国で高まっていた国内テロへの切迫した危機感と実行犯の入国阻止、および国内の安全保障の強化が念頭に置かれたものであった。しかし、同法案で焦点とされた米墨国境の警備強化と一一〇〇万人に上る非合法移民の存在は、九・一一テロ実行犯と関連性がないにも関わらず、法案をめぐる議論は国家安全保障上の理由で中南米地域からの移民を厳しく管理するということに終始するという矛盾を伴っていた。

以下、アメリカ連邦議会で交わされた答弁や議論の内容を参照しながら、二〇〇五年移民法案の輪郭を描写する。第一点目に、この移民法が導入される理由として強調されたのは、非合法移民は法を破った犯罪者であり、国家の安全保障を脅かす存在であるという言説である。九・一一以降、アメリカはもはや、国内で一一〇〇万人と推定される人びとを非合法的に滞在させることを黙認できないという焦燥感とともに、移民問題は国家の安全保障問題へと変容したという議論が展開された。(23) しかしこの議論は、米墨国境を非合法的に越えた人びとがテロ行為に関与したという事実にもとづいている訳でなく、実に感情的な議論と言わざるを得なかった。実は、非合法移民の四〇パーセントはオーバーステイ、つまり労働ビザ更新義務の不履行者や観光ビザで入国したのち、残留を続ける人びとであるという。(24) この統計にもとづけば、半数近くの非合法移民が合法的な手段で米国に入国したということになり、非合法移民は国境を闇に紛れてかいくぐった人だけではないといえる。

しかし、共和党保守派議員を中心に国境地域の治安維持に深刻な懸念が高まると、早急に何らかの対抗措置を取ることが政府に求められた。二〇〇五年、ジョージ・W・ブッシュ大統領は、満を持して移民法改正案を議会に提示した。非合法移民には恩赦を与えず、不法入国者は厳しく取締まるというブッシュの一貫した姿勢が反映されていた。端的な事例では、国境警備強化の方策として、カリフォルニアからテキサスに至る七〇〇マイルの米墨国境に柵を設けるという案や、(25) 監視カメラまで設置するという規定まで含まれていた。しかしながら、どれも実際の運用は可能とは思われない施策であった。ブッシュ移民法は融和策として、一時的な就労許可を移民に与えるゲストワーカー・プログラムや、条件を満たした非合法移民には合法滞在資格を認める内容も提示したが、後者の合法化には一旦非合法移民が母国に帰国することが求められるなど、現実的な運用が疑問視された。治安維持と国内テロ未然阻止の必要から導入を求める声が多いなか、この移民法は極端な反移民主義の反映であるという意見がアイルランド系ロビー団体からも出されるなど、政治的に利用されている側面が強かった。(26)

法案の内容で議論を呼んだのは、ブッシュ移民法が非合法移民を felon、つまり重罪犯罪者として扱ったことである。合法的な滞在許可を持たない移民だけでなく、住所変更の報告義務を怠った場合、合法移民でも法的処罰の対象になるという規定であった。(27) 低賃金で重労働を担う非合法移民を、米国経済の貢献者ではなく犯罪者と規定するこの法案に、ラティーノ関連団体は憤慨した。また連邦議会での答弁でも、さまざまな議員から懸念と反対意見が提示された。テキサス州選出の民主党議員イノホーサは、地元の企業経営者が抱える深刻な労働力不足の問題を紹介している。農業や建設業をはじめ、ホテルやレストランのサービス産業で求められるのは半熟練労働者であるが、肉体的負荷の大きな仕事が多いため、アメリカ人労働者だけでまかなうことは困難である。これらの産業を事実上支えているのは、非合法移民の安価な労働力である。もしブッシュ移民法により非合法移民が排除されることになれば、米国経済は大打撃を受けることになると警告している。(28)

ラティーノ団体の反応――「彼ら」から「われわれ」の問題へ

さらに、ブッシュ移民法は大きな物議を呼ぶ規定を定めていた。非合法移民と疑われる者の当局による拘留を義務化したのである。取り締まり側である警察官の判断で、「移民らしく見える」人びとであれば、いつでも拘留される可能性が出てくることを意味した。非合法移民の拘留義務化規定は、移民のステレオタイプと格闘してきたラティーノ関連団体の感情を逆なでするものであった。永住権をもたない中南米系居住者や非合法移民だけでなく、米国市民権を持つラティーノ住民も終始一貫して反対を表明した。(29)

このように、ラティーノ住民のうち法的には保護される立場にある市民権保持者も、この新規定に神経をとがらせ、懸念を募らせたのはなぜだろうか。以下にラティーノ関連団体が発信する文書を参照しながら、罰則規定に体現された反移民感情を古参のラティーノ市民が警戒する理由を考察する。

ＮＣＬＲは公民権運動が最高潮に達していた一九六八年に、メキシコ系アメリカ人の知識人が中心となり誕生した団体である。当時、アフリカ系アメリカ人の公民権運動に大きな刺激を受け、メキシコ系アメリカ人の間から教育機会の均等や経済環境の向上を阻む差別的な待遇の根絶を求め、活発な運動を展開し始めたグループがあった。しかし、メキシコ系住民が内包する人びとの多様性、たとえば社会階層や世代、また同化程度の差異が足かせとなり、住民の居住地域が広範囲に渡ることもあって、運動は局地的あるいは限定的なものにとどまっていた。(30)ＮＣＬＲが創立された目的は、その名称が示すように中南米系住民は一つの〝raza〟、つまり人種であるという政治的意識を喚起することであり、それによってメキシコ系アメリカ人はもちろん、他の中南米諸国やカリブ海地域出身者も抱合した、汎ラティーノ連合の形成を狙うものであった。[31] 一九七九年にNCLRの理事会は、当初念頭に置かれていたメキシコ系アメリカ人だけでなく、全ての中南米系住民を支援するという立場を公にしている。

NCLRは非合法移民問題の解決を目指す包括的移民法の制定を求め、数年来、連邦政府に積極的に働きかけてきた。連邦議会の公聴会でもたびたび証言を行っている。以下に、二〇〇九年に上院の移民・難民・国境警備小委員会に提出したNCLRのレポートを参照したい。この中でNCLRは、近年アメリカで散見される移民に関する議論が、建設的な方向ではなく、ラティーノ住民の安寧を脅かす有害なものとなっていることへの懸念を表している。危惧されるのは、ヘイト・クライムのような凶悪な犯罪事件だけではない。警察によるラティーノ住民への職務質問や不当な身柄拘束が日常的に頻発していることを踏まえ、警察組織への強い不信感が表明されている。[32] NCLRの声明には、移民規制を念頭に置いた法改定を求める声と、ネイティヴィズムの高揚が表裏一体であることを知覚し、中南米系住民が排斥の対象となることへの警戒心が鮮明に表れている。

こうした懸念は、NCLRと同様に全国的なラティーノ団体であるMALDEFの証言にも見て取れる。一九六七年に設立されたMALDEFは、法廷闘争を効果的に用い、メキシコ系をはじめとするラティーノ住民が、法廷や学校教育などにおいて被る様々な法制上の差別的待遇や慣習を是正することに精力を傾けてきた団体である。[33]

上院司法委員会による公聴会に提出した文書のなかでMALDEFは、歴史的に米国を底辺から支えてきたラティーノ移民の貢献を社会が認識すべきだと述べている。移民の権利が市民権保持者と同等に公正に護られてこそ、ラティーノ住民の生活がアメリカン・ドリームの具現者として保証されることになると主張している。[34] 移民法改定に対する世論やマスコミの関心が高まる一方で、ラティーノ住民を巻き込んだ暴力事件やヘイト・クライムは発生し続けている。その告発と警鐘のための広報活動が近年、MALDEFの重要議題の一つになっている。例えば、二〇〇八年にはペンシルバニアで二五歳のメキシコ人移民男性が数人の白人青年に殴打され、死亡するという事件が起きた。加害者である白人高校生は犯行の際にそのメキシコ人移民に対し、事件現場となった町を去り「メキシコへ帰れ」と叫ぶなど、人種的な中傷の言葉を発していた。同時期には、ニューヨーク州でもエクアドル系などの中南米系男性が暴行され、死亡するという事件も発生している[35]。

どちらのラティーノ団体も、このような事件の根底にラティーノを非合法移民と同一視する社会の誤った眼差しがあることを示唆し、合法・非合法を問わず、移民をターゲットとしたヘイト・クライムにアメリカ市民のラティーノが巻き込まれることへの憂慮を強調している。「一部のラティーノへの攻撃も、全てのラティーノが攻撃されたのと同じ」というNCLR役員のメッセージには、「移民の問題は直接我々に影響する問題である」という意識が端的に表れている[36]。ここには、強制送還の脅威に直接さらされることはなくとも、米国市民権をもつラティーノは、同胞の移民が直面する法整備の厳格化による問題に、同等の関心をもっていることが強調されている。

支援者罰則規定と滞在資格混合家族

上述の非合法移民の拘留義務化規定は大きな波紋を呼んだが、これと同様に大きな反発を招いたのが支援者罰則規定である。非合法移民だけでなく、それらの移民を支援する人びとも法的な処罰の対象になるというのものであった。非合法移民は保険証や運転免許証を取得できないため、日常生活に不可欠な社会福祉サービスを補う形で、教会や移民擁護団体等がさまざまな活動を行なってきた。しかし、教会の関係者や慈善団体など、道義的な理由から非合法移民を支援する人びとをも罪に問い、資産没収など処罰の対象となり得るという規定に強い反対意見が噴出した[37]。

支援者罰則規定により、滞在資格が異なる家族と同居しているだけで法破りとみなされという懸念がラティーノ住民の間に広がることとなった。この支援者罰則に規定にとりわけ動揺したのは非合法移民を家族にもつアメリカ市民のラティーノであった。その理由の一つとして、近年増加している滞在資格混合家族（mixed-status family）の影響があると推測する。

滞在資格混合家族とは、ひとつの世帯に非合法移民の親と米国市民権を持つ子供が暮らす家族を指す。ある報告書によると、現在全米で一六六〇万人もの人びとがこのような家族形態の下で生活しているとみられる。米国市民権を持つ子供のうち、およそ三人に一人が滞在資格混合家族で育っているという[38]。これらは非合法移民が米国市民と同世帯を形成しているという現象が、年々常態化していることを裏付けている。米国市民権を持つ妻と子供をもつ夫が、職場で移民局の摘発を受けた際、非合法滞在であることが分かって強制送還されてしまったり、自分は米国市民で大学に通っているが、いとこや叔父は非合法移民であるといった事例は、現代の米国社会で人々の身近なところでみられるのである[39]。

滞在資格混合家族の増加と定着化は、米国市民であるラティーノと非合法移民との間に新たな連帯意識を刺激しているのではないだろうか。出身国の違いにかかわりなく「我々は運命共同体である」という意識が、メキシコ系をはじめラティーノ住民の間に広く見られるようになっていると推察する。NCLR会長のジャネット・マーギアは、上院司法委員会で開かれた移民法改正へ向けた公聴会で次のような発言をしている。「移民の生活や行く末は、市民権をもつラティーノのそれと複雑に絡み合っている。それは移民と見なされた人たち（筆者による強調）の扱いに大きな影響を及ぼすのである」と[40]。法的地位の差はあっても、「自分たちは互いに運命共同体である」という意識が、合法・非合法移民、市民権保持者を問わず、現代のラティーノ住民の間で芽生えているのではないだろうか。上述のように、二〇〇五年移民法案はラティーノ・コミュニティの大きな反発を巻き起こしたが、それが結果として汎ラティーノ・アイデンティティを刺激することにつながったと考えられる[41]。

五　ドリーム法——非合法居住者の常態化と受容？

先に触れたように、有効な滞在資格を持たないにもかかわらず、アメリカで仕事をして家族を養い、表面的には米国市民と変わらない生活を送る非合法滞在者の存在が恒常化している。ブッシュのあと政権を奪取したオバマ大統領は、強硬路線の共和党とは異なるアプローチで、機能不全に陥った米国の移民法制度の改革を目指した。オバマ政権では非合法移民問題と抜本的な移民法改定は喫緊の課題と位置づけられ、オバマは就任以来、法案成立への意気込みを度々表明してきた。[42]しかし、包括的移民法の成立には大きな障壁が立ちはだかることから、非合法移民問題への応急措置として、合法的な在留資格を持たない移民子弟で成績が優秀な者には、日常生活や教育に不可欠な公的サービスの受給を可能にする「ドリーム法（The Development, Relief, and Education for Alien Minors Act: DREAM Act）」が、連邦政府だけでなく州レベルでも検討されている。[43]

二〇一〇年の終盤には、非合法移民の取り締まり強化を法案に組み入れることで、共和党の反対派を何とか押さえ、「ドリーム法」が連邦下院議会で可決した。入国時に一六歳以下だった人で、高校を優秀な成績で卒業するか米国軍隊に勤務する等の要件を満たせば、永住権を申請できるというものであった。[44]法案が成立すれば一七〇万人の非合法移民学生が対象となると見込まれた。これらの移民青年は幼少期に非合法移民の親に連れられて国境を渡り、有効な滞在許可証を得られなかったことを強調することで、世論の理解と同情を得ようとしたと考えられる。[45]

ドリーム法は、合法的な滞在資格をもたない移民であってもアメリカに永住的に滞在し、生活基盤を築けるような政府措置を今後も示唆する動きである。幼少期に有効なパスポートを持たず、親と国境を渡った移民子弟たちは、そのまま就学年齢を迎えてアメリカの学校教育を受けている者も多い。しかし、高校を卒業して大学進学や就職を試みる際には、非合法滞在という身分が青年たちの前に大きな壁として立ちはだかる。就学に必要な資金を調達する教育ローンや、授業料納付に欠かせない奨学金を得るためには、身分証明書が必要となる。当然ながら、非合法移民学生はこれらの制度を利用することができない。

ラティーノ関連団体は積極的にこの問題を取り上げ、非合法移民子弟がアメリカで高等教育の機会を得られるよう、行政措置を求める運動を展開している。ＭＡＬＤＥＦもその一つである。「メキシコ系アメリカ人の」という名称（Mexican

American Legal Defense and Educational Fund）を冠して創設されたMALDEFであるが、現在ホームページや公的資料のなかでメキシコ系に限定した活動は一切見当たらない。さらにMALDEFは、あらゆるラティーノ住民、そして市民権や永住権保持者だけでなく合法・非合法移民をも包含した連帯をめざし、それぞれの課題を解決することを目的としている。(46)

カリフォルニアの州立大学では、近年授業料の引き上げが相次いで行なわれた。その結果、非合法移民に限らず、大学理事会への批判と不満の声は学生の間で大いに高まった。(47) 授業料の高騰は学生にとって死活問題である。とくに、非合法居住者の存在が常態化するカリフォルニアでは、その子弟が現地の高校や大学で教育を受けて卒業したのち、自立の道が開かれるか否かは大きな社会問題である。ある研究によれば、一八歳以下の非合法滞在者は全米で一八〇万人いるとされており、そのうち四〇パーセントがカリフォルニア州に集中している。毎年全米で六万五千人の非合法移民が高校を卒業するとみられているが、うち二万六千人がカリフォルニアに居住する学生であるという。(48)

二〇〇二年、カリフォルニア州議会でAB540法案が採択された。この法案を提案したマルコ・アントニオ・ファイアバウ議員は、一九六六年にメキシコのティファナに生まれ、幼少期にアメリカへ移住した経歴をもつ人物である。(49) 高等教育を志向する非合法移民学生にとって、将来設計おける最大の障壁は経済問題である。AB540法案は、かつてのファイアバウのような移民学生を念頭においた事実上の移民支援立法であった。この法律の可決により、カリフォルニア州に暮らす移民は合法・非合法を問わず、州内の高校を卒業して同州の公立大学に進学する際に、カリフォルニア住民と同じ特典を付与されることになった。つまり、他州から入学する学生や、国外からの留学生は高額の授業料を支払わなければならないが、州内の居住者はそれよりかなり低額の授業料で済むという特典である。(50)

AB540の立法化には大きな意義があった。一点目は、非合法移民学生が義務教育にとどまらず大学教育を受ける権利を公的に容認し、その実践に不可欠な教育体制を州政府が提供し始めたことである。カリフォルニアで増え続ける非合法移民の存在を不問に付すのではなく、既成事実として受け入れ、非合法移民学生が同州の住民として生活基盤を築いていくことを認識し、学生の受け入れ態勢を柔軟に模索した行為といえる。二点目は、カリフォルニア州でAB540が導入されたことで、連邦レベルの非合法移民支援立法となる「ドリーム法」の審議開始を刺激したことである。

非合法移民学生による運動

非合法移民学生による包括的移民法改正を求める運動は、オバマ政権でドリーム法が検討される数年前から、いち早く活発化していた。移民学生たちは積極的に公の集会に姿を現したり、マスコミの取材に応えることで、非合法滞在者という事実を隠すのではなく、むしろ自身の法的立場を公にすることで、世論に非合法移民問題の所在を訴えようとしている。

非合法移民学生が主体的に活動することで全国的な注目を集めたのは、二〇〇五年に組織化された United We Dream という団体である。もともとはニューヨークやテキサス、カリフォルニア等で自然発生的に誕生した非合法移民学生によるグループであった。学生たちが大学進学等を目指すにあたり、障害となる種々の法的問題の解決や、包括的移民法の成立を求めて結成された組織である。この団体の第一の特徴は、運営メンバーの多くが非合法移民として思春期を育った背景をもち、合法的滞在資格を持たないまま、米国の大学や大学院を優秀な学生として卒業している点である。メンバーの内訳を見ると、ほとんどがメキシコをはじめペルーやコロンビア、エクアドルなど中南米諸国の出身者である[51]。この点に着目すれば、United We Dream は非合法滞在者という共通資格によって、出身国の違いを超えた連帯を実現する汎ラティーノ団体ということができる。

第二の特徴は、精力的かつ積極的に政府や連邦議会に働きかけ、移民支援の立法措置の実現を促していることである。二〇〇一年にドリーム法案が初めて連邦議会に提出されて以来、その可決を強く求めてきたのが United We Dream のような団体であった。しかし、ドリーム法は何度も連邦議会で投票にかけられたにも関わらず、あと一歩のところで採択に至らなかった。この挫折を経験したのち、United We Dream は戦略の見直しを図ることとなった。連邦議員による投票行動のみにドリーム法の実現が左右されないよう、草の根レベルの運動を強化し、社会世論に広く働きかけることによって、ドリーム法に特化した移民学生支援立法だけでなく、包括的な非合法移民対策の法改定を目指している[52]。

メキシコ系のビヤライゴサ ロサンゼルス市長（当時）とドリーム法の実現を求める人びと
flickr by Antonio R. Villaraigosa

おわりに

メキシコ系アメリカ人およびラティーノ住民のエスニック・アイデンティティは、各時代の経済状況に加え、移民に対する社会の寛容度と、政府の移民政策を変数として複雑な変化と発達を遂げてきた。二〇〇五年の移民法案提出をきっかけに、顕在化したラティーノ住民の汎エスニック・アイデンティティは、移民擁護という実利的な政治的目的に端を発しているが、運動に賛同したラティーノ住民は、単に法律の改定だけを目的に運動に参加したわけではないと考える。むしろ、移民法をめぐる議論の応酬とその中身に、ラティーノ住民の関心の焦点が置かれたのであり、その関心の裏側に存在したのはネイティヴィズムへの警戒心であった。

近年ラティーノ住民の間で見受けられる汎エスニック・アイデンティティは、排他的な移民取り締まり法に具現化された、社会の反移民感情に刺激される形で発達し浸透しているように見える。本稿で言及したNCLRやMALDEFは、近年のネイティヴィズムの広がりに警鐘を鳴らし、ラティーノ住民を他者化し、不当に扱うことへの注意喚起をする役割を果たしている。一方で、汎ラティーノ・エスニシティ現象は、その実態や継続性の点で不透明さが残り、更に多くの検証が必要なことも事実である。短絡的な汎ラティーノ意識の主張に疑問を呈す人びとは、経済的利益や政治的権利の獲得のためにラティーノ住民が差異を超越し、一致した連帯意識をもっているという「虚像」が生み出されていると批判する。[53]

だが、移民法改定やネイティヴィズムに対するラティーノ住民および関連団体の一貫した異議申し立てを考察するとき、汎ラティーノ・アイデンティティはすべて作り事という断定もし難い。言い換えれば、ネイティヴィズムという社会現象を触媒として、普段は下位集団で事足りているラティーノ住民が、汎ラティーノ・エスニシティを自ら引き出すことで、外社会からの圧力に対し防御策をとろうとするのではないだろうか。ラティーノ住民の汎エスニシティは、一時的に潜伏したように見えても再び顕在化し、その繰り返しによって継続されているのではないかと推測する。ラティーノ住民へ投げかけられる汎エスニック・アイデンティティの喚起は、何かのきっかけで可視化されるようにみえる。汎ラティーノ・アイデンティティの存在は、対象となる人々の多様性と広範さのため、現時点で正確な実証は困難であるが、出身国や階級、世代を異にする人々の集団が、あるとき危機意識を共有すると、潜伏状態から顕在化へと変容するメカニズムがあると思われる。

一例として、包括的な移民法改正を強く推進するNCLR会長のマーギアは、法改正をめぐる一連の動きに対して行動するなかで、一条の光となるのは、メキシコ系やキューバ系のように広大な地域に拡散して暮らすラティーノ住民の間にある、時に大きな隔たりを埋めることであると述べている。「ラティーノ全般への風当たりが、我々を団結させ活気づけることになっている（傍点は筆者による強調）」とマーギアは述べている。この発言は、前時代のメキシコ系アメリカ人が新参の移民と区別されることを求めたり、メキシコ系アメリカ人に特化したエスノ・セントリックな「共同体」意識しか持ち合わせていなかったこととはまったく異なっている。

近年の合法・非合法移民への政策には、本稿で言及したような推進派ばかりでなく、根強い批判と反発が共和党議員や反移民団体の間で噴出しているのも事実である。こうした批判の根底には、移民に対し特定のネガティヴな心象を重ね合わせる言説の存在がある。そうした言説は米国で歴史的に繰り返されてきたが[54]、本稿で取り上げたように、現代でも盲目的に「移民」と見なされることへの恐れを、米国を出自としない人びとは持ち続けているのである。その警戒心は、外国に出自をもつ人びとを互いに結びつけ、何かしらの共通点や繋がりがあるという意識を人びとに醸成する作用があるのではないだろうか。

第五章　日本人移民とパリ講和会議における人種差別撤廃案
日米関係のはざまで

増田直子

はじめに

四年以上にも及んだ第一次世界大戦を正式に終結させるために一九一九年一月から約半年にわたって開かれたパリ講和会議で、日本使節団は旧ドイツ領太平洋諸島および山東省の権益の譲渡を要求するとともに国際連盟規約に人種差別の撤廃を入れるよう提案した。パリ講和会議における人種差別撤廃案は、日本人移民排斥の問題と関係づけられて、国際関係、日米関係史の視点から研究されてきたが、多くは日本外交のあり方を分析の対象としてきた。シマヅによれば、日本の提案理由は、長年の懸案であったアメリカやカナダでの日本人移民への差別問題を解決すること、西洋諸国に有利な国際連盟に対する日本国内の疑念を払拭して連盟への加入を帝国議会や国民に同意させること、そして唯一の非白人大国としての日本の国際的地位を確かなものにすることであった(1)。アメリカやカナダでの度重なる日本人移民への差別的な待遇について日本国内で関心が高まり、日本の言論界では休戦後の一九一八年末から一九一九年初頭にかけて人種差別問題が盛んに論じられた(2)。国内の人口問題解決のためにも日本人移民排斥問題解決の重要性が叫ばれていた。

第一次世界大戦後の世界の秩序を形成し、恒久的平和を確立する場としてのパリ講和会議では、各国は自国の利益を求め、さまざまな人びとや団体がさまざまな権利を請願した。講和会議では、戦後世界の恒久平和のための国際連盟設立という名目のもと、「人種平等」に対する各国の考えが表面化したのである。一九一八年一月にウッドロー・ウィルソン大統領が出した一四ヵ条の平和原則が講和の基本原則とされ、「民族自決」は会議の重要な議題となっていたが、各国間の衝突の原因にもなっていた(3)。日本もウィルソンの理想主義を捉え、国際連盟の設立と関連させて人種の平等を要求することで、排日という政治課題を解決する絶好の機会と考えたのである(4)。

日本の提案は一九一九年四月の国際連盟最終委員会で議長だったウィルソンに全会一致でないため成立しないと宣言されたが、講和会議が始まる前から会議が終わる六月までの間、アメリカで法的・社会的差別に苦しんでいた日本人移民の間でも大きな関心事であった。移民社会の指導者たちは、パリ講和会議を自分たちが受けている差別を世界に訴える絶好の機会とみなした。また、日本が国際会議の場でどのような待遇を受け、評価されるのか、そしてそれらがアメリカにいる自分たちにどのような影響を及ぼすのかといったことに注意を払った。人種問題の扱いをめぐる国際的議論を通して、日米両国の移民問題に対する姿勢があらわになった。しかし、人種差別撤廃案に対する日本人移民指導者層の考えは、必ずしも日本政府代表の見解と一致したわけではなかった。日常的に差別を体験していた日本人移民は、その差別の根拠となっていた「人種」を常に意識せざるをえなかった。第一次世界大戦後の日本の国際的地位を第一義とした日本政府と、アメリカの市民権が取れず、「帰化不能外国人」であるために土地の所有、賃借、譲与が制限され、アメリカの政治に参加できない日本人移民とでは、人種差別に対する考えは異なっていた。しかし、実際に差別や排斥の対象となっていた日本人移民の声は、講和会議の場においても、その後の学術研究においても十分に顧みられることはなかった。

本稿では、アメリカで発行された邦字新聞の社説や当時の日本人移民が人種問題について述べた著作などの史料を用いて、常に日米関係の影響を受けてきた日本人移民にとって人種差別撤廃案に対する日米両国の態度がどのような意味を持ち、彼ら、とくに日本人移民社会の指導者層の排日に対する意識や対応にどのような影響を及ぼしたかを考察する。まず、人種差別撤廃案について日本人移民指導者層の見解と、日本使節団や日本国内の同案への姿勢に対する彼らの反応を述べる。次に、撤廃案が提出された後のアメリカ国内、とくに西海岸の排日勢力の同案に対する見解とその見解への日本人移民指導者層の対応を論じる。最後に、日本人移民が差別撤廃案をめぐる国際状況および日米両国の国内状況の影響をどのように受け、自分たちに向けられた差別や偏見に立ち向かおうとしたのかを明らかにする。

一　人種差別撤廃案に対する日本人移民の見解

日本人移民の人種差別撤廃案への関心

第一次世界大戦の休戦が合意された一九一八年一一月の時点ですでに日本人移民社会では、日本が人種差別撤廃案を講和会議に提出するのではないかと関心が高まっていた。この段階では多国間交渉による国際会議の場に初めて参加する日本政府の方針は定まっていなかった。実際に外交調査会が最終訓令を出したのは日本使節団がパリに向かう途上の一九一八年一二月になってからであり、人種差別撤廃に関して具体的な指示はなかったのだが、[5]それ以前から日本の国内新聞がこの問題を取り上げており、日本人移民もそうした情報を得ていた。サンフランシスコで発行されていた邦字新聞『新世界』は一九一八年一一月二三日付けの記事で以下のように述べている。

我日本は果たして斯る大膽なる議案を提出するの勇ありや、吾人は之を聞いて非常に痛快なる問題とし、此問題を提げて平和会議に臨み、臆面もなく大議論をなし得たらんには、夫れこそ実に日本をして九鼎大呂の重みをつけしむる者といわざる可からず。…日本が此問題を提出するには尤も好機にして尤も適當なる場所と言はざる可からず。何となれば人種的排斥を尤も盛んになしたるは米國なり、其米國が今回正義人道デモクラシーならざる可からずとして、歐洲の大戰に参加し、而も尚戰後の永久平和策を迄立てんとしつゝある際なれば、斯の如き好機は再び得易からざる者なり。[6]

日本人移民は一四ヵ条を提唱したウィルソン大統領にではなく、日本政府がこの提案をすることを期待していた。ロサンゼルス発行の『羅府新報』も一九一八年一一月一四日の記事で「大会議上最も解決を要求せんと欲するは人種的偏見と差別的待遇[7]」であるとしている。ハワイでは仏教青年会がキリスト教青年会と交渉をして擬似講和会議を開き、国際問題や社会問題を討論する計画を立てるなど、各地の日本人移民の関心の高さを示していた[8]。

しかし、同時に人種差別撤廃案を提出したとしても、採択されるかどうかについては懐疑的な見方が日本人移民のなかにあった。サンフランシスコ発行の『日米』は一九一八年一一月二三日の記事で、実際にアメリカが先住民や黒人への差別待遇を撤廃するのは非常に困難なことであり、「理想としては高遠、主義としては公明」ではあるが、「提出の精神と没交渉なる種々の難問題を惹起」し、「成立の望み甚だ薄し」としている。また一二月八日の『ユタ日報』は「亜細亜人種を自由ならしめんがための提案をなさんとする由なるも[redacted]は米加豪各国に現存する移民法を侵害すべし…かかる問題は平和會議上に於ては握り潰しとなる」のではないかと懸念した[9]。こうした見解は、日本人移民が日ごろからアメリカ国内の人種問題や社会状況に注意を払っていたことを示している。日本使節団の副全権だった牧野伸顕の一行がパリへの途上でサンフランシスコに寄港した際に、日本人移民は大歓迎したが[10]、まだこの時点ですら日本人移民は日本政府が人種差別撤廃案を提出するかどうかわからず、「一切を公開し、日本国民の希望なり意志なりを十分に了解[11]」することを求めている。また、毅然とした態度で会議に臨み、デモクラシーを唱えながら人種差別をするアメリカに対して主義を徹底させるように希望を表明している[12]。

差別撤廃案提出が明らかになると、各地の日本人移民が発行した邦字新聞はこれを積極的に支持する記事を出した。これらの新聞と日本使節団の両方が差別撤廃案の重要性の根拠としたのが、ウィルソンの一四ヵ条であった。人種差別が争いの原因になり得るので、その撤廃こそが国際連盟の趣旨である恒久平和のために必要であることを全面に打ち出した。サクラメント発行の『桜府日報』では、「若し眞に國際聯盟の力を以て世界恒久平和を維持せんとせば法的性質以外、精神的性質を肝要なる要素とすることを認めざるべからず、縦し又國際聯盟は成立せずとするも人類の平等を主とする今回の講和會議に於ては従來の宗教の異同と人種観念より生ずる區別的待遇を排除せざるべからず」という意見が掲載された。『羅府新報』では「到る處に於て排亞或は黄禍説を起せしかど、愈々この聯盟成立のためには、恒久平和のため之等不平等の主張は當然根本的に撤廢せらるることと信ず」といった主張が展開された。[13] 各紙は、高邁な思想だけに終わらせず、実際に人種差別を廃止することの重要性を謳った。

予想されたアメリカやイギリスなどの反対に対しては、「一般英米人の道徳的良心を此方面に喚起して、いかに差別的待遇の不都合なるかを誠實に考へしめ、此點に對する自覺足らずんば、ウィルソン大統領の米國民を代表して聲明したる幾多の大聲明は著しく其價値を失墜すること、…痛切に覺らしむることを第一とすべし」とか、「若し皮膚の色によつて之が區別を立つるが如き觀念の潜むあらば折角人道の擁護を以て世界を傾聴せしめたる米國大統領の高唱も小私心に代ふる大私心の表現と見做されその價値頓に下落すべし」などと論じた。[14] 邦字新聞各紙は主義の上では反対しにくい点を強調し、差別が道徳的に間違っており、ウィルソンの主張にも沿わないものであるとして、支持を得ることの重要性を訴えた。これは第一次世界大戦後の外交を「公明正大ヲ旨トシ正義人道ヲ重ンスルニ在リ」[15] とみなしていた牧野副全権大使の見方に通じるものがあった。このように日本人移民は日本使節団と同様に、世界平和や国際連盟設立のため民主主義や正義人道に反する人種差別の撤廃は不可欠といったレトリックを使った。[16]

人種差別撤廃案をめぐる見解の相違

しかし、日本人移民が差別撤廃案に期待したことは、日本政府の期待とは異なっていた。日本人移民は人種差別撤廃案の採択によって、アメリカで平等な待遇が与えられることを第一に求めた。彼らは、具体的には日本人移民の土地所有や賃借を制限する外国人土地法や「帰化不能外国人」と規定されアメリカの市民権の取得を阻む帰化法などの差別的な法律の撤廃を求めていた。これらは彼らの生活がかかった現実的な問題だった。

他方、日本政府が日本人移民の移住先での平等な待遇を求めた理由は、唯一の非白人大国となった日本が他の大国と同等であることを示す必要性からだった。排日は日本人移民が海外で「望ましくない移民民族として選別される象徴的意味合い」を持つものであり、日本の面目を損なうものであったのである[17]。

日本人移民と日本政府の人種差別撤廃案支持の理由が異なったことから、それぞれの主張にも隔たりがあった。当時の日本国内では日本人移民の平等な待遇だけでなく、日本国内の人口増加問題の解決策や海外進出の手段として自由移住を求める声があり、日本使節団に自由移住を実現させるよう圧力をかけていた[18]。一方、日本人移民は自分たちの生計にかかわってくる差別撤廃に重点を置いた。彼らは「合法的に其國に入國居住して、一般市民同様平和に其生を營み居るものに對し諸種の排斥壓迫を爲すことは、之實に人道問題ともなるものにてウィルソン大統領の累次聲明したる正義と人道との擁護に違反するものなるが故に、せめてこの程度の差別的待遇撤廢を講和會議に提議し、其貫徹を期せんこと」を望んだ。「海外発展」の名のもとに「人口増殖に苦しむ」日本人の自由移住を主張する日本の知識人とは異なる論を展開したのである[19]。無制限の移民流入を警戒し、内政干渉を嫌うアメリカ連邦議会の議論を踏まえてのことだった。連邦議会上院の反対論やカリフォルニア州議会の排日論を間近で見ていた日本人移民は、アメリカの状況を理解していた。『日米』の記者だった鷲津尺魔は講和会議が始まる前から国家の経営の観点から移民制限の権限はその国にあると認め、すでに入国している者への人種差別を撤廃するよう訴えた[20]。理想主義だけでは通用しないことを理解していたため、以下のような考えが示された。

人種上の差別的待遇を根本より撤廢すべき主張は、むろん主義に於て堂々たるものにて吾人も切に其貫徹成立を希望するも、然かもこれを實際に照せば必ずしも容易なる問題といふべからず…移民入國問題は今日の處理想の其儘に行はれ難き事情あり。各國異りたる社會状態、政治状態、産業状態を有し居れば無制限に移民の入國を許し得る國もあれば、許し難き國もあり。…故を以て吾人は嚮きに論述し置きたるが如く、人種問題の全部を此際提起することを差控へて、其一部分なる「合法的に入國居住せるものに對する人種上の差別的待遇撤廢」を主張し、其成立に全力を傾倒せんことを望む[21]。

鷲津は一九〇八年の紳士協約を変更して新たな日本人の入国許可を得るよりも、すでに入国している自分たちの待遇改善を望んだ。パリ講和会議で人種差別撤廃案が難航し、棚上げされてしまうことを懸念し、まず各国に受け入れられやすそうな抽象的な原則樹立を訴えた。

実際、二月一三日に日本使節団は宗教に関する規定に人種差別撤廃を加える案を国際連盟委員会に提出したが、反対国により規定自体が削除されてしまった。『日米』はこうした状況を見て、国際連盟の憲章に明記し、「嚮きに切り離したる具體的の諸問題を國別によりて順次解決するの方法」をとり、移民問題は「後日の問題として保留」し、すでに入国した者への「正當なる待遇を要求」するように主張した。日本が提案した人種差別撤廃、旧ドイツ領太平洋諸島の権益および山東省の帰属問題の三つのなかで、差別撤廃を最優先事項にすることを望んだのである。『新世界』も「此大戰は人道正義の戰ひなり、決して私慾野心を抱くべきに非ずと故に青嶋還附もよし、マーシャルカロリンなくも善し…人種的排斥は一視同仁の感にまったく反對の思想にて、之を改めずんば百の平和案を建つるも何の効なけん」とし、旧ドイツ領の帰属問題は二の次という考えを示した[22]。

日本人移民社会の指導者層の間には人種差別撤廃案への関心とともに、アメリカ国内の排日感情を鎮めたいという思いも強かった。彼らは日本の差別撤廃案提出がアメリカ国内、とくに西海岸の排日感情の再燃につながることを危惧した。また、この提案に否定的なアメリカに対して日本の世論が反米感情を強めることで、アメリカ国内の排日感情を悪化させ、その巻き添えを被るのではないかということも懸念した[23]。当時、日本では大隈重信を中心とした人種差別撤廃既成同盟が一九一九年一月に結成された。同盟は二月五日には東京で大会を開き、人種差別撤廃を決議し、パリの日本代表と講和会議議長のジョルジュ・クレマンソーに打電した[24]。日本国内の諸新聞も人種差別撤廃案を強く支持した。地方においても、一九一八年一一月に広島市で広島、岡山、山口、熊本など移民の送り出し県から成る各県海外協会連合協議会が開催され、講和会議で日本政府が「人類の平等なる幸福の為めに世界各国民の交通及住居の自由、米国に於ける土地所有権並帰化権の獲得等に関し徹底的の主張を為す」よう意見書が採択された[25]。また、一九一九年一月一八日の海外発展同志懇親会で、日本使節団に激励の電報を送ることが決議された[26]。

当初、日本人移民はこのような日本国内の世論の盛り上がりを歓迎した。「尤も機宜を得たるものにて帝國外交に對する一刺激」であり、「之れ當然起こるべき、又起こさざる可らざるの運動」として「此種運動の起りたるを聞きて甚だ快心とすると共に、先づ其初頭に於て是等有志者に敬意を表明す」と満足していた[27]。

しかし、人種差別撤廃案が難航し、日本国内の国粋主義的な機運を反映して日本の新聞でアメリカに対する非難が増えると[28]、日米関係の悪化、ひいてはアメリカ国内の排日の高まりにつながることを日本人移民は心配した。また、日本の世論と日本人移民との間に人種問題に対する認識の相違があることに気づいた。『日米』の鷲津は移民問題には触れず、すでに移民した者への平等な扱いを求めた日本人移民と「故國有志の間には若干の距離」があったと指摘し、人種問題の解決が即アメリカへの移民入国禁止の解決につながるという考えは間違っているとした。大隈重信を会頭とする移民協会がこうした動きを主導していることも危惧し、「問題を紛糾せしめる恐れあり、吾人は此点に於て半可通の日本有志が具體的成案なくして徒に紙上の人道を叫び、空想的正義を叫ぶことを戒めざる可らざる」としている。日本の世論がかえって人種差別撤廃案の成立を困難にし、日本人移民の立場を悪化させることを心配した[29]。『羅府新報』にも日米両国が差別撤廃案をめぐってお互いに非難合戦を繰り広げる状況を憂慮する声があった。日本の言論界に対して「無法非理なる排米論のなきを望む」だけでなく、アメリカに対しても「極端誣妄なる排日論[redacted]なさざる様其態度を改め、以て日本の排米論を挑發するが如き事」がないよう望んだ[30]。日本人移民は日本使節団が人種差別撤廃案を提案し、その採択に尽力することを期待したが、日本国内で日本人移民の立場が理解されていないことに対する苛立ちや懸念を示した。そして、差別撤廃案に対する思惑の相違が、日本人移民の立場の悪化につながることを心配した。

二　日本人移民の差別撤廃に対する活動

一九一〇年代の西海岸の日本人移民社会は成長の一途をたどっていた。日本人移民の存在感が増すと、彼らに対する排斥も激しくなっていった。さらには、第一次世界大戦中に「一〇〇パーセント・アメリカニズム」が叫ばれ、アメリカ化への圧力が強まり、異質な者を排除しようという風潮が広まった。この傾向は戦後も続いた。第一次大戦中はアメリカの同盟国である日本からの移民への風当たりは弱まっていたが、戦争が終わると再び強まった。排斥の動きに対抗しようとした日本人移民は、このような状況下での日本の人種差別撤廃案の提出を支持した。

日本人移民社会の人種差別撤廃案支持の動き

カリフォルニア州南部を中心に活動していた米国中央日本人会は、一九一九年二月五日の定期代表者会で日本使節団、ウィルソン、クレマンソーに以下の決議文を打電した。「世界永遠の平和を確立する上に於て各人種の待遇を平等ならしむるはもっとも緊喫［ママ］の事なりと信ず、故に吾人は北米合衆國加州南部地方在留三萬の日本人を代表し今回講和会議開催の好機會に於て茲に謹んで閣下に右の希望を具申するの光栄を有す」[31]。また、シアトルやロサンゼルスなどの各都市で日本人大会が計画された。一九一九年二月初頭の時点で日本が講和会議にまだ人種差別撤廃案を提出していないことについて、以下のような主張がなされた。

…我特派大使節又は同地位にある他國使節より本問題を疾に提出すべき筈なるに日々の電報を仔細に検閲するも未だ此事あるを聞かず…何等か具体的の運動に出で、世界の耳目を聳動すると同時に遠慮勝なる我特派使節をして或る行動を執るの餘儀なき場合に至らしむるは此際最も喫緊の事に属す素より在留民の多からずと雖其決議を堂々社會に發表し講和會議に提言せば之が一大動機となりて各國民の吾等と同地位にあるもの翕然として之に呼應せん…[32]

日本人移民が「居住民大会」を開いて人種差別撤廃案支持を訴えることについて、『新世界』は「排斥問題を實際に味ひ尤も痛切に感じ居る吾人在米同胞の聲を聞かしむるは決して矯激の事にも非らず無謀の策にも非るべし」とし「一般の意見を聞き全米國の日本人一致協同して大運動をなさん」としている[33]。

第一次大戦後に日本語学校を標的とした取り締まりが強化されたハワイでも、日本人移民の差別撤廃案への関心は高く、「率先して該運動に参加すべき」という主張が『布哇報知』で展開された。その主張の多くはアメリカ本土の日本人移民とほぼ同じだったが、日本人のアメリカやイギリス自治領（カナダ、オーストラリア）への入国を求めた点、およびハワイからアメリカ大陸への転航を求めた点が本土の日本人移民とは異なっていた。同紙はハワイの日本人移民が同じアメリカの領土であるアメリカ本土に自由に行き来できないことやカナダからアメリカへの入国が禁止されていることは「移民に對する取締のみに非ず人種的區別待遇と云はるるも辯解の餘地なかるべし」と非難した[34]。これは一九〇七年の大統領行政命令によって旅券の目的地がハワイ、メキシコ、カナダである場合、それらを経由してアメリカ本土への入国が禁止されたことによる。三月一〇日にハワイで開かれた「在留民大会」では、ハワイの日本語学校を出た者のなかに第一次世界大戦で従軍した者が多いとして、「日本語學校に於ける武士道の教授が米國に對する忠誠となりたるもの」であり、「歡迎すべき」ものであるのに、「近來布哇にも人種的區別を高唱するものあり日本語學校の撲滅策を講ぜんとする」動きがあることが議論に挙がった。差別撤廃案支持とともに、日本語学校に対する法律上の取り締まり反対の決議もなされた[35]。つまり、ハワイ独自の日本人移民に対する差別が、人種差別撤廃案への関心の理由となっていたのである。ハワイと本土両方の日本人移民は、講和会議での提案をそれぞれが被っていた差別を撤廃する好機とみていた。

前述したように日本人移民の関心事は差別撤廃だったので、パリにいる日本代表団に請願するだけでなく、彼らは自分たちに向けられた差別に立ち向かう運動も展開した。ロサンゼルス日本人会会長の谷越勝太郎は以下のように日本人移民に呼びかけた。

平和会議に人種問題の提出せられん事を痛切に望む者なりと雖も假令人種問題が同會議に附せらるると否とに關せず、吾が在留同胞の態度は一層愼重の態度を持し、内は以て各自の向上を期し、外は以て異人種の軽侮を招致せざるに力め、微力ながらも日米親善に貢献し、差別的待遇法の撤廢を促進するに努力せざる可らず。

帰化権獲得のような自己の権利を求めるだけでなく、自分たちの行動を改める必要性や子どもにアメリカ市民としての教育を受けさせる義務も自覚するように訴えた。(36)

西海岸の排日勢力と日本人移民の対応

一九一九年四月一一日に国際連盟最終委員会で、差別撤廃案が採択延期の後に否決された。その結果、日本国内でアメリカを非難する論調が激しくなると、『日米』は「事件が突發する毎に右往左往するの醜態を演じ」ていると日本の国民や政治家を評し、国際情勢を正しく伝える必要性を説いた。さらに、日本人移民は国際情勢を見通せる機会に恵まれているので、「東西文明の調和者」として、「日米兩國の親善」のため、日本の親戚や知人にアメリカ文化を知らせて「故国啓發」の努力をするべきだとした。当時、日本人社会に影響力があった在米日本人会は日本領事館と強いつながりを持っていたが、人種差別撤廃問題に関しては外務省や日本政府に頼っているだけでは十分ではないことを自覚していた。鷲津は『日米』で「區別的待遇撤廢に關し最も責任を感ずる吾人在米同胞は、問題解決の中心力となり、政府管邊の力を頼らず、各々最前の努力を以って事に當らざる可らず」としている。(37)

第一次世界大戦中に沈静化していた排日運動が、一九一九年初春から再び活発化し始めていた。ジェームス・D・フィーラン連邦上院議員やカリフォルニア州議会は、外国人土地法の改正や写真結婚の禁止など日本人に対する差別的法律を強化しようとし、日本の差別撤廃案に対しても反対運動を起こした。フィーランは移民、帰化、土地所有権、異人種間結婚などは内政問題であり、「東洋人」がアメリカ国内で平等な権利を保持しようとすることは白人にとって重要な問題であると主張し、パリの欧米諸国の代表に電報を送った[38]。さらに、彼はカリフォルニア州上下両院連合会議で日本人移民は経済的、社会的、軍事的に脅威であり、外国人土地法の強化、紳士協定の廃止と日本人排斥法の可決、太平洋岸の防衛の強化を主張した。そして、女性の意思にかかわりなく結婚させられる蛮行として写真花嫁の慣行、労働力の流入を紳士協定違反、日本人の出生率の高さ、法の抜け穴を利用した日本人移民の土地所有を非難した。日本人移民によるカリフォルニアへの「侵略」を喧伝し、人種差別撤廃案によりこの「侵略」がさらに拡大することに反対した。この演説の後、カリフォルニア州議会にジョゼフ・M・インマン上院議員が外国人土地法修正案と写真花嫁入国禁止案を提出した[39]。差別撤廃案は、日本人移民の「異質さ」や「他者性」を際立たせようとする排日政治家の動きを後押しすることとなった。

しかし、西海岸での排日の動きは、パリのウィルソンにあまり影響を与えなかった。むしろ、彼は差別撤廃案をめぐって講和会議が紛糾するのを懸念した。アメリカ政府やカリフォルニア州議会でさえ、この時期に排日法案を審議することは好ましくないという見解を示した。カリフォルニア州知事ウィリアム・スティーヴンスは法案審議が時期的に不適切であり、この案を討議することはアメリカ使節団を困惑させることになるとした[40]。フィーランは再びパリに打電し、ロバート・ランシング国務長官にウィルソンと意見を交換するように頼み、写真花嫁の入国がもたらす悪影響を力説した[41]。これに対してランシングは「パリにおける国家間の情勢の現状から考えて、この時期このような法案を提出するのは適切ではないだろう」と述べた[42]。一九一九年四月の時点では土地法改正案、写真花嫁禁止法案は撤回され、「帰化不能外国人」の土地所有を調査することを州に求める決議のみに終わった[43]。

カリフォルニア州の排日勢力はアメリカ使節団に政治的影響力を及ぼすことはできなかったが、アメリカの世論を扇動した。ランシングの助言は排日法案撤回を議会に促したが、彼らが新聞紙上で差別撤廃案に反対を表明するのを止められなかった[44]。日本人移民は排日法案の撤回に安堵したが、『羅府新報』は「愈々日本國をして其國家の名譽上、特に米國排日者に對して飽く迄固執せざるべからざるが如き状勢とならしむるに到らん」として差別撤廃案の採択の重要性を主張した。さらに、フィーランの排日運動を「人種的差別撤廢論に對するカモフラージ〔ママ〕的の逆襲」と断じ、「今は正に在留同胞があらん限りの聲を出して年來鬱積して居つた主張を吐露し大いに絶叫すべき時」と日本人移民に呼びかけた(45)。『日米』は終戦後の排日運動の高まりに対して、「今後果して如何なる形式に於て運動の再發を見んとするかは豫測し得ずと雖も、吾人は其事再び吾人の上に來る可き事は覺悟せざる可らず」、排日法案に反対の議員も「『時機に非ず』と云える反對意見より見る時は、若し國際事情最後の解決を見、時機到來せば更めて右非法案を議するの日あるやも知る可からず」と排日への警戒感を強めた。排日法案の撤回で問題が解決したと安堵するのではなく、次のカリフォルニア州議会開催に備える必要を訴えた(46)。

人種差別撤廃案が西海岸の排日熱を再燃させたと考えた日本人移民指導者層は、撤廃案をパリの本会議で否決された後も主張し続けるべきだと考えた。四月一一日にパリ講和会議の本会議で日本使節団が提出した修正案が採決され、一六票中一一票の賛成多数を得たにもかかわらず、議長であったウィルソンによって満場一致ではないと否決された。『羅府新報』は、人種偏見を持った白人代表が多数を占める講和会議で全会一致を得るのは困難だが、本会議で過半数を得たことを「手柄」とした。そして、機会あるたびに人種案を提案し、少しでも多くの人に理解を得られるようにし、「不撓不屈の大決意」を示すことの重要性を訴えた(47)。同紙は日本人移民への不当な扱いを訴え、人種差別撤廃に対する世界的理解を得て、アメリカに圧力をかけることで日本人移民の地位を少しでも改善しようとした。

また、日本人移民社会の指導者層は、第一次大戦中から「一〇〇パーセント・アメリカニズム」の圧力のもとで日本人移民への風当たりが強まったことに対しては、米化運動や矯風運動で対抗しようとした。これらの運動は人種差別撤廃案が提出される前から行なわれていたが、戦後の排日が強まるなかでその必要性が叫ばれた。中央日本人会の藤岡紫朗は、排日の理由として、政治的、経済的、社会的、人種的、国際的理由を挙げた。とくに人種差別撤廃案の提出によって、日米関係の見地からアメリカ人は感情を害し、白人優越主義から日本人に対し「生意氣な」との不快感を持ち、「何事に於いても『米國第一主義』を高唱して憚らざる程」になっていると指摘した。つまり、藤岡は人種的理由、国際的理由を第一次世界大戦後の排日の大きな理由としたのである。それと同時に日本人移民の普段の行ないも排日の原因となっているので、宗教、風俗、言語、生活様式の違いという社会的理由から差別されないように社会の規律や秩序を守るよう藤岡は訴えた[48]。また『羅府新報』も、日本は十分に理解されておらず、西海岸の排日の動きを見ると「日本人が支那人の如く劣等であり、獨逸人の如く侵略的であるといふ概念」が作られているので、日本人移民は「何事にも紳士的の氣風と態度を心懸け」、「支那の如く下等だといふ概念を一掃させるに最も緊急な事」としている[49]。

日本人会、邦字新聞、教会組織などが米化運動を促進し、日本人移民は同化できないという非難を根拠のないものにし、排斥の口実とされないように努めた。日本人移民が家庭を持ちはじめ、子どもができると、彼らの教育のあり方も議論された。中央日本人会は一九一九年二月の教育部委員会で「同胞父母の啓發及米化運動の爲日本語學園を一層有効に使用すること」、「呼寄兒童及婦人に英語を學ぶやう各地日本人會を通じて勸告すること」を決議した。アメリカ人としての教育を主とし、日本語教育を補助とするよう訴えた[50]。「日本人會のみに限らず教役者、識者及ばず乍ら新聞社等の協力一致として事に当たらざる可らざる所にして、此問題は日會が中心となりて一個の全社會的運動と爲すを可とせん[51]」とした。米化運動を通して子どもの教育や日本人移民の生活態度を改善することで、平等に扱われるべき存在であるとアメリカ社会に訴えようとした。また、賭博撲滅や看板の英語表記、売春の取り締まりなど日本人移民社会の風紀改善をめざした矯風運動に取り組んだ。人種差別撤廃案を日本が国をあげて取り組んでいる時に、日本人移民が賭博や密入国などで捕まり、「叫喚の當面の目的國たる米國に於て繰返すが如くは、畢竟其叫喚も運動も一場の喜劇」となってしまうと忠告した[52]。しかし、日本人移民指導者が主導した勤勉に働き、節約し、あまり消費しない「米化」が、「想像のアメリカ」への「米化」であり、「アメリカ化論者」が考える「一〇〇パーセント・アメリカニズム」や「アメリカ的生活様式」に合わず、かえって摩擦を引き起こすこともあった[53]。

人種差別撤廃案の提出は、日米関係の悪化の一因になったと日本人移民指導者たちは捉えた。彼らは、日本に対しては両国間の融和を働きかけ、排日感情が高まったアメリカ社会に対しては米化運動を展開することで、解決の糸口を見つけようとした。

三　日本人移民の人種意識・民族意識

日本人移民の人種的・民族的マイノリティへの見方

先に述べたように邦字新聞は、日本使節団と同じように国際平和や正義人道、民主主義の観点から人種差別撤廃の正当性を訴えるレトリックを使った。そして、差別撤廃案がパリ講和会議で否決されると、ウィルソンの提唱した一四ヵ条が実際の人種問題に対する姿勢と矛盾していることを非難した。オーストラリアが最も反対していたことは日本人移民社会にも知れ渡っていたが、邦字新聞各紙はウィルソンや日英同盟があるにもかかわらず提案を支持しなかったイギリスなども非難した。人種案の否決について、『日米』は道徳上「白皙人種の失敗」と断じ、『布哇報知』は「白人の人種的偏見」に理由を求め、『羅府新報』は「世界最良の人種」という自負心をもつ白人の日本人に対する「一種の猜疑と嫉視」と非難した。『ユタ日報』は、ウィルソンの求める世界平和のためには「平和会議には米國から人種差別撤廢案を提出すべき」と主張した。(54)

しかし、人種差別撤廃案の正当性を掲げた日本人移民指導者層も、提案した日本使節団同様の人種偏見を持っていた。日本使節団は、アメリカの黒人指導者W・E・B・デュボイスがパリで開催した汎アフリカ会議との交流に消極的であり、日本の提案が普遍的な人種平等の原則と結び付けられることに尻込みした。日本は「東亜の盟主」の地位獲得を望んでいたが、アメリカやアフリカの有色人種の擁護者と見られることは歓迎しなかった。そのような見方は、日本が西洋に同等の身分として組み込まれたいという思いと相容れなかった。「日本人だけを白人並みに扱ってもらいたい」という意識を持っていた。(55) 日本政府は日本人移民が黒人や中国人と同じように「ジム・クロウ」としてアメリカで位置づけられることを恐れていた。(56) 日本人移民のなかにも、日本は「一等国」の仲間入りをしたので日本人のみを白人と同等にという思いがあった。『羅府新報』は人種差別撤廃の適用について、すべての人種に適応するのは難しいとし、「野蠻なる蒙昧の種族と高等なる開化文明の民と同一待遇」にして講和がなるのかは疑問だとした。(57)『日米』も以下のような主張を展開した。

白皙人種も、蒙古人種も、馬來人種も、将た米國人も、南洋の土人も、英國人も亞弗利加の土蕃も等しく人類たる點に於て相違なきも、單に横目縦鼻の理由によりて其の待遇を同一にせよ、國内の事情如何に係らず人種の待遇を平等にせよといふ事は、理想としては高遠、主義としては公明なるも、然かも事實問題としては餘程の困難なるべきを覺悟せざる可からず…故を以て此案は十分の推敲をし、餘りに其範圍を擴張せず、英米の日支人排斥は主義として今後廢止せざる可らず(58)

彼らの基準において劣等と考える者に平等な待遇を与えることは困難であるとし、平等な待遇に値するのは日本人であるという考えが示されている。

また、日本が「一等国」の仲間入りをしたという意識も日本政府同様に日本人移民は持っていた。日清戦争、日露戦争、第一次世界大戦で日本は国力を世界に示し、経済的にも目覚ましい発展をしたとして、それにふさわしい扱いを受けるべきだと日本人移民は考えていた。そのため、「列强の班に列して居るのに、歐米諸國中には之を劣等人種であるかの如く考へ、歸化權や市民權を許與せぬといふのは甚だ篠理に外れた話」なので、差別撤廃を求めるのは当然という意見が『羅府新報』に寄せられた。国際連盟委員会で日本使節団の牧野が二月一三日に人種差別撤廃案を提案すると委員会が紛糾し、アメリカ使節団のハウス大佐は討議の延期を提案した。日本人移民は「五大强國といふ体裁の良い名の下に奉られたのは好いが、散々に面目を踏み躒られ」、日本の問題は後回しにされていると不満を漏らしている。「一等國」であるのに、実際は「劣等國民」扱いを受けているという思いから、人種差別撤廃案によるこうした状況の打開を求めた。(59)

日本使節団も日本人移民も表向きは全有色人種のため、とくに「東亜の盟主」としてアジア諸国のために人種差別撤廃案を提案した。そのため、日本人移民は中国が当然この提案に賛成し、協力するものと考えていた。差別撤廃案が提出されるかどうかまだ正確な情報を得ていなかった一九一九年一月初めには、日本人移民指導者は日本と中国が協力してこの案を提案することを期待していた。ロサンゼルス日本人会会長の谷越は「人種問題を提げて日本及支那が聯盟會議に列せん事を衷心より切願する」としている。[60] 全有色人種のために差別撤廃案を掲げる日本に、中国が挑戦的な態度を取ることはないだろうという思いがあったのだ。

そうした期待をする一方で、多くの日本人移民は、日本と中国が同等とは考えていなかった。日中の協力を期待する声を載せた『羅府新報』は、その数日後に、日本は「一等國民」なので帰化権を求めるのは当然だが、中国が同等の権利を要求したり、治外法権撤廃を求めたりすることは「果して正當であるか何うか頗る問題」だと疑問を呈した。[61] 日本人移民は自身を近代国家の一員と見なしているのに、アメリカでは人種階層の最下位に位置づけられ、中国人と区別されていないと考えていた。[62] 米化運動や矯風運動を展開する際に集団としての「日系」と「中国系」の差異を強調し、日本民族の文明的優位を訴え、他の非白人に対する「民族的な」優秀性を訴えることで人種的・民族的ヒエラルキーにおける優位を確保しようとしたが、[63] 日本人移民は差別撤廃案の適用についても自治能力があり、優れた民族である日本人とそうではない中国人という見方を示して差別化を図ろうとしたのである。

日本の植民地主義の日本人移民への影響

領土問題を巡って日本と中国の対立が明らかになると、『羅府新報』は中国が日本に「反感」を持ち、「報復」の機会を狙っており、「日本の優越なる地位を嫉視」して、「日本の真意を誤傳し、列國の反感を扇動せんとする不埒の輩」がアメリカ国内やパリでプロパガンダを流しているとした。[64] 『日米』は領土内の治安を維持する力がなく「内乱により無政府状態」にある中国が、「山東省の利権回復を云々するが如き本末を顛倒」しており、「事あれば日本に對し盾をつかんとする如き痴態あり」と非難した。[65] 日本の「東亜の盟主」としての地位が否定されるという懸念から中国を下に見るような論調が現れた。その中国が日本と対立し、人種差別撤廃案に対して中国は態度を保留し、山東問題に関して講和会議の参加国の間では中国に味方をする雰囲気があったことに日本人移民は苛立ちを隠せなかったのである。

同様に朝鮮半島での民族運動やアメリカでの朝鮮人や中国人の運動も、日本人移民にとっては気に障るものだった。アメリカに渡った朝鮮人は、故国解放のためにアメリカの支援を得ようとして宣伝活動を行なった。彼らは自由、平等、キリスト教精神、人間性などのために闘う重要性を訴え、朝鮮人の自治能力の欠如という日本のプロパガンダに対抗した。四月にはハワイやアメリカ本土にいる朝鮮人約一五〇人がフィラデルフィアに集まり、朝鮮の日本統治からの独立を宣言した。[66] こうした訴えに対し、邦字新聞は彼らの主張は間違っており、状況を正しく理解していないとしている。『日米』は、中国と同様に、「朝鮮は独立自治の能力無く、極東禍亂の因を爲し」ていたので、日本はアジアの平和のために戦争を行なったと主張し、アメリカ政府に嘆願書を出すよりも朝鮮人は「文明程度を引き上げ、經濟的實力を養ひ」、各方面で発展することに専念すべきだと断じた。ロサンゼルスで朝鮮人が同様の運動をしていることは「看過すべからざること」として、注意を払っていた。朝鮮で三・一運動が起こり、独立を求める動きが激しくなると、同紙は、ウィルソンの唱えた「民族自決」は同盟国の領土だった地域やロシア領土内で起こっていた民族運動に適用されるものであって、すべての民族に適用されるわけではないとした。そして、朝鮮や中国の運動はこの適用範囲を誤解し、「自らの獨立自治に堪へ得る力量を養ふに心懸けず、徒らに感情的に確立の回復を夢む［ママ］が如き、…其手段の全然謬れるを如何せん」と評した。[67]『布哇報知』では、人種差別撤廃のため、日本人、中国人、朝鮮人が協力すべきであるが、朝鮮人には国を担う力を持つ者がなく、「世界の大勢と亞細亞の将来とに考慮を及ぼして事を處する用意ある者ありと信ずる能はず…白人に哀願して之を達成せんとし、其結果獨立後の實權は白人の手に歸して東洋人共同の大運動に障害する所少なからざる」という意見が述べられた。[68]『日米』紙上でも、アメリカなどが朝鮮独立運動に介入することを嫌い、「東洋モンロー主義」を掲げ、日本を中心とした秩序を作るべきとの論が展開された。[69] 邦字新聞は日本の政策や主張を受け入れ、それに反対する中国や朝鮮の民族運動や、アメリカでの中国人や朝鮮人の運動を批判した。彼らの主張がアメリカの支持を得、日本の主張が否定されることを恐れた。日本人移民は他の人種や民族と自分たちを区別し、その優位性をアメリカ社会に訴えたが、中国人移民や朝鮮人移民が同様に自分たちの正当性を訴えてアメリカ社会を味方につけようとしたことには反発したのである。

ただし、日本人の態度に問題があるため、中国人や朝鮮人の理解を得られないという指摘もあった。『布哇報知』は人種差別撤廃は日本人だけでなくアジア全体の問題であるが、それが理解されていないのは「彼らの自覚心の低きに基く」だけでなく、「日本に對する同情なき」を証明しており、それは「日本が彼等に對する態度の誤れるに依る」としている。そして、このような状態が続けば、有色人種の利権はいつまでも認められず、「人種戰の動機を作るに至る」かもしれないので、「東洋民族の團結」によって白人の偏見をなくし、日本人はその態度を改めるべきだと呼びかけた[70]。

中国や朝鮮での民族運動に、アメリカの中国人や朝鮮人の運動は連動していた。四月一一日に人種差別撤廃案が全会一致の採択ではないことから否決されたが、日本の不満を和らげるため四月末に山東省の旧ドイツの権益が日本に与えられた。日本側は最初から差別撤廃案を山東問題の取引材料にしようとしたわけではなかったが、ウィルソンは国際連盟設立のため人種差別撤廃案を政治的手段として利用し、日本の提案を取引材料に使った[71]。この結果に中国は幻滅し、五・四運動が中国全土に広がった[72]。アメリカでは中国人留学生は集会を開き、自国政府やクレマンソーに電報を打ったり、サンフランシスコで日本製品をボイコットしようとしたりした[73]。これに対し、『日米』は、こうした動きは日本人移民に大した影響を及ぼさないだろうとしながら、「支那人の排日氣分は[redacted]に支那本國及び日本のみに非ずして桑港に於ける支那人間にも既に其の氣勢あり…不祥事の起こらぬを希望する次第である」と述べている[74]。ハワイでは朝鮮人がデモ行進を行ない、現地の日本人移民は警戒した。こうした運動をする者のなかには激昂して、日本人移民に喧嘩をけしかける者もいるかもしれないので注意するようにという呼びかけが『馬哇新聞』でなされた。「皮相的民主々義に感化されたる在布鮮人の或る者は故國に於ける暴擧に對して深甚なる同情を寄せ、悲憤慷慨の余殆ど前後の思慮を缺き、内地人とさへ見れば悉く之を仇敵視し、動もすれば不穏の擧に出んとする者」がいるので、「我等内地人は彼等に対する言動には十二分の注意」を払うようにと促した[75]。ハワイにいる日本人移民が自身を「内地人」と呼ぶことで、朝鮮人と区別化し、日本の外にいながら日本国内の日本人との同一化がなされていた。

日本やアメリカで運動を起こした中国人や朝鮮人に対して、日本人移民は自身が主張した「正義人道」や「恒久平和」のための人種差別撤廃を適用しようとはしなかった。日本政府の隣国に対する見方を差別撤廃案との矛盾を感じることなく受け入れた。西海岸で排斥を受ける中で、故国の「一等国」としての地位は彼らの精神的な拠り所となっていた。また、アメリカ社会ではひとまとめに「同化できない」人種とされていたのを、日本人移民と中国人や朝鮮人を区別することで、自分たちだけが白人と同等な待遇を受けるに値する優秀な「民族」であることを示そうとした。[76] 中国には差別撤廃案を支持することを求めたが、日本人と同等にはなっていないという考えを持っていた。アメリカでの社会的地位を確保するために、他の人種や民族と同一視されることを避ける傾向にあった。[77] 有色人種としての連帯を日本人移民は自分たちにとって不利な戦略とみなしたのである。彼らは日本政府の帝国主義的な見方を受け入れるとともに、アメリカの人種的ヒエラルキーを受け入れた。日本人の優秀性や文明の高さを誇示し、有色人種ではなく白人と同等の扱いに値することを強調した。「民族的に優秀な」日本人移民が人種の違いを乗り越えて白人と同等の地位を得るために、人種差別撤廃案は必要なものだった。

おわりに

日本の人種差別撤廃案提出によって、日本人移民はアメリカの白人優越主義を改めて認識し、この提案がアメリカの排日感情を強めたという思いを持った。彼らは日本使節団の提案を歓迎したが、その内容における優先事項は、すでにアメリカに合法的に入国した移民への平等な待遇であった。日本使節や日本国内の差別撤廃論への見解の違いや、差別撤廃案の不採択によって日本国内でアメリカへの非難や国粋的な論調が広がったことに日本人移民は困惑した。また、人種差別撤廃案が国際会議の場で論じられたことで、アメリカ連邦議会や西海岸諸州の排日政治家の人種問題や移民政策に対する頑なな態度が顕著になり、日本人移民に対する排斥感情が高まった。鷲津は後に、日本人移民問題が起こるたびに「日本の有志」は必ず大げさに騒ぎ、「それが為に日本政府をして無用の抗議を米國に致さしめたが、之が為に国威を揚げた事實は一個もなかった」と指摘した。日本が「干渉がましい」ことを言うとアメリカ社会の反感を買い、日本人移民がその怒りの対象になると振り返っている(78)。

差別撤廃案は日米両国のお互いに対する感情を悪化させる一因となった。とくに西海岸では一時鎮まっていた排日運動が活発化した。中央日本人会の藤岡は、日本が講和会議に人種差別撤廃案を提出したことを皮切りに山東省の帰属問題や日本のシベリア出兵など日米関係の悪化が排日につながったと述懐し、「就中、巴里の講和會議に、米國大統領ウヰルソン氏提唱の國際聯盟案に、更らに一歩を進めて世界各人種平等案を提出したるは、一人米人の感情を悪化せしめたに相違ない」とした。さらに、「米國は歐洲大戰への参加後、その國民性が一變して、何事にも百パーセント米國主義を唱えねばやまなくなって來た」とし、異質なものを排除する雰囲気が高まったと述べている(79)。そうした日米関係の悪影響をなるべく受けないように注意を払いながら、日本人移民は自分たちの置かれた状況を改善しようとした。その具体策が米化運動や矯風運動であった。しかし、これらの運動は排斥を鎮める効果はなかった。人種差別撤廃案とその後に討論された山東問題、中国の排日運動や朝鮮半島の独立運動は、アメリカの排日報道へとつながった。こうした排日に対して、日本人移民は日本や日本人移民が誤解されていることに理由を求めた。日本人移民は日本政府の見解を受け入れ、日本と中国や朝鮮を区別しようとした。そして、この区別をアメリカ国内にいる日本人移民と中国人移民や朝鮮人移民との差別化にも適応しようとした。日本人移民は、日本のアジア諸国に対する優越感とアメリカ国内の人種ヒエラルキーの両方を受け入れ、アメリカで白人と同等の地位に自分たちを位置づけようとした。

人種差別撤廃案は、日本人移民にアメリカの移民問題や人種差別に対する日本政府との見解の違いを認識させたが、他のアジア諸国に対する優越感を共有していたことも明らかにした。アメリカの排日運動の高まりや、中国や朝鮮半島の独立運動の盛り上がりに対しては、日本人移民は米化運動や他のアジアからの移民との区別化によって対抗した。日米両国の人種意識やヒエラルキーを取り入れて、何とかアメリカ社会で自分たちの生活を守ろうとしたのである。同時に、差別撤廃案に関して「アジア系アメリカ人」としての連帯の可能性や有色人種連合の機会を自分たちでつぶす結果となったのである。

日本が提案した人種差別撤廃案が国際的に受け入れられるのは、一九四五年六月のサンフランシスコ会議で国際連合憲章に盛り込まれるのを待たなければならなかった。そして、日本人移民およびその子孫である日系アメリカ人が他人種や他エスニック・グループとの連携の重要さを認識するのも、第二次世界大戦の強制立ち退き・収容の経験を経てからだった。

第六章　移民地川柳からアメリカ川柳へ

日米川柳交流史

粂井輝子

はじめに

ワシントン州シアトル市にある川柳吟社の柳誌、『北米川柳』二〇一四年二月号に、

今はシアトル、タコマ両吟社併せても会員は二十名足らずで、その殆どが高齢者。会員を増やすにしても、若い人達の川柳感は駄洒落や語呂合わせ、サラリーマン川柳の類では、文学的要素を含んだアメリカ川柳には興味なさそうで、入会希望者は期待薄です。
やはり、これから先も、僅かな人数でも、柳人一同思いを一つに、九十年近くも恩師や大先輩が守って来た歴史ある北米川柳を、一日でも長く守って行くしかない、と思いを新たにしております。

と、「柳友の声」が寄せられている。(1)

新規加入者がなく、会員の高齢化で、会の活動が先細りとなっている現状を案じる「声」である。案じているとはいえ、会員を増やすために吟社の伝統的句風を変えるようなことはしない、という決意表明でもある。「声」では、「文学的要素

を含んだアメリカ川柳」と表現している点に注目したい。アメリカ合衆国独自の川柳であること、しかも言葉遊びや風刺ではない「文学的」な川柳であることに、誇りが感じられる。その誇りがあるからこそ、「僅かな人数でも」、「文学的」な「歴史ある北米川柳」を変質させることなく存続させたい、と覚悟しているのである。

北米川柳吟社は、一九二九年七月二一日に、シアトルの丸万亭で初句会を開き、以後日米開戦まで休会することなく続き、戦後再開し、今日に至るまで、毎月句会を開き、会誌も発行し続けている。二〇一四年で結成八五年を迎えるアメリカ最古の川柳吟社である。

本稿では、「もうひとつの国際関係」として、この北米川柳吟社に着目し、日本の伝統的民衆詩である川柳がアメリカに「移植」され、日本との交流を通して、「アメリカ川柳」へと成長してゆく過程を、『川柳きやり』誌を通覧することで追う。

本稿は、最初に「移民地文芸」の提唱と初期移民地川柳の萌芽を概観する。つぎにシアトルの北米川柳互選会に着目し、その発足と日本のきやり吟社との交流を通して、アメリカ川柳への展開を跡づける。最後に今後の展望と課題を考察する。

一　「移民地文芸」

筆者が「移民地文芸」という呼称を使ったことに、現在アメリカ西海岸で文学活動を展開している同人たちから、なぜ「移民地文芸」という言葉を使うのかと、同人会活動に参加したときなどに、たびたび、質問が寄せられた。それらは純粋な質問というよりはむしろ、その言葉に対する疑問や反発から発せられたと思われた。「移民」という言葉のもつ否定的なニュアンスだけでなく、「文芸」という言葉の古めかしさにもよるのであろう。また、「移民地」と限定することで、「地方文学」のような周辺化される響きが感じられたのかもしれない。

しかし、「移民地文芸」という言葉は、一九一〇年代に翁久允（一八八八―一九七三）らによって提唱された歴史をもつ言葉である。(2) 翁は「移民地文芸」という言葉で、日本人移民社会にふさわしい新しい文学を生み出さねばならないと主張した。翁によれば、アメリカの日本人移民は、「玄関先の薄汚い霊界」に暮らす「幽界亡者」であった。翁は北陸地方の医者の息子で、東京に遊学し、アメリカという「浄土」に憧れた。翁は、

黄金の国、自由の国、平等の国といわれたアメリカは、その頃の日本青年にとっては浄土のように想像されたものだった。それを憧れて三途の川を渡ってきた私たち民族だった。しかし、その黄金、自由、平等は「あの世」(アメリカ)他のものではあったが、「この世」(日本)人のものではなかった。だから、いかめしい立ち入り禁止の札が立てられていたなかを、どうやら、くぐりぬけて入りはしたが、そこは浄土どころか玄関先の薄汚い幽界だった。そこへ「この世」からの亡者として飛び込んだのだ。

と、後年回顧している。(3)

日露戦争に勝利して「世界の一等国民」に仲間入りしたはずの日本国民として渡米したにもかかわらず、アメリカでは差別排斥され、社会の一員として受け入れてもらえない。「黄金」「自由」「平等」はアメリカ人と「他」のヨーロッパ移民のものであって、日本人のものではなかった。成功を夢見て日本を飛び出たが、夢は叶わず、帰るに帰れない。かといって、「ジャップ」と蔑まれ、「ゴーホーム」の罵声を浴びて、アメリカ社会にも入るに入れない。この行き場のない「第一世代」のアメリカでの苦しい体験を記録し、「他日、われらの子孫がこの米国にその自然的発達を遂げる時代に彼らの祖先が如何なる奮闘をしたか、また如何なる生活即思想を営んでいたかを知らさせねばならぬ」意義が「文芸」にはあった。移民地には「移民地文芸」が必要だと、翁は主張した。(4)

さらに、翁によれば、「文芸」が発展することで、移民地の社会は改良されてゆくのだという。「文芸」が生活に根ざすものであれば、

文芸は贅沢品でない、娯楽品でない。また模倣品であってはならぬ。その国土生活の髄から自然に芽を出した精華でなくてはならぬ。その影響によって日本民族は古い帽子を捨て得るのである。また米国人との関係にも理解がつき得るのである。そして、われわれは漸次に新しい社会を建設しもしくは改良し得るのである。その使命に活きて奮闘する人こそ真の文芸家なのである。少なくともこの初期移民地文芸の勃興に興味を抱く人々の――(5)

使命なのだ、と翁は主張する。

ここで翁は、「文芸」は趣味人の贅沢な娯楽ではないと論じる。必要から生み出されるのである。「文芸」が「使命」を持っているから必需品なのである。「文芸」は、生活を赤裸々に描くだけでは不十分で、生活の「精華」であるべきで、生活を善導し得るものでなければならないという。アメリカの日本人移民社会に関していえば、「移民地文芸」を通して、日本人移民は日本を脱却し、閉ざされているアメリカ社会の扉を開かせ、日本でもない、アメリカ社会そのものでもない、「新しい社会」の建設に進むことができるようになる。そうさせることが、文芸家の使命なのである。この使命が達成できたとき、「幽界の亡者」は、新しい社会の先駆者になる、と翁は主張する。文芸家らが果たしてこの使命を達成できたかについては、今後の研究が待たれる。とはいえ、彼等の日本語新聞での言論活動が、川柳や俳句を含めた、「移民地」のさまざまな文芸活動に一つの方向性を示したといえるであろう。

その方向性とは、翁がいうところの、「その国土生活の髄から自然に芽を出した」もの、その地方の暮らしから自然に生まれるもの、いわば「地方色」、「ローカルカラー」である。このローカルカラー重視という考えが、アメリカ文学の地方色作家の活躍によるものか、自然主義の影響かについても、今後の研究が待たれる。それでも、日本の中央文壇が上位で、アメリカの移民地の日本語文学が下位だ、という呪縛から、移民地の作家を解き放す可能性を開いた。

二　移民地川柳萌芽期

翁久允が最初に文学作品を書こうと思ったきっかけは、シアトルの『旭新聞』の懸賞小説募集広告であった。[6] 日本人は三人寄れば新聞を発行するともいわれたが、一九〇七年のシアトル市の日本人人口約五〇〇〇人[7]では、新聞の発行部数も限られていた。そこで、新聞側にとっては、力のある新人「文筆家」を発掘し、紙面の埋め草原稿を確保し、さらには、新規読者を開拓するためにも、文芸欄は魅力的だった。そのため、新年号などでは懸賞をつけて大々的に作品を募集した。募集は、小説、随筆だけでなく、短歌、俳句、川柳に対しても行なわれた。『在米日本人史』も、「アメリカに於ける日本文学の盛衰邦字新聞の文芸欄によつて表示されていた」と記している。[8] 一方、「文筆家」にとっては、新聞は自分の作品を発表する場であった。読者数が限られた社会では、作家を志しても、筆一本では生活できない。労働者生活では作品を印刷発行する金銭的余裕もない。執筆料は得られなくとも、少なくとも、無料で、自作を発表できた。

『在米日本人史』によれば、「シヤートル文壇」ともいえるものが一九〇三、四年ころに現れた。一九〇五年からは『北米時事』や『旭新聞』にかなりの作品が発表され、「移住地文学の勃興を兆ざした」という。[9] 俳句では一九〇六年に沙香会が発足している。一定数の人びとが集まり、共同体意識が育まれ、「只毎日接する殺伐な生活に、一点余裕の情味を添へやう、由つて楽まう」とする余裕も生まれ、はじめて俳句同好会ができた。[10] 同じころ、他の地域でも、文学同好会が生まれている。在米日本人数の増加と、日本人移民社会の発展とともに、活動も活発になったといえる。しかし結社の多くは短命で、同人誌などもほとんど残っていない。沙香会がその六年間の活動をまとめ、『俳句六年』として発行できたことは、例外的であろう。当時の俳句の句風の変化を知る上でも貴重である。[11]

現在、日本でも比較的容易に入手できる日本語新聞のなかで、もっとも古い紙面はサンフランシスコの『新世界』新聞である。その一九〇六年の紙面をみると、「文苑」欄があり、短歌や俳句、自由詩が掲載されている。バカビル文社による懸賞募集俳句もある。川柳では、

デモ文士活字を殺し使ひけり
白館で懐疑の人や黒いはら

と、「活」字を「殺し」て使うとか、「白」亜館の人の「黒い」腹という、言葉遊びを楽しみ、時代を風刺する「柳樽」が、断続的に掲載されている。[12] 一九〇七年春には、

写真にて売れ残りし女注文し

と、学童隔離問題から紳士協約が合意され、写真結婚が多くなった時代を風刺するような時事川柳が多かった。

日本語で知らぬが仏で悪口し
ご奉公またも三日で追ひ出され

のような川柳は、白人家庭での「スクールボーイ」という家内働きの様子を皮肉ったものである。前者は、「ジャップ」と蔑まされている「下僕」が日本語で白人である主人一家の悪口を言って溜飲を下げている様子を、後者は、家事労働になれない明治の男が失敗を重ね、家内働きを続けられない様子を詠んでいる。その一方で、

米国に慣れて亭主を尻にしき
千弗の貯蓄が出来て嫁を取り

八百に満たず寂しい年を越し

のように、出稼ぎから結婚・定住への動きを詠み込んだ川柳もある。最初の川柳はアメリカの「女尊男卑」の風習に妻が染まってしまった嘆きを、後者二句は、写真結婚するためには八〇〇ドルは必要だと考えられたことを伝えている。

一九一〇年代では、短歌、俳句を含む文芸欄はおしなべて低調で、とくに川柳は新年号の募集文芸欄に掲載される程度であった。しかし、一九二五年一月一日、矢倉楽仙坊（紀人）が「詩としての川柳」と題して、「川柳の特長は深刻鋭利なる観察と、季節に拘束せられざる比較的自由平易なる叙法とを以て十数字のうちに世態人情の機微をうたひ、諸般の事象を描写するにある物の内面的、側面的凝視に因る深刻なる描写、諷刺、諧謔、飄逸の間に一種の妙味を蔵するのが即ち川柳である」と論じ、「移民地柳壇」の活性化を主張した。同年七月五日に、楽仙坊選の「新世界柳壇」が始まり、以後、数年続いた。一九二五年には、禁酒法下のアメリカで、密造酒が造られていることを風刺して

禁酒国酒と云は無い酒があり　是色（一九二五年七月五日）

などの句がある。

この矢倉楽仙坊の「新世界柳壇」は、紙面から判断する限り、『新世界』に投稿された川柳を楽仙坊が選んで掲載したものであろう。ある特定の川柳吟社の活動の成果を掲載したのではない。吟社として、活動の記録が認められるのは、北米川柳互選会が最初であろう。

アメリカ川柳の発祥の地はワシントン州ヤキマ市といわれる。これは北米川柳互選会との人脈的つながりによるからであろう。北米川柳互選会の中心メンバーの一人、上野鈍突（稠次郎一八八五―一九七〇）の回顧によれば、北米川柳互選会の主幹的存在であった本多華芳（新次郎一八七七―一九四二）が川柳蛙鳴会を主催して、一九一〇年九月に最初の句会

をヤキマで開いたという。[15] 同じく、中心メンバーであった崎村白津（政市一八八八―一九八〇）が編集した『ヤキマ平原日本人史』によれば、一九一二年秋であったという。[16] 二年の誤差はあるが、いずれにしても、カリフォルニア州バカビルの無名会やワシントン州イートンヴィルの日本人倶楽部のように、同好の人びとが定期的に集まって、交友を温め、労働の疲れを癒し、知的満足を得ていたのであろう。第一回の句会で「秀逸」と選ばれたのは、

その明日酒が一人で罪を背負ひ（黒川剣突）

であったという。労働者たちが酒場に集い、一週間の労働の報酬を酒に費やし、酔って喧嘩し、翌朝後悔する、そうした移民労働者の生活の哀感が共感を呼び、「秀逸」と評価されたのであろう。句会は土曜日毎に開かれ、二年程続いたが、本多華芳が帰国し、世話人であった三宅安一医師の転出で会は消滅した。

三　北米川柳互選会

シアトル市に戻った華芳は一九二九年夏に北米川柳互選会を興した。初句会は、七月二一日、〇万料亭で、華芳、吉田松亭、みどり、洋花楼、玄界の五名、ヤキマから剣突が句を送ってきてくれたという。その後開戦まで、例会は休まず続き、句は『北米時事』、後には『大北日報』にも発表された。

第一回は「二世」と題した。

ライブラリー行きがブルバード走つて居（松亭）

其趣味はジョーイ、ライドにダンスなり（剣突）

と、青春を謳歌する二世の生き方に途惑う親の気持ちが詠み込まれている。前者は、図書館に行くといって車で家を出たのに、町の大通りで車を飛ばして遊んでいる二世の姿を、後者は、親の苦労を知ってか知らずか、joyride にダンスが好きな二世にあきれているようにも思われる。二世は学校に行くようになると英語の方が達者になる。英語がうまく話せない親は、

込入つてくると英語でけりをつけ　（松亭）
日本語のやうな英語と子は笑ひ　（美代子）

と、英語では子に太刀打ちできない。かといって日本語でくどくど小言を言えば英語で反論されて、親が黙るより他はない。しつけが思うようにできない親の嘆きが聞こえてくるようである。

その一方で、

市民権あつても違ふ皮膚の色　（洋花楼）

という現実がある。二世はアメリカで生まれ、アメリカの市民権を持っていたとしても、「白人」ではない。「有色」のアジア人であるために、厳然と差別されている。

ヤンキーになれずジヤツプに亦なれず　（剣突）

「ヤンキー」として受け入れてもらえない。かといって、日本語を十分に話せず、「ジャップ」と蔑まれる一世とも馴染めない。どっちつかずで、二世の将来が案じられるのである。

第二回は「独身」で、

一昨日も昨日も今日も亦さしみ　（早子）

ワッシユデー［wash day］もなしアエンデー［iron day］もなし　（安武雀喜　嘉一郎）

と、独身生活の気楽さが詠まれるが、

独身者染みじみ恨む移民法　（華芳）

と、一九二四年の移民法で新規移民の入国が禁止されたため、日本から「妻」を呼び、家庭を持ちたくとも持てない、「独身」日本人男性のアメリカ生活の悲哀も直視されている。

一九三五年句会五〇回を記念して、『北米川柳』が発刊された。この句集は『川柳きやり』誌で「句の巧拙よりも純な姿をそのまま編んだもので北米の天地人情を知るのみならず川柳史に一光彩を添へるべき快句集」と絶賛された[17]。前付の口絵には、森田玉兎（理一　一八九二—?）による写真川柳二枚があり、西島〇丸［レイガン］（義豊）と八十島杜若が献辞を寄せている。両者とも、川柳きやり吟社で、指導的立場にあった。とくに〇丸は北米川柳吟社のメンバーの句を添削、指導したという。

四　川柳きやり吟社との交流

川柳きやり吟社は、一九二〇年四月一日、八十島可喜津（一八九〇―一九三八、一九三七年勇魚と改名）、水島不老、石塚可運平、中村鼓舞子、客員小林さん翁、そして顧問として村田鯛坊（一八八九―一九六七、本名泰助、一九二七年周魚と改名）で、浅草に創立された。創刊号も同月に発行された。[18]川柳という運動の先駆にたつ気概をこめて、「きやり」と命名した。[19]

川柳は日常の生活から家庭のみんなが楽しみ、世の中をみんなの楽しいものにしていかなければならない。いつも新鮮な視点からきどらず、こわばらず伝統の上に鍛えられつちかわれた、平易な日常語の素朴な味が生かされねばならぬ、真理は平凡のうちにある

ことが、創立以来の信条であった。[20]

『川柳きやり』を通覧すると、一九三二年二月号に、「シヤトル本多新次郎」の

話したい瞳を冷やかにそむけ
耳打ちに来た香水を軽く吸ひ

の二句が登場している。これが北米川柳吟社のメンバーの句が載った最初である。華芳の回想によれば、北米川柳互選会を続けているものの、自分たちの句が果たして川柳であるかどうか判らず、日本の川柳吟社に問い合わせようと思っていたところ、偶然、きやり吟社の名前を知り、問い合わせのために句を送った。ところが句誌に掲載された。そこで、他の

メンバーも刺激を受け、競って、きやり吟社に句を送るようになったという(21)。

『川柳きやり』には、翌年一月号に、「賀正　北米合衆国シヤトル市　川柳互選会一同」の祝賀が一頁を使って載せられている。三月には清水其蜩（了）、土井呑兵衛の

恥かしい母の土産の夏蜜柑　（清水其蜩）
終列車巡査の横に席を取り　（清水其蜩）
開票日昨日に増した胸騒ぎ　（土井呑兵衛）
松杉を植ゑる気になる三輪車　（土井呑兵衛）

が掲載され、その後、七月には安武雀喜、渡辺柳雨（義学）、八月には市川土偶（一八八八―一九五一、縫三郎）、土井呑兵衛、清水其蜩、森田玉兎、安武雀喜など北米川柳互選会メンバーの句が多数掲載されるようになる。なかでも森田玉兎の

子のほしい明日にして寝せる
落書の中に不平の字をみつけ

が特選に選ばれた。後者の句は、きやり賞を勝ち取り、北米川柳互選会では、意気が上がったという。翌九月には、

ただ笑ふだけへ末席五つ紋　（清水其蜩）
夕焼けへ明日をたよるプログラム　（土井呑兵衛）

も特選に入った。(22)「各地の便り」欄には、北米互選会の欄が設けられ、西島○丸が、選者を務めるようになっている。アメリカからの投稿であることと投稿数の多さに特別な配慮が与えられたのであろう。

一九三三年一二月号の「句角力」的体裁の選評で、高須唖三昧［アザミ］は、

米妻《ヤンキー》がきて親友《とも》が変わつて来る様姿　（ヤキマ　園田互園）

白妻が出来親友遠ざかり　（シヤトル　上野鈍突）

について、「句の面白さとか、佳さを超越して、風土色が著しく出てゐるのが、私にはたまらなく嬉しい句である」と評し、「内地人の川柳の真似ばかりしてゐないで、かういふ『その土地でなければ言へない事』を言つてくれなくては、詰らない」と、「川柳としては、恐ろしく下手である」が、二つの句を褒めた。そして、下手でも、「自分の生活、自分の思想を、思ふ通りに言ふ習慣」を持ち続けるように注文をつけた。(23)

この句評で注目したいのは、「風土色」という言葉である。この言葉には、土地ごとに特色があることを認める態度がある。とはいえ、「内地人」という言葉と対比して考察すると、「風土色」には、中央に対する地方、日本本土に対する移植民地、という態度も垣間見える。「地方」は周辺化され、二流化される。上から目線で、遠い辺境の「風土色」を「嬉しい」と評したと受け取れる。

評価しているようで、その実、優越的態度をみせる句評に対して、北米川柳互選会の清水其蜩が反発した。一九三四年二月号の「風土色問題とルビつき川柳」で、「米妻」をヤンキーとルビを振るのは、「日本字日本文を侮辱する者だ」と断じ、「『ヤンキ』という英語には『米』又『妻』の意味は全然無い」と指摘した。続けて、上記の「句の何所に地方色が出て居るのか、上五が地方色を表はして居るのなら、地方色とは何たる安つぽい物か」と批判した。そして、北米川柳互選会のメンバーがこれぞ「北米川柳」だと見なした自信作が選に漏れていることに不満を述べ、

所謂洋行屋諸君に、迫害と侮辱に活き、風俗と生活様式の全然異つた私どもの偽らざる感激、血みどろな生活の記録の共鳴を希ふは、希ふ方が無理かも知れない。

終りに臨むで此の拙文は、下手にしろ人の力作を玩具物視して相撲を取らせたり、亜米利加移民尾なし猿類が檜舞台で何するものぞと云ふやうな唖三昧氏の冷笑的な句評が癪に障つたので

投稿したと弁明している。(24)

『川柳きやり』は「地方色」を重視し、生活と日々の心情を素直に詠むことを指導していることが、右記のやりとりで読み取れる。清水其蜩の文面は厳しい。痛罵ともいえるような言葉である。しかしそのような反駁文を掲載したところに、きやり吟社主幹周魚の、「地方」を大切にする編集態度が感じられる。

五　北米きやり支社

『川柳きやり』誌の一九三四年上半期雑詠採点表によれば、最高点二〇点に続く一七点を北米互選会の本多華芳、清水其蜩、一四点を森田玉兎、崎村白津、土井呑兵衛、一二点を村岡鬼堂が獲得している。「下手」と評されて半年、長足の進歩である。翌一九三六年一月には「北米のページ」が設けられた。同月の「賀正北米合衆国シヤトル市川柳互選会」には、四一名の名が連ねられている。『川柳きやり』誌に、続々と掲載されるようになり、互選会の活動はさらに活発になっていった。

互選会の自信は、翌二月号の「北米のページ」に現れている。そのページで、「北米の野、吾人が川柳に精進するの要は、自己を標榜し、境遇に先鞭し、環境を転化し、独自の境涯を創造する」ためであり、『北米のページ』は広く北米柳壇に

開放しきやり派の悲痛な柳人に供へ行く行くは北米柳壇の建設と、短詩形としての権威者、そうした主張の王国をつくらねばならぬ」と、川柳互選会が「きやり」となりアメリカに川柳を広めるのだと決意を表明しているのである。[25] 一九三五年の雑詠年間最高位を四一点で森田玉兎が勝ち取り、衣笠衣浪が三〇点で八位、五〇位までに土井呑兵衛、崎村白津、清水其蜩、平田素若、市川土偶、松井松龍が入った。[26]

こうした実績が評価されて、一九三六年九月、互選会は、北米支社に認定された。[27] 本多華芳が一九三七年八月号に、翌年一〇月号では互選会員のうち一二名が社人に推挙されたと報じられている。社人に認められることは、指導者としての実力がある、という認定であった。

『川柳きやり』の「ローカルカラー」を重んじる選句方針は北米互選会の作風に影響を与えたのであろう。森田玉兎は、一九三六年の句を通覧すると、「ローカルカラーと個性の現はれがはつきりして来た事、及作句態度の変つて来た事、即ち内的リズムが緊張して来た事」と評している。そして、「移民地に於て、吾々が川柳に精進するの要は、自己を標榜し、境遇に先鞭し、環境を転化し、独自の境涯を創造せなければならぬ」と断言する。自己の想いを吐露し、境遇を改善し、環境に順応し、個性をつくらなければならない、というのである。また、

吾々が句作に没頭し創作に従事するのは、故国の柳人に吾々の句を味はしめ賞賛を博するためでなく、又故国の柳壇に名を売つて満足するためでもない。吾々は自己の社会を形造り、環境を詠ひ、真実を吐露し、生活を讃美し、さうして、吾々の生活の真諦に触れんが為

だとも主張している。ということは、日本の川柳の亜流ではなく、己のために作句するのである。作句のために、まず、生活を直視する。すると、明らかに、日米で生活は異なる。日常生活のマナーが異なる。外に出れば、レディーファースト、食事にはナイフとフォーク、重要な祝祭は、クリスマスに、感謝祭、独立記念日である。アメリカでは日本の習慣と

は異なる習慣に順応しなければならない。日本の川柳は、日本の独自の社会・文化・歴史・自然を背景にしている。であれば、「故国の柳壇に殉忠ならんよりは、内容外形とも純新な空気を注入することによつて、吾々は吾々の柳境に別個の権威と認容とを要請するのである」ことは当然となる。北米川柳互選会は、きやり吟社の北米支社ではあるが、アメリカならではの川柳を発展させたい、その個性ある発展を認めてもらいたい、という宣言である。[28] この宣言に対して、「最近在米柳友がいたずらなる内地の句の模倣から脱却して漸次アメリカ特有の句境を拓いて行かうとする曙光の見えて来たことは嬉しい」、と川柳の海外進出を唱道する阿部佐保蘭が評価している。[29]

玉兎の宣言は、他のメンバーにも共有されていた。ロングビュー吟社でも、その指導者格の安井白色も「ローカルカラー、個性の発現、著想［着想］を新しくこと［ママ］」を語っていたという。[30]

「北米支社通信員」の村上蘇山の「北米だより」には、「現下の川柳熱」の広がりで、『労働』にも川柳欄が設けられ、タコマ市などからも吟社設立の要請があり、さらに「加州の沃野」に「乗り込んで」、「川柳の宣伝」を「大いにどしどしやる意気込み」が綴られている。アメリカにおける川柳の「きやり」であるという自負が感じられる。[31]

一九三八年には、互選会の指導的メンバーが題詠の選者を務めるようになった。また、年賀や暑中の挨拶文を掲載するだけでなく、前述の蘇山による「北米だより」や、玉兎や平田素若などのメンバーによる評論、互選会、ヤキマ吟社、ロングビュー吟社の句会活動、座談会などの記事が掲載されるなど、交流が活発になっていった。

とくに互選会月例会一〇〇回突破記念、「皇軍慰問」募金と、日本文化宣伝をかねて、一九三八年の独立祭に、「全米川柳展覧会」を企画、実施した内容については、詳細に報じられた。きやり吟社を主宰する村田周魚は、この展覧会について、巻頭言にあたる「明窓独語」で、「オール、ニッポン柳壇総動員の北米川柳互選会百回記念」は、第一日で入場者一〇〇〇名を超える盛況で、「八右衛門翁［柄井川柳］の魂は海外にまで光を放った」ので、初代川柳の墓前で、「此大成功を報告する事の出来た事を何よりも嬉しく思つてゐる『ありがたかつた』といふより他に飾るべき言葉が出て来ない」と感謝を寄せている。さらに、「人生詩川柳を以て日米親善の楔となつた」と賞賛した。[32] この展示会では、川柳の書や軸だけでなく生け花や写真も展示された。短冊、色紙、書の売り上げは、二〇〇ドルを超え、日本に軍事献金された。一九四〇年春までには、一九四〇年には社人五八名中一五名がワシントン州、すなわち北米川柳互選会と関係する柳人であった[33]。海外ではこの他には、台北、樺太に一名であった。いかに北米川柳互選会関係者の活動が活発で、実力が評価されていたかを物語る数字である。

六　交流の途絶

日米戦争できやり吟社との交流は途絶えたが、開戦前に、北米川柳互選会の中心メンバーは、日本からの指導を受けなくとも、独力で川柳指導を続ける実力と権威とを持つに至っていた。少なくとも一五名は、川柳句会を指導できる力を認められていた社人であり、さらに四名が新たに推挙される予定であった[34]。強制立ち退きと内陸部への強制収容で、メンバーが四散しても、あるいは、逮捕され司法省の抑留所に収監されても、それぞれの場所で川柳句会を続けることができた。崎村白津は、「元『きやり』に投句して居りました連中の居るところは何処もその人達が中心となり新たに川柳が生れ一般同胞と共に日常明朗化と各々の日課として楽しむ事の出来ましたのは一生の儲けものでした」、と後年、回顧している[35]。むしろ、閉鎖された場所で、時間的余裕があったために、「三年有半の収容所生活は、川柳熱を極度に昂揚せしめ、各センターに柳誌の無い処は殆どなく」、という活況だったという[36]。ツールレーキ吟社は、約七〇名が参加していたという[37]。

清水其蜩は、一九四八年一二月号に、「友の墓」と題して、戦中詠まれた「戦局を見ねばといつた友の墓　[国次史朗]」の句を「戦局を見ずによかった友の墓」と直したいような事態になることを誰が予想しただろうか、と戦後の心境を川柳に託して吐露している。それでも、「この泣くに泣かれぬ[収容所の]三カ年が私のためには空前絶後の活動期となりました」のは、其蜩にとっては誇りであったろう。其蜩はロサンゼルス市から強制立ち退きし、サンタアニタ競馬場の仮収容所で川柳活動を再開し、ジェローム収容所ではしがらみ吟社を組織し、一〇〇名余の会員を擁した。さらに同収容所閉鎖後に移送されたヒラリヴァー収容所でもしがらみ吟社を再開し、二〇〇余名が活動し、柳誌を発行し続けた。[38] 彼が指導者として高く評価された礎も、戦前のきやり吟社での活動実績から築かれたといえよう。

戦中、交流は途絶したとはいえ、熱心な学習者には、『川柳きやり』は貴重な指南書であったという。開戦前の一九四一年七月号から一〇月号の四冊が、収容所内の会員一五〇名に愛読され、「此四冊のきやりが砂漠の中にややもするれば荒まんとする私共を朝夕なぐさめ乾燥無味な生活を潤ほしてくれたか知りません。のみならず新しき柳人への指導教材となつた周魚氏の明窓独語、巨郎氏の初歩添削講座など多大の使命を果たして下さいました」という。[39]

北米川柳互選会開戦日の句会の様子と、「約四年間の収容所生活の断片」としての川柳を森田玉兎が『川柳きやり』一九五八年一二月号に記している。

常夏の島の嵐に残る文字　巴水
連絡を断たれ十万生きんとす　鬼堂
一条の光キャンプの夜を守り　狂月
図太さは喘ってのけたヒヤリング　史郎
貰い飯三度立つ身に明日があり　王園
是非の論お上任せの日向ぼこ　烏城
敵で死ぬわが子の骨の埋めどころ　紅鳥
敵兵に召され日本語を習い　大州
竹刀の響き砂漠の秋に冴え　白舟
所外した肌へ今年の秋の風　迷舟

巴水の句は、開戦の日を詠んだもの。この日の句会の席上から、シアトルの移民局通訳官であった安武雀喜がＦＢＩに拘引された。これらの句について、玉兎は、「波瀾万丈、複雑な感情がにじみ出ている。うっかり読んでしまえぬものばかりで、戦争中の特殊な境遇を痛感させられる」のであり、「われわれの永久の文字の記録としたい」と結んでいる。[40]

七　交流再開

収容所から出て、生活再建に追われるなかにも、川柳活動は再開された。そして、『川柳きやり』には、早くも一九四六年五月号には、北米川柳互選会からの情報が掲載されるようになった。さらには、戦後の送還船で帰国した柳人からも収容所内の川柳活動に関する情報が寄せられている。[41] 戦後送還船で帰国した山本竹涼の情報によれば、ピュアラップ仮収容所では、四か月間、「毎日午後一時から」土偶、鬼堂、竹涼を中心に句会を持ち、「奥地」の収容所では、三〇余名の出席が出席し、盛況だったという。[42] 石川凡才の情報によれば、森田玉兎は、句集をマンザナ吟社から出し、ツーリレーキ収容所では、川柳『筏』誌が一九四四年五月に創刊され、こんにゃく版印刷ながら、三〇頁で、やがては七二頁で発行されたという。句会は毎月三、四回行われ、一九四五年六月には一周年記念号が、さらには還暦、結婚等の記念句会号も出されたという。[43]

アメリカからの通信が伝えるところでは、シアトル、ロサンゼルスで句会が再開し、さらに、収容所から再定住したシカゴ、スポケン、ニューヨークにも吟社が生まれた。「米国の川柳はきやり吟社によつて発育、当地先輩諸氏の努力によつて只今では戦前の四五倍の増加をみ中々盛大であります」程に活況を呈したという。[44] その一方で、『川柳きやり』の記事は、各地の句報に転載されたのであった。[45]

それでも、独自のアメリカ川柳を目指そうとする北米川柳互選会の精神は生きていた。森田玉兎の手ほどきを受けた多根思汀［シティ］は「吾々の柳壇はアメリカ生れとしての一種特別の芸術美を創作して、行く行くは第二世の英文川柳を世に送りたいと思つています」と夢を綴っている。[46] また、戦時中、ポストン文芸の主導者であり、川柳を指導した矢形渓山は、一九五五年二月号で、

私共も皆様から過去いろいろと御指導を受けましたが、日本の方々との生き方と同じく、アメリカの川柳もアメリカとしての作品に努力し鑑賞したく、富士の夢、日の丸を仰ぐ移民も半世紀を重ね、今年は北米日本人も二万の帰化権を得て、尚そのあとへつづく何千かの列がつづいて居ります。これから何割の柳人が帰化権もあつて必然的にアメリカの川柳として出発することになるでしょう。

と、アメリカに帰化し、アメリカ人となるからには、日本の伝統ある川柳も必然的にアメリカの川柳となる、言い換えれば、日系アメリカ人の川柳とならざるを得ない、と主張している。とはいえ、日本の川柳と、アメリカの川柳と、別々の道を歩むのではなく、

江戸趣味も大阪の芝居もおもしろく味わせていただくと同時に、又お互いが一致した世界人としての川柳の歩みへ足を入れることに相呼応して努力することはどんなものでしようか、そうした事を私共は望んで居ります。

と、世界の川柳をともに歩もうと、誘った。[47]

世界川柳への歩みとして、「北米川柳発祥五十年」および「万発端［マンハッタン］吟社創立十周年」を記念として、世界川柳誌上大会が企画され、『インターナショナル川柳誌上大会記念号』が一九六三年に発行された。投句者は、日本から三九五名、アメリカ一三一名、ブラジル五〇名、アルゼンチン一一名、ハワイ一七名、ペルー、メキシコ各八名であった。交流のあった日本からだけでなく、南米からも多数の参加が得られたことに、企画者の喜びは大きかったであろう。しか

し、その一方で、投句者の年齢構成は、ハワイで七〇歳代、アメリカ本土で六〇歳代、ブラジルでも四〇歳代、五〇歳代に山があり、高齢化が進んでいることが示されている。前述の矢形渓山は、二世への日本語継承の困難さから、移民地での川柳の継承に憂慮を示しているが、この年齢構成をみると、うなずける。(48)

おわりに

一世が第一線を退き、戦後渡米した新一世の生活が安定する一九六〇年代には、アメリカの川柳吟社の活動は活発であった。一九六〇年に出版された『全米川柳自選句集』(国次史朗編)をみると、鹿子吟社(シカゴ)、布哇ウイロー吟社、北米吟社(シアトル)、川柳萬発端吟社(ニューヨーク)、オンタリオ吟社、桜府吟社(サクラメント)、ポートランド吟社、セコイア吟社(フレスノ)、シエルトン吟社、素市吟社(スポーケン)、桑湾吟社、ユタ吟社(ソルトレーク)、つばめ吟社(ロサンゼルス)の吟社集合写真が紹介されている。また小家野道風「米北川柳発展略史」(一九八〇年、手稿)によれば、この他にタコマ吟社、かごめ吟社の名もあげられている。個人の句集だけでなく、会の記念句集や柳誌も、数多く発行された。それでも、多根思汀の思い描いた二世の英文川柳や、矢形渓山が目指した世界川柳の夢は、実現されなかった。周魚が没すると、きやり吟社との交流も途絶えた。現在では、作品発表の拠点であった邦字新聞もインターネット等の発達によって、購読者数が激減し、経営難から廃刊、あるいは規模縮小を余儀なくされている。また詠み手も、戦後渡米した新一世や戦争花嫁らも高齢化し、各地の川柳吟社の多くは解散してしまった。今日残る北米川柳吟社も、アメリカの川柳の伝統を保持できるか否かの岐路に立っている。今後の展開を注視する他ないのであろうか。

とはいえ、矢形渓山が憂慮した一九六〇年代の先行き不安は、新一世を川柳人口に加えることで、一時は解消された。今後も、新しい詠み手を獲得する道がないとはいえないであろう。かつて唱道された英語川柳の道も、模索する余地はあろう。(49)

歴史研究の視点から考えると、先行き不安はあるものの、現在まで、『北米川柳』が発行され続けている点は見逃せない。今は休止している各地の吟社の柳誌も、散逸しつつあるとはいえ、現存する。これらの柳誌を保存し、後世に残すことが、「アメリカ川柳」の再生への足がかりとなろう。

第七章　フロイド・シュモーと「広島の家」

長谷川寿美

はじめに

太平洋戦争末期の一九四五年八月六日、世界初の原子爆弾が広島に投下され、さらに三日後には長崎にも投下された。シアトルのアメリカ人、フロイド・シュモー（Floyd W. Schmoe）は、広島と長崎の原爆被災者に対して何かしなければならないと考えるようになった。シュモーはその時の気持ちを、後に次のように述懐している。

それは私にとって大変なショックだった。［…］私は、すべてのアメリカ人がそのような行為を認めている訳ではないと示すために、何か言わなければ、何かしなければならないと思った。私たちにも罪があると日本人と世界に対して言わなければならない。女性や子供の無差別殺人を誰もが認めている訳ではないと日本人に知らせるために、誰かが何か言うべきだ。(1)

生涯を通じてクエーカー（正式名称はキリスト教フレンド派）であり、平和主義者であったシュモーが出した答えは、広島に行って被爆者のための家を建てるということであった。自分の手を使って何かを作れば、たんに言葉で訴えたり義援金を送るよりも、一人のアメリカ人の贖罪の気持ちを理解してもらえるのではないかと考えたのである。シュモーの思いは「広島の家」建設プロジェクトとして一九四九年夏に結実し、他のボランティアとともに広島に滞在して市内に二棟四戸の住宅を建設した。その後も一九五三年までの毎夏、プロジェクトは続き、広島と長崎に合計で二八戸の住宅のほか、二戸の集会所を建設した。「広島の家」は多くの被爆者家族の住居となって戦後復興を支え続けた後、広島の発展とともにその役割を終えた。現在では、そのうちの集会所が広島平和記念資料館の附属展示施設「シュモーハウス」として保存され、「海外からの復興支援」を伝えている。

世界初の原子爆弾投下によって未曾有の物的・人的被害を受けた広島への支援は、とりわけ占領期には多くは見られない。その理由として、終戦直後は広島に限らず、日本全土が自らの戦後復興で手一杯であったということもあるが、原爆投下を行なったアメリカや連合国軍総司令部（以下、GHQと略記）が被爆の事実を隠蔽したために、実態が日本国内にも海外にも伝わらなかったことが指摘されている。アメリカ軍による広島への原爆投下の事実は、一九四五年八月七日（日本時間）、アメリカのハリー・トルーマン大統領のラジオ発表により世界に知らされた。その後、八月末から海外の記者が広島を取材し、その惨状を世界中に伝えた。しかしながら、GHQはダグラス・マッカーサー総司令官の日本着任後、広島における残留放射能の存在や放射線障害の存在を否定した。さらに、トルーマン大統領は、国益のために陸軍省と協議するまでは原爆の秘密を差し控えるよう自制を要請したため、この後、アメリカでは原爆の残虐性を示唆する報道は見られなくなったという(2)。一方で、GHQは日本に対していわゆる「プレスコード」を指令し、新聞記事の検閲を義務づけたため、原爆投下に対する批判的な記述はもちろんのこと、原爆の被害についての報道も制限されただけでなく、広島支援を呼びかける行動にもGHQの圧力がかかった。こうした一連の規制について、広島市は「被爆の実相は隠蔽され続けたため、被占領期の六年間は、後遺症で苦しむ被爆者の状況を国内外に知らせる機会が失われ、被爆者に対する援護をますます遅らせる結果となった」と記している(3)。

このような状況により、占領期に広島に向けられた支援は限定されるものの、海外からの支援は三つに大別できる。第一の分類として、広島のみならず日本全国を対象に戦後救援物資を送った民間組織、「ララ」（Licensed Agencies for Relief in Asia, アジア救援公認団体）と「ケア」（The Cooperative for American Remitance to Europe, 対欧送金組合）が知られている。「ララ」は、広島を東京や大阪の大都市とともに早急な配給を必要とする地域と捉え、一九四六年の活動開始時から食糧、衣類、医薬品などを届けた。この分野の先駆的かつ代表的研究者である飯野正子は、「ララ」物資が多くの日系人の協力により集められたことに目を向け、詳細な史実の掘り起こしと分析を行なっている。[4] また、多々良紀夫は「ララ」組織の包括的な歴史や活動の実態を明らかにしている。[5]「ケア」はその名のとおり、もともとヨーロッパの戦後支援のために組織された民間団体だが、一九四八年から日本への支援活動も開始し、食糧・医療・寝具類などを含む「ケア・パッケージ」を八年間送り続けた。二つ目に分類される広島支援は海外の日系人団体によるものである。[6] 広島は日本有数の移民送出県であるため、ハワイや北米、南米などの地で第二次世界大戦を経験し、強制収容等の敵国人扱いを受けて苦労をした人も多かったが、戦後は故郷広島の惨状に心を痛め、各地の広島県人会を中心に募金活動を行なって義援金を送った。こうした義援金はおもに、生活に苦しむ人びとへの配分や福祉施設や文化施設の建設に充てられた。[7] さらにもう一つの支援は海外に住む外国人による活動で、主だった初期の活動家はノーマン・カズンズとフロイド・シュモーである。作家のカズンズは、ニューヨークを訪問した広島流川教会の谷本清牧師との協力により、ニューヨークに「ヒロシマ・ピース・センター」を創設し、「精神養子運動」による被爆孤児支援、さらには被爆した女性のケロイドをアメリカで治療させた「原爆乙女」の活動へと発展させた。[8] 川口悠子は谷本牧師のヒロシマ・ピース・センター設立活動に関する研究のなかで、カズンズの活動についても詳しく論じている。[9] しかしながら、こうした戦後の復興支援活動については未だ研究途上にあり、とりわけ広島地域に限定すると論文数も少なく、なかでもフロイド・シュモーの支援活動については、その詳細は知られていない。

本稿の目的は、フロイド・シュモーが中心となって行なった「広島の家」プロジェクトに焦点を当て、活動の背景や詳細を明らかにするとともに、支援活動の意義を考察することである。おもにシュモーが残した記録や書簡などの一次史料に基づいて、終戦から一九五三年頃までの彼の活動の足跡を追う。さらに、副次的な関心として、シュモーの活動と日系人とのかかわりにも目を向けたい。フロイド・シュモーの名前は決して広く知られているとはいいがたいものの、アメリカの日系人史においては強制収容時の日系人支援活動という文脈で散見される。[10] シュモーの支援は、収容所閉鎖後に日系人が再定住したことでひとまず終了した。しかし、まさにこの戦後の再定住期にシュモーの関心は広島へと移り、その復興支援策を探り始めている。彼の関心が、日系人支援から日系人の故郷、日本への支援に移ったのである。彼が広島の被爆者を救いたいと考えたとき、そこには日系人はかかわっていたのだろうか。もしそうだとすればどのような形で関与していたのだろうか。本稿では、シュモーの広島復興支援活動の詳細を追いつつ、日系人とのかかわりにも注意を向けながら、「広島の家」の意義を考える。

一 「広島の家」に至るまで

フロイド・シュモーは、一八九五年にカンザス州のクエーカーの家庭に生まれた。自然豊かな開拓者農家で育ち、同州のフレンド大学に進学したが、森林学を学ぶため、一九一七年にシアトルのワシントン大学に編入した。しかし同年、アメリカが第一次世界大戦に参戦すると、彼は宗教的理由から良心的兵役拒否者の立場をとることを決め、フレンド派によって結成されたばかりのアメリカ・フレンズ奉仕団（American Friends Service Committee, 以下、ＡＦＳＣと略記）のヨーロッパ救済活動に参加した。[11] 一九一八年五月、彼はＡＦＳＣの一員としてフランスに駐在し、赤十字の救急車を運転して戦争負傷者の救出を行なった後、戦災家族のための住宅建設を行なった。さらに、同年一一月の休戦後はポーランドに移動し、ポーランド難民の食料衣料調達を行なうなど、ヨーロッパ駐在は一四か月に及んだ。帰国後、彼は結婚し、ワシントン大学等で森林学を学ぶ一方で、家族でワシントン州のレニア山国立公園に駐在した。一九二八年にワシントン大学内に教職を得たのを機に、下山してシアトルに住むようになった。

やがて、ヨーロッパで第二次世界大戦が勃発すると、平和主義者のシュモーはキャンパス内で反戦運動を行ない、ＡＦ

Sとともに、ヨーロッパから逃れて来たユダヤ難民の定住を手伝った。一方、日米関係の深刻化につれ、シュモーはとりわけ地元の日系人への影響を憂慮していたが、一九四一年末の日米開戦により、それは現実のものとなった。日系人の強制立ち退き・収容がその違憲性の疑いさえ差し挟む間もなく進められて行く一方で、シュモーは周囲の日系二世の学生を守ろうと奔走した。開戦後まもなく、彼は教職を辞してAFSCのシアトル支部を新設し、組織的かつ個人的な日系人支援を行なった。シュモーはまた、ワシントン大学の学生でクエーカーでもあったゴードン・ヒラバヤシが日系人に対する不当な処遇を違憲として裁判を起こした際に、彼を全面的に支援した。このときのヒラバヤシの抗議は失敗に終わったものの、彼の支援活動にシュモーの娘のエスターも協力したことがきっかけでヒラバヤシとエスターが結婚したため、戦時中の白人と日系人との結婚は新聞紙上でも話題となった。[12] シュモーの支援活動は、強制収容所の閉所後、日系人が西海岸に再定住するまで数年にわたって続けられ、その間に彼は多くの日系人と親しくなった。したがって、広島と長崎への原爆投下のニュースは、シュモーにとっては自国の勝利という喜びどころか、強い怒りと悲しみを伴うものであったことは十分にうなずける。やがて日系人が西海岸に帰還し落ち着くようになるにつれて、彼の広島と長崎に対する復興支援の気持ちは強まっていったのである。

復興支援活動に向けて

太平洋戦争直後に個人として日本を訪問し住宅を建設するという考えは、当時は実現困難な話であった。何よりもまず、アメリカの占領下となった日本への民間人の渡航は禁止されていたので、個人では渡航許可を得られない状況であった。そこでフロイド・シュモーはまず、AFSCの組織的支援を期待した。彼は一九四五年にインディアナ州で開かれたフレンド派の「五年会」に出席し、AFSC総書記のクラレンス・ピケットに提案を持ちかけた。戦時中は二世の学生を西海岸から内陸部の大学へと転校させる「全米日系人学生転住協議会」の責任者も務めたピケットは、その活動を通じてシュモーと親交があっただけでなく、広島と長崎への原爆投下のニュースに心を痛め、日本の降伏後にはAFSCを代表して、トルーマン大統領とGHQのマッカーサー総司令官に対し、日本占領は復讐ではなく和解の精神で行なうよう要請していたのである。[13]しかしながら、ピケットはシュモーの計画には協力の意思を見せなかった。AFSCは当時、ヨーロッパのユダヤ難民の救済活動を行なっていたため、資金集めのめどがたたないという理由によるものであったが、活動の意義という意味でもピケットの理解が得られなかった。「われわれの責任によって最悪の残虐行為が行なわれた広島に一刻も早く行き、和解の気持ちを形にすることにこそ意義がある」と考えていたシュモーは、組織の力を借りずに、自力で行動を起こす決意をした。[14]

とはいえ、終戦直後の日本に渡航する方策は見つからず、いくらかでも日本に近づきたいと考えたシュモーは、一九四六年夏、ハワイ大学で植物学を教えるという一年限定の教職を得た。ハワイで彼は、AFSCの活動をしていたギルバート・ボールズに会い、教職のかたわら、AFSCの仕事を手伝った。ボールズはフレンド派の宣教師として、また同派の運営による東京の普連土学園の校長として戦前まで日本に滞在したが、日米開戦を機に離日し、その後はハワイに滞在していたのである。[15]AFSCは、一九四六年四月にアメリカで戦後の日本を救済するために結成された「ララ」の公認団体の一つであった。同年秋、「ララ」活動を行なうために、ハワイで「ララ日本難民救済委員会」が創設されると、ボールズは委員会の幹事に選出された。この委員会は、創設から一か月以内に、九〇〇〇ポンド（一六万ドル相当）以上の物資を日本へ送り出した。[16]したがって、シュモーがハワイに滞在した一九四六年夏からの一年間は、ちょうど「ララ」の活動が開始したばかりで、AFSCのホノルル支部が衣類やミルクなどの食品を集めて米国海軍の船に乗せる作業に奔走していた時期と重なる。「ララ」の活動はアメリカの各地やカナダ、南米に展開し、AFSCも各地で積極的に活動参加していたが、ハワイの「救済委員会」は圧倒的に貢献度の高い団体となった。なかでも、地元の日系人からの支援希望が多く、敗戦後の祖国を心配しつつも、占領下の日本へは個人での物資輸送が禁止されていたため、「ララ」を通じて衣類や食品を送ろうとする者が多かったのである。[17]ボールズはやがて、日本への再入国許可を得てハワイを離れたため、シュモーがボールズの任務を引き継いだ。[18]

誕生して間もない「ララ」活動を通じて日本復興に貢献できたことだけでもシュモーのハワイ滞在の意義は十分にあったといえようが、AFSCの「ララ」活動はさらにシュモーに日本への道を切り開いてくれた。「ララ」の日本代表に任命されたのが、AFSCのエスター・ローズであったからだ。ローズは一九一七年から二〇年以上にわたって普連土学園の教師を務めた後、一時帰国した際、日米開戦によって日本への再入国ができなくなり、アメリカに残留した。戦時中から戦後にかけてシュモーがシアトルで行なったように、ローズもまた、AFSCのカリフォルニア州パサデナ支部を拠点として、強制収容を余儀なくされた日系人の支援にあたった。一九四六年四月、「ララ」が結成されると、その組織誕生に携わっていたローズは日本代表の一人に任命され、同年六月にはGHQから日本への再入国許可を得て日本に戻った。ローズはその後、一九五二年まで「ララ」の日本代表を務め、日本で新設されたAFSC（日本フレンズ奉仕団）の理事、さらには戦争で消失した普連土学園の復興等に奔走した。[19] シュモーはローズに「広島の家」建設の計画を相談し、日本への入国許可が得られるようフレンド派の「日本年会」への招待状を郵送してもらった。GHQも協力していた「ララ」のローズからの招待状を得たことで、シュモーは個人としてではなくキリスト教組織の一員として、日本への入国許可を得ることができたのである。[20]

初の日本訪問（一九四八年夏）

一九四八年夏、フロイド・シュモーの念願の日本訪問が実現した。シュモーは「ララ」の一団体である「兄弟奉仕委員会」が行なっていた救済活動、「全国子雌牛プロジェクト」（ハイファー・プロジェクト）として、山羊二五〇頭を日本の孤児院に運ぶ任務を得た。[21] 日本に到着後、施設に山羊を届けてその任務を終えると、シュモーはさっそく、広島を訪問した。シュモーによれば、被爆から三年を経過した広島は、「原爆の戦火が脆弱な日本の建物を一掃し、その跡には何マイルも何マイルも原爆砂漠が広がっていた」という。衣食住という生存必需品のうち、食料不足は最悪の時期を過ぎ、衣料は十分とは言えないながらも改善されつつあったが、住宅はまだ明らかに不足しており、広島では今なお四〇〇〇世帯の人びとの住居がないという事実をシュモーは知らされた。彼は広島市の有力者や職員と面会し、彼の計画への協力を取り付けた。(22)

東京に戻ると、シュモーはクエーカーの集会である「東京キリスト友会」に出席した。戦時中には正式な活動を中止していた「友会」は、一九四七年秋に再開していた。集会でシュモーはエスター・ローズのほか、多数の日本人の若者にも会った。ヤング・フレンズと呼ばれる、大学生を中心としたボランティア団体がさまざまな奉仕作業を行なっていたが、その活動にシュモーも参加し、二日間、孤児院のベッドのペンキ塗りを手伝った。有志が開いてくれた「シュモーさんを囲む会」の席で、彼は翌年、アメリカからボランティア仲間を連れて再来日し、広島で住宅を建てる「ワークキャンプ」を実施したい旨を表明し、多くのヤング・フレンズから協力意思を得た。(23) シュモーはまた、ローズの尽力によって、GHQからプロジェクト協力の約束とともに翌年の再入国許可を得た。(24)

二 「広島の家」プロジェクトの準備

日本での下見を終え、シアトルに戻ったフロイド・シュモーは、「広島の家」建設の必要性を再確認し、一九四九年夏の実行に向けて具体的な準備を始めた。考えられる多くの準備を日米で同時に行なう必要があった。アメリカ側での準備として、プロジェクトに同行するボランティア人材の確保と彼らための渡航許可申請、運営費を得るための募金活動があった。さらに日本側でも、広島市当局を始めとする関係者との連絡、建設作業開始前に済ませておくべき手配等が考えられたが、それらは国際郵便によって進められた。

ボランティア人材の確保と渡航申請

「広島の家」の建設を組織ではなく、個人のプロジェクトとして始めるにあたって、シュモーが描いた青写真の原型は、第二次世界大戦時から戦後にかけての日系人支援活動にあったと考えられる。先述したように、シュモーは日米開戦直後から、強制立ち退き、収容所生活、西海岸への再定住に至るまでの五年以上にわたって日系人の困難な生活を支援し続けた数少ないアメリカ人の一人であった。シュモーはシアトルを中心に支援活動を行なったが、日系人バプティスト教会牧師のエメリー・アンドリュースも彼の仲間であった。長年、日系人教会で働いてきたアンドリュースは日本語も少し話すことができた。シアトルの日系人の多くが収容されたアイダホ州のミニドカ収容所に、シュモーがシアトルから何度も往復する一方で、アンドリュースは収容所の近くに移り住んで日系人の支援を続けた。[25] その経験から、シュモーが「広島の家」計画の仲間にと最初に声をかけたのがアンドリュースであったのは当然といえよう。シュモーはアンドリュースに宛てた手紙のなかで、広島に家を建設することの意義を次のように説明している。

この家は、われわれが戦争による犠牲を遺憾に思い、二度と戦争の起こらない生き方や世界を追求していることを、日本人とすべての人びとに言葉よりも強い形で示すものです。人種も宗教も異なるアメリカの若者が、悔悛と和解の気持ちをはっきりと形にするために、時間とお金と労力を捧げたい、いや捧げなければならないと思っていることを日本人に示したいのです。[26]

シュモーはまた、日系人のシアトルへの再定住を支援した仲間の女性、ルース・ジェンキンスとデイジー・ティブズも勧誘した。日系人は西海岸への帰還が許可されても、戦前の自宅はもはや他人の手に渡っていたばかりか、地元には戦前から続く反日感情が根強く残っていた。反日集会への抗議も拒絶されるような空気のなか、シュモーはワシントン大学の学生ボランティアを集めて、日系人を迎えるためのワークキャンプを行なった。日系人の帰る家のペンキ塗りや落書き消し、農作業等を手伝った参加者は、先に帰還していた日系人だけでなく、白人、黒人、インド系や中国系の人びとなど、まさに「コスモポリタン」であったという。[27] こうしたワークキャンプに学生として参加した経験のあるジェンキンスとティブズは、シュモーの誘いを快諾した(28)。

シュモーは日本への再渡航に必要な軍事許可を一九四八年夏の日本滞在中にすでに取得していたが、三人の同行者にとっては初の日本渡航であったため、各人がサンフランシスコのGHQの民間情報教育局に渡航申請する必要があった。三人の申請は一度は却下されたが、エスター・ローズとシュモーが三人を「キリスト教フレンド派の日本での活動にかかわる宗教関連の短期訪問者」として再申請すると承認された。渡航費および滞在費はシアトルのフレンド派の太平洋地区年会が保証するとし、日本での滞在先にはローズの名前と東京の「ララ」事務所の住所が記載された。これらの情報は正確には事実と異なるが、軍事許可を得るための方便だったと考えられる。シュモーの場合も同様だが、日本への個人渡航が禁止されていた占領期でも、キリスト教関係者の入国は許可されていたのである(29)。

資金調達

日本から帰国すると、シュモーはこのプロジェクトを正式に「広島の家(Houses for Hiroshima)」と名づけて、寄付金を募る文書を作成し、以下のような手紙をつけて、自身のクリスマスカード住所録の宛先に送った。

私たちのプロジェクトには約四〇〇〇ドルが必要です。三〇〇〇ドルは日本で建築資材の調達に充て、一〇〇〇ドルは食費とアメリカからの渡航費です。この「広島の家」建設をぜひ支援したいというすべての方に機会を提供したいと思いますが、強制ではありません。また、一度に一人の方に全額を調達していただくつもりもありません。[…]これから四か月をかけて、活動を広げたいと思います(30)。

この募金依頼書には、献金方法のほかに、「日本からの承認」として代表者の名前と彼らのメッセージが紹介されている。楠瀬常猪(広島県知事)、濱井信三(広島市長)、高良とみ(国会議員)、谷本清(流川教会牧師)、加納哲雄(広島女学院校長)、ハラム・ショーラック（日本キリスト教教育協会青年部部長）、鮎沢巌（中央労働委員会事務局長、「ララ」実行委員）である。いずれも、シュモーの活動への感謝と協力意思を表明している。[31] この方法で、アメリカだけでなく、ハワイ、プエルトリコ、メキシコ、カナダ、アラスカ、フランス、中国などの国々、そして日本国内の約四〇〇人から四三〇〇ドルの寄付金が集まった。[32]

こうした募金活動とは別に、シュモーは同行者であるアンドリュースの渡航費等を調達するための募金も行なった。募金依頼の手紙はその文面から、日系人に向けて書かれたことがうかがわれる。「広島に家を建てる計画を考え始めたときに、最初に頭に浮かんだ人はエメリー・アンドリュース牧師でした」という冒頭文に続いて、アンドリュースとシュモーが日米開戦以来、すなわち日系人の強制立ち退き、収容所、再定住とずっと一緒に活動して来たと書かれている。募金はアンドリュースの渡航費と食費に充てるため、七〇〇ドルが必要だとされており、それは手紙を受け取った人びとが一人平均一ドルずつで賄える額であるとされていることから、依頼書が約七〇〇人に向けて送られたことが推測される。[33] この手紙に応えて小切手を送った日系人の手紙の一部が残っている。学生なので多額の献金ができないと残念がるワシントン州プルマンの男性からの手紙の最後には、次のように書かれている。「私は兵士として日本に駐在した時に、広島と長崎も見る機会がありました。あの方々に対する支援はほんとうに必要だと思いますので、アンドリュース牧師のような方を日本に送ることを微力ながら支援できることをとてもうれしく思います」[34]。また、ある日系人夫妻も、アンドリュースのプロジェクト参加を支援する機会を与えられたことへの感謝を述べた後、次のように綴っている。「この旅は楽しむどころではないかもしれませんが、アンディにはぜひ日本を見ていただきたいと思います。アメリカで日本人のために、日本人とともに懸命に働いて下さった彼には、同封した小額のお金では返せないほどの恩があるのです」[35]。日系人バプティスト教会牧師のアンドリュースは、地元の二世からは「アンディ」と呼ばれ慕われていた。アンドリュースのことを「アメリカで誰よりも多くの二世カップルを結婚させた牧師だろう」とシュモーは述べている。[36] 日米開戦時から終戦後の再定住に至るまで日系人を支援し続けてくれたアンドリュース牧師が、今度は祖国の支援に訪日するという知らせに、彼やシュモーを知る日系人は喜び、これまでの恩返しの気持ちで献金したのであろう。

広島市との連絡

一九四九年二月、シュモーは東京の高良とみに手紙を出す。高良はアメリカ留学経験を持つ婦人運動家・平和運動家であり、一九四七年からは戦後初の女性議員（参議院）を務めた。手紙を読む限り、シュモーと高良はそれまで面識がなかったようだが、同じくクエーカーの高良がシュモーのプロジェクトに関心を示し、何か手助けすることはないかと申し出たようだ。手紙のなかで、シュモーは広島に家を建設する理由と意義について説明した後、プロジェクトに関して高良にいくつかの協力を依頼している。広島市長や広島県知事などの関係者との連絡、アメリカ人ボランティアたちの日本入国許可申請、住宅完成後の入居者選考である。(37) 高良は広島市長の濱井信三とは親交があったため、シュモーとの橋渡しを行なったほか、広島市の公用地の使用許可も手配した。そのほかにも、材木等の手配の仕方やアメリカから持参すべき材料等、こと細かな助言をシュモーに与えた。(38)

高良の紹介によって、シュモーと濱井市長との間で書簡交換が始まり、プロジェクトに向けて具体的な情報交換が行なわれた。書簡のなかでシュモーは、シアトル在住の「ヒロシマジン」が故郷の食料、医療、住宅不足を心配していることに触れている。(39) 濱井は、シュモーの提案プロジェクトに対して、「そこにはあなた方の深い思いやりと友情が感じられるだけでなく、平和都市の構築に向けての数多くの問題に取り組む新たな勇気を私たちに与えてくれます」と感謝を述べ、活動に全面協力することを表明している。(40) しかしながら濱井は、住宅の建設ということに関しては懸念を示した。当時、一万九七七人（三九四五家族）という深刻な住宅不足の現状を鑑みて、入居者選考の困難を予想していたのである。(41) 濱井の協力により、住宅建設のための土地として、広島市から市有地三〇〇坪の使用が許可された。シュモーは高良の助言によって材木を切断し乾燥させるのには発注から一か月を要することを知り、市長に建設予定の住宅案と五〇〇ドルの小切手を送って発注を依頼した。また、窓ガラス、屋根の被覆、釘、水道用銅管、電気用銅線などの建材と自分たちの食料とはアメリカから持参するとしている。[42]

シュモーによる「広島の家」建設のニュースは、広島では一九四九年三月五日の新聞に初めて掲載された。「国境越え愛の聖汗、原爆都に社会事業施設」という見出しで始まる記事は、「クエカー［ママ］奉仕団」（日本フレンズ奉仕団、筆者注）の岩橋武夫書記長から広島県に伝えられたニュースとして掲載された。同記事には、「米国クエカー［ママ］奉仕団太平洋沿岸連合会では同奉仕団の自ら汗して働く先端的社会事業としてのウワーク［ママ］・キャンプ運動の一つとして世界の原爆都広島に社会事業をおこすことをもくろみ」、「社会事業施設へヘレン・ケラー女史の訪日を記念して盲ろうあなど身体障害者の楽園式の施設となるもようである」とあり、実際よりもかなり誇張を含んだ形で伝わっていたことがうかがわれる。[43] しかし、そうした誇張も、シュモーらの到着の日が近づくにつれて事実に近い形となった。七月四日付の「悲願『広島の家』建設のために、アメリカ人四人が訪日することを伝える記事では、「そのうちのフロイド・シモー［ママ］氏は戦時中に娘が在米日本人と結婚し現在二人の孫娘があるが、広島に原子爆弾が投下されたときから少く［ママ］とも家を一つ広島に建てなければすまない」と考え、その計画を他の人びとにも広めていたと紹介している。シュモーの娘のエスターが日系二世のゴードン・ヒラバヤシと結婚しているという事実は、移民県広島では好意的に受け入れられたに違いない。偶然にも同じ紙面に「故郷広島復興に九万ドル」という見出しのついた記事が大きく掲載されている。ハワイでは郷里の広島を救済しようと一九四八年四月に広島県人会が中心となって「広島県戦災難民救済会」が結成され、ハワイ全島の日系人が中心となって義援金が集められた。記事は、こうして集まった義援金が広島に送られることになったという知らせである。[44] 広島の再建を願う海外の人びとの思いが、ようやく形になり始めた時期と考えられる。

日本への出発前に、シュモーは天皇にも書簡を送った。書簡のなかで彼は、自身の一連の戦後救済活動を紹介すると同時に、「広島の家」プロジェクトの意図を説明し、活動への理解を求めた。文末に、友人であるエリザベス・ヴァイニングへの言及がある。クエーカーで、AFSCの一員でもあったヴァイニングは、来日して皇太子の家庭教師を務めており（一九四六年一〇月－一九五〇年一二月）、彼女への言及がシュモーの信頼度を上げたことは想像に難くない。[45] この書簡に対する天皇侍従の三谷隆信からの代返は、シュモーらが広島に到着した直後に、使者によって届けられた。そこには、シュモーらの活動に感謝し、このような活動によって世界中に真の平和が達成されることを願うと書かれていたという。[46]正装した使者がシュモーのもとを訪れて天皇からの親書を届けたことで、この見知らぬアメリカ人に対する周囲の敬意と信頼は大いに高まったのではないだろうか。

三　「広島の家」の建設

一年目（一九四九年夏）

一九四九年七月一七日、フロイド・シュモーを中心とする四人のアメリカ人は、ＡＰＬ社のゼネラル・ゴードン号の三等客室に乗ってサンフランシスコを出発した。船はハワイに寄港した後、横浜港に到着した。シュモーにとって一年ぶりとなる日本は劇的な変化を遂げており、彼を驚かせた。一年前には壊れた工場や野菜畑が並んでいた京浜道路の沿道には、店や仮設住宅が立ち並んでいた。「人びとの身なりは見違えるほど清潔になり、街には市場や八百屋があふれている」と、シュモーは報告している。四人は東京の高良とみの家に二泊した後、日本人の学生ボランティア六人を加えて合計一〇人で、東京駅から神戸行きの列車に乗って出発した。乗客で込み合う三等車の中ではみながばらばらに座ったが、途中でアメリカ人の顔を見つけた車掌が二等車に移動するよう勧めた。シュモーらは、西洋人に対するこうした優遇を嫌い、トイレのない三等車の旅を続けた。[47]

神戸で一泊した後の八月四日、一行はようやく広島に到着した。広島駅では市長、県知事、住宅福祉課の職員、流川教会牧師の谷本清の夫人をはじめ、三〇人の地元のボランティア学生、報道陣のほか、一般市民までが出迎えた。市長や県知事は礼服姿で、出迎えの公用車も準備して、プラットホームの一等車停車位置で「賓客」を待っていた。猛暑のなか、多くの荷物を携え、汗と埃にまみれて三等車から下りて来るアメリカ人たちを見つけて、市長らは慌ててホームを駆け寄った

というエピソードが残っている。(48)

この夏、シュモーの率いる一〇人のボランティア・グループは、谷本清が牧師を務める流川教会に再建された教育館に宿泊した。谷本はアメリカのエモリー大学大学院を出て流川教会の牧師となったが、原爆で教会を焼失した。谷本自身は爆心から三キロメートルの知人宅で被爆したが、奇跡的に助かったのである。一九四六年五月、谷本はアメリカ人ジャーナリストのジョン・ハーシーからの取材を受け、自身の被爆体験を語った。ほかの五人の体験とともに編集された記事「ヒロシマ」が八月三一日付の『ニューヨーカー』誌に掲載されると、記事はさらに新聞、放送、書籍、翻訳へと拡大し、アメリカで一大センセーションを引き起こした。ハーシーの記事で谷本のことを知ったアメリカの友人やキリスト教関係者の招待によって彼は渡米し、一九四八年一〇月から一九五〇年初めまで全米を回って広島の惨状を訴え、教会復興と被爆者支援のための資金集めを行なった。(49)谷本はシュモーが日本へ出発する直前にシアトルの自宅を訪問し、シュモーから「広島の家」プロジェクトの話を聞いた。谷本はシュモーらの広島での宿泊地提供を申し出るとともに、『中国新聞』にシュモーについての記事を送り、広島支援にかける熱意や日系人支援の経験などを好意的に紹介した。(50)シュモーらの滞在中は、谷本は全米を行脚していて留守だったため、夫人が代わりにボランティアたちの世話をした。

濱井信三市長はシュモーの計画に深い理解を示し、熱心に協力した。濱井の通訳は日系二世が務め、そのほかにも二世がアメリカ人と日本人の距離を縮める役割を果たした。(51)しかし、何を建てるかということではシュモーと濱井は合意に至ってはいなかった。前述したように入居者選びの困難さに加え、アメリカ人の考える「質素な家」でさえ、戦後間もない日本の基準では贅沢すぎて、裕福な家族しか入居できないのではないかという懸念があったのである。広島市側からはすでに、住宅ではなく児童図書館の建設が提案されていたが、シュモーは住宅建設にこだわった。(52)「戦争で一番深刻に傷ついたのは、国家よりも都市よりも『個人』である。この個人に失った家を建てて返してあげよう」というのが、シュモーの来日目的であったからだ。(53)打開策として、当時、広島市が被災者家族のために建設していた住宅のうちの四戸をシュモーらが建設し、完成後に市に引き渡すという方法が採択された。その家ならば、他の市営住宅と同じ月額七〇〇円の家賃を

支払える四家族が入居できるという計算であった。(54)

シュモーは当初、「アメリカ式」家屋の建設を構想していたが、日米の住宅構造や生活様式の違いからそれは諦め、他の被災者住宅と同様に市当局が作成した設計図と建築方法に従って、二軒長屋を二棟、すなわち四戸の住宅を建設することになった。各戸の面積は一二坪で、襖で仕切られた六畳の和室が二室と、床の間があった。風呂は各戸にあったものの、和式便所には一棟ごとに共有の便槽を備える必要があった。各戸には共用庭に面してぬれ縁が設けられ、瓦屋根と漆喰の壁で造られた住宅は、当時の日本では「モダンな」造りであった。(55)

尺貫法に基づく設計図と、釘をほとんど使わずに材木をはめ込んでいく日本古来の工法は、アメリカで自宅を建てた経験のあるシュモーやアンドリュースにとっても簡単に習得できるものではなかったので、シュモーは日本人の大工棟梁を日給四〇〇円で雇った。棟梁を中心に、四人のアメリカ人と東京からの学生六人がボランティアとして働いたが、広島からはボランティア希望者が三〇人も集まったため、仕事量を考えて六人に削減しなければならなかった。(56)シュモーとアンドリュースを除けば、ボランティアの平均年齢は二二歳であった。学生の多くは夏休みを利用したワークキャンプとして活動に参加した。彼らのなかには近い将来、留学等の目的で渡米を希望している者もおり、ワークキャンプは学生側からの無償の労働提供というだけでなく、学生にとっても英語技能の習得等、得られるものは多く、双方向的な活動であったようだ。後年にシュモーのプロジェクトに東京から参加した布川謙は、大学の夏休みのワークキャンプとして広島へ行った。その年は「広島の家」の入居者から一部屋を借り受けてみなで寝泊まりし、家を建てたという。多くのボランティア仲間と一緒の活動は楽しく、その経験は布川のその後の人生にも影響を与え、またボランティア仲間だけでなく「広島の家」の住人との交際はその後も続いたという。(57)

ボランティア・グループは月曜日から金曜日までは一日六時間働き、土曜日は午前中だけ働いて午後は海水浴に出かけた。四人のアメリカ人と六人の東京の学生の宿舎となった流川教会から住宅建設地の皆実町までは一キロメートル余りあった。ちょうどその途中に製材所があり、シュモーとアンドリュースはそこで材木を購入しては運んだ。大柄のアメリ

1949年夏､｢広島の家｣を建設するフロイド･シュモー

1949年夏、建設中のシュモー（左前）、アンドリュース（中央）、ティブズ（右）（上下とも中国新聞社蔵）

カ人男性二人が、重い材木を載せた荷車を引く道には見物人が集まった。二人のアメリカ人女性もまた、人目を惹いた。ティブズは多くの日本人が初めて見る黒人女性であり、また長身で色白かつ赤毛のジェンキンスもどこへ行っても好奇の目にさらされた。周囲の日本人は当初、「海の向こうからアメリカ人がやって来て無償で家を建ててくれる」ことに疑念を持ったようだが、彼らが炎天下で汗水たらして働く姿を見て態度が変わっていったという。やがて、アメリカ人たちはどこへ行っても笑顔で挨拶されるようになった。シュモーは電車の中で、みすぼらしい身なりの日本人労働者に「オール・ジャパン・サンキュー」と声をかけられたこともあった[58]。

当時の広島の人びとにとって、白人や黒人のアメリカ人が物めずらしい存在であったとしても、白人と黒人と日本人の混在はアメリカでもまれに見る光景であっただろう。アメリカで公民権法が成立する一五年前のことである。白人のジェンキンスと黒人のティブズが浴衣を着て畳の部屋で仲良くうつぶせに寝転がっている一枚の写真が残っている。その写真の裏には、シュモーの筆跡で、「こんな光景はアメリカではあり得ない。でも、やってごらんよ」と書かれている[59]。人種だけでなく宗教も、このプロジェクトでは多様であった。シュモー自身と同じく、東京からのボランティア学生にもキリスト教フレンド派が多かったものの、アンドリュースはバプティスト教会の牧師、ジェンキンスは流川教会と同じメソジスト派であった。また、日本人学生のなかには仏教徒もいた。シュモーは「広島の家」を通じて、多様な人種、国家、宗教の人びとが一緒に汗を流し、人間の基本的生活に欠かせない住居造りにみなが少しずつ参画することが平和の構築につながると信じていたのである。

住宅建設が進むにつれて、地元の若者を中心に協力者が増え、「仕事や道具よりもボランティアの数の方が多い」ほどになった。三人の小学生が毎日、放課後にやって来ては庭の土を運んだ。広島の出版社から派遣された庭師が、石山、低木、滝、石灯籠、腰掛けなどによる庭の設計図を作成した。腰掛けの石は建設会社から持ち込まれ、石灯籠は個人の庭にあったものを広島市が買い取って寄贈した。石灯籠には広島大学教授が書いた「祈平和」という文字が刻み込まれた。自身が自然学者でもあるシュモーは植栽も丹念に選択し、居住者が共同庭を楽しめる努力をした[60]。

八月半ばから始まった住宅建設は九月末に終わり、二軒長屋の住宅が二棟、完成した。入居者選考は市当局が担当したが、四戸の住宅に三八〇〇世帯からの応募があった。そして、福祉局の審査によって「ふさわしい」四家族二四人が選ばれた。入居したのは公立小学校校長、元警察署長、新聞社の人事部長、市の職員の四家族であったが、シュモーは彼が最初に想定していた「困窮した人びと」には見えなかったと感想をもらしている。[61] 月額七〇〇円の家賃は、住宅の維持と新たな住宅建設の費用に充てられることになった。[62]

ボランティア活動は、住宅建設だけに留まらなかった。建設作業が始まる前の期間、彼らは人手不足の広島記念病院の手伝いに通った。厨房や診療室や手術室内の専門的な仕事の手伝いのほか、掃除や患者の世話など、多くの仕事があった。アメリカ人たちは日本の病院設備と医療の貧困さに驚いたが、薬も大幅に不足していた。肺結核が進行した七歳の少女のための薬もなく、もし入手できてもお金が払えないという状態であったため、シュモーが東京の知人に頼んで薬を送ってもらうこともあった。[63] こうした病院での活動によって、ボランティアと患者は親しくなり、アメリカ人の帰国後も文通が続いた。入院患者からの手紙には薬を依頼する文面も多くみられた。[64]

住宅完成後の一〇月一日に正式な贈呈式が行われ、約一〇〇人が招待された。広島市が名付けた「皆実町シュモーハウス」という名前は、シュモーの提案で「平和の家」に変更された。式典で挨拶に立ったシュモーは、アメリカ人と日本人によってよりよい世界を築くことができ、「この家と庭はわれわれの希望と祈りの象徴である」と述べた。広島市は四人のアメリカ人に記念品を授与したほか、シュモーの自宅宛に石灯籠を送ったが、それは表面に原爆の跡が残る灯籠であった。数日後、シュモーは多くの人びとの涙に見送られて、広島を後にした。[65] シュモーは東京を経由して長野県を訪れた。娘婿のゴードン・ヒラバヤシの曾祖母を訪ねた後、自然愛好家の彼は日本アルプスを初めとする信州の山々を楽しんだ。帰国直前に皇太子からの招待を受け、エリザベス・ヴァイニングとともに皇居を訪問した。[66]

二年目（一九五〇年夏）

一九四九年夏の訪日前、フロイド・シュモーは「『広島の家』は一つのテストである。もしこれが日米友好を祝福する契機となるならば後に多くの人びとが続くであろう」と語っていた。[67]「被爆した広島に家を建てたい」というただ一人の発想から手探りの準備を重ねて、この未知の計画がうまく行くかどうか、シュモー自身も不安を感じていたのかもしれない。はたしてこのテストは成功を収め、シュモーは贈呈式で「きょうの喜びは終生忘れられない」と感激の言葉を述べた。翌年二月には濱井市長に手紙を送り、二年目の夏にはさらに多くの家を建てたいとの希望を伝えた。[68] 同時に、彼はアメリカの支援者にも手紙を出し、初年度のプロジェクトの成功を報告すると同時に、プロジェクトの続行を表明し、支援の継続を依頼した。こうした報告書は毎年、支援者に送られた。支援者は自分の献金が着々と形になり、広島の人びとを喜ばせていることを知り、さらなる寄付へと気持ちをつなげたのだろう。[69]

一九五〇年六月一七日、シュモーは職業学校教師のマリタ・ジョンソン（黒人）とロバート・イー（中国系アメリカ人二世）とともに再び広島を訪れ、八月六日まで滞在した。東京からは四名の学生がワークキャンプに参加し、地元から広島大学の学生らが加わった。[70] この年は世界各地の五〇〇人以上の人びとからの寄付金が一万ドル以上に達したため、「モデル住宅」一戸を含む計八戸の住宅建設が可能になった。[71] 広島市江波町に、建坪一四坪、六畳と四畳半二室に台所という間取りで、四畳半の一間は洋室、タイル貼りの便所という和洋折衷の住宅が建設された。[72] シュモーが「江波村」（Eba Village, 地元では「シュモー住宅街」もしくは「シュモーハウス」と呼ばれた）と呼ぶ七戸の住宅は前年とは違った試みで、政府から購入した土地に建設された。こうすることにより、前年のような市営住宅としての賃料よりもさらに安い月額三〇〇円か三五〇円での入居が可能となり、低所得層にも入居の機会が開かれたのである。[73]

「モデル住宅」と「江波村」は完成後に広島市に寄贈され、また、「モデル住宅」は四日間、一般公開されて周囲の関心を引いた。[74] 入居者の選考に関して、シュモーは朝鮮人も入居させるようにという要望を出した。江波地区には多くの朝鮮人が住んでいたが、そのなかから二家族が選ばれた。[75] 日本人入居者の一人、一六歳のオカダマサコは原爆によって両親を亡くした後、工場で働きながらトタン屋根の小屋で三人の幼い弟妹を育てていた。そのほかに、原爆で夫を亡くした女性とその子女からなる二家族、退院したばかりのキリスト教牧師のハラノと四人の子女、間借りをして五人の家族と暮らしていた若い仕立屋が入居者に選ばれた[76]。原爆で寡婦となった山本初枝は、母とともに原爆孤児二人を引き取り、四人で入居した。山本は同年末のクリスマスパーティを企画し、約一〇〇人の子どもたちが集まった。生まれて初めてのクリスマスパーティに参加した日本人や朝鮮人の子どもたちには、アメリカから送られた五〇〇〇円で山本が準備したプレゼントが贈られた[77]。山本は入居者でありながら、シュモーのプロジェクトに協力的で、自宅の一部をボランティアの宿泊所として提供したという[78]。

この夏、シュモーは第二の被爆地である長崎を訪れた。広島のように自分で住宅建設を行なう時間的余裕はなかったため、一三万五〇〇〇円を長崎市に寄付して住宅建設を委託する契約をした。契約書には敷地面積（一一・七坪）や仕様も盛り込まれ、計画後三か月以内に建築することが明記された。さらに、完成した住宅は長崎市の所有として、同等の市営住宅の九割以下の家賃で貸与され、さらに入居者については、子供のいる原爆被災家族が望ましく、宗教、人種、社会的地位は問わないと記されている[79]。一九五一年秋までに、長崎市の被爆地近くの橋口町に五戸の住宅が完成し、戦争で夫も家も失くした妻とその家族が入居した。一九五二年までに、さらに三戸の住宅と一棟の集会所が建設された[80]。

三年目（一九五一年夏）以降

「広島の家」プロジェクトはその後、一九五二年の夏まで続き、さらに一九五三年にはシュモーが一人で広島を訪問し、住宅建設の仕上げを行なって一連のプロジェクトは終了した。一九五一年以降の活動については、完成した住宅を表1にまとめ、特筆すべき出来事のみを記述する。なお、判明しているボランティア・メンバーの名前については注を参照されたい。

プロジェクト三年目となる一九五一年夏には、シュモーは広島訪問が果たせず、代わりにエメリー・アンドリュースが二年ぶりに訪れてプロジェクトの代表を務めた[81]。この年は、前年に完成した「江波村」に住宅一戸と集会所が追加された。

表１「広島の家」

建設年	ボランティア（人）			寄付金（約）	建設場所（現在の町名）	建物数	用途
	アメリカから	東京から	広島から				
1949年	4	6	6	$4,300	皆実一丁目	2棟4戸	住宅
1950年	3	4	2	$10,000	江波東一丁目	1戸	住宅
					江波二本松一丁目	7戸	住宅
1951年	4	5	4	$8,000	江波二本松一丁目	1戸	住宅
						1戸	集会所（現「シュモーハウス」）
1952年	2	1	4	$8,000	江波二本松一丁目	1棟2戸	住宅
					牛田東二丁目	1棟4戸	住宅
1953年	1	0	0	不明	牛田東二丁目	1戸	ゲストハウス
計	延べ14	延べ16	延べ16	$3,0490		住宅20戸 集会所1戸	

広島市「シュモーハウス」の資料を基に、シュモー史料により筆者が作成。広島からのボランティアには不定期の参加者は含まれない。寄付金額はシュモー史料のまま。

集会所には大会議室、図書室と教室を兼ねた部屋、共同浴場のほか、管理人家族のための小さい居室が設けられた。集会所の建設にはシアトルのアリス・ブライアントが資金提供した。彼女は戦時中の二年間、日本軍の捕虜としてフィリピンに抑留されていたが、戦後、アメリカ政府から二〇〇〇ドルの補償金を支給され、それをそのまま広島の集会所建設用に寄付したのである。ブライアントは、二年間の抑留は辛い体験ではあったものの、それによって日本人に悪意を抱くようなことはなかったと言い、補償金を広島の復興に寄付することで「和解」の気持ちを示したいと考えたという。この年は、ブライアントのほかに四〇〇人からの寄付金を合わせて八〇〇〇ドルが集まった(82)。完成した集会所は、九月末に地域住民に公開され、開館を記念して映画上映会が開催された(83)。

一九五二年は、シュモーの都合により、プロジェクトは九月に始まった。寄付金は八〇〇〇ドル以上になったが、朝鮮戦争の影響による材木価格の高騰により、建物面積を減らす必要があった。また、「江波村」に空き地が少なくなり、江波地区よりも市街地に近い牛田地区に一一三坪の土地を二七万五〇〇〇円で購入した。こうして江波村の中に二軒長屋を一棟と、牛田地区にも四世帯用の二階建てアパート一棟が建設された。こうした一般住宅に加えて、シュモーは牛田地区に「ゲストハウス」の建設を考案した。彼は、「広島の家」プロジェクトのようなボランティア活動を行なう人びとが長期滞在できる場所としてゲストハウスを考えていたのである。[84] また、ゲストハウスの隣に管理人室を建てて山本初枝にゲストハウスの管理を依頼することも計画していた。山本は一九五〇年に「江波村」の住人となった後も、プロジェクトに積極的な協力を続けていた。[85]

ゲストハウスの完成は翌年に残されたものの、一九五二年秋の離日前に、シュモーはプロジェクトの終了を発表した。広島はまだ完全復興には遠かったが、朝鮮半島は一九五〇年に始まった戦争によって日本以上に過酷な状況下にあり、翌年からは朝鮮半島での支援を優先することになると、彼は述べた。この決定に伴って、シュモーは「江波村」の土地・家屋のすべて、すなわち一一三・八坪の土地と住宅および集会所一〇棟一一戸を市営住宅として広島市に寄贈する手続きを行なった。[86] 一九五三年夏、シュモーは一人で広島を訪問し、最後の建設としてゲストハウスを完成させた。ゲストハウス建設のための資金は、ルシィル・ベッカーというアメリカ人女性が両親の遺産の一部を寄贈して賄われたため、ベッカーの両親の名前を刻んだ記念碑がゲストハウスの近くに建立された。[87] 一九五四年五月には、シュモーは妻のルースとともに広島を訪れてゲストハウスに滞在した後、国連の救済委員会の招聘により、「朝鮮の京城南方の一戦災部落の復興に奉仕するため出発した。[88] 彼はその地で一九五六年まで、国連資金と私的募金によって住宅建設、井戸掘削、道路整備などを行なった。その後、一九五七年にはエジプトに赴き、井戸掘削等の難民救済活動を行なった。この活動を最後に、長年にわたるシュモーの戦後復興支援活動は終了した。

四　「広島の家」から「シュモーハウス」へ

「広島の家」の入居者

これまで見て来たように、被爆者のための家を建てたいというフロイド・シュモーの個人的な思いからスタートした「広島の家」プロジェクトは、五回の夏を費やして二〇戸の住宅と一戸の集会所を完成させた。しかしながら、プロジェクトの成否を評価するには、家を建てた側だけでなく、その家に入居した人びとの視点も必要である。残念ながら、戦後七〇年の今、「広島の家」に入居した人の生の声を聞くことは非常に困難である。また、シュモーの史料のなかに「広島の家」の入居者の簡単な情報はあっても、彼らがどのような被爆体験を経て、どのような状況で入居してきたのかという詳細な記述は見当たらない。それは一つには占領下の言論統制と関連することかもしれない。シュモーが統制により見聞きしたものを語らなかったというよりは、いわゆる「原爆症」という病気さえ公然とは認識されていなかった時代だったということではないだろうか。しかしながら、偶然にも、ジョン・ハーシーの記事「ヒロシマ」に登場する六人の被爆者の一人、中村ハツヨが「江波村」(当時、広島の人は「シュモーハウス」と呼んだ)の入居者であった。先述したように、ハーシーは一九四六年四月に広島を訪れ、三〇人の被爆者を取材し、六人の体験を紹介した。さらに、ハーシーは三九年後の一九八五年、広島を再訪し、六人の被爆者の追跡調査を行ない、「広島、その後」として発表した。この一九八五年の記事により、中村が被爆後にどれほどの生活苦と病苦を乗り越えて、「シュモーハウス」に辿り着いたかを知ることができる。「広島の家」の入居者の一例として、以下に中村の半生を辿る(89)。

中村ハツヨは、洋服の仕立屋をしていた夫が戦死した後、一〇歳の長男と、八歳と五歳の長女次女とともに細々と暮らしていた。一九四五年八月六日午前八時一五分、爆心地から一・二キロの自宅にいた母子は、激しい閃光とともに爆風でなぎ倒された家の下に生き埋めとなったが、中村が必死で子どもを救出して命をとりとめた。被爆から一か月、中村の髪は抜け落ち、何週間も高熱が続いた。子どもとともに親戚に身を寄せ、貧しくて医者にもかかれない状態だったが、やがて病状は最悪の状態を脱した。そして、わずかな貯蓄で、即席で建てられた小さな借家を月五〇円足らずの家賃で借りた。その家は土間だけで床もない、昼でも暗い掘建て小屋だったが、焼け崩れた家々の瓦礫の中から調理道具や皿を掘り出して生活を始めた。夫の遺品のミシンを修理して仕立屋をしながら、隣人の家事を手伝って生活費を稼いだ。しかし、身体が非常に疲れやすく、三日働くと二日休まなければ身体がもたないほどで、とうとう病に倒れた。原因は腸の回虫によるもので、そのまま腸を食い破られたら死ぬと医者に警告され、中村はその治療費を払うために、最後の財産であった夫の遺品のミシンを売った。

これほどの苦境にあっても、中村には自分以外に頼るものがなかった。「原爆投下一〇年以上も、ヒバクシャは経済的に何の援助も与えられない、忘れられた存在であった」とハーシーは述べる。さらに、地元でさえ被爆者に対する偏見は強く、健康に信頼がおけない労働者とみなされて雇用者に嫌がられた。中村はその後も原爆症に悩まされたが、「仕方がない」こととして受け入れた。少し体力が戻ると、中村はパンの配達や魚の行商等の仕事の後、新聞購読料集金の仕事を得て月六〇〇〇円を稼いだ。この仕事なら、体調と相談しながら続けることができた。

「骨の折れる仕事を続けた末、一九五一年、中村さんにようやく運が向いて来た。受け入れるべき運命の定めに従い、もっとましな家に引っ越す資格を得たことである」とハーシーは書く。この家こそ、シュモーたちの建てた「江波村」の家であった。「[…]家は六畳二間からなっていた。中村家にとって、これは大変なことだった。新居は、木材と畳の香りが漂った」。中村は月額三〇〇円の家賃を市役所に払って、三人の子どもとこの家に住んだ。子どもたちは貧血気味ではあったが、幸い、ひどい原爆症からは免れ、長男は高校生になると新聞配達をして学費を賄うようになった。中村は防虫剤製造の会社に職を得た。雇用主が被爆者への思いやりを持つ人で、中村は製品のきつい臭いや時おり襲われる原爆症候群に悩まされながらも、一三年間働いて定年退職した。その間に、国鉄に就職した長男が結婚し、「江波村」の家を増築して母親を助けるようになり、新しいミシンも買ってくれた(90)。

シュモーのプロジェクトに話を戻せば、中村一家が「江波村」の家に入居した一九五一年はプロジェクト三年目の年で、「江波村」には、集会所のほかには住宅は一戸しか建設されなかったため、中村はたった一人の当選者となったということである。この年の入居希望者数や選考基準については記録がないが、初年度には四戸の住宅に対して三八〇〇世帯の応募が殺到したことから考えても、この年も競争率は高かったと推測され、中村は幸運だったといえるだろう。シュモーの記録のなかに、入居者の中村があのハーシーの「ヒロシマ」に登場する中村であるとの言及があり、中村は入居後すぐに知り合いの夫婦に一部屋を貸したとある。[91] それはおそらく中村の親切心と経済的理由によるものだったのだろう。しかし、その時点ではシュモーはまだ、中村の抱えていた原爆症について知る由もなかったのではないだろうか。中村の話は一例だが、「広島の家」は被爆者に雨露をしのぐ場所だけでなく、「希望の光」も与えていたといえるだろう。

「シュモーハウス」の保存へ

一九五一年のサンフランシスコ条約調印後、ようやく行政による被爆者援助が少しずつ進展した。また、プレスコードの解除によって、原爆の被害が知られるようになり、被爆者支援が国内外から寄せられるようになった。同時に、被爆者自身も援護を求めて立ち上がるようになった。海外からの援助は、被爆者を対象とした医療や精神的なケアが中心となっていった。[92]

先述したように、作家のノーマン・カズンズは、フロイド・シュモーが「広島の家」プロジェクトを始めた一九四九年夏に初めて広島を訪問し、帰国後、広島の原爆孤児を救済するために「精神養子運動」を始めた。善意のアメリカ人が原爆孤児を「精神養子」として毎月二・五ドルを送るというプログラムは一九五〇年から九年間続けられ、約五〇〇人の孤児に総額二〇〇〇万円の支援が行なわれた。さらにカズンズは、被爆によって顔や身体にケロイドが発生した若い女性にニューヨークの病院で治療を受けさせる支援も行なった。一九五五年、二五人のいわゆる「原爆乙女」が渡米し、一年余りの間、クエーカーの家庭に滞在しながら、複数回にわたる治療を受けた後、帰国した。「原爆乙女」の渡米によって、彼女たちが手術を受けることができただけでなく、被爆者の実態を世界中に知らせることにもなり、その後、被爆者支援は拡大した。[93]

こうした海外からの広島復興支援活動は一九八〇年代になって見直され、シュモーは「広島の家」建設に対して数々の賞を授与された。一九八二年には勲四等瑞宝章を受賞し、翌年には広島市から特別名誉市民に選ばれたほか、アメリカのタフツ大学から名誉博士号も授与された。[94] 一九八八年に広島国際平和協会から授与された谷本清平和記念賞の副賞五〇万円を使って、シュモーはシアトルのワシントン大学近くのフレンド派集会所の隣接地に「ピース・パーク」を造り、広島で原爆後遺症により亡くなった少女、佐々木禎子をモデルとした「原爆の子の像」を建立した。しかしながら、シュモーが一〇五年の人生を終えた二年後の二〇〇三年末、アメリカで原爆投下の「エノラ・ゲイ」復元機展示を巡る議論が起きたさなかに、「原爆の子の像」の右腕が肩から切り落とされる事件が起きた。その後、シアトル在住の平和活動家のミチコ・パンピアンを中心とした募金活動によって、日米のほかに八か国から寄付金が集められ、像は修復された。[95]

この時、広島での募金活動によって、広島ではすでに忘れ去られつつあったフロイド・シュモーに改めて関心が集まった。かつて「広島の家」に直接かかわった人びとよりも若い戦後世代の人びとが、広島復興の陰にそうした支援活動があったという事実を知り、感銘を受けたのである。そうした同志八名によって「シュモーさんの『ヒロシマの家』を語りつぐ会」が結成された。同時に、当時の広島市長、秋葉忠利の発案により、当時は「シュモー会館」と呼ばれていた集会所を保存することが決定した。こうして、一九五一年に建設され、その後も地域の自治会館として活用されてきた最後の「広島の家」は、広島平和記念資料館附属の展示施設「シュモーハウス」として保存されることになった。二〇一二年一一月の開館記念式典には、アメリカからもフロイド・シュモーやエメリー・アンドリュースの息子たちやかつての日本人ボランティアたちも招待された。発足から一〇余年間、シュモーの支援活動についての資料収集や勉強会を行なってきた「語りつぐ会」は二〇一四年に「シュモーに学ぶ会」と名称を変え、現在もボランティアでシュモーハウスでの展示説明を行なうだけでなく、シュモーの活動を伝える本を制作したり、紙芝居を作って幼稚園や小学校に無償提供するなど、彼の支援活動を伝える活動を熱心に続けている。[96] 彼らの活動は、原子爆弾の悲惨さを伝えるだけでなく、その後、広島の町や人びとが支援を受けながらどのようにして復興したかを伝えることもまた、大切な平和教育であるという強い信念に基づいている。[97]

おわりに

本稿では、シアトルに住む一アメリカ人、フロイド・シュモーによる広島の戦後復興支援活動に焦点を当て、その詳細を探った。シュモーは一〇五年という長い人生の間、クエーカー信仰に基づいた徹底した平和主義を貫き、国内外をいとわず戦争犠牲者の支援活動を行なった。占領期における日本への渡航は容易ではなかったが、シュモーはそれまでの活動経験はもちろんのこと、とりわけAFSCやクエーカー仲間、日系人などの人脈を積極的に活用し、広島への道を切り開いていった。シュモーが協力を呼びかけると、あたかもそれを待っていたかのように、多くの人びとからボランティアや献金という形での協力が寄せられた。一人一ドルずつの献金を募って資金を集め、アメリカ人ボランティア仲間とともに訪日し、日本人学生に加えて、建設現場に毎日集まって来る地元の人びとも一緒になって家を造る、という開かれた活動が多くの人びとを引きつけ、活動は五年も続いた。そうして建てられた家は地元では「シュモーハウス」と呼ばれたが、シュモーはその呼称を嫌った。「広島の家」はシュモーだけではなく、かかわったすべての日米の人びとの気持ちと手とお金とが結集して完成した「みなで建てた家」だったからである。完成した二一戸の家はたんなる住宅提供に留まらず、被爆から五年以上を経ても十分な支援もなく原爆症に苦しみながらも懸命に生きようとした人びとに「希望の光」をもたらしたといえよう。そこに、実現困難な状況から一人でスタートした草の根のボランティア活動、民間レベルの国際協力活動の可能性をみることができる。

「はじめに」で述べたように、筆者のもう一つの関心は、シュモーの活動と日系人のかかわりを探ることであった。シュモーがとくに日系人のために広島支援活動を行なったという形跡は見当たらない。彼は後年になって、広島の復興を支援した理由について「原爆投下に対する罪の償いと同時に、今、考えると、私の心のどこかに日本人への関心があったように思う」と述べて第二次世界大戦中の日系人支援活動に言及しているように、自身も活動当時は日系人との関連を意識してはいなかったようだ(98)。しかしながら、日米開戦前から日系人の知己を持ち、戦時中は、強制収容された日系人のために奔走し、さらに娘エスターとゴードン・ヒラバヤシとの結婚によって日本人の血を持つ孫も誕生したことで、終戦時までにはシュモーと日系人との距離はさらに縮まっていたことは十分に想像される。シュモーが書いたものを読む限り、彼が広島・長崎の原爆投下のニュースに心を痛め、復興支援を思い立ったとき、彼の心の中にはアメリカと日本、日系人と日本人という線引きはなく、渡航する段になって現実に国境を越えたというだけのように思われる。また、活動初年度に彼と同行したアメリカ人もみな、第二次世界大戦中や戦後に日系人を支援した経験を持つ。さらには、シュモーの活動をシアトルの日系人が喜び、協力を惜しまなかったことも明らかになった。一方、広島では、原爆投下の加害者であるアメリカから家を建てにやって来る人に、最初は嫌悪感や警戒心を抱いていたとしても不思議はない。しかしながら、広島はハワイやアメリカ西海岸に多くの移民を送出した土地柄であり、戦後には在外の県人会からも積極的な支援が届き始めていた。こうした日系人に対するシュモーの支援活動や、彼の娘婿に関する情報は彼の訪日前にすでに広島に伝わっており、そうした情報はシュモーと広島の人びととの距離を縮める助けとなっただろう。すなわち、原爆投下から間もない時期に初めて日本を訪れたアメリカ人と、初めてアメリカ人と接した日本人の間には、目に見えない形で日系人が介在し、互いをつなぐ役目をしていたといえよう。

終戦後、日系人は自らの再出発に辛苦を味わいながらも、祖国の戦災を思いやり、「ララ」物資を集めて日本へと送った。また、被爆した故郷広島を支援したいとハワイや西海岸の広島県人会が立ち上がり、義援金活動も行なわれた。こうした日系人による目に見える形での直接的かつ意識的な支援とは性格も程度も異なるものの、日系人がシュモーの活動に与えた影響のように無形で無意識のうちの支援の形もたしかに存在する。その意味において、厳密にいえば、シュモーの広島での活動を「外国人による支援活動」と単純に分類することには疑問が残る。さらに、日系人による日本への貢献という文脈で考えるとき、シュモーを通じて日本を支援した日系人もまた、間接的な貢献者として記憶されるべきだろう。移民は意識のいかんにかかわらず、その存在自体によって祖国と移住先国の関係に影響を与え得る。こうした意味において、シュモーの「広島の家」は外国人による草の根の国際支援活動の一例を示すだけでなく、移民による間接的な国際貢献の可能性も示唆しているのではないだろうか。

第八章　東京都福生市・立川市周辺のアメリカ軍人の居住と『福生新聞』にみる地元の反応

小澤智子

はじめに

第二次世界大戦後、アメリカ主導のもと連合国軍最高司令官総司令部（General Headquarters, Supreme Commander for the Allied Powers, 以下GHQ／SCAP）の日本占領が始まり、アメリカ軍関係者（アメリカ軍人・軍属とその扶養家族）の住居として「米軍ハウス」が全国各地に建設され始めた。アメリカ軍の内部資料では、占領期にGHQ／SCAPの設計指導のもと、接収地のアメリカ軍集中住宅地区に建てられた将兵とその家族のための住居をデペンデント・ハウスやガヴァメント・ハウスと呼ぶが、歴史的に必ずしも明確な定義や使い分けはなされていない。本稿では、占領期および占領期以降のアメリカ軍関係者のために建設されたり借りられた基地内外の住居を称して「米軍ハウス」と呼ぶ。[1]米軍ハウスの多くは平屋の一戸建てであるが、低層の連続住宅やマンション（単身者向けの寮を含む）の様式もある。

これまで米軍ハウスは占領軍および在日アメリカ軍基地やその関連施設が所在する全国各地に建てられてきた。戦後から今日まで、基地内外のアメリカ軍関係者専用の住居がもっとも数多く建設された地域は沖縄である。沖縄県では一般に「外人住宅」と呼ばれるアメリカ軍人専用の住居は、一九六〇年代に建設ラッシュを迎え、一九七〇年に約一万二〇〇〇戸もあったとされる。[2]沖縄県外では、米軍ハウスのほとんどが関東地域に集中している。そのなかで横田基地（日米安全保障条約上の施設名称は「横田飛行場」および立川基地（「立川飛行場」）の周辺には、一時は約二〇〇〇戸の米軍ハウスがあった。とくに朝鮮戦争やベトナム戦争のころには、日本に駐留するアメリカ軍人数が急増し、アメリカ側は日本政府や基地周辺の地元民に対してアメリカ軍関係者の住居を建設するよう要請したのである。[3] それに応えるように、米軍ハウスの建設戸数は基地外にも増加していった。現在、横田基地の住宅関係担当者の管轄下の米軍ハウス数は、基地内に単身用一二〇〇戸、家族用一八〇〇戸、横田基地外に約七〇〇戸（居住中）[4] である。

本稿では、終戦後から一九八〇年ごろまでの間に横田基地・立川基地の内外に用意された米軍ハウスに注目したい。米軍ハウスに関する数少ない従来の研究は、おもに東京都二三区内もしくは沖縄県の「外人ハウス」に限られる傾向があるが、近年、埼玉県入間市や東京都福生市・瑞穂町の米軍ハウスに関する貴重な調査分析も進んでいる。これらの研究は、各対象地域の米軍ハウスの残存状況、現存する米軍ハウスの建築様式、現在の入居実態・活用方法などの調査結果である。[5] 本稿では、従来の研究ではほとんど扱われてこなかったアメリカ軍の内部資料を一次史料として分析し、東京都福生市・立川市周辺の米軍ハウスが建てられた経緯、アメリカ軍人の居住、そして地元新聞の報道を通してみえてくる地元の反応を考察する。

表1　全国のおもな米軍ハウス集中地区

現在も残っている場所	地区名
東京都福生市・立川市他	アメリカン・ヴィレッジ、バンブー・ヴィレッジ、田中ハイツ、野口住宅、ニューアメリカン・ヴィレッジなど
埼玉県入間市	ジョンソン・タウン
神奈川県相模原市	相模原住宅地区、リトル・アメリカ
神奈川県横浜市中区他	根岸住宅地区
神奈川県逗子市他	池子住宅地区

長崎県佐世保市	針尾住宅地区
沖縄県沖縄市他	キャンプ瑞慶覧
現在は残っていない場所	地区名
東京都千代田区	パレスハイツ住宅地区、ジェファーソンハイツ住宅地区、リンカーンセンター住宅地区
東京都渋谷区	ワシントンハイツ
東京都練馬区	グラントハイツ
東京都武蔵野市	グリーンパーク住宅地区
東京都昭島市	昭島住宅地区
東京都府中市他	関東村住宅地区、府中空軍施設
埼玉県朝霞市他	キャンプ・ドレイク
神奈川県横浜市中区、長井	山下公園住宅地区、新山下住宅地区、山手住宅地区、ベイサイド・コート、長井住宅地区
静岡県御殿場市	キャンプ富士
沖縄県那覇市	天久ハウジングエリア

横田基地の住宅関係担当者へのヒアリングやレトロハウス愛好会編『米軍ハウス日和』ミリオン出版、二〇一二年等より筆者作成。

一　横田基地・立川基地

現在、横田基地は、福生市・瑞穂町・武蔵村山市・羽村市・立川市・昭島市の五市一町にまたがり所在する、沖縄県外では最大のアメリカ空軍基地である。横田基地での任務に従事するアメリカ軍人は約三〇〇〇から四〇〇〇人とされる。このほかに軍属のアメリカ人約二〇〇人、日本人約二〇〇〇人が働いている（軍人の家族が軍属として働いている数も含む）。横田基地の総人口は約一万一〇〇〇から一万二〇〇〇人である。[6]

極東における主要基地である横田基地には、在日アメリカ軍司令部および第五空軍司令部のほかに基地の管理部隊である第三七四空輸航空団が配属されており、おもに輸送中継基地としての機能を有している。また、航空自衛隊航空総隊司令部および関連部隊の府中基地からの移転も行なわれ、二〇一二年三月二六日には正式に航空自衛隊横田基地の運用が始まり、アメリカ軍の輸送中継基地から、日本の防空およびミサイル防衛の機能を持った、日米が共同で使用する基地として態様を変えている。滑走路を中心に南西側（福生市域側）が管理区域であり、東側（武蔵村山市域側）および北西側（羽村市域側）に住宅地区を有する「飛行場」がある。(7)

一九四〇年、日本陸軍が武蔵野台地の広大な土地を買収し、陸軍立川飛行場の付属施設として横田基地の前身となる「陸軍多摩飛行場」および航空整備学校を開設した。飛行場は、第二次世界大戦後、一九四五年九月六日にＧＨＱ／ＳＣＡＰによって接収された。さらに飛行場の近隣の民有地が接収され、滑走路を延長する工事などが行なわれた。その後、一九四六年八月一五日に公式に横田基地が誕生した。一九五〇年、横田基地は、朝鮮戦争の勃発により極東空軍爆撃司令部の連隊の駐留に伴い、朝鮮戦争の主要基地となった。一九六〇年には、横田基地は現在とほぼ同じ規模の面積を占めていた。その後、戦闘機部隊は沖縄に移駐され、戦闘機基地としての性格は薄れつつも、横田基地はベトナム戦争の激化により輸送中継基地としての重要性を増した。一九七三年一月、日米安全保障協議委員会で関東平野にある米軍施設を横田基地に整理統合する「関東空軍施設整理統合計画」（いわゆる「関東計画」）が決定される。一九七三年から一九七八年にわたり横田基地の充実化が進められ、基地内に住居二七五戸をはじめ在日米軍司令部、病院、倉庫などが建設された。また、隣接の国道一六号線拡幅のために基地の一部の返還などが行なわれ、一九七九年からは在日米軍施設の日本側の経費負担（いわゆる「思いやり予算」）による施設整備が行なわれ、高層住宅やゴミ処理施設などが基地内に建設された。(8)関東計画によって整備統合された基地の周辺にあった軍事ハウスはその役目を果たし消えていった。一九七二年の暮れのアメリカ軍の記録によると、一九七三年一月一五日にグリーンパーク住宅地区を日本政府に返却すること、さらにキャンプ・ドレイクの一部を早期に手放すことが決定されている。(9)

近隣の立川飛行場（一九二二年開設）も、第二次世界大戦後、陸軍よりＧＨＱ／ＳＣＡＰに接収され、新たな滑走路などが建設された。一九五〇年代から一九六〇年代にかけて立川基地は、軍関係の旅行者や兵員、軍事物資を積んだ民間航空会社の貨物機や軍用輸送機で賑わったと記録されている。立川基地では滑走路の拡張などが計画されたが、地元地権者らの猛反対（後の「砂川事件」に発展）に直面し、拡張計画の実施は停滞した。一九六〇年から軍事航空運輸サービスは立川基地から横田基地に順次移転され、一九六八年一二月に滑走路延長計画の中止が発表された。そしてアメリカ軍によるすべての飛行活動は停止となった。立川基地は、一九七七年には全面返還された。[10] 立川基地に隣接していた米軍ハウス集中地区はいまも「アメリカン・ヴィレッジ」などと呼ばれ、横田基地に配属されているアメリカ軍関係者が住んでいる。

二　横田基地の内部資料に出てくる住居問題

一九四八年ごろから一九八〇年ごろまで、横田基地は基地内外の米軍ハウスに関してほぼ常に住居不足と住居の質の低さを問題視していたことが内部の報告書などからうかがえる。横田基地・立川基地に着任したアメリカ軍人とその家族は、原則としてその者の階級によって基地内・外および間取りや広さが決定され、個人的な要望に沿う物件が基地内外に存在するかどうかによって最終的に住居が決まる。また、任務や階級によって住居手当の支給額、扶養手当の有無やその支給額が規定されている。

一九四七年六月、新たに二七世帯の扶養家族が父親・夫のもとに合流し、基地内には計一四二世帯が居住していた。[11] 住居建設率は低下しつつも、同月内に基地内には新たに住居一五戸の建設が完了する予定であり、この時点では住居軒数には「適切なゆとり」があると報告されている。[12]

しかし一九四七年一二月の内部資料では、横田基地の米軍ハウスに関する一番の問題はその数の不足であることが報告される。基地外の米軍ハウスは一五世帯分不足しており、これらの家族はホテル暮らしを強いられている状態であった。[13]

一九四九年、九三世帯が新たに横田基地に到着するが、その大半も米軍ハウス不足によりホテル暮らしを迫られ、なかには長時間かけて横田基地に通う者もいたと記録されている[14]。

一九五二年一〇月の報告書によると、アメリカ軍が設定した米軍ハウスの配当制度には、その適切な運用のために解決しなければならない課題がいくつかあった[15]。その問題とはおもに情報の管理であった。というのは、当時、陸軍の日本国内住居配当を担当している部署が、横田基地・立川基地に配属されている者以外のアメリカ軍人とその扶養家族に横田基地の米軍ハウスを一時的に配当していた。しかし、横田基地にはこの件に関する詳細(何世帯がどのくらいの期間の予定で横田基地の米軍ハウスに居住するのか)が情報提供されていなかった。横田基地の米軍ハウスの全体的な管理や正確な予測が立てられない状況であったが、陸軍の日本国内住居配当を担当している部署が関与しなくなれば、現状はだいぶ改善されると報告されている。

加えてこの時期、横田基地と立川基地に所属する将兵で基地内に居住する資格を有する入居希望者数と住居戸数との比率を計算すると、この二か所の基地の住居供給率はそれぞれ約四〇パーセントに留まると報告されている。横田基地内で入居するための待ち時間は約一年になると記されている。このような状況では将兵は入居待ちを回避するために、別の任務の希望を申し出る可能性が高くなり、それは安定した人員供給に影響する、と横田基地では問題視されていたことが内部資料からわかる[16]。

一九五二年一一月、横田基地は基地外で本格的に米軍ハウスを確保することに乗り出す。横田基地は、福生町の複数の地主や家主を対象に、至急、賃貸物件を提供するようにと要請するのである。付近の地主や家主は、横田基地の担当者より米軍ハウスに求められる条件や衛生環境の問題について説明を受けたようだ。横田基地の内部資料によると、地主や家主側からのその場で得られた確固たる約束は少なかったが、住居様式を西洋化するようにという基地側の要請は、以降、基地外の賃貸物件の増加につながる可能性があると推測された。横田基地では、約一〇〇人が基地外の日本の住居を希望しており、地元の物件にもっと近代的な設備が導入されればさらに多くの将兵が希望を申し出るであろうと考えられてい

表2　アメリカ軍の内部資料にみる横田基地の米軍ハウス数

	居住中・入居可の米軍ハウス（戸数）			不足（戸数）			基地内に建設予定・建設完了戸数	アメリカ軍が承認した基地外の建設予定戸数
時期	計	基地内	基地外	計	基地内	基地外		
1947年6月	175戸	142世帯（内8世帯主は軍属）が居住中					6月中に15戸建設完了予定	
1947年12月	236戸					15世帯		213戸
1949年	到着した93世帯の内13世帯が入居					到着した80世帯は国内各地のホテル住まい		
1952年10月		572戸						
1952年11月30日	1か月間で兵士547人の移動があり、73世帯が退居、48世帯が入居空室48戸			290世帯分（12月）				
1958年	2080戸（6月）	620戸（6月）	1408戸(2月)、1460戸(6月)					
1971年	1404戸							
1972年10月		2043戸	600戸	1275戸				
1976年10月		2043戸(内1520部屋は単身者向け)	600戸		1275戸			
1977年3月		2043戸	750戸		1205戸	455戸		
1977年5月			800戸					
1977年		2045戸	899戸(関東村も含む) 971戸(10月) 962戸(11月) 916戸(12月)		477戸（12月）			
1978年		2043戸	899戸(1月) 856戸(2月) 897戸(3月) 839戸(4月) 674戸(9月)		66戸			

U.S. Air Force, *3rd Bomb Group, History*, December 1-31, 1947, p. 29; *3rd Bomb Wing, History,* January 1-March 31, 1949, p. 9; *7th Air Service Group, History*, June 1947, p. 13; *6161st ABW, History*, October 1-31, 1952, p. 10; *616st ABW, History,* November 1-30, 1952; *6012nd Air Base Wing, History*, January 1-June 30, 1958, p. xxxi and appendix 18 "Housing"; *475th Air Base Wing, History*, Vol. 1, January 1-June 30, 1977; *475th Air Base Wing, History,* Vol.1, July 1-September 30, 1978, p. 27 より筆者作成。

たことがわかる[17]。

一九五二年一二月には、横田基地の管轄で新たに二九〇世帯分（立川基地所属者用）の住居を確保しなければならなくなった、と内部資料で報告されている。横田基地は地元の地主や家主のみならず、建設業者に連絡し、軍人とその扶養家族用として新たに五〇戸から一〇〇戸の賃貸物件の建築プロジェクトを持ちかける。この時期、住居に困った軍人がホテルと個人的に契約を結び部屋を借りることは禁止されていた。ホテル側の高すぎる値段設定とホテル側に対する信用欠如がその理由とされている。ホテル側の契約違反など数件の「問題」が確認されていた[18]。

軍人が個人的に契約を結ぶ基地外の賃貸物件は、一九五八年ごろから増加する。アメリカ側の指針により、第一期として新しい扶養世帯向けの賃貸物件一二〇戸が確保され、一九五八年二月の時点では基地外の賃貸物件数が計一四〇八戸となった[19]。

横田基地周辺の米軍ハウス建設は、高い需要に後押しされて進んだといえよう。そのため、住環境のインフラが追いつかないという側面があった。とくに基地側の要請で西洋建築が求められたことに対し、日本の下水道や電気の供給などは基地側が望む水準にまだ達していなかった。福生市の行政側の記録によると、地元住民にとって米軍ハウスの増加は短期的には「固定資産税の増収以外にあまり利点がなかった」とされる。むしろ、問題となることが多かったのである。公共下水道がない街であったにもかかわらず、米軍ハウス内には水洗便所が作られ、汚水の不法投棄の問題や地下浸透による井戸水の汚染などが起こり、行政は対応に追われた[20]。

電力については、基地付近の七〇戸の米軍ハウスでは、電力会社経由ではなく、基地の送電線からの電力供給がしばらく認められていた[21]。基地側は、地元の新聞報道などの批判を意識し、機会あるごとに基地からの電力供給を廃止できるよう調整を進めていたが、送電線が設置できない問題や、家主と地主とが別であり借用期限が切れた際に双方が対立し裁判沙汰になり、それが決着するまで電気の問題に着手できないなどの問題があった。一九七二年の時点で、一部の米軍ハウスでは相変わらず基地からの電力供給が続いていた。また水道については、一九七二年一二月、それまでは基地の水道を使用していた基地近隣の米軍ハウス四五戸の水道システムが独立した。インフラを基地に依存している基地外の米軍ハウスに関しては、なるべく地元の公共設備への切り換えが進められつつも問題は多く、日本政府への協力を要請したと報告されている。(22)

一九七二年四月一四日、アメリカ本国の空軍上層部からの指示で、横田基地内に住居管理部署を設置するよう求められる。(23)またアメリカ軍関係者の住居の手配管理の責任者は軍属とするようにとの指示があった。横田基地の内部資料によると、この改革は、住居に関する制度・管理運用の改善が目的であった。(24)

一九七七年一月一日から六月三〇日および一〇月一日から一二月三一日の内部報告書では、横田基地の「住居問題」について詳細に述べられている。米軍ハウス不足は深刻であった。一九七七年一月一〇日時点で関東計画の七〇パーセントが完了し、アメリカ軍組織九か所の横田基地への整備統合が行なわれていたのである。基地外の軍事ハウス数を増やし、その質を上げる努力、以前手放した物件の再使用、米軍ハウスの追加建設や住宅手当の見直しなど、あらゆる対策がなされたと記録されている。一九七一年には、関東地域の基地内外に計約四九〇〇戸（ジョンソン・タウンに五九四戸、関東村住宅地区に五九四戸、府中空軍施設に七七戸、立川基地に九四五戸を含む）の米軍ハウスが存在し、その多くは古いものの、「適切」な状態にあると判断され使用されていた。一九七六年一〇月、横田基地では米軍ハウス三三一八戸の需要があったが、基地内には二〇四三世帯分の住居しかなく、一二七五戸の不足であった。

内部資料によると、横田基地司令官シャーム・R・スティヴンソン空軍大佐は、「現時点でのもっとも重要課題は米兵（扶養家族を持つ既婚者のみならず、単身者も）を横田基地に収容することである」と語ったと報告されている。(24)さらに、ほかの幹部も横田基地の住居不足問題を認識していると報告されている。(25)そして、横田基地は住居手当の増額も調整努力中であると記録されている。

公平性が求められる米軍ハウスの配当は、どのように行なわれていたのか。当時の制度では、毎週水曜日に二一日から二七日後に空室になる物件について予約リストに載っている者に打診することになっていた。横田基地内には一七種類の住居があり、階級による制限があったものの、入居予定者がそのなかから希望する物件を選択できる制度で、時間のかかる調整作業を伴った。住居配当の制度に関する議論のなかで、寝室の部屋数のみを判断基準として住居を割り当てていけば配当作業が軽減されるであろうという意見が内部で出されるが、ペットの有無や庭木の手入れを希望するかどうかなどの配慮項目もあった。さまざまな問題を解決するために、複数の予約リストが存在していたと記録されている。とくに単身者向けの住居は希少であった（寝室二部屋は四六八戸、寝室三部屋は一一七二戸、寝室四部屋は三四四戸）。また決定するまで希望する物件の変更が認められていたため、入居先が決まるまで複雑かつ時間のかかる過程があった。内部資料には、次のような不満も出ていたと記されている。第一に、米軍ハウス担当者は、住居申請者に対して無関心の印象を与え、非同情的、非協力的で無礼である。第二に、担当者は自分の仕事内容を理解していないようである。第三に、家賃の上限について、既存のルールと立川で個人が所有する最大の米軍ハウス集中地区であるアメリカン・ヴィレッジの物件の実際の家賃との間に開きがある。これらの不満については担当者が個別回答に追われた、と記録されている。[26]

当時、基地外の住環境が良くなかったため、基地内の住居の需要はさらに高まっていた。一般的に、基地内の軍事ハウスが空くのを待つ一二か月から一五か月の間、基地外に住まなければならなかった。基地外の住居を求めなければならない場合、横田基地への着任予定者に向けた案内書（一九六五年）によると、たいがいの住居は「［アメリカの］標準以下であり、狭く、安い資材で作られている」こと、外壁はスタッコであり、内壁は薄いベニヤ板、窓やほとんどのクローゼットの戸は横引き戸であり、ほぼ地べたに建てられているため梅雨の時期は湿っていて、裏庭は「ないに等しい」と説明されている。そして一九七七年の案内書では、一九六五年の住居環境と現在とではほぼ変わりないが、変わったことは家賃が高くなったことのみ、と解説されている。米軍ハウスは建築年数を重ねているにもかかわらず、家賃が上がっている状態であったことがうかがえる。

事態改善のために、一九七七年三月一七日に基地内の諮問委員会が設置された。[27]これより数か月前、横田基地司令官スティヴンソン空軍大佐は、近隣の市村長に対して信書で米軍ハウス不足を訴えたことが内部資料に記されている。司令官の訴えのなかでは、横田基地内の住居がいかに過密に建設されているかが強調されている。司令官は、アメリカの主要空軍基地であるのトラブイス空軍基地（サンフランシスコ郊外）と比較して横田基地の住居密度はその二倍であると強調し、横田基地内にさらに米軍ハウスが建てられる可能性は「皆無」である、と述べている。そのため、近隣の市町村に対して近い内に面会を要請する、と市村長宛ての信書に書かれている。内部報告書によると、日本側の地元コミュニティとの交渉を担当するアメリカ軍側の者（アメリカ軍属の日本人と推測される）はこの信書（日本語）の作成に躊躇した、と内部資料には記録されている。[28] なぜなら、担当者は「地元の確固たる保守的な市長は問題にならない」が、議員のなかの過激派が騒ぎ立て、日本政府に対してやみくもに関東計画を行なっていると批判し、「深刻な事態をもたらすことが考えられる」と懸念していたためである。[29]

米軍ハウス不足の解消と住環境の改善のためのもう一つの方策は、住宅手当を上げることであった。アメリカ軍側では、住宅手当の増額により、より良い新しい物件が借りられるようになると考えられた。実際、日本の首都圏の物価や家賃を分析した首都ワシントンにおける日当・旅費等を審議する委員会の決定をもって、住居手当が増額される（一九七七年四月一五日より）。[30] しかし、それでも住居手当は足りず、さらなる増額を狙うためには、基地外の賃貸物件を借りている者たちが基地の定める水準以下の物件を退去し、もっと質の良い、高額な物件に移るしかない、という横田基地の司令官の分析が記録されている。

内部資料によると、一九七七年、基地外の米軍ハウス賃貸物件としては、洋風の物件を好んで選ぶ者が多く、その代表的なものはアメリカン・ヴィレッジにあった。アメリカン・ヴィレッジの米軍ハウスは、一九五〇年代後半、一〇戸以下から始まった。当初は賃貸契約はなく、購入しなければならず、出る際は次の者に売る仕組みであった。次第に賃貸物件も登場し、一九六三年には購入していたアメリカ軍人は以前にアメリカン・ヴィレッジの日本人所有者に物件を販売することが認められ、住人は引っ越すことなく、賃貸契約に切り替えられるようになったようだ。アメリカン・ヴィレッジの米軍ハウスの建材は、アメリカ軍側の基準審査をぎりぎり通過する最低限の質のもので、配線は多少新しく交換されていたが、ほとんど改装されることなく築二〇年近くになっていた。[31]

横田基地では、単身者向けの寮宿舎（基地内）の整備も重要な課題であった。建設当時から大幅な改修が行なわれてこなかった寮宿舎は、当時のアメリカ軍の基準を満たすように一九七二年に改修工事が開始されたと記録されている。おもに部屋の拡張（一人あたり最低九〇フィート平米で、一部屋につき二名以下の割り当て）、電気工事、窓や洋服入れが取り換えられ、洗濯部屋の増築が行なわれたようである。第二期の改修工事は一九七七年秋に行なわれた。この改修工事は、太平洋空軍および第五空軍司令部に強く支持され、優先的に進められた事業であった。なぜなら、立川基地の閉鎖によって単身者向けの住居の確保が課題となっていたためだと内部資料には記録されている。

一九七六年一〇月、横田基地内では単身者向けの住居として、一二〇一部屋の需要があり、一五二〇部屋の用意があったが、家族向けの住居の不足の影響で、全体的に不足気味であったようだ。また女性向けの寮も問題となっていた。男女が共有する寮施設は基地になかったのである。一九七七年二月一四日、立川基地の女性寮の管轄が横田基地に移され、さらに四月から六月にかけて六一人の女性（単身）の配属の増加があり、女性向けの住居不足が予想されていた。[32]

横田基地の内部資料に、アメリカ軍の上層部も、横田基地の住居問題に関心を寄せていることが記録されている。[33] アメリカ政府は、米軍ハウス不足について、この先、適切な賃貸物件が減れば、事態はさらに悪化すると予想していた。実際アメリカ政府は、横田基地内に四〇〇戸の住居建設、その周辺道路の工事、その他の施設の建設を日本政府に依頼することが重要であると位置づけていた。一九七七年一二月、基地内の住居への入居資格の軽減措置により、基地内の住居不足は五五七世帯から四七七世帯に減った（基地内の個人所有の住居数五九戸を除けば四一八世帯分が不足）。この時期の特徴として、基地外の「不適切」な米軍ハウスの多さ（適切二〇〇戸、不適切七〇〇戸）の報告が目立つ。基地外の日本人が所有する賃貸物件については、アップグレードされた適切な基準を満たさない場合は、大家が改修するまでアメリカ軍は入居許可を出さなかった。アメリカン・ヴィレッジについては、大家が改修するよう説得され、その代わりに、家賃値上げが認められ、上限が設けられた。[34] またこの時期、横田基地ではさらに新しいマンションの確保が行なわれたようである。

内部資料によると、円高ドル安の為替レートに考慮し、在日アメリカ軍人の住居手当および生活手当が増額された。アメリカ軍人にとって基地外に住むことは、金銭的に大変なことだと報告されている。階級の低い者で扶養手当を受給していなければなおさらであった。横田基地内の私的な組織や個人が寄付活動を行ない、約二六〇〇ドルを集め、扶養手当なく基地外に住む四六世帯の家族に対してクリスマス時期に金銭的な支援を行なったことが記録されている。[35]

一九七八年の時点で、太平洋空軍の軍人住居関係の責任者によると、嘉手納基地と横田基地周辺の米軍ハウスは、アメリカ政府が求める健康衛生と近隣の環境に関する基準に達していない、と考えられていた。[36] 軍人とその扶養家族が暮らす環境について、アメリカ政府の基準は、世界中場所を問わず、適切な住居環境を提供することを意味する、ということであった。[37] 長年にわたり、米軍ハウス不足を解消しつつ、その質を高めていくことが課題として認識されていたことが確認できる。

三　『福生新聞』にみる地元の反応

横田基地・立川基地のある地域で発行されていた新聞『福生新聞』の紙面で繰り広げられた占領軍人・アメリカ軍人の受け入れをめぐる論争や問題意識に注目してみたい。一九五二年に創刊された『福生新聞』の読者は福生中心に存在したが、その後、配達地域は次第に拡大されていった。[38]

米軍ハウスが集中的に存在した地元の新聞では、「パンパン」（アメリカ軍人を相手とする日本人売春女性、当時「特殊婦人」、「接客婦」や「慰安婦」とも呼ばれた）問題とその対策であった「浄化運動」が大きな問題として報じられている。占領期とその後の日本においておもにアメリカ軍人男性の相手となった日本人売春女性の歴史的な研究や表象研究は多岐にわたるものの、特定の地域――横田基地・立川基地周辺の米軍ハウスが密集する場所――の地元紙に報じられた具体的な内容を検証することは重要であろう。[39] なぜなら、売買春や「パンパン」は政治的なイデオロギーに基づいて統一的に位置づけられる傾向にあり、個々の実態に光を当てることでしかより「正確」な歴史的記録が構築できないからである。米軍ハウスが密集した地域において日本人女性およびアメリカ軍人男性のセクシュアリティ、ジェンダー、政治力、経済力などが重層的に交差している様子を『福生新聞』から読み解くことができよう。

本稿で調査の対象とする時期は、『福生新聞』が発行されていた一九五二年から一九六八年である。[40] 売春防止法の施行が開始された一九五七年四月一日や赤線地区が廃止された一九五八年を網羅する期間である。

一九五二年六月、福生地区の警察署長が福生町役場会議室に管内福生、瑞穂、西多摩、多西、東秋留など二町三村の町村長、小中学校校長、PTA会長、婦人会長、青年団長、少年保護司らの参集を求め、国警部本部より公安委員、警察隊長、刑事部長、防犯統計課長らが出席し、「特殊婦人」と青少年不良化防止問題を中心に懇談した様子が大々的に『福生新聞』に報じられている。この記事によると、懇談会では、「パンパン」が多いこととそのために青少年の不良化が目立つ問題が警察隊長の挨拶のなかで述べられ、その後、実態の詳細が説明され、意見交換が行なわれた様子が報じられている。「特殊婦人の落とす金が相当額に昇つている関係上其の存在価値を高く評価している議員」がいること、当初は「食ふ為めに」始められた置屋が最近は「起業化」しているという指摘、売買春を課税の対象とすべきなどの意見が寄せられ、警察から白百合会に懸念事項が伝えられることになったようだ。

白百合会とは、「置家」（いわゆる売買春宿）の所有者の組織である。『福生新聞』の記事によると、白百合会会長は、「特殊婦人（パンパン）問題について世間では兎角の批判と議論をしているが人間というものは実に勝手なものだと思はざるを得ない」と主張した。そして、次のように説明を続けた。日本「政府は進駐する米軍の暴行より一般婦女子を護る方便と、敗戦による生活苦が特殊婦人に転落したものと考へてみれば、其の責任は総て之れ政府にありといふべきでありませう」、と。さらに「特殊婦人」問題について町の代表者が懇談したことに対し、白百合会会長は「この特殊婦人に関する風俗風紀問題をどうするかという懇談会に我々白百合会の役員を入れないで、環境の改善も対策の方法も考へられないのではないか」と批判し、懇談会には「オブザーバーとして出席させてほしかった」と述べたと報じられている。白百合会会長は売買春の根源的な責任は日本政府にあるとしたうえで、地元の環境の改善については「特殊婦人、置家自身に自粛という社会責任はある」とし、「我々は機会ある毎に自粛を要望して来た。[…]置家、特殊婦人に関し御意見があります場合は率直に白百合会の方へ御申出を特にこの機会に御願ひ致す次第であります」と結んでいる。(41)

「置家」の組織があったことに対し、「特殊婦人」側も団結する動きがあったことが『福生新聞』記事からうかがえる。福生町に存在する「特殊婦人」を「統合し、自分達を守り、自分達の生活を向上させそうして一日も早く更正[ママ]するよう励ましあい、努力しあおう」と窪田富士子ほか一五人が発起人となり、撫子会が結成されたのである。当初、撫子会は単独に組織する方針であったが、会の運営と自分達の擁護にはむしろ置家の会である白百合会の内において発言権を獲得するのが得策だと考えられたようで、撫子会は白百合会に統合すると報じられている。『福生新聞』に掲載された撫子会設立趣旨書は、次のとおりである。

独立国家の下にある、私達特殊婦人の守在と地位は一体どんなものかを、ここに反省してみる必要はないでしょうか?か細く生きんとする私達を、世間ではどんな目で見、なんと批判しているか、それは、私達自身がよく知つているることでございます[。…]誰一人として将来までも、この泥沼に、足を踏み留めることを好んではいないでしょう、早く更生したいと願わない日の一日とてもないのであります。[…]独立国家の女性としての希望を持つて身を修め、一面少しでも社会のためになる様に働きながら将来、良妻賢母として、恥じからぬ生活に入ることこそ、私達の基部ではないでしょうか。[…]互いに手を取り合って、一人でも多くの仲間が、更生するように励ましあい、努力しあうことが最も急務と信ずる次第でございます。(42)

日本社会における女性の役割としての「良妻賢母」が伝統的な「理想」であるという前提のもと、更生を目指すという語りからは、自らの社会的な位置づけがうかがえる。また「私達特殊婦人」は「互い」に協力し合う、と強調されている。

研究者マイケル・モラスキーによると、戦後から一九五二年までの「娼婦」に関する報道や文学・ドキュメンタリー作品などの大衆的なナラティヴにおいて女性が売春する理由として彼女たちが直面していた「さまざまな抽象的な動機（戦争・貧困・運命）」が挙げられる傾向がある。それが一九五二年以降、日本の出版物は、「娼婦」の「不名誉な堕落の責任はアメリカ軍兵士にあるという点で一致するに至った」とされる。モラスキーが指摘するように、「娼婦」の存在の責任は「野蛮なアメリカ軍兵士」にあるという論争が支配的となったことにより、「娼婦たちの悲劇は国内的な社会や経済の問題とは無関係なのだと読者は安心してしまうことになった」のである。つまり、「娼婦」に関する一連のナラティヴに欠落しているのは、売買春の実態の検証なのである。[43] とくに文書の記録として残りにくい歴史的な現象や個人の意見を検証していくことは難しいが、不可欠であろう。たとえば具体的には、一九五〇年前後に売春女性像に確実な変化があったという指摘をさらに掘り下げて、女性の生活がどの程度「生きていくために、自分の肉体を切り売りする」悲惨さから「退廃的な華やかさ」に転じたのかなどの分析が求められる。[44]

実際、当時「娼婦」に発言の機会が与えられることもあったのである。たとえば、撫子会に携わる女性は「特殊婦人」を代表する立場で地元の浄化の政策作りに助言する。具体的には、町が浄化運動を始める際、「街娼婦の団体として新しく発足した撫子会幹部」と地元警察署長との折衝で、撫子会幹部に対し「オンリー」と「街娼婦」との区別をどうつけるのか、意見を求められるのである。当時、「オンリー」（「現地妻」的存在）は「大体黙認」の方針であったが、撫子会の幹部は、「結局バタフライ［不特定多数のアメリカ軍人を相手にする」をやっているのがオンリーの実体だ」と答えた、と報じられている。そのため、「オンリー」と「街娼婦」との区別はつかないと結論づけられ、「結婚証明のある者のみ」を取り締まりの対象から外す方向性が決まる。「オンリー」も取り締まりの対象となったのは「撫子会幹部の口述のまづかつたのに原因している」と記事には述べられている。[45] 当然のことながら、日本人女性たちは一枚岩的な存在ではなく、撫子会の女性幹部らがアメリカ軍人男性とかかわりを持っているすべての女性を擁護するような立場ではなかったのである。同時に、この記事で、「オンリー」を追い詰める結果となる撫子会幹部の「まづかつた」口述を強調することにより、報道機関として大衆的な論調を構築する『福生新聞』が「オンリー」と「街娼婦」とを対峙させる構図を作っているとも指摘できよう。

地元の婦人会はどのような立場を表明していたかについて触れておきたい。福生町役場が各種団体の公聴会を開催した際、野島婦人会長は、特殊地域の指定の可否について、「勿論指定には賛成なれど、置家等に影響があるのでこの点考慮されて欲しい。学校付近の制限、売娼婦の姿態度を取締つて欲しい。一般婦子の危険を考慮して街娼婦の町よりの一掃する等のことには反対」[46]と『福生新聞』の記事のなかで引用されている。この婦人会は、売買春について、規制を求めつつも、その必然性と自分たちを守るための「対策」だという認識を表明した。婦人会としては、とくに地元の日本人男性の日本人売春女性とのかかわりの有無については一切触れることなく、アメリカ軍人男性の相手として自分たち以外の日本人女性に「犠牲」を強いらせる考えを固持しているのである。

地元では、アメリカ軍人の人種についてどのように捉えられていたのだろうか。基地周辺の地元において白人アメリカ人・黒人アメリカ人の「たむろ」する地域が人種に基づいて異なっていたと指摘されている。[47]飲み屋街や米軍ハウスも、白人の場所と黒人の場所との隔離が一部なされていたようなのである。占領下日本での白人・黒人の隔離は「性的慰安」にも該当していたことがこれまでの研究でわかっている。日本側の深い関与により、東京へ進駐してきた将兵の「性的慰安」のために、将校・下士官用、白人・黒人用に地域が振り分けられた（将校用には向島・芳町・白山の芸妓街、白人用には公娼街の吉原・新宿・千住、黒人用には亀戸・小岩・玉の井の私娼街[48]）。とくに占領期の初期には、当時のアメリカ本土の人種隔離政策がそのまま占領下日本に持ち込まれた形となった。

しかし、このような人種主義的な隔離の全貌は、歴史的に記録されにくい。実際、福生や立川の行政側が所蔵している占領期とその直後の街の様子などを撮影した写真史料には白人（たいてい男性）の姿ばかりで、写真に写っている黒人の姿はないに等しい。占領期の初期には、東京横浜周辺に配属された黒人の将兵は一万五〇〇〇人いたとされ、占領軍全体の約九パーセントを占めていたとされる。[49]確実に存在した黒人やほかの人種上のマイノリティの存在が歴史に埋もれてしまっていることを丁寧に検証する必要があろう。『福生新聞』のなかで「黒人」という言葉は活字としてほとんど出てこないが、売買春問題を報じる記事のなかで次のように出てくる。それは、「授業中の教室からは夜の女の生活や米兵との交渉が丸見えそれに夜八時過ぎには立川との境に夜の女がズラリと並び主に黒人米兵相手の客引争奪戦がくり展げられ、その光景は目に余るものがあり」という部分である。[50]

さらに、『福生新聞』は売買春問題をめぐり、人種主義的な隔離のみならず、経済力（階層）や出自なども差異化の要因として論じることがあった。「ダム工事のためいけにえとなって自らの故郷を湖底に沈めて昭島市郷地町に集団移住した農民たちの大部分が売春の部屋貸しをしているところから売春取締の矢面に立たされているという悲劇が起きている」という内容がその一例である。この新しい「移住者のほとんどが転業できず」、「安易な生活のよりどころとして求めたものが夜の女相手の部屋貸し」と記事は解説している。[51]地元の売買春問題を報じる記事のなかで、人種主義、経済力や出自などがさまざまな次元での差異化の要因として語られている様子がうかがえる。

そもそも浄化運動が重要な課題となったきっかけは、なにか。それには、横田基地司令官によるアメリカ軍人の福生地区立入禁止令（一九五二年九月二日から一〇月四日、一九五三年九月から一一月など）が影響したと考えられる。[52]立入禁止令が発せられると、消費者である軍人が一挙に地域の経済活動から撤退させられることを意味し、とくに地元経済は直接的な打撃を受ける。アメリカ軍人の購買力で繁栄していた商店街は、立入禁止令が出ると灯が消えたように暗くなった、と行政側は記録している。[53]

さらに、もともとアメリカ軍の方針は、表向きは本国と同様に売春禁止であった。その姿勢には一貫性がなかったと指摘されているが、GHQ／SCAPは、民主主義の確立と「女性解放」の観点から一九四六年一月二一日に「日本における公娼の廃止」司令を出した。その一方で、「個人の自由意思」による売買春は認められ、占領軍将兵の性病感染への対策として日本人売春女性に対して徹底した性病管理がなされた。占領軍の売買春に関するダブルスタンダードに乗じて、日本政府は一九四六年一一月の事務次官会議で公娼廃止後の売買春対策として地区を指定して（赤線区域内の）売買春を黙認することになる。軍人が公然と買春をしていることが従軍牧師や報道関係から本国へ伝えられ、議会やキリスト教団体から非難を受けたため、アメリカ軍側は厳しく売買春を取り締まるというポーズを示さなければならなかったと考えられる。実際、兵士の性病感染は問題となっていた[54]。

立入禁止令が発せられた際、森田幸造福生町長は基地の司令官との面談を行ない、立入禁止の解除を懇願した。それに対し、司令官は次の問題点を指摘し、対策を求めたと『福生新聞』に報じられている。第一に置家を特定場所に収容しきれるか、第二に「ショータイム」「「バタフライ」」と「オンリー」の見分けはどうつけるのか、そして第三に置家を「至急特定区域に収容するやう取計るやうに」、と。その後、町長は島岡警察署長立ち会いのもと白百合会、撫子会の役員を役場会議室に招じ司令官との会談内容を報告した、と記録されている。さらに、町側としては、「従来自然発生的に放任していたパンパン並に置家に対し町として何等かの施策をたて、町の浄化を図りたい旨が強調され、私案として一、風紀取締の方策、二、特殊地域の設定、三、街娼婦等の団体結成、四、性病予防の徹底、五、関係市町村の対策協議会設置、六、パンパンに依存しない町、健全な発達が出来るやう恒久対策の樹立」等を議員に提示したと報じられている[55]。応急措置として町は、「風紀取締の方策」を打ち出し、福生駅の東側の一部にホテルおよび飲食店などのいわゆる「赤線区域」を設け、この地区以外の「置家」に類するものはすべて徹底的に取り締まることを決める。そしてその後、一九五三年一一月、福生町は都下で初めての風紀取締条例を制定し、売買春にかかわることや「置家」の主に対する罰則として拘留・懲役もしくは罰金を科すこととする[56]。アメリカ軍主導による売買春取り締まりと日本人女性への性病管理が、日本の行政組織を使って展開されていき、占領後も基地周辺地域では占領期と変わらない支配・従属関係が続いていた、と指摘する研究者もいる[57]。

『福生新聞』の記者は、立入禁止解除の直後、横田基地司令官にインタビューを行なっている。そのインタビュー記事によると、「アメリカの軍人が日本婦人（街娼婦）を抱いて街を歩いている姿は決して日米親善の為めにはマイナスになつても、プラスにはなつていない」と司令官は述べ、次のように続けた。

今ベースには五百戸のハウスがあるがその半分は立川基地で使つているので、二〇〇戸程不足している、従来の置家だつた家の内部を少し改造しさへすれば、米軍関係の家族用の住居にもなるし、又日本人使用人の家族用、或は寮としてどしどし貸して欲しい。そうして町が浄化されればベースないの五百戸の家族も町に買い物にでるだろう［。］それ等は皆福生町としては街娼婦に換わる新しい購賣力になるのである。街娼婦のみが購賣力だとしている考へ方を切り換へて、新しい購賣力を求めそして正しい繁栄と発展をするやうにすべきだと思ふ。

同記事のなかで記者は「街娼婦の町、福生よりアメリカ人家族の住む街への轉換を示して正しく繁栄する福生町に換わること祈念している力強い言葉であつた」と結論づけている。(58)

風俗ばかりに頼らない町の活性化のために、地元行政と横田基地が浄化運動などの対策を打ち出していくなか、置家や飲食店の経営者も独自に街づくりに奮闘する様子が『福生新聞』記事からうかがえる。たとえば、赤線区域内の計四九軒の置家や飲食店は組織化し、「三好会」が結成されたことが次のように報じられている。「町の浄化委員会で本町七、八町内の一部を特定区域と設定された所謂赤線区域内のホテル、下宿、貸間業及飲食店等を含む四七名は［一〇月］六日午後一時より大聖病院階上で結成式を挙げ三好会と命名して当局の指示に従ひ『特定地区』に於ける防犯、性病予防及業者向上発展を期し会員相互の和合を計り町発展に寄贈することになつた」(59)、と。そして翌年一九五三年八月、福生町に「特定区域（赤線区域）が設定されてやがて一年になるがその間全地域の発展は素晴らしい」、なぜなら、「当時は置屋、バー、レストラン合わせて三十八軒しかなかつたが、現在はその三倍百二十数軒を越す豪勢さである」と報じられている。(60)

また三好会は「暗い街より、明るい街に」すべく発展策を協議した結果、まず駅東に「駅前富士見通りのメインストリートに街路の建設を約一〇万円の予算でクリスマスまでに完成の予定で着手する」ことや、「置家等はピンク色の標識燈をつけ各路地入口には電燈アーチを設置するなど楽天地としての気分を演出する計画」を発表している。(61)

『福生新聞』は、浄化運動の影響やその「成果」についても報じている。「千名に及んだ特殊婦人も［…］さつさと尻に帆かけて、スタコラと取締りの弱い方面へ逃げてしまい赤線区域内に七〇名位と区域外に三十名位になつてしまい空き家になつた置家だけが残つてしまつた。三万坪の赤線区域内に一万坪の空地はあるが八百円位の地價は一躍三百円―四千円以上に暴騰地價の値上がりで空景氣」であると述べられている。そして、「将来の発展性から望が持てる明るい面として赤線区域内では四十数軒のオンリーハウス、置屋等が三好会なるものを結成して華々いる様子をみては、如何に天下晴れての？［ママ］区域内とはいつても、ネオンをつけて青い火赤い火さんざめく歓楽の巷とするわけにもならず、眞暗らな街の中で葬式の酒を呑むような思いで営業をしている状態［。…］町が浄化という理想の施策に手をつけた以上、どんな事態が起ころうとも絶対に後えは引けず淨化しつつ前進あるのみである[62]」という展望も示されている。

他方、「特殊婦人・置家等の取締りに基本的人権侵犯の疑いあり」という記事も『福生新聞』に掲載されている。記事の投稿者の人權擁護委員・弁護士島田勝三によると、「福生町で実施している、特殊婦人に対する取締状況をみると、その方法たるや実に基本的人権を無視したやり方で正に共産党の恐怖政治に似たものがある。［…］個人の住居に警察が侵入して家宅捜索をする場合でも、司法官憲が発する各別の令狀によつて、なすべきであり、更に必要あつて婦人を拘引する場合は拘引狀を持つてなされねばならない」という主張が報じられている[63]。

興味深いことに、風紀取り締まりによって町の風景が一掃されるという見方のなかに、アメリカ軍人男性の単身滞在ではなく、アメリカ軍人も家族で生活するというライフスタイルに光が当てられていくことになる。これは、横田基地司令官へのインタビュー記事のなかでも、福生市の公式な「歴史」のなかでも触れられていることであるが、将来的にアメリカ人家族の購買力や交流を通じて日本人側とアメリカ人側とがともに地元社会を作っていくことを示唆している[64]。つまり、横田基地・立川基地の周辺社会は、当時のアメリカ中産階級的な（核）家族を中心とした「健全」な「発展」を日本人とアメリカ人の両者で展開する場として考えられるのである。

まさにこの文脈で、風紀取り締まり以降の米軍ハウスとそこで営まれる暮らしが『福生新聞』記事にも紹介されていく。

たとえば、日米親善委員会を通じて企画開催される「レクリエーション」・スポーツ大会など、いわゆる家族ぐるみでの「日米文化交流」事業が注目される。[65] また、西多摩郡連合婦人会の生活会館が建設される際、建設費用として町村別婦人団体などからの寄付のほかに、「横田米軍より二二四〇〇円の寄付」があったと報じられている。この婦人会の生活会館は、その事業計画として「生活相談（一、授産斡旋、二、生活改善指導、三、台所改善指導）、結婚相談（健全な結婚思想の普及、結婚式の簡素化指導、結婚申込相談）法律相談のほか講習会」などを予定した。[66] つまり、インフラ整備という観点からも、横田基地は地元の「健全」な文化活動を支援する姿勢をみせるのである。

一九五〇年代半ば以降、『福生新聞』記事のなかで「パンパン」や「浄化運動」に関する言及はほとんどなくなる。一九六〇年七月一〇日の『福生新聞』の広告記事では、福生のバー七〇軒で五〇〇人にのぼる「美人群は日本人の来遊を待っている」と述べ、「未だ一般に米軍人だけが遊ぶ所だと思っている向も多いので、日本人の来遊をも希望している」とアピールしている。さらに、ほかの記事では、基地周辺の「風紀営業であるバーレストランも、赤線地帯の名称をスッカリ返上、今では白線地帯となりしかも垢抜けしたサービスは日本人の社交場として利用されるまでに至った」と掲載され、時代の移り変わりをうかがわせる。[67]

『福生新聞』の紙面という表象空間において垣間見えるのは、関係者それぞれのかかわり合いのなかで生まれた言動である。読みとれる地元の反応に関する分析は、もっと複合的に検証すべきであろう。なぜなら、とくに売買春については、個々の実態や売春女性の当事者性に注目せずに売春女性を貧困や家父長制の犠牲者・不道徳者（「特殊婦」「転落婦人」）とみなす表象的な論争は、結果として軍事化を支えるジェンダー構造を固持させる問題を内包しているからである。[68] また、『福生新聞』内で大きな論点とされた「パンパン」や「浄化運動」以外のテーマの議論を正確に把握することも重要である。さまざまな切り口をもって、あらゆる資料にあたることで、『福生新聞』にみられるアメリカ基地・アメリカ軍人の受け入れ反応の実態を正確に捉え、そしてその表象をさらによく分析する必要がある。

おわりに

敗戦後、アメリカ軍人とその家族は、アメリカ軍基地が点在する日本へ集団的に流入してきた。歴史的にアメリカ軍関係者がみてきたのは、占領下の日本（人）であり、在日アメリカ軍基地内からフェンス越しの日本（人）である。しかし実際は、彼らの日常生活はさまざまな側面で特権階級的に基地外にも波及してきた。当然、基地やアメリカ人の影響により受け入れ社会も大きく変わってきた。

多くの海外出稼ぎ移住者と同様、占領者・在日アメリカ軍関係者は基本的に数年間の短期滞在者である。移動の目的は具体的に定まっているが、移動先となる任務地は必ずしも希望通りではないかもしれない。同時に、複数回にわたって日本での任務を希望し、来日する者もいる。一般の海外移住者の多くは移民会社や企業などの組織的な後押しがあるのに対し、アメリカ軍人関係者のうしろには絶対的な国家権力がある。加えて、彼らの移動は外交関係（戦争の勝敗者の関係）を体現している政治的な産物である。また、通常、移動や移住の経験がジェンダー化されたものであるのと同じように、占領者・アメリカ軍人・軍属の経験にはジェンダーが深く関係している。とくに占領軍・アメリカ軍は歴史的に男性中心にジェンダー化されており、そしてだからこそ受け入れ社会との間で性的な問題が際立っていると指摘できよう。そして、一般的に海外移住者側と受け入れ社会側との間に人種主義的な問題が生じることが多いように、占領者・アメリカ軍関係者と受け入れ社会との間にはほぼ常にお互いの文化・人種・エスニシティに基づく差異化や他者化の現象が見受けられる。

日本における占領者・アメリカ軍人の居住に注目すると、そこにさまざまな社会的な要因が凝縮されて複雑に対峙されていることがうかがえよう。歴史的に重要な要因としては、占領する者・占領される者の力関係、日米の経済力やインフラ整備の違い、日米の生活習慣や価値観の違い、人種・エスニシティを軸にした集団化、住居を借りる者・貸す者、買う者・売る者、身体を「買う者」・「売る者」・「売らせる者」の対峙が挙げられる。結果的に、米軍ハウスについて考察することは、これらの要因が特定の地理的・時間的空間のなかで互いに競合、同化、変化を重ねていく場と過程をみることになる。そしてそれは、移動の影響を受ける一人ひとりの自由——社会的な選択肢の豊富さや選択肢を創出する力——をみつめることにもつながると考えている。

横田基地外(第2ゲート前)の米軍ハウス(1962年)。安生祐治氏(横田基地の元住宅部カウンセラー)とジョン・トライバー氏(元横田基地のアメリカ軍歴史家)からの提供。

第二部　図書・映画にみるアメリカの多様性

第九章　小説『非色』を読む

三浦裕子

はじめに

『非色』[1]という小説がある。一九六四年、有吉佐和子（一九三一―一九八四）、三三歳の作品である。作家はこの作品を発表する約五年前、一九五九年から六〇年に、小説の舞台となるニューヨーク州に留学（サラ・ローレンス大学）している。本稿では、この留学後に発表された小説『非色』を、その表題にもされている「色」、肌の「色」、に焦点を当て読書し、小説家として彼女が明示した「色の観方」を、同作品の背景などに関連する資料を参照しながら考察したいと思う。なお、本稿の半ばで言及する同作家による『ぷえるとりこ日記』は、前述の留学中、修学旅行でアメリカ自治連邦区であるプエルトリコ島を訪れた体験から生まれた小説であり、『非色』とほぼ同時期に発表されている。

好調だった作家活動を中断し、アメリカ留学は敢行された。彼女は、自伝で「マスコミから一度あがって身を拭う必要を感じてアメリカへ留学した。ニューヨークで、外国人の中に入り、孤独で朝昼晩を過ごした。その間、自分に欠けている学識を埋める努力をする[2]」と当時を振り返っている。また、カレッジでは演劇コースに入学しているが、「このとき得たスカラシップ［知識］のひとつにマイノリティ（人種問題）がある[3]」という。好学であったのであろう。その好学の（女）

士は、意志をもって臨んだ異国で、知的好奇心を奔放にすると同時に、「書く手」をも奔放にしていた。同自伝によると、当該作品『非色』は、この留学中に起稿、そして脱稿されている。彼女に留学を選択させた「才女」「頭」だけで書く小器用な女性作家、という意味」の肩書き。売れっ子作家を揶揄する「才女」という呼び名の「その」語義に従えば、前述の経緯で書かれた『非色』も「達者な『話』」として切り捨てられ得る。[4] しかし、一連の経緯を肯定的（あるいは好意的）に解釈すると、逆の見方もまた可能である。論を俟たず、その判断は各読み手にあるが、本稿では、後者（寄り）のスタンス（当時の経験は「才女ぶり」の助長には働かず、「才女」払拭への原動力となったと理解する）を取り、諸考察に臨む。

アメリカ研究の分野では、小説『非色』は、時に戦争花嫁という視点から言及されることがある。理由は、主人公の笑子が、占領期、アメリカの黒人兵トーマス・ジャクソンと国際結婚をした女性であるからだ。二人は日本で結婚。妻、笑子は、数年の後、先に単身帰国した夫を追い、長女「メアリイ」[5] とともにアメリカに渡る。異国の地、アメリカ、ニューヨーク。そこで、彼女はただただ驚愕する。高層ビルが立ち並ぶ大都会ニューヨークで、夫トムは、「半地下室」で生活していたのだ。黒人に対する厳しい人種差別のため低賃金の職である夜間の雑役夫にしか就けず、その半地下室でまさにその日暮らしであった。覚悟はしていたものの予想以上の貧困生活を知り、到着した笑子は躊躇なく働き出す。「生きるために」である。日本料理店でウエイトレスとして働き、また日本人女性を妻にもつユダヤ人の大学教授の家でベビーシッターをして家計を助ける。物語は、この時彼女が過ごした過酷な日常と、その中で「考えた」ことを、自身に滔々《たんたん》と語らせながら展開する。

このように、戦争花嫁である主人公が日々の生活を赤裸々に語る小説『非色』に対し、「『非色』に書かれていることは、その通りだと思いますよ」[6] と、ある戦争花嫁があっさりと認める一方で、「パターン化された戦争花嫁へのイメージの表出であり、読者にステレオタイプ化された戦争花嫁像を結果的に再認識させてしまうのではないか」[7] と危惧する研究者もいる。また、端的に「『非色』には、黒人と結婚したゆえに厳しい差別に直面しなければならなかった戦争花嫁のアメリ力での悲惨な生活が描かれている。主人公の笑子は［…］傷ついていかねばならなかったのである」[8]と述べる識者もいる。たしかに、かつて戦争花嫁と呼ばれた人びとにとって、その周辺社会を容赦なく書き連ねる『非色』は、迷惑な小説かもしれない。封印してしまいたい過去と後悔している花嫁にとっても、何不自由なく幸せな家庭生活を築いてきた花嫁にとっても、である。いずれにせよ、戦争花嫁と呼ばれる人びとにとっては、閉口させられる小説であることには変りはない。

しかし、主人公笑子によって傍白（独白）または自問自答の形式で示される「考えたこと」に傾注し、その言葉を反芻すると、この作品が人間社会の差別に関するほとんどすべての問題を包含していることに気づく。ある時は傍観者の目を持つ部外者、日本人として、ある時は、黒人の妻そして混血児の母という異国で生きる当事者として、内側と外側から人種問題に向き合う笑子の数々の語り。それらを丹念に読み取ると、結果的に、前段で述べた戦争花嫁にかかわるすべての懸念をも取り払う解釈が「明示」されているということもわかる。この点に関しては、本稿の後半で説述する。

冒頭で述べたように、本稿の目的は、表題を含め作品で終始語られる「色」を主軸にした諸問題、アメリカ社会における「色分け」（人種差別）について、その構成や仕組み、根源的要因に対する一人の女性作家の「観方」（あるいは「まなざし」）を読み取っていくことである。そこで以下の考察では、作家が描く主人公と「色」の関係（「色」との向き合い方）が変化する節目で、議論を四つ、「一、知覚・自覚」、「二、探究・思考」、「三、習熟・会得」、「四、体得・反骨」に分け、各議論の端緒を、主人公が「生きるため」につねに果敢に選び取る「働き口」、つまり「仕事」に開く。批評家の橋本治は「有吉さんの世界では、女はみんな働くんだ。そのことを当たり前の前提として女はみんな生きている」[9]と、「働く女性」が同作家の大きな特色だと述べているが、本稿では、橋本の指摘に留意しながら、加えて当該小説『非色』で示される「女性の仕事」には、主人公笑子の「人となり」の表出および、「生きるため」に働かざるを得ない状況など、その時々の背景社会も映し出されていると理解し、彼女の仕事（場）を切り口に「色」をめぐる考察を遂行する。なお、当作品は主人公の理知が変容する展開順序も重要な鑑賞点であることから、本稿が主眼をおく「色」を取りまく諸問題の総括は、物語の流れに従い、「三、習熟・会得」で行なう。

一　知覚・自覚（占領下の東京）

まず、敗戦後の東京で主人公笑子が「生きるため」に就いた仕事を追いながら、占領地における色分けを観察しよう。

キャバレー・パレス

林笑子は、敗戦後すぐ、東京有楽町の「進駐軍が暫定的に経営するキャバレーのクローク」の職を得る。クロークという仕事は、「機械的に受け取った品物と引き換えに番号札を渡したり、番号札と引き換えに品物を渡したりするだけなのだから、英語が分らなくても用が足りた」が、「アメリカさんの天下になってしまったのだから、まず言葉からものにしておかないことには埒があかない」と実感。「進駐軍がGIたちに配布した日本語会話のテキスト」を手に入れ、それを教科書代わりに意欲的に英語を学びながら、キャバレー「パレス」で働く。[10]つまり、終戦後笑子が就いた仕事は、米兵相手の水商売である。そこには、英語が学習できるというメリットがあったであろうが、当時東京でMP同乗警察官として勤務した原田弘が、「人々の無気力、消極的な態度には同胞として目に余るものがあった」[11]と語っているように、物質的痛手と精神的ショックのため、敗戦直後の東京では、女性のみならず「人を雇ってくれる」場所は、米軍関係を除いて、あまりなかったのが実際のようだ。

「パレス」で働く笑子に、「僕が先生になって実際的に［英語を］教えてあげよう」と言い寄ってきたのが、後に夫となるトム（トーマス・ジャクソン伍長）である。「本がありますから、これが先生」です、と笑子は断るが、トムは「本は実際の役に立たない。発音のし方は、その本には書いてないし、元来それはGIが日本語を覚えるためのもので、日本人が英語を覚えるためのものじゃない」ともっともらしい理由を並べて口説き、[12]彼女の英語の先生に、恋人に、そして、夫となる。

ここで、作家は早速に笑子に傍白させる。「どういうものか『パレス』に来るGIのほとんどがニグロだった」と。また「ニグロばかり出入りするキャバレーに勤めていた」ので、「デイト」で行った「アーニー・パイルのショウは白人も黒人も別なく同じ席に」いたことに新鮮さを覚えた、[13]とも語らせる。終戦直後の東京でも、そこはアメリカの占領下、実質的にすでにアメリカであり、カラーラインは十分に可視的であったのだろう。

「パレス」のような進駐軍が経営するキャバレーばかりではない。秋尾沙戸子によると、娯楽施設も色分けされていた。ただし、以下で詳述する施設は、米兵が「ゲイシャハウス」と呼ぶ「日本政府が国をあげてお膳立てした」RAA（Recreation and Amusement Association, 特殊慰安施設協会）ではない。それとは異なる「もう一つ」の娯楽施設である。秋尾は著書『ワシントンハイツ』で、前者を『『国家売春』プロジェクト」と、後者を「区分けシステム」とセンセーショナルに呼び分け、「もう一つ」（＝区分けシステム）の施設、およびその実行までの経緯を記している。概要は次の通りである。

当時東京都民生局の予防係長を務めていた与謝野光は、占領軍司令部に呼び出され、軍医総督から直々に依頼される。軍医は、与謝野の前に遊郭と赤線地帯が載っている東京の地図を広げると、「将校用と、ホワイト用、ブラック用と三カ所に遊ぶ場所を分けてくれ」と求めたという。与謝野は驚き、戸惑いながらも「一般の日本の婦女子に迷惑が及ばなくなるのであれば」と協力する。RAAが禁止される前年、昭和二〇年の秋のことである。空襲の被害が少なかった向島、芳町（現日本橋人形町）、白山を「将校用」に、吉原、新宿、千住を「ホワイト用」に、亀戸、新小岩、玉の井を「ブラック用」に挙げたらしい。[14]与謝野が医師でもあり、また鉄幹、晶子夫妻の長男でもあることを考えると、当人の心中はいかばかりかと考える。とりわけ母、晶子は婦人の人権や解放を唱えたパイオニアである。歌人が敗戦を知らずに他界していたのが救いであるものの、愛息が売春の斡旋まがいのことに加担するとは、運命のいたずらの極みと言わざるを得ない。ちなみに、前述したＲＡＡ（日本政府が占領前から粛々と準備し、玉音放送の翌日に早くも着手した「『国家売春』プロジェクト」）同様、与謝野がどういう因果か関与してしまった「区分けシステム」と（蔑）称される米軍の働きかけによる売春プロジェクトも、名目は衛生上の問題であるが、実際は米国の婦人団体の圧力で約一年半後に姿を消している。[15]

このように、占領地の東京においても、さまざまな場所で色分け（区分け）がなされていた。その徹底さと首尾のよさは注目に値する。

通訳（成就せず）

笑子は、短い恋愛期間中に、トムのプロポーズを受ける。恋愛時代は、トムから調達されるお土産に満面の笑みだった母も、結婚の申し込みを知ると、一転、「林家というのは士族です［…］あんな黒い人と結婚するだなんて！私たちは世間さまに顔向け出きなくなるじゃありませんか。御先祖さまにどうやってお詫びをするんです？［…］アメリカ人ならともかく、あんなまっ黒な人と結婚するなんて！」と猛反対。だが、ともあれ、二人は結婚し、青山のアパートに住む。笑子は、「結婚すればワシントン・ハイツなどに住めるのだろうと思っていたのだが、なぜかトムはそれより「『にっぽん』に住みたいからといって日本人の経営するアパートの方を選んだ」と、どこか腑に落ちない様子を見せるも、スイート・ホームに安堵する。[16]

間もなく笑子は妊娠する。「ジャクソン家には、やがて日本人の血を享けた素晴らしい子供が誕生するんです[17]」と夫トムが狂喜する一方で、もはや堕胎が罪ではない、と当然のように中絶をすすめる母。[18]母に対する反撥心と、笑子自身の迷い。最終的には生むことを決意する。結婚の翌年、長女メアリイが誕生する。だが、親子三人の幸せな生活も束の間で、メアリイが三歳の時、トムに帰国命令が下りる。七年前に召集されたニューヨークに戻り、そこで除隊となる。トムは「一年以内に必ず呼ぶ」と約束し、単身帰国する。[19]

笑子はそんな口約束は端から信じず、シングルマザーで生きるつもりでいた。世間的にも「国際結婚をしたの。でも五年で離婚よ」で通した。キャバレー「パレス」は、妊娠と同時に辞めていたので、再び仕事を探す必要があった。ちょうどその折り、出席した同窓会で、進駐軍の通訳の臨時募集を知る。同窓の知人の仲介もあって面接試験のチャンスを得る。「透けてみえそうな薄い肌を持ったブロンド」の面接官に「あなたの会話の力を試すために［…］過去を訊かせて下さいませんか、ミス林」、「アメリカ人と結婚なさっていたということですが、その人の名前と連合軍との関係を教えて下さい」と質問される。トムとの結婚生活で会話力には自信があった笑子は「パキパキ」と答え帰宅。結果を待った。[20]

不合格だった。理由は「あなたの英語にはニグロのなまりがある」、「トーマス・ジャクソン伍長の所属していた隊には、とてもニグロが多かったそうだから。［…］ここのオフィスは微妙な問題を扱うところだから、黒人なまりの英語は困る［…］あなたの英語は相当ひどい」ということだった。英語に「アメリカ人なら一言で分かる」黒人のなまりがある、という理由で就職の機会を逸してしまった笑子。「発音のし方は、その本には書いていない」から教えてあげようと言ったのは、出会いの頃のトム。そのトムは帰国命令を受け、日本を去っている。そして、代わりにやって来たのは赤貧だった。この時、笑子は、「最後の審判の宣告に似ていた」とだけ傍白し、その後、泣きも嘆きもせず、次なる職探しへと踵を返している。[21]

ワシントン・ハイツ

ほどなくして、笑子はワシントン・ハイツでのメイドの仕事を見つける。ワシントン・ハイツについて、都市映像研究家の佐藤洋一は「住戸の広さは最低でも二六坪（約八六平方メートル）、広いものだと四六、四坪（約一五三平方メートル）。生活関連の施設は整い、暖房はもちろんお湯も出るし、停電もない。そのうえ日本人の使用人もいるというような生活[22]」だったと説明する。大雑把に言うと、至れり尽くせり、というところだろう。また、「日本人の使用人」とは、笑子のようなメイドを指すと思われる。

他方、佐藤は「しかしながら、フェンス越しにこの場所を望む日本人にとっては複雑なものがあっただろう。フェンスを挟んでの両者のコントラストは、さまざまな問題やストーリーを生む」[23]とも記している。ではここで、笑子が語るストーリーに耳を傾けてみよう。

代々木のワシントン・ハイツは、二十万余坪の土地に三百棟以上の木造西洋館と、後には十数棟の鉄筋アパートの独身寮も建てた進駐軍とその家族の住宅街であった。［…］その頃の東京の半端な復興ぶりと比較すれば、そこは正しく文化的小都会であった。［…］一歩鉄条網の中に入ればそこは明るい平和な町であった。昔の中国に租界というものがあったのを私は聞いて知っていたが、ハイツは正しくアメリカ租界だった。日本の国の中であることは間違いないのに、アメリカ人だけが、幸福に暮らしている。それも白人ばかりが。この事実の発見は私を驚かせ、一つの記憶を呼びさました。トムと結婚したとき、私は当然どこかのハイツの中で暮らすものと思っていたのに、彼は日本人の中で暮らしたいと言って日本人の経営するアパートを選んだのだ。これはどういうことだろう。[24]

まず、笑子が思い出した「一つの記憶」である「どこかのハイツ」の一つ、ワシントン・ハイツの入居資格について考察したい。前掲書『ワシントンハイツ』によると、同ハイツは「将校以上[25]」用とある。つまり、伍長のトムにはもとより入居資格がないのである。ワシントン・ハイツだけでなく、グラント・ハイツ（練馬）、ジェファーソン・ハイツ（永田町）、リンカーン・センター（霞ヶ関）など一連のアメリカ大統領の名がつくDH（=Dependents Housing, 扶養家族住宅）も同様に将校以上用である。また、これらのようにGHQから「アメリカ人にとって心地いい、本国での生活に比べて遜色のないもの[26]」と要求され、日本政府が新たに建てたDHだけでなく、GHQから用意するよう命じられる米兵のための宿舎も、将官用、士官用、兵隊用の三種からなっていたという。[27]

ハイツについてしばしば言及する笑子だが、メイドの仕事に関しては、多くを語らない。「メイドといっても、日本の女中より下女に近い役割が私には課せられていた。掃除と洗濯［…］ワックスを塗り［…］重いアイロン」[28]、と淡々としたもので、ことさら卑下する様子もない。前述のように、ハイツの中は、至れり尽せりであり、マダムたちが自らすることはほとんどない。笑子が仕えるリー将軍のマダムも例外ではなく、日中することといえば、ランチパーティで「よく喋り、よく食べ、よく笑［う］」こと。[29]傍目する笑子は半ばあきれるだけで、さしたる感情の起伏は見せない。普段はそんな笑子だが、ある日、マダムたちの会話を小耳にし、「違いますよ」とドアを蹴破って叫んでやりたくなった[30]、と感情を高ぶらせる。その「ある日」が以下である。


ミシシッピー州で起こった黒人の暴動が話題になっていたらしい。［…］こんな会話が断片的に耳に飛込んできた。

「そうなのよ、色つき《カラード》は甘やかすのが一番いけないんだわ。リンカーンの前には、こんなこと起こりっこなかったんですもの」

「だいたい平等なんて、考えものなのよ。だいたい使う者と使われる者の間に平等というものが有る筈がないんですもの」

「解放されただけでも有難いと思わなきゃならないのに、彼らはもう奴隷だったことを忘れているんだから困るわ」

「そうなのよ、黒人が軍隊に入ったのも今度の第二次世界大戦が初めてでしょう?」

身をのり出して喋り出したのはリー夫人だった。私にとっては耳新しい事実だったのでこのときは聞き耳を立てた。

「色つき《カラード》が名誉あるアメリカ合衆国陸軍に召集されるようになって、確かに彼らは戦争中よく働いたかもしれない。だけど、平和になってからやったことは、どうォ? 司令部は早々に色つきを本国に送還して除隊しなければならなかったのよ。なぜだと思う?」

［…］

「日本娘と結婚するからよ!ニグロは多産系だから必ず子供ができるわ。連合軍がどうしてそんな面倒まで見なきゃならないの？これが理由なのよ！」[31]

リー夫人が「なぜだと思う？」とマダムたちの注意を引いた、「どうして黒人が、本国送還になったか」の答えが、日本女性と結婚するからだ、そして子どもを殖やし、喰い口を増やすからだ、というものだった。渦中の人である笑子は、怒る。一方、その怒りを諌めるように、作家は「アメリカ軍が平和になった日本の駐留軍にニグロを残さなかった理由は、もっと他にあるのではないか[32]」と、何とも意味ありげな言葉を笑子の口に託している。

笑子が訝しがる「もっと他の理由」とは何であろうか。ここでその示唆となり得る米軍内部に関する幾つかの言及に目を向けてみたい。たとえば、先の大戦のトリガーとなった真珠湾攻撃で「トラ・トラ・トラ」と打電した淵田美津雄は回想記で次のような出来事について語っている。

淵田は、一九四五年八月二九日、横浜のホテルに呼び出され、GHQの訊問を受けた。先の攻撃の詳細についての質疑である。二時間あまりの訊問を終え、その場を去ると、今度は大勢の従軍記者たちが待っていた。実は、その記者らの目的はもう一つ別にあり、それは「東京ローズ」に関するインタヴューであった。しかし、淵田は「東京ローズ」自体が「初耳」であり、事実上インタヴューとはならなかった[33]。特種《とくだね》を失った非運の記者たちは、予定していた特種《とくだね》を「真珠湾隊長との インタヴュー」で埋め合わせ、翌日の占領軍機関紙「スターズ・アンド・ストライプス」に淵田の顔写真とともに大きく掲載した。すると、その日の午後、ジープに乗った黒人兵三人が、目黒にあった淵田の宿舎にやって来た。三人は新聞の顔写真で本人だと確認すると、淵田をジープに乗せ、そのまま車を走らせた。向かった先は、後にGHQのオフィスとなる郵船ビル内のバー。当時そのビルは将校用の宿舎で、先の黒人たちはそこのバーで働いていたのだった。淵田は「誘拐された、勝手にしやがれと観念」したという。ところが、待っていたのは「大歓迎」であった。そして、突然の歓待に戸惑う相手に、彼らは「真珠湾空襲を誰が一番喜んだと思うか」と尋ね、淵田が無言でいると、「われわれ黒人だよ」と言ったそうだ[34]。淵田は、当時を次のように述懐する。

私はこのとき初めて身をもって、白と黒との人種的ツラブル［ママ］の深刻さを味わった。黒人は白人に対して、先天的に、蛇に睨まれた蛙みたいに頭が上がらないものとされて来た。しかし彼らは、白と黒との差別待遇には我慢がならない思いを、いつも泣き寝入りさせられて来たのであった。それが真珠湾で小気味よく白人の横づらをなぐり飛ばして呉れた。われわれ黒人は溜飲を下げた。そのお礼にいまサービスするというのである。しかし占領政策で、占領軍兵士の日本人との交歓は禁止されているので、大ぴらに出来ないから、このような楽屋裏で我慢して呉れとの申し出であった。(35)

つまり、この黒人たちは、真珠湾をよくぞ攻撃してくれました、と讃える宴のために、淵田隊長を少々乱暴なやり方であったが、お連れしたらしい。最後に「皮膚の色が違うというだけの宿命的な人種的偏見の悲劇の一こまをここに見て、胸がふさがる思いであった(36)」と心痛を帯びた言葉を付している。

類例は前掲書『ワシントンハイツ』においても確認できる。同書は「占領軍の中でも黒人への差別は激しかった。彼らの任務はハウスキーパーや皿洗い、バーテンダーのような雑役にすぎなかった。日本軍の諜報部はアメリカ本国における人種問題を理解していた。黒人運動家たちを味方につけてアメリカ国内の内乱を煽動する裏工作もしている(37)」と、暗雲漂う内実に触れている。

また、当時MPジープに同乗し、東京をパトロールしていた原田（前出）の次のエピソードも興味深い。MPは階級的には、一等兵、二等兵クラスにあたる。しかし、米兵や軍属を取り締まるのはMPであり、違反切符もMPが切る。一方、乗用車を運転するのは、「将校」。違反していても、注意をするのみで、切符は切らないで不問にするのが通例だそうだ。だが、「たまに相手が黒人将校だったりすると、MPたちのなかには意地悪く、タテマエをふりかざして切符を切ろうとする者もあった(38)」という。たとえ将校であっても、黒人となると半ば公然と差別がなされていたことがわかる。

これらの点を思料すると、笑子がすんでのところで、ドアを蹴破らなかったのは正解だったといえるだろう。白人将校の間では周知であっても、おしゃべりな妻たちに教えるには危険すぎる真実だったのかもしれない。トムが帰国し、連絡もままならない状況にいる笑子を感傷的にさせるよりも、「平和になった日本の駐留軍にニグロを残さなかった理由は、もっと他にあるのではないか[39]」と訝しがらせる、冷静にそう傍白させた作家の洞察は、正鵠を射ていたと思われる。

二　探究・思考（ニューヨーク市）

笑子は、ワシントン・ハイツで働いている時、トムから「呼び寄せ」を受ける。折りしも笑子が、混血児メアリイの将来を案じていた頃だった。メアリイが赤ん坊の頃、トムが「僕のお父さんのお祖父さんはれっきとした白人なんだ［…］ブロンドで目の碧いアイリッシュだった[40]」から、「メアリイの肌が白」の可能性は大いにある、とトムが期待し、「白雪姫（スノーホワイト）」の愛称で呼ぶほど色白だったメアリイも、この頃には、すっかり父親譲りの黒い肌と黒人特有の縮れ髪を有し、周囲から「黒ん坊」と囃し立てられることが多くなっていた。離婚したつもりの笑子もこの状況を深刻に捉え、「呼び寄せ」に応じ、渡米を決める。その旨をリー夫人に伝えると、「色つき（カラード）の人たちにはまともな職業は滅多にない」、「カラードは教養がなくて、凶暴で、不正直、不潔で手のつけられない人」と、渡米せずに離婚するよう勧める。夫人は「根がお人好しだから」と、この無礼な忠告自体には寛容を示す笑子だが、夫人の「カラード」という語に対しては、強い拒絶反応を示す。作家の口をもつ笑子は、ここで、「カラード」は、黒人を指すことは分っていたが、「黄色人種である私には我慢がならなかった」と付言している[41]。この違和感は作家自身が現地で痛感したことなのであろうか。なにか釈然としない気持ちを訴えるかのように、当場面では「カラード」という言葉が頻出する。

出発は四月二七日に決まった。出発前にメアリイと靖国神社の桜を見に行く。笑子二八歳、メアリイ五歳の春である。実家の家族から絶縁同然の宣告を受け、それでも、トムの待つニューヨークへ出発する。「野暮ったい貨物船(42)」に乗って横浜を出る。

ここで、同船者を簡単に紹介する。みな、後にニューヨークで再会する因縁ある妻たちである。まず、竹子という黒人の妻で、息子の「アフリカ並み」に黒い肌をしたケニィとともに乗船。そして、志満子というイタリア人の妻。なんとも鼻持ちならぬ女性で、ジャミイというケニイとは対象的な「もやしのような」子どもを連れている。それから、麗子という子どものいないお嬢様風の美しい女性。笑子が、麗子と彼女の「夫であるマイミ氏が、USアーミーの制服姿で並んで立っている写真」を見て「内裏雛の一対(43)」と比喩するほど美しい。笑子も含めた四人の妻たちが、夫の待つニューヨークへと向う。

ニューヨークにおいても、笑子は「生きるため」に精力的に働く。以下に続く渡米地（ニューヨーク）も東京同様、笑子が就く職場を端緒に、そこで彼女が見聞し、そして語る「色」について考察する。

料理屋・ヤヨイ

船は無事到着。トムの出迎えを受け、「ハアレム」の自宅に向う。その住居は、本稿の冒頭で示した「半地下室」である。笑子の言葉通り、「トムのささやかな名誉のために」詳しく説明すると、「それは下半身だけ土に埋まった家のような［…］金網をいれてかためたガラス窓が通りに面してついているので、家の中に電気をつけなくてもなんとか鈍い明りが漂っている。鰻の寝床のように細長い部屋が一つと、その奥に狭いキチンと便所がある(44)」。気分までも凹《へこ》んでしまいそうな陰鬱な住まいであったが、隣人との関係は明るかった。同じ「穴ぐら族(45)」の一人と笑子はすぐに友達になる。笑子はその理由を「肌の色も顔だちも違う私は人目を惹いた。だがメアリイを連れているのがいい身分証明になった(46)」のだと分析する。新生活が始まると間もなく、トムから、五六丁目に日本料理屋があると聞く。一二五丁目の自宅からかなりの距離があったが、運良く募集をしていたこともあり、早速そこで職を得る。メアリイの世話は、例の穴ぐら族の隣人が快く引き受けてくれた。

しかし、こうして笑子が働いてやっと保てた生活も長くは続くことはなかった。笑子が妊娠したのだ。「ヤヨイ」の主人は妊娠を察知すると、即刻「クビ」に。笑子は「やがて口がもう一つ殖えるというのは想像しただけで絶望的(47)」な気持ちになったと話す。

「ヤヨイ」をクビになって三日目、トムに妊娠を告げる。だが、彼はメアリイを妊娠した東京時代のトムとはまるで別人のような反応を見せる。「無反応」という反応である。笑子は語る。その日に限らず本国アメリカで見るトムの「眼には輝きがなかった〔…〕後姿には、魂も抜け出てしまったような哀れさだけがあった(48)」、「寡黙になり、無気力で、家では眠ってばかりいた。夢を語ることはもうなかった(49)」と。そして、傍白は続く。

思えばトムの東京時代は、彼の生涯における栄華の絶頂期だったのではないか。トムにあれほどの「富」と、あれほどの「自由」が与えられた時期は、前後を通じて全く無いのであるまいか。あの青山の明るく広やかな外人アパートは、ハアレムの地下室に較べれば、まるで天国だ。焼け爛れた日本を素晴らしい国と言い、永遠に此処に住みたい、日本から離れたくないと言った当時のトムの口癖を私は思い出した。連合軍は自由と平等を与えます。我々は平等です。ここには平等があります。「平等」という言葉も、あの頃のトムには口癖だった。それというのも、日本に来るまで、彼には「平等」が与えられていなかったからではないか。

トムが、百万人もいるニューヨークのニグロの中から自分の配偶者を新たに探すことをせず、私とメアリイを呼び寄せたのは、東京の栄華の思い出を妻として子として身近く止めておきたいという願いからだったのではないだろうか。あのときメアリイの誕生を喜んだのは、彼の栄華の瞬間が一人の子供に具現されると信じていたからではないだ

ろうか。(50)

前述したように、トムにはメアリイを「白雪姫」などと呼び、僅かな成長にも狂喜乱舞した時代があった。(51)事あるごとに「平等」を口にしては、エネルギッシュに「夢」を語って聞かせた時期があった。笑子の言う「トムの東京時代」である。それとは対照的なハーレムで見せるトムの無感動、無反応、無気力。この変化に関しては、再び触れることにする。

レストラン・ナイトオ

一九五五年三月、次女、「バアバラ」が誕生する。この時の隣人たち「穴ぐら族」の協力体制、困った者同士が助け合うという連携は微笑ましい。バアバラの洋服一切は、隣人が自分の子どものお古をくれた。このように隣人の助けを得て、笑子は、再び働き始める。場所は「ヤヨイ」のすぐ近くにオープンする「ナイトオ」である。前者は笑子に「客が来るのは不思議(52)」だと思わせるほど、見るからに素人料理を出す日本料理屋であったのに対し、「ナイトオ」は高級日本料理店であり、正式名「レストラン・ナイトオ」に相応しい店であった。それだけにオープン前にはウエイトレスの面接試験もあった。その面接会場で、先に述べた同船客のうち「お嬢様風」の麗子を除く、因縁の妻たちが再会する。麗子が加わるのは、その数か月後となるが、麗子の参入は笑子に大きな問題を突きつける。

まず「ナイトオ」で目にした事件は、黒人の夫をもつ竹子・カリナンとイタリア人夫の妻、志満子・フランチョリーニによる各自の夫の「色・人種」に端を発した「黒ン坊のくせに」、「イタ公のくせに」というお互いに「他山の石とすべきこと」の口喧嘩であった。黒人はもとよりイタリア移民もアイルランド移民などと同様粒粒辛苦《りゅうりゅうしんく》の時代であるが、ここでは、先に述べた麗子を中心に議論する。

麗子が仲間に入って、しばらく後、彼女のプライベートな生活が竹子によって暴かれる。麗子の美形の夫、マイミ氏がプエルトリコ人であったというのだ。この事実の発覚から麗子が自らの妊娠を知って自殺するという結末までを語る笑子の言葉は意味深い。今まであいまいだった笑子の「色」に関する観方に大きな展開がみられる。

「ナイトオ」時代には、笑子もニューヨーク事情を習得し、プエルトリコの実情を次のように伝える。「西インド諸島のひとつ［…］十九世紀の終にアメリカ領となって以来［…］プエルトリコ人の国籍はアメリカなのだ。［…］今では四十万人ほどのプエルトリコ人がマンハッタンにもぐりこんで、凄まじい勢いで殖えている［…］彼らの繁殖力は旺盛なのだ。貧民窟の中で、彼らは鼠のように殖えている[53]」と。そこで笑子は、「麗子の夫であるマイミ氏はプエルトリコ人だった……。こう聴くだけで麗子のニューヨークでおかれている地位というものは総て理解された。ウエストの八四丁目はスパニッシュ・ハーレムと呼ばれるプエルトリコ人街の中にある[54]」という以前に自らが発した言葉の意味とその過酷さを改めて認識し、茫然とする。

だが、物語では、麗子の話題は、「ナイトオ」で再会するよりもっと早い段階、笑子がハアレムに住んで間もない頃、次のようなくだりで挿入されている。当時はまだニューヨークの地理に不案内だった笑子は、トムに無邪気な質問をする。船で友達になった人（麗子）が八四丁目にいる、その辺りにはお金持ちがいるのか、と。すると、トムは即、何番地か、と聞き返すという場面である。そこで、笑子がウエストの一五〇番地だと答えた瞬間のトムの反応を「そのときのトムの眼に浮かんだ侮蔑の光は私をはっとさせた。彼は鼻を鳴らして嘯き、『ふん、碌なところじゃないさ』と、吐き捨てるように言った[55]」という笑子の傍白で明かしている。そして、物語は徐々に、笑子を戸惑わせた「トムの眼に浮かんだ侮蔑の光」が意味することへ、と導く。

ここで「トムの眼に浮かんだ侮蔑の光」を解釈するにあたり、渡米直後の笑子も蒙昧《もうまい》であった「プエルトリコ人」に関し、いくつかの資料を元に考察したい。まず、本稿で主眼をおく「肌の色」から始める。

スペインの植民地であったこと、また農業プランテーションの数が少なく、低い肉体労働需要のため黒人奴隷の移入が少なかったことから、[56]白い肌のプエルトリコ人の比率は非常に高い。『肌の色の地誌学』では、白人のプエルトリコ人が多いことを前提に、たとえ一見白くても自身を中間的な色と認識したがる彼らの複雑なメンタリティに言及している。[57]彼らが欧系の白人から一線を引かれていることは、ミュージカル『ウエストサイド物語』(一九五七)で、ポーランド人移民「ジエット団」[58]とプエルトリコ人移民「シャーク団」の命懸けの抗争からもわかる。しかし、このように複雑な社会的内情とは無関係に、大多数のプエルトリコ人の肌は白い。そして、トムが「白い肌」を羨望していることは、先に触れた乳児期のメアリイの例から明白である。では、トムは色を問題にして、白い肌のマイミ氏を敵視するのであろうか――さらに考察を続ける。

次に、当時のプエルトリコ人社会を確認する。笑子が「凄まじい勢いで」増えていると驚くプエルトリコからニューヨーク市への移住人口をみると、一九一〇年五〇〇人、一九四〇年七万人、一九五五年五〇万人、一九七〇年一〇〇万人と推移している。[59]小説の設定が一九五〇年半ば以降であることを考えると、まさにプエルトリコ人が激増していた直中である。

また、笑子が語るように、プエルトリコ移民の生活は総じて貧しい。フィリップ・マーチンの報告によると、一九九六年ですら「プエルトリコの家庭の約四〇%が何らかの形で連邦福祉援助を受けて」いる。[60]ただし、一時期、「高い教育を受けた少数の者に限られていた」ものの「プエルトリコ系アメリカ人の経済的上昇の兆しが見られた」[61]時期があったという。それは一九五〇年代、物語の時代である。当時、プエルトリコ本島は新しい自治政策が成功し良好な経済状況にあった。この事実から、故郷の好景気にも拘らず、国を捨ててニューヨークなどの都会にやってきたプエルトリコ人の上昇志向の度合いがわかる。「何でもよいから」、ではなく「よりよい」仕事を求めて移住してきたのであろう。[62]加えて、プエルトリコ人は、国籍上アメリカ人である。そのなかで、住居および職業や所得など社会的な位置付けにおいて多くの共通点をもっている黒人がプエルトリコ人を敵視したとしても何ら不思議はない。これらを考え合わせると、トムの眼に浮かんだ侮蔑の光は、彼らに対する脅威や嫉妬の裏返しだったと考えられはしまいか…。

それを裏付ける場面として、ある日メアリイが、同じ学校に来ているプエルトリコ人の女の子は、妹のバアバラに似ている、と言った時のトムの激昂が挙げられる。「バアバラはアメリカ人だ［…］プエルトリコ人はプエルトリコ人だ。あいつらは最低の人間で、アメリカ人じゃないんだ」と「白い目を剥いて」メアリイを叱り、だがその後、トムはいつにない陽気さを見せる、という挿話である。(63)

トムのようにプエルトリコ人に見せる「白い眼」に関し、本稿のはじめに言及した『非色』とほぼ同時期の作品『ぷえるとりこ日記』で、作家はアイリッシュ系の「社会科学を専攻する学生(64)」、ジュリアの言葉として次のように記している。「「プエルトリコ島への実態調査団の」学生の中には二人のニグロ［…］が混じっている。彼女たちをプエルトリコ人がどういう表情で迎えるか、私には大変興味がある。何故ならばニューヨークにはプエルトリコ人たちが年々殖えて、ニグロ以下の暮しをし、ニグロから白い眼をむけられ、全く惨めな暮しをしているからである(65)」。これらの数行が意味することは複雑である。「白人のジュリア」という第三者の位置から双方の関係を見た時の率直な印象を伝えると同時に、ジュリアの視座を叙述する作家の精妙な描写は、ジュリアという「社会科学を専攻する学生」の学際的な真摯さを疑わせ、白人ジュリアの如実な優越意識を伝えている。

なお、黒い肌のプエルトリコ人に関しても、すでに研究者によってさまざまな分析がされている。たとえば、「プエルトリカンは、アメリカのニグロ［Negro］と「デ・コロール」［de color］のプエルトリカンをはっきり区別する。有色人［colored］のプエルトリカンは、ニグロ［Negro］ではなくプエルトリカンに一義的に自己認識する」との考察があり、両者間の緊張関係は、プエルトリコ人側が主体となっていることに注目する。一方、そのように、「プエルトリコ人がアメリカ黒人に自己同定することを拒絶する」傾向を一種の「驚き」として捉える解釈は、プエルトリコ人、とりわけ黒い肌のプエルトリコ人、は黒人に自己同定するであろうという「北米の人種階層化の基準」を当てはめている証左と捉え、「肌の色」だけではなく、「アイデンティティ」との関係をも含めた広い視野からの考査もある。(66)

ではこの時点で、笑子自身は侮蔑や嫉妬、またそれらから派生し、再生される「差別心」を、どう解釈しているのだろうか——笑子は、こう呟く。

それにしても、私は今更のように思う。やはり問題なのは肌の色ではないのではないか、と。

ひょっとすると、ニグロの肌が、白人と同じように白くても、私たちはハアレムに住んでいたかもしれない。なぜなら、ニグロは、このアメリカ大陸ではつい百年前まで奴隷だったから。奴隷の子供は、まだまだ奴隷なのだ。人々は過去の記憶を決して拭い去ろうとはしない。[67]

このように、笑子ははっきりと「肌の色」ではない、と言い、さらに、踏み込んで、「では、何なのだろう」と続ける。

あれとこれと、更にニューヨークのプエルトリコ人をみる人々の眼を考えてみると、私にはどうもニグロが白人社会から疎外されているのは、肌の色が黒いという理由からではないような気がしてきた。白人の中でさえ、ユダヤ人、イタリヤ人、アイルランド人は、疎外され卑しめられているのだから。そのいやしめられた人々は、今度は奴隷の子孫であるニグロを肌が黒いといって、あるいは人格が低劣だといって、蔑視することで、自尊心を保とうとし、そしてニグロはプエルトリコ人を最下層の人種とすることによって彼らの尊厳を維持できると考えた……。そしてプエルトリコ人は……。麗子は夢を描いて日本人より優越したではなかったか。[68]

アメリカが一つではないのはもとより、白人社会の中でさえも、色は一つではない。何本もある「色」の境界線に絡みついているのは、人間の自尊心、優越心である、と咀嚼する笑子。「麗子は夢を描いて日本人より優越したではなかったか」と手厳しい言葉で息をのんでいるが、その絶句から、笑子のやるせない思いが伝わる。

笑子は麗子の欠勤を心配し、スパニッシュ・ハーレムの彼女の家を訪れる。なんとそこには総勢一〇人以上のマイミー家が「とぐろを巻いて」[69]暮らしていた。その時、笑子は麗子の自殺を知らされ、同時に、麗子の死後、日本から届いたという日本語の手紙を代読するよう頼まれる。そして、すべてを理解する。「ナイトオ」での給料を持ち帰らずに、笑子に預け、その貯めたお金で高価な毛皮や宝石を買っていたことがあった。あれは、それらで着飾った自らの写真を日本へ送るためだったのだ。嘘と言ってしまえば、嘘、しかも真っ赤な嘘であるが、それが渡米する時の麗子の「夢」であり、渡米後もなお彼女の理想とした「本当」の生活であった。麗子は「日本に優越した」かった、横浜から船に乗ってニューヨークに上陸し、それで「優越した」はずだった。しかし、「色」が突きつける現実に失意。敗北を認め、自殺した。麗子の結末は、何も知らぬ日本人の浅はかな「色」の見誤りだと一笑、一蹴できるだろうか。

ここで再度、笑子が二人目の子どもの妊娠を告げた時のトムの「無反応」を思い出したい。一人目を妊娠した「東京時代のトム」とはまるで別人のように無気力で、「魂が抜け出たよう」なトムの姿。[70]この姿は誰かに似てはいまいか。トムは束の間の東京時代という栄華の時代を味わい、帰国した今、周知だったはずの本国の現実に再び失意している。免疫のない麗子は、一つではない白人社会という大きな大きな「真実」の壁の前で力尽きた…。笑子は、「麗子は［…］日本人より優越したではなかったか」と言い、はたと言葉を切るが、それは、そんな二人に共通する苦悩を切なく思いながらも、黙止せざるを得ない複雑な胸のうちからだと察せられる。「ナイトオ」での麗子の出来事が、笑子の人種に対する観方に、大きな影響を与えたことに疑いはない。

三　習熟・会得

笑子は、プエルトリコ人の繁殖率を「鼠のように」と比喩しているが、他人事ではない。麗子が自らの妊娠を知って自殺した、その同じ時期、笑子も妊娠していたのだ。幸いにも「ナイトオ」の女主人の計らいで、出産前後も仕事を続け「ベティ」という三人目の女の子、さらにその一年半後の一九五八年、今度は「サム」という男の子を出産する。この時、笑子は住み込みで働こうと決心する。ただし、今度の動機は、「生きるため」だけではない。「これ以上子供を殖やしたくないから」[71]という妊娠忌避と、アラバマからの闖入者《ちんにゅうしゃ》のためである。サムの誕生と同時にトムの弟シモンが現れたのである。そのシモンが居候するというのだ。四人の子どもと、大男シモンが例の半地下室で生活するとは、想像しただけでおぞましい。シモンは大柄で大食いであるだけでなく、すべてにおいて武骨であった。その武骨さが笑子の神経に障った。「私はシモンと暮らすようになってから、トムも含めてニグロに対する憎しみが次第に胸の中で育っていくのを感じていた。無教養で魯鈍な黒ン坊――彼らが疎外されるのは当たり前だ[72]」と言い出すほどである。そこで、自らの危険信号を察知し、笑子は家を出て働こうと決心する。働き口は、親切な穴ぐらの隣人が見つけてくれた。それが、レイドン家である。

ブロンクスヴィルにあるレイドン家での笑子の役目は、メイド兼ベビーシッターであった。レイドン氏は日本人を妻にもつユダヤ人の大学教授。妻は出産したばかりで、ナンシーという専属の看護婦もいたが、ナンシーの代わりにもなる日本人メイドを探していたという。笑子は難なくメイド兼「エリザベス・ヤブノウチ・レイドン（オジョウチャマ）」のベビーシッターとして採用される。

レイドン家

レイドン家では、「色」に関する三つの事件を経験する。一つは、専属看護婦ナンシーの謀反である。「奥様」とナンシーの間柄は以前から燻っていた様子だったが、ついにナンシーが「辞める、出て行く」と切り出す。「ユダヤ人と日本人の夫婦［…］ユダヤ人の家になんか行くものじゃない［…］ケチで五月蝿くて［…］おお嫌だ。だから出て行くのよ！[73]」と悪罵を投げつけ出て行く。ナンシーの出自に関しては、金髪の白人であること以外明らかではないが、アメリカの反ユダヤ主義は公知の通りである。たとえば、二の「レストラン・ナイトオ」で言及した『ぷえるとりこ日記』のアイリッシュ系学生ジュリアの日記に、「ユダヤ人嫌いのママがミルブリッジは人種差別がないから嫌だといって、私の入学に最後まで反対したのを思い出す。ともかく全国に五つある女子大学の名門で、ユダヤもニグロも入学できるのはミルブリッジだけなのだから」[74]という一文がある。ここでいうミルブリッジとは、名門女子大のサラ・ローレンス大学（現在は共学）である。そして、決してエリート白人ではないアイリッシュ系の母ですら露骨にユダヤ人を嫌悪する。ドイツ系、ロシア系を問わずユダヤ人移民のアメリカにおける成功物語は枚挙に遑《いとま》がない。名実ともにエリート移民の筆頭であるユダヤ人を見る他の白人の視線は容赦なく厳しい。

　そんなユダヤ人のレイドン氏とその妻を罵倒するナンシーの事件を目撃し、笑子は改めて悟る。白人の間でも差別意識は存在するのだから、肌の色ではない、と。だが、そこで、笑子は混乱する。というのも、この事件がおこる直前まで、「オジョウチャマ」にミルクをあげながら、

> オジョウチャマとサムの育てられ方の違いは、一方が白人と日本人、一方がニグロと日本人の混血だからということではない。確かにサムは黒いけれども、だから惨めなのではない。色の故ではない。では何なのか。
>
> 　私は今こそはっきり言うことができる。この世の中には使う人間と使われる人間という二つの人種しかいないのではないか、と。それは皮膚の色による差別よりも大きく、強く、絶望的なものではないだろうか。使う人は自分の子供を人に任せても充分な育て方ができるけれど、使われている人間は自分の子供を人間並に育てるのを放擲して働かなければならない。肌が黒いとか白いとかいうのは偶然のことで、たまたまニグロはより多く使われる側に属しているだけでないのか。この差別は奴隷時代からも今もなお根強く続いているのだ[75]。

と、「使う者」「使われる者」という関係が頭の中で上下に位置していたからだ。しかしながら、ナンシーによって露呈された差別意識のもとでは、使われる者、使う者、という主従関係は何ら影響していない。では、一体…と笑子は動揺する。

レイドン家での二つ目の事件は、同家で行われたUN（国際連合）関係のパーティで起こる。文字通り国際的なパーティで、客はチュニジア人、ガーナ人という顔ぶれだった。笑子は、そのブロンズ像のような青年たちを見て驚く。もちろん、「ブロンズ色」の肌のせいではない。彼らがアメリカの黒人をよく思っていない、見下している、ということを実感するからである。チュニジアの青年もガーナの青年も口を揃えて「アメリカのニグロの問題はアメリカ国内の問題」、「彼ら自身が真剣に考え」て「アメリカのニグロも独立すべき」だと言い、アメリカの黒人差別は色の故ではない、差別されるのは彼らの怠慢の故だ、と堂々とした物腰でそう断言するのであった。[76] そして、笑子の夫がアメリカの黒人だと知ると、以降笑子を黙殺する。

パーティの後、疲労した笑子は睡魔に襲われそうになる中、幻聴にアフリカの青年たちの声を聞く。そこへ、娘メアリイの「馬鹿よ、シモンは。まるでアフリカの土人みたい！[77]」という声が混じる。堂々とした青年らの言葉のリフレインと、シモンは文明国アメリカのニグロではない、未開国アフリカの野蛮人だと言うメアリイの声が、笑子の頭の中で交差する。職に就けず毎日遊んでいるシモンに対する一二歳のメアリイの叱責は、黒人が怠慢という点では彼らと接点がある。だが、「アフリカ黒人」に対する認識がまったく違っている。

そして、眠れぬ笑子は語る。

> アフリカのニグロはアメリカのニグロを軽蔑している。そしてアメリカのニグロもアフリカのニグロを軽蔑している。何故だろう。何故こんなことが起こるのだろう。戸惑いながらも、実は私には解答が用意されてあった。今夜の黒いお客たちは国へ帰れば指導者になる人たちなのだ。彼らは使われているアメリカのニグロたちを同族と看なすことはできなかっただろう。そしてアメリカのニグロたちは文明国の国民だという誇を持っていて、プエルトリコの貧民たちを蔑むのと同じように、未開のアフリカの野蛮人たちより自分を優位と思いこんでいるのだ。[78]

ニューヨークに到着して以降、「ナイトオ」での大事件を経て、笑子が辿り着いた人種差別に対する考えは、肌の「色」ではない、自らの優越を主張するための闘争、自らの立場を守るための行為、という理解である、と、ひとまずそう解釈し、次の事件を考察する。

レイドン家での最後の事件は、レイドン氏のワシントンに住む学友ニイマイヤー氏の私邸訪問に同行した折に経験する。夕食後、隣室から漏れ聞こえてきた「なんて優秀なメイドでしょう！」と羨ましがるニイマイヤー夫人の声。そう感心する夫人に対し、奥様が「お恥ずかしい話ですけれど、戦争花嫁というのがいますでしょう？笑子はその一人」で黒人と結婚している、と身内の恥と言わんばかりに答える。「どうして優秀な日本人がニグロなんかと」と驚く夫人。すると「日本にだって、ニグロのような生活をしている人々がいますもの」と一転、他人事のように言い放つ[79]、という笑子だけが静かに味わう苦々しい事件である。偶然に聞いてしまったこの会話に笑子はたいそうショックを受ける。

この対話は、はじめに、で言及した「ステレオタイプ化された戦争花嫁像」を再確認させるという危惧が示される場面の一つである。たしかに、「お恥ずかしい話ですけど」という短くも辛辣なワン・フレーズは「戦争花嫁」およびその関係者にとっては非情であり、その後にどんな説明を加えられようとも回復できない屈辱であろう。しかし、本稿では、あくまでも差別（心）、つまり「わたくし事」と「他人事」を分けて優劣をつけるという点に集中し、以下に議論を続ける。

日本人が同国人に対して背信的な一言を向ける、というこの場面は、何とも悪い後味を残す。この差別心の誘因は、「色」ではないことは確かである。たとえば、笑子が白人兵と結婚していても恐らく大差のない会話が二人の間で繰り広げられたことだろう。そう解釈していくと、戦争花嫁を主人公にした『非色』、とりわけこの場面は、怪しげな言葉で修飾された戦争花嫁というテンプレートを再認識させるものではなく、テンプレートを刻印する鋳型そのものが、いかに「いい加減」であるかの証明となっている。要するに、「何でもよい」のである。引き合いに出す対象は「何でもよい」。それを見せる相手も「何（誰）でもよい」。自身が優位であることさえ確認できれば、それで当座の用は足りるのである。したがって、気高さを漂わせた「お恥ずかしい話ですけれど」から続く言葉が浮き彫りにするものは、ステレオタイプ化された戦争花嫁像ではなく、詮方ない人間の「優越心」であると考える。

次の笑子の独白は、そういう窮極の心理を「ずばり」と言い当てたものといえる。

金持は貧乏人を軽んじ、頭のいいものは悪い人間を馬鹿にし、逼塞して暮す人は昔の系図を展げて世間の成上りを罵倒する。要領の悪い男は才子を薄っぺらだと言い、美人は不器量ものを憐れみ、インテリは学歴のないものを軽蔑する。人間は誰でも自分よりなんらかの形で以下のものを設定し、それによって自分を優れていると思いたいのではないか。それでなければ落着かない、それでなければ生きて行けないのではないか。[80]

明察。明察の一節である。これらの文字群は「色」に関する差別（人種偏見）だけでなく、聖人君子でないかぎり恐らく万人が抱いてしまう「差別心」と、その意識下に存在する人間の本質や習性を総括している。差別意識の素因・誘因を描出するこの一節は、小説『非色』の「要」に位置すると評価できるだろう。

トムは占領時代、「使う者」の立場でいられる日本で永久に住んでみたい、と言った。竹子が、志満子がお互いを蔑んだ。「使われる者」のナンシーは「使う者」のレイドン氏を「ユダヤ人だ」と罵倒した。メアリイは彼女と同じ黒い肌をした叔父のシモンを無職だという廉で「土人だ」、「未開国の非文明人」だと軽蔑する。アメリカ人だけでない、アフリカ人も同様である。エリート層のアフリカ人はそれ未満に対しては無関心でいる。日本人も適例が笑子の母に見られるように、いざとなれば先祖に遡ってでも優越を示せる対象を引っ張り出す。笑子も例外ではない。ユダヤ人夫妻の「オジョウチャマ」が「北欧系のブロンドと碧い眼」ではなく、鳶色であることを諭えて、邪悪な同情の言葉を日本人の「奥さん」に向けたいという衝動にかられる。[81] このように、自分を優位に立たせようと、あるいは、少なくとも、相手との差を最小限に縮めようと奮闘し、生きる、そうすることで生きる、という人間の「習性（=生きる術）」がある。

四　体得・反骨

記憶に残っている靖国神社の桜は、花弁も薄く花の色も淡く、風に散っても匂やかな風情があった。だが、ワシントンの桜は、色さえも淡彩とは言難かった。それは油絵で描かれてこそ相応しい濃厚な花の色であった。［…］この豪華な花々は［…］。ハワイやカリフォルニア育ちの日本人二世や三世を私は思い出さないわけにはいかない。肥満した彼らの肉体と、不完全な日本語と、しかも完璧とは言難い奇妙な英語を持っている彼らが、本国の日本からはまるでかけ離れてしまったように、この桜も祖国のものから変質してしまっているのだ。でなくて、このあぶらっこい風景は何事だろう。(82)

右は、ワシントンを訪問するレイドン夫妻に同行した際、ポトマック河畔の桜を見た時の笑子の感想である。なるほど、たしかに、笑子が渡米する一週間前、メアリイを連れ二人は靖国神社の桜を見ている。(83)プロットも見事であるが、「変質」したワシントンの桜を見て、下す決断が見事である。「日本人のところで働くのはもうやめよう」と笑子は決意する。「私はすでに変質している筈なのだ、ワシントンの桜のように！　私は、ニグロだ！このハアレムの中で、どうして私だけが日本人でありえるだろう」と、自身も変質した、している筈だと言い聞かせ、穴ぐらの隣人が勧める「働いているのが殆どニグロばかり(84)」という縫製工場で働くことにする。

縫製工場

ポトマック河畔で見た淡彩色から濃厚色に変質した桜。笑子は、その桜の花弁が、「あぶらっこい」景色をアメリカの大空に反射させているように、自身も心から変質し、黒人としてアメリカの大地に足をつけ、「優越意識と劣等感が犇いている」[85]「あぶらっこい」人間社会で、家族を力づけ、そして見守りながら、「あぶらっこく」生きよう、生きてみせましょう、と決める。この気概で臨む職場が「穴ぐら」の同胞から聞いたほぼ「黒」一色の縫製工場である。ただし、この時作家が描く笑子には、そこで同僚らとともに「色」の難題を蜂起をしようというような気負いは見られない。傍若無人な「色」を一様に受容する料簡はないにしろ、もはや笑子は「色」についてそれほど「青」くはないということだろう。見られるのは、笑子の反骨の粋。「色」に対する反撥心を原動力に「生きよう」とする反骨の粋である。

おわりに

『非色』——表題を含め、作家はこの作品で一体何度「色ではない」と書いたであろう。しかし、「色ではない」と読むたびに、その行間に「有色」が垣間見えてならない。黒人の夫トムの意気阻喪を擁護する場面においても、笑子は「さすがの私も同じ真っ黒な失意の淵にのめりこんでしまいそうになるのだけれど、泥に足を吸いこまれそうになってもなお私は声をあげて言いたいのだ。色のためではないのだ、と。[86]」と言い、前言の「私ははっきり言うことができる。色ではないのだ[87]」を貫く。これらに「色かもしれない」という作家の葛藤を見てしまうのは、天邪鬼《あまのじゃく》であろうか。他方、作家自身が笑子と同様「硬骨《こうこつ》の人」であれば、「色ではない」、色であってはいけない、と言い通すことで、人種問題に対し「啓発」や「啓蒙」を意図したとも考えられる。胸中は知り得ないが、本稿では、仮に「色かもしれない」としても、「色ではない」と何度も記述する作家の言葉を尊重し、いたずらに掘り下げることなく、「色ではない」に従う。

最後に、再度、三の結尾で「要」として挙げた一節について触れる。「自分より［…］以下のものを設定し［…］自分をより優れていると思いたい[88]」という人間の本質に言及した文字群である。前述したように、この一節は当作品の「要」

といえる。しかし、それを示すことが作家の真意だと短絡しない点を強調したい。きわめて単純で普遍的な「優越したい」という人間の欲望を、理迫《ことわりせ》めて説いたところで、現前する差別の前では、あまりにも無力で無意義だからである。そこで、作家の意図はそれを指摘することではなく、優越心という根源的な人間の性質、そこから生まれる愚行、愚心、その最たるものである「差別（心）」、それらの一つ一つの所為とその背後にある人間の「心模様」を、主人公笑子が経験するさまざまな出来事を通して例証することにあったと理解する。つまり、作品の真意は「要」の周辺に散在するのである。作家は、まるで一本（一枚）の扇子をながめ、調べるように、人の世を見つめ、綴る――要下（かなめもと）から拡がる骨組み、施された模様、基礎の地の「色」、拡げた扇が作る影、また可視できぬがそこに在る「色」、それらすべてを社会、差別が蔓延《はびこ》る実社会、に淡々とかつ眈々《たんたん》と示したのが、小説『非色』であろうと結論する。

・初の長編映画『ハンガー』（2008）を撮り終えた頃、妻が今回の原作を見つけ、「なぜこの話を知らなかったのか」と飛びついた。
・作品のメッセージは見た人が決めてほしい。
・奴隷制のみならず、世界には多くの不正がある。それを誤りだと認識することが大切で、変革の日まで努力し続けなければならない。

なお、この話が事実（実話）であることを証明するような下記の記事が『ニューヨーク・タイムズ』紙（2014年3月4日）に掲載された：

ニューヨーク・タイムズは、ソロモン・ノーサップ（Solomon Northup）氏の誘拐事件についての161年前の報道記事（1853年1月20日）で、同氏の名字が本文中でノースロップ（Northrop）、見出しでノースラップ（Northrup）という誤植があったことを謝罪し、訂正する。併せて、ニューヨーク・タイムズのアーカイブで、161年前の「ノーサップ氏の誘拐事件」に関する弊社の報道記事に目を通して誤植を発見した読者と、そのきっかけとなった映画を製作したハリウッドに感謝する。

『アミスタッド』を見たときにも感じたが、どちらの映画でも捕えられたり誘拐されたりした時点で黒人たちがどういう身分であったかが司法（裁判や官憲での取り調べ）での（勝ち負けを決める）判断の最大のポイントになっている〔映画の中でも繰り返し強調される〕。前者では出生地がアフリカか否か、後者では自由黒人であったか否か ― これらの立証ができるか否かが成否を分ける。当時としては当然のことだという描き方だが、今映画を見ている者としては〔今の通念で判断してしまうので〕違和感を抱いてしまうのは避けられない。この映画の主人公・ノーサップが、自由黒人に戻った後、奴隷制廃止運動に積極的に関与するようになったという史実と、どちらの事件（の報道）も奴隷制廃止運動を促進し、リンカーン大統領による奴隷解放宣言(1861年)の遠因となったと言われていることが救いではある。

と「ヒューマン・クラッシュ」のダブル・ミーニングになっている。最後は黒人がアジア人を助けるヒューマンな話で終わるのかなと思って見ていると、すぐに次の「車と人のクラッシュ」が始まっている（ラスト・シーン）。

アメリカの多人種・多民族にかかわる問題の根が深く、ロサンゼルスのような地区は常に一触即発の危険をはらんでいること、解決が一筋縄ではいかないことなどを訴えた話題作。アカデミー賞・作品賞を受賞。

(10) *12 Years a Slave* (2013)『それでも夜は明ける』(2014)〔映画目録 -49〕

［概要］アメリカで奴隷制度が広がっていた 1841 年。ニューヨーク州のサラトガに住む音楽家の自由黒人の男性がワシントン D.C. で誘拐されて、奴隷として南部のニューオーリンズへ売り飛ばされる。白人たちからむごい差別と虐待を受け続けながらも、家族との再会ができる日が来ることを信じ、12 年間耐え忍ぶ。そしてやっと夜が明ける！

2014 年初頭から立て続けに、本稿の主題である内容の映画 4 作品が日本公開された〔映画目録 -47, 48, 49, 50〕。いずれも話題作だが、このなかでとくに注目されるのが第 86 回米アカデミー賞・作品賞を受賞した本作品である。黒人監督による作品賞獲得は、アカデミー賞の歴史で初めてなので特選 10 作品の最後を飾るのにふさわしいと判断して選んだ。作品賞獲得からも明らかであるが、なかなかの出来栄えの感動的名作。映画の冒頭に「実話に基づく作品である」というキャプションが大きく出る。南北戦争の前の厳しい奴隷制度に翻弄された黒人男性ソロモン・ノーサップの悲劇（実話）を映画化したもの。映画を鑑賞している間、初めから終わりまで、「事実という重み」に圧倒される。マックイーン監督にインタビューした記事（『朝日新聞』、2014 年 3 月 14 日夕刊）から、監督の発言を要約して次に引用する：

・これは私の先祖についての物語だ。〔先祖は一般的な意味での表現〕
・奴隷制を描いた映画は過去にもあったが、現実を描いていないと感じてきた。自分がその穴を埋めたい、不幸な過去をつなぐ映画を作りたいと思っていた。

ンケとの間に生まれた心の交流を象徴しているととるべきであろうか。

映画は、シンケが必死の努力で首枷を外すシーンから始まり、最後は奴隷収容の要塞への砲撃シーンで終わるが、一連の裁判シーンも見ごたえがある。裁判は地方裁判所から巡回裁判所へ、現職の大統領も絡んできて最後は最高裁判所へともつれ込む。そこで前大統領のジョン・クインシー・アダムズがアメリカ合衆国の建国の理念と建国の父たちが目指した理想を引用して被告たちを弁護する〔法廷の壁際に並んでいる建国の父たちの胸像が効果的〕、歴史に残る名演説と言われている。

また、奴隷制廃止のためには南北戦争が不可避だったことを暗示する場面や会話が何度も出てきて、この事件も南北戦争の伏線の一つになったことをうかがわせる。さらに、裁判中にシンケが繰り返し叫ぶ“Give us free!”（自由をわれらに！）は彼が覚えた初めての英語で、無罪釈放・アフリカへ送還という判決後、シンケが弁護士と固く手を握り合って言う“Thank you!”（ありがとう！）がもう一つの英語というのもたいへん印象的である。

余計なことではあるが、この映画は史実を忠実に描いた同じ監督による『シンドラーのリスト』に続く歴史映画の傑作という評価は高いのに、興行的にはあまりヒットしなかった。しかしながら、人種問題に関する映画としては見落とせない映画である。

(09) *Crash* (2005)『クラッシュ』(2006)〔映画目録 -42〕

［概要］クリスマスを間近に控えたロサンゼルス。黒人の二人組が起こした事件をきっかけに、次々に人種・民族が交錯する事故・葛藤が連鎖反応的に発生する。一つのクラッシュが終わったときには、すでに次のクラッシュが…。

監督のポール・ハギス自身が愛車のポルシェをカージャックされた苦い経験に触発されて書いた原案に基づく作品。ロサンゼルスで発生した一つの自動車事故から連鎖的に36時間の間に起こる事件とその人間模様を描いている。白人・黒人・ヒスパニック・アジア系・アラブ系等の多人種・多民族の人たちが次々に登場し、差別・偏見・憎悪の感情や言葉・行為が露出される、オムニバスのような映画である。タイトルの「クラッシュ」は「カー・クラッシュ」

カ西部の未開発の土地、1区画160エーカーを無償で払い下げるというもの。申請時に21歳以上で、米国市民もしくは米国市民（権保有者）になる意思を表明した者に限られていた。黒人・アメリカインディアン・アジア人等は法的に米国市民になる資格がなかったので対象外。移民受け入れの対象となるのは、結局アメリカに出稼ぎにくるのではなくアメリカに永住する意思を持つヨーロッパからの白人ということだった〔その後の法改正により対象は逐次拡大された〕。ランドランとは、「用意、ドン」の号砲で一斉にスタートして目的地（での土地取得）を目指す騎乗レース。目的地には区画分けされた土地が用意されていて、早い者順にいい土地を確保する。先に到着して旗を立てた者がぶんどるといういかにも開拓時代のアメリカらしいやり方で、陣取り合戦のアメリカン・フットボールの原型のような感じである。映画のラスト・シーンでは、主演のトム・クルーズ（ジョセフ役）とニコール・キッドマン（シャノン役）が快走して、水辺の一等地を確保し、立てた旗の下で歓喜の抱擁。

(08) *Amistad* (1997)『アミスタッド』**(1998)**〔映画目録-36〕

［概要］19世紀半ばのアフリカで、ライオンを倒したことで英雄となった男（主人公）が拉致され、53人の仲間たちとともに奴隷船アミスタッド号に乗せられる。キューバ沖で遭難したときに、反乱を起こし船を乗っ取るが、騙されてアメリカのコネチカット州のニューヘイブンへ連れていかれ、裁判にかけられる。元大統領のジョン・クインシー・アダムスらの弁護で無罪となる。しかし、長い船旅を経てたどりついた故郷には、かつての村はなく、彼の家族も消えてしまっていた。

1839年にスペイン籍の奴隷輸送船で実際に起きた奴隷たちによる反乱と船の乗っ取り、それに関してアメリカ合衆国で行なわれた一連の裁判（「アミスタッド号事件」）を描いた歴史映画である。アミスタッドはこの船の名称〔La Amistadはスペイン語で「友情」の意〕であるが、この船中で凄惨な殺戮が行なわれるのだから、何とも皮肉な名称である。裁判で不利な立場にいた被告（奴隷）たちのために、敢然と立ちあがって闘ってくれた人たちと主人公のシ今からこのシリーズを見る人には、基本の第1作〔131〕と新シリーズの第7作〔137〕・第8作〔138〕を推奨する。解説では触れることができなかったが、新シリーズの作品は映像技術的に格段の進歩を遂げていることが大きな話題になっているだけではなく、内容的にもSF娯楽作品の枠を大きく超えて、見る人の心に強く訴えるものがある。「人種（race）の問題」に加え「種（species）の問題」、「先端科学・技術の負の側面」、「戦争やテロという暴力vs.外交や対話という解決策」、「人類の将来」等々、投げかけている問題・課題の質と量に圧倒されると言っても過言ではないと思う。

(07) *Far and Away* (1992)『遥かなる大地へ』(1992)〔映画目録-29〕

［概要］19世紀末、アイルランドの悲惨なジャガイモ飢饉のとき、自分の土地を手に入れられるという夢を抱いてアメリカへ移住した男女のラブ・ロマンス。アメリカに到着後、数々の試練を経て、ついにオクラホマで土地を手に入れるためのホース・レースに出場し、目的を果たす。

物語の発端が1892年、映画が公開されたのが1992年、おそらく100周年を意識（記念）して製作されたのであろう。この物語は、「アイルランドの悲惨なジャガイモ飢饉（1845-1860）」〔移民のプッシュ要因〕＋「アメリカの西部開拓時代(1860-1890)」〔移民のプル要因〕＝「アイルランド人のアメリカへの大移住(1840-1900)」という史実を踏まえてのラブ・ロマンスである。このあたりの歴史に関しては、下記の書：

Paul Spickard, *Almost All Aliens: Immigration, Race, and Colonialism in American History and Identity* (Routledge, 2007)〔図書目録-150〕

の第4章「ヨーロッパ系アメリカ人の新大陸への移住と土地取得、1830-1900」に詳述されている。映画のラスト・シーンで登場してくるホース・レースの記録写真〔1896年9月16日に行なわれた有名なオクラホマ・ランドランの写真〕も掲載されている。なお、2012年は「ホームステッド法（1862年）」制定の150周年に当たるということで、当時この話題がアメリカのメディアや関係学会で盛んに取り上げられた。

ホームステッド法は「アメリカへのドアオープナー」とも言われ、アメリ

この書では、映画の基本シリーズ5作における「人種対立構造」が下記のように解説されている：

	支配階級	中間者	被支配階級
1『猿の惑星』	オランウータン	チンパンジー、ゴリラ	白人
2『続・猿の惑星』	ゴリラ、オランウータン	チンパンジー	白人
3『新・猿の惑星』	白人	ラティーノ、リベラル白人	猿
4『猿の惑星 / 征服』	白人	ラティーノ、黒人	猿
5『最後の猿の惑星』	猿	黒人	白人

なお、原作者のピエール・ブール〔フランス人の小説家〕は戦前、植民地のマレーシアでゴムのプランテーション農場主として優雅な暮らしをしていたが、日本軍の侵攻で何もかも失ってしまい、イギリス軍に従軍して日本軍と戦ったあげく、敗れて日本軍の捕虜となり、強制労働を強いられた。その時の経験を基にして書いたのが『戦場にかける橋（*The Bridge on the River Kwai*)』である。『猿の惑星』も、やはりその時の「立場の逆転」の経験を基にして書いたもので、猿は日本人兵士をイメージしていたのではないかと言われている。

また、映画の猿のメーキャップを担当したジョン・チェンバースがアカデミー賞特別賞を受賞したが、彼がどういうメーキャップをしたものか悩んでいたときに、原作者だったか監督だったかが、日本人の顔とチンパンジーの顔をよく観察しろとアドバイスしたという話を何かで読んだ記憶がある。この映画が日本でも大ヒットした時に、製作者が驚いたという話が伝わっているが、日本では人種問題が絡んだ映画として見る人は少なく、ほとんどの人は単にSF娯楽作品という受け止め方をしたと思われる。

基本となるシリーズは5作〔131, 132, 133, 134, 135〕である。第6作〔136〕は第1作のリメイク版であるが、製作者はリイマジネーション版と称している。第7作〔137〕はリブート版〔新シリーズの起点〕、第8作〔138〕は第7作の続編。このシリーズはまだまだ続きそうだが、ここでは最初に製作されて1968年に公開された作品〔131〕を中心に紹介する。

［概要］アメリカのスペース・シャトルが地球への帰還飛行中に故障し、見知らぬ惑星に不時着する。そこは猿の文明社会で、人間もいるが言葉を話すことができず、原始人のような生活をしている。宇宙船を出て探検に向かった船長らは猿たちの人間狩りに巻き込まれて捕えられる。ようやくのことで逃亡し、猿たちが禁断の地と呼んでいる海岸地帯へたどりつき、意外な光景を目にする。彼らは文明の破壊された未来の地球に還っていたのだ。

前項の映画の解説の末尾で触れたように、この映画が制作・公開された時期は、黒人を中心とする有色人種への差別を糾弾するだけでなく、アファーマティヴ・アクション〔積極的差別是正措置〕が取られ始めたため、白人側から見ると逆差別が始まったと捉える人も出てきて、白人のなかには鬱屈した感情を抱き始めた人たちがけっこう増えてきていた。『猿の惑星』は製作者側に強い意図があったか否かは別として、「鬱屈した感情を煽る効果（一種のバックラッシュ）」があったことは否定できない。少なくとも黒人側にそう解釈した人たちが多かったと言われている。「こんなことが次々に強化されて、有色人種をのさばらせたら、とんでもないことになるぞ」ということを暗示（警告）する映画」であるという批判である。このような観点からこの映画シリーズを解析している文献がアメリカにはいくつかあるが、その中から邦訳書も刊行されている次の書を紹介する：

Eric Greene, *Planet of the Apes as American Myth: Race, Politics, and Popular Culture*, Wesleyan University Press, 1996)

Revised and Expanded edition (Wesleyan, 1998)

エリック・グリーン［著］、尾之上浩司＋本間有［訳］『猿の惑星 ― 隠された真実』（扶桑社、2001）〔改訂増補版（1998）の翻訳〕〔図書目録-080〕

1964-1967年であろう。まさに公民権運動〔1963年8月28日のワシントン大行進と、キング牧師による「私には夢がある！」スピーチがクライマックス〕とその成果である一連の公民権法制定〔1964年7月2日の公民権法 と 1965年8月6日の投票権法〕があった直後である。長年続いていた異人種間〔主として白人・黒人間〕結婚禁止法は憲法違反であると連邦最高裁が満場一致の判決〔ラヴィング対ヴァージニア訴訟〕を下したのは映画公開のちょうど半年前〔1967年6月12日〕であった。余談ではあるが、この映画で青年医師役を演じたポワティエ（黒人）がアメリカ映画史上初の「黒人と白人の合意によるキスシーン」を演じて、当時アメリカ中で大騒ぎになった。

さらに、今ではすっかり忘れられているようであるが、当時マスメディアで大きく報じられていた映画製作と同時進行の異人種間結婚の実話があったので紹介しておく。それはケネディ大統領とジョンソン大統領の2代にわたって国務長官の任にあったディーン・ラスク〔第54代、1961-1969〕の娘（ペギー）の結婚問題である。彼は人種差別反対論者で知られていた。ところが、1967年夏に、娘が結婚しようとしている相手が黒人であることが表沙汰になったとき、彼は結婚そのものには反対しなかったが、国務長官の娘の結婚相手が黒人では大統領に迷惑をかけることになるという理由で辞表を提出した〔結局、大統領は受理せずに終わったが〕。今では子どもの結婚相手どころか本人が黒人である国務長官が二人〔コリン・パウエル（第65代、2001-2005) とコンドリーザ・ライス（第66代、2005-2009)〕も輩出した、まさに隔世の感がある。

映画は、冒頭の概要で紹介したようにハッピーエンド。興行的にも大ヒットし、キング牧師の夢が実現に向かって大きく歩み始めたという気配も出てきた。しかるに、この昂揚感に水をかけるような悲劇が、この映画の公開からわずか4か月後に起きる—1968年4月4日、キング牧師がテネシー州メンフィスで暗殺される。人種差別撤廃の運動とその成果が大きかっただけに、その反動としてのバックラッシュもじわじわと広がってきていた。映画といえども、その例外ではない。次に取り上げる映画もそうした映画の一つである。

(06) *Planet of the Apes* (1968)『猿の惑星』(1968)〔映画目録-131, 132, 133, 134, 135, 136, 137, 138〕

は撃ってはいけない」とか、「モッキンバードを殺すのは罪である」とよく言われていたらしい。この映画でのモッキンバードは無実の罪で起訴され、脱走して殺された黒人・トムのメタファとして使われているが、日本語のタイトルに使うのは無理があると判断したのであろう。

なお、最近の報道〔Russell Berman, "How Harper Lee's Long-Lost Sequel Was Found," *The Atlantic*, February 4, 2015〕によれば、原作者のハーパー・リーが書いた続編の原稿〔50 年以上もの間行方不明であった〕を作者の弁護士が 2014 年に偶然発見、2015 年夏に出版すると発表してアメリカで反響を呼んでいる。タイトル：*Go Set a Watchman*

(05) *Guess Who's Coming to Dinner* (1967)『招かれざる客』(1968)〔映画目録 -12〕

［概要］ 黒人の優秀な青年医師と白人の新聞社社長の娘が恋仲となり結婚を決意する。その報告と結婚の承諾を得るため、二人は女性の両親宅を訪れる。母親は、初めは驚き不安を感じていたが、子どもたちの幸せを願って祝福しようと決意する。しかし、父親はリベラリストで日頃は黒人差別反対を唱えていたにもかかわらず、娘がいざ黒人と結婚しようという事態に直面すると動転してしまい、二人の結婚を認めないといけないと思いながらもなかなか割り切ることができない。男性の両親もやってくるが、息子の相手が白人であることを初めて知り愕然とする。二人は結婚に反対するが、母のほうは子どもたちの様子を見て、何よりも若い二人の愛を信じてやろうという気になる。やがて、頑固だった父親たちも、若い二人のどんな困難にも立ち向かおうとする真剣さと情熱にほだされ、二人の結婚を認めようと決意する。

若い二人の恋物語というより、二組の両親の人種問題をめぐる葛藤が主題。二組とも名演技で、女性の両親役の二人ともアカデミー賞・主演男優賞 / 主演女優賞、男性の両親役の二人とも助演男優賞 / 助演女優賞にノミネートされ、女性の母親役を演じたキャサリン・ヘプバーンが二度目の主演女優賞を受賞した。

この映画は 1967 年 12 月 12 日に公開されたので、企画・制作はおそらくした映画にいくつも出演していて、すでに人気抜群の二枚目スターだったが、演技派俳優としては認められず大根役者と言われ続けていた。この映画の弁護士・フィンチ役の熱演で、大根役者の汚名を返上しただけではなく、『紳士協定』の主演で、惜しくも逸したアカデミー賞・主演男優賞を獲得した。さらに、2003年に米国映画協会が選定した「過去100年の映画ヒーローのトップ50」の第1位にアティカス・フィンチが選ばれた。ペック自身も誠実な正義感の強い人であったと報じられている。政治的にはリベラルな思想の持ち主で、政治にも積極的に参加した。第36代大統領のリンドン・ジョンソン（民主党）から、文民の最高勲章である「自由勲章」を授与されたが、次の大統領のリチャード・ニクソン（共和党）からは、なんと彼の「政敵リスト」に載せられた。

ペックが亡くなったときの『タイム』誌（2003年6月23日号）の追悼記事（というよりは追悼エッセイ）はこの映画の主演を大きく取り上げ、映画の一場面の写真も載せて、「映画の中の役とそれを演じた人を混同するのは危険であるが、どう見ても、役の彼と実際の彼には極めて相通じるものがある」と述べ、「映画における理想主義を体現した人」と最高の賛辞を献じている。日本では、グレゴリー・ペックといえば『ローマの休日』のアン王女（オードリー・ヘプバーン）の相手役であるアメリカの報道記者のジョー・ブラッドレーを思い浮かべる人が多いが、アメリカでは『アラバマ物語』の弁護士 アティカス・フィンチを連想する人が多いようである。

原タイトル（*To Kill a Mockingbird*）を和訳すると「モッキンバード（ものまね鳥）を殺すこと」であるが、これでは日本人には何のことかよくわからないので、人種差別で悪名が高く、かつ本事件発生の場であるアラバマ州での物語ということで『アラバマ物語』という邦題に変えたのであろう。原タイトルは、フィンチが事件に関する子どもたちの疑問に答えたときの次の台詞：「ブルージェイ（アオカケス）は撃ってもいいが、モッキンバード（ものまね鳥）は悪いことは何もせず快い調べで私たちを楽しませてくれるのだから、ものまね鳥を殺すことは罪になる」から取られたもの。アオカケスもものまね鳥も北米産の小鳥だが、前者の鳴き声はギャアギャアと耳障りなのに対して、後者はきれいな声で鳴き、他の鳥の鳴き声の真似もうまい。特にアメリカ南部の州に多く棲んでいて土地の人びとから好かれ、「モッキンバードされない当事者（非ユダヤ系の人たち、実質的に非ユダヤ系の白人たち）間の暗黙の取決め・了解事項（ユダヤ系であることがわかると、一斉によそよそしい態度をとること）」を意味している。換言すれば、「紳士協定とは、紳士という仮面をかぶって非紳士的なことをする協定」。ややうがちすぎかもしれないが、この映画が製作されるまでのハリウッドの映画人の間での不文律〔反ユダヤ主義は映画の主題としては触れないでおこうという暗黙の了解〕も一種の紳士協定であったと言うこともできる。

なお、日系アメリカ人の移民問題や人種問題を扱ったテキストでは「排日移民法」の流れのなかで、②のケースが取り上げられていることが多い。たとえば、下記の書：

Mae M. Ngai, *Impossible Subjects: Illegal Aliens and the Making of Modern America* (Princeton University Press, 2004)〔図書目録 -130〕

では、数か所にわたって「日米紳士協約（the Gentlemen's Agreement）」に関する記述が出てくる。また、映画 *Picture Bride*『ピクチャーブライド』〔映画目録 -32〕のタイトルにもなっている「ピクチャーブライド（写真花嫁）」は、この「日米紳士協約」の余波として生まれたものである。

(04) *To Kill a Mockingbird* (1962)『アラバマ物語』(1963)〔映画目録 -10〕

［概要］1932 年、アメリカが大不況の時、アラバマ州の小さな町に住む男やもめの弁護士アティカス・フィンチとその子供たちの物語。白人の農夫が、娘が黒人の作男に強姦されたと保安官に訴える。不正と偏見を嫌い、何よりも正義を重んじる弁護士は無実の罪で逮捕された黒人の弁護を引き受け必死の弁護をする。しかし、陪審員は有罪と決定。絶望した被告は控訴審を待たずに脱走して殺される。弁護士の子供たちも襲われるが、勇気ある隣人に助けられる。

弁護士の娘役スカウトに相当するハーパー・リーの同タイトルの自伝的小説〔ピューリッツァー賞を受賞した大ベストセラー〕を映画化したもの。この映画も大ヒットした。主演のグレゴリー・ペックは、それまでに大ヒットじ(南北戦争期と戦後の再建期の南部)であり、当然KKKが登場する。主人公のスカーレット・オハラのまわりにいる白人男性たちは、男性主人公のレット・バトラー以外はほぼ全員がKKKのメンバーと想定されている。映画は、奴隷制度やKKKを肯定的に描いているとして「全国有色人種向上協会（NAACP)」等から人種差別映画であると強く批判されたが、原作（小説）に比べるとKKKはかなりぼかした描き方になっている。この点に関しては、青木冨貴子［著］『「風と共に去りぬ」のアメリカ—南部と人種問題—』（岩波新書［新赤版442]、1996）の第2章のなかに「映画と小説の相違点」という項が設けられていて、かなり詳しい解説が出ている。さらに、第1章のなかには「クー・クラックス・クランの誕生」という項、そして第4章のなかには「映画『国民の創生』」という項があり、この映画だけでなく、『国民の創生』〔映画目録-01〕の手引書としても推奨しておきたい。

(03) *Gentleman's Agreement* (1947)『紳士協定』(1987)〔映画目録-03〕

［概要］妻に先立たれた人気ライターのフィルは、週刊誌の編集長の招きでカリフォルニアからニューヨークに転居し、さっそく反ユダヤ主義の記事の執筆を依頼される。ユダヤ人に扮して取材し、反ユダヤ主義の実態を探り、暗黙の秘密協定（紳士協定）の存在を暴く。

ハリウッド映画人にはユダヤ系が多い〔この映画の監督も脚本家もユダヤ系〕が、当時、「反ユダヤ主義」の実態を映画化することはタブー視されていた。それに敢えて真っ向から挑んだ初の作品である。Gentleman's Agreementは「紳士協約」とも和訳され、一般的な意味（『広辞苑（第5版)』による）は：

① 公式の手続きを経ずに結ぶ国際協定。法的拘束力をもたない。
② アメリカへの日本人移民の数を制限する協約。1908年（明治41）日本政府がアメリカ政府に対し好意的に交付した覚書に基づく。日米紳士協約。
③ 互いに相手を信頼して結ぶ取決め。紳士協定。

本映画のタイトルの意味は③のケースで、「存在すること自体がオープンに

「映画目録」に収録した下記の映画のなかでも重要な役を演じている。

Gone with the Wind『風と共に去りぬ』〔映画目録-02〕

Mississippi Burning『ミシシッピ・バーニング』〔映画目録-23〕

Malcom X『マルコムX』〔映画目録-30〕

A Time to Kill『評決のとき』〔映画目録-35〕

なお､この映画は「クローズアップ､フラッシュバック､パンショット」等々の多彩な技巧を取り入れたアメリカ初のスペクタクル巨編であり、映画技術的に映画史上不滅のクラシックと言われている。映画のタイトルをもじって「映画の創生」と評されることもある。現在の映画を見慣れた人には、古臭くて稚拙な作品だという印象しか与えないかもしれないが、人種差別映画のクラシックであり、一見の価値はあると言ってよいであろう。

(02) *Gone with the Wind* (1939)『風と共に去りぬ』(1952)〔映画目録 -02〕

［概要］【第 1 部】南北戦争下のアメリカ南部ジョージア州。大農場タラの地主の娘スカーレット・オハラは美貌ではあるが気性が激しく自由奔放な生き方を信条とする女性。一方的な初恋、意地づくの結婚、しかし、戦争がもたらした不運が続く。【第 2 部】南軍の降伏によって戦争は終結。両親が亡くなりタラ農場の当主となった主人公は、タラを守っていくために、再婚・再再婚し事業に注力する。幸せな時もあるが不幸な事件が続く。初恋の男性への未練が結婚生活に暗い影を落とし続ける。とうとう一人になってしまい、自分が失ったものの大きさに気づくが、自分一人の力で立ち直らなければならない状況に追い込まれる ― 何もかも失ってしまったが、自分にはまだタラがある、タラの大地から力を吸い取るのだと再起を誓う ―「明日という日がある !」と。

『国民の創生』(1915) からわずか 24 年後に、トーキー（無声映画ではなく、音声入りの映画）かつカラー（モノクロではなく、色彩が多色の映画）で制作された世界映画史上最大のヒット作品。娯楽性がきわめて高いので、つい見落としてしまうかもしれないが、舞台背景は『国民の創生』とまったく同

Clansman)』というタイトルで初公開されたが、３か月後に現在のタイトルに変えて全世界に向けて公開された。原作はノース・カロライナ州バプティスト教会の牧師・小説家トーマス・ディクソン, Jr. による反黒人戯曲 3 部作中の第 2 作『クランズマン：クー・クラックス・クランの歴史ロマンス（*The Clansman: An Historical Romance of the Ku Klux Klan*）』である。「KKK の誕生物語」と言ってもいいであろう。本映画は公開当初から現在に至るまで、黒人に対する人種偏見と偏狭な愛国主義が物議をかもし続け、何度も上映禁止になったが、KKK は今でもこの映画を新会員のリクルートに使っていると言われている。第 1 部〔南北戦争期〕と第 2 部〔戦後の再建期〕の 2 部構成。製作年 (1915) から明らかなようにモノクロ（白黒）の無声映画（音声はなく場面を説明する簡単な字幕のみ）。黒人の映画俳優はほとんどいなかった時代なので、黒人の主要登場人物はミンストレル・ショーと同様に白人俳優が黒塗りして演じている。

この映画は人種問題を論じた本でよく取り上げられる。たとえば：

John Hope Franklin, *Race and History: Selected Essays 1938-1998* (Louisiana State University Press, 1990)〔図書目録-049〕

ジョン・ホープ・フランクリン［著］; 本田創造［監訳］『人種と歴史 ― 黒人歴史家の見たアメリカ社会』（岩波書店、1993年）

本書の第7章は、この映画（と原作）の成立過程・内容・反響等についての批判的解説である。

David R. Roediger, *Colored White: Transcending the Racial Past* (University of California Press, 2002)〔図書目録-115〕

本書の第 1 章で、この映画を「人種差別映画の古典」として引用している。

なお、悪名高い KKK は「クー・クラックス・クラン (Ku Klux Klan)」の略称、南北戦争直後に設立されたアメリカの秘密結社（白人至上主義団体）であり、下記の書に詳しい：

David M. Chalmers, *Hooded Americanism: The History of the Ku Klux Klan*（Duke University Press, 1965, 1968, 1981, 1987）〔図書目録 -024〕

KKK はこの映画だけではなく、人種差別を扱った映画にしばしば登場する。

50 *Fruitvale Station* (2013)『フルートベール駅で』(2014)
黒人青年が白人警官に射殺された現実の事件をもとに、青年の最後の　日を描く〔人種差別〕

51 *Cesar Chavez* (2014) 日本公開未定
メキシコ系アメリカ人の農場労働者で、農場労働者の指導者・公民権活動家として活躍したセザール・チャベスの伝記〔移民問題〕

52 *Selma* (2014)『グローリー / 明日への行進』(2015)
マーティン・ルーサー・キング牧師を中心に、1965 年の公民権運動を描く（セルマでの「血の日曜日」）〔人種問題〕

Ⅱ－2　特選 10 作品解説

前項の「映画目録」に収録した映画のなかから、筆者が特に推奨したい 10 作品を選んで、公開順に解説する。

(01) *The Birth of a Nation* (1915)『国民の創生』(1924)〔映画目録 -01〕

［概要］【第 1 部】アメリカ北部ペンシルヴァニア州のストーンマン家と南部サウスカロライナ州のキャメロン家の人たちが南北戦争にのみこまれていく― 子供たちの参戦、戦死、恋愛。奴隷解放、戦争終結、リンカーン大統領の暗殺。南部は大混乱に陥る。【第 2 部】戦後、ストーンマン家は南部に移住し、黒人の平等を実現させようとする。しかし娘が、軍人としての地位を得たかつての召使いの黒人に無理やり求められ、断崖から身を投じて死ぬ。兄は黒人に復讐するため、白人の子供が白い布をかぶり、幽霊の格好をして黒人の子どもを怖がらせているのにヒントを得て、白衣・白覆面の白人軍団クー・クラックス・クラン（KKK）を結成。白人と黒人の葛藤は続くが、KKK 団の活躍で南部の大混乱は収束。白人支配社会という新しい秩序の下に、国民は一丸となる：国民の創生！

人種（差別）映画の古典。1915 年にカリフォルニアで、『クランズマン（*The*

(2003)
ギリシア系アメリカ人女性とアメリカ人男性の恋愛と結婚〔エスニシティ〕
41 *Spanglish* (2004)『スパングリッシュ　太陽の国から来たママのこと』(2006)
南米から米国に入国した母娘と裕福な白人家庭との交流と摩擦〔異文化交流と摩擦〕
42 *Crash* (2005)『クラッシュ』(2006)
ロサンゼルスで発生した一つのクラッシュ（交通事故）を起点に、次々に起こる多民族国家ならではのクラッシュ（車や人びとの衝突）〔異人種間抗争、異民族間抗争、人種偏見、ヘイト・クライム〕
43 *Gran Torino* (2008)『グラン・トリノ』(2009)
ポーランド系アメリカ人とアジア系アメリカ人（モン族）少年の交流〔人種差別、ヘイト・クライム〕
44 *The Secret Life of Bees* (2008)『リリィ、はちみつ色の秘密』(2009)
南部の黒人３姉妹が営むはちみつ農家で生活をともにする白人少女の成長〔人種差別〕
45 *The Princess and the Frog* (2009)『プリンセスと魔法のキス』(2010)
黒人女性 (プリンセス) と白人男性（プリンス）、ディズニー映画初の黒人のお姫様〔人種間結婚〕
46 *Lincoln* (2012)『リンカーン』(2013)
アメリカ史上もっとも愛された大統領リンカーンの伝記・戦争ドラマ〔奴隷制度〕
47 *The Immigrant* (2013)『エヴァの告白』(2014)
ポーランドから移民船でニューヨークにたどりついた女性が過酷な試練を生き抜く〔移民〕
48 *The Butler* (2013)『大統領の執事の涙』(2014)
ケネディら７人の大統領の執事として 34 年間働いた黒人執事の波乱に満ちた生涯〔公民権運動等〕
49 *12 Years a Slave* (2013)『それでも夜は明ける』(2014)
ニューヨークの自由黒人が誘拐され南部で奴隷として過ごし、12 年後にようやく自由を取り戻す（19 世紀に起きた実話に基づく）〔奴隷制度〕

ロシア系ユダヤ人移民家族の絆と崩壊〔移民、アメリカン・ドリーム〕

29 *Far and Away* (1992)『遥かなる大地へ』(1992)

19 世紀、アイルランドからの移民のアメリカン・ドリーム（土地取得）〔移民〕

30 *Malcom X* (1992)『マルコム X』(1993)

黒人解放運動家のマルコム X の自伝〔人種差別、公民権運動〕

31 *The Joy Luck Club* (1993)『ジョイ・ラック・クラブ』(1994)

中国からの移民の母親たちとその二世の娘たち〔異人種間結婚〕

32 *Picture Bride* (1994)『ピクチャーブライド』(1996)

「写真（だけで）花嫁（となる）」形式で渡米した日本人女性たち〔人種差別、移民〕

33 *Jefferson in Paris* (1995)

『ある大統領の情事』→ (改題)『ジェファーソン・イン・パリ / 若き大統領の恋』(1998)

白人男性（ジェファーソン大統領）と黒人（混血）女性〔異人種間カップル〕

34 *Pocahontas* (1995)『ポカホンタス』(1995)

アメリカインディアン女性と白人（イギリス人）男性〔異人種間結婚〕

35 *A Time to Kill* (1996)『評決のとき』(1996)

白人対黒人のヘイト・クライムの法廷闘争〔人種差別〕

36 *Amistad* (1997)『アミスタッド』(1998)

19 世紀、奴隷輸送船で実際に起きた奴隷たちによる反乱事件の裁判〔奴隷制度〕

37 *Snow Falling on Cedars* (1999)『ヒマラヤ杉に降る雪』(2000)

日系アメリカ人の殺人容疑の裁判〔人種偏見〕

38 *Bamboozled* (2000) 日本未公開

「ミンストレル・ショー」を使って、黒人向けのテレビ映画を皮肉ったコメディ（差別用語のオンパレード）〔人種偏見〕

39 *8 Mile* (2002)『エイトマイル』(2003)

白人・富裕層と黒人・貧困層を隔てる「8 マイル・ロード」、それを超えようとする挑戦、それを跨ぐ悲恋〔人種偏見、人種差別〕

40 *My Big Fat Greek Wedding* (2002)『マイ・ビッグ・ファット・ウェディング』

17 *Huckleberry Finn* (1974)『ハックルベリーの冒険』

白人少年と逃亡奴隷少年の友情と冒険譚〔奴隷制度、人種差別〕

18 *Rocky* (1976)『ロッキー』(1977)

黒人天下のプロボクシング界へのプアホワイト（貧乏白人であるイタリア系アメリカ人）の挑戦〔エスニシティ、人種問題、アメリカン・ドリーム〕

19 *Once Upon a Time in America* (1984)『ワンス・アポン・ア・タイム・イン・アメリカ』(1984)

ニューヨークのユダヤ人ゲットーで育ったギャング（ユダヤ系移民の子）の生涯〔エスニシティ〕

20 *Year of the Dragon* (1985)『イヤー・オブ・ザ・ドラゴン』(1986)

ニューヨークのチャイニーズ･マフィア 対 イタリアン･マフィアの抗争〔異人種間闘争〕

21 *The Color Purple* (1985)『カラー・パープル』(1986)

虐げられた黒人女性が一人の人間として目覚めていく人間ドラマ〔差別、女性虐待〕

22 *Good Morning Babilonia* (1987)『グッドモーニング・バビロン！』(1987)

映画草創期のハリウッドに乗り込むイタリアからの出稼ぎ職人兄弟〔エスニシティ〕

23 *Mississippi Burning* (1988)『ミシシッピ・バーニング』(1989)

3 人の公民権運動家の失踪（殺害）事件〔公民権運動、ヘイト・クライム〕

24 *Do the Right Thing* (1989)『ドゥー・ザ・ライト・シング』(1990)

ニューヨークの黒人と少数民族（イタリア系アメリカ人等）〔人種差別、人種間抗争〕

25 *Dances with Wolves* (1990)『ダンス・ウィズ・ウルブズ』(1991)

北軍の白人将校とアメリカインディアン〔異人種間交流、少数民族虐殺〕

26 *Green Card* (1990)『グリーン・カード』(1991)

アメリカ人女性とフランスからの移住男性の偽装結婚〔移民問題〕

27 *Come See the Paradise* (1990)『愛と哀しみの旅路』(1991)

第 2 次大戦下の在米日系人の強制収容を背景に、実話を基にして描かれた日系人女性とアメリカ人男性の恋愛と悲劇〔人種間結婚、人種差別〕

28 *Avalon* (1990)『わが心のボルチモア』(1991)

08 *Hell to Eternity* (1960)『戦場よ永遠に』(1960)
日本人の家庭で育てられた白人兵士〔対日戦争〕
09 *West Side Story* (1961)『ウエスト・サイド物語』(1961)
イタリア系アメリカ人とポーランド系アメリカ人の非行少年団 対 プエルト・リコ系アメリカ人の非行少年団、敵味方の少年・少女の悲恋〔エスニック間の闘争と恋愛〕
10 *To Kill a Mockingbird* (1962)『アラバマ物語』(1963)
白人女性への暴行容疑で逮捕された黒人青年の弁護をする白人弁護士〔人種偏見〕
11 *In the Heat of the Night* (1967)『夜の大捜査線』(1967)
黒人敏腕刑事の活躍と白人署長〔人種差別、公民権運動〕
12 *Guess Who's Coming to Dinner* (1967)『招かれざる客』(1968)
黒人青年医師と白人女性の結婚をめぐる親たちの葛藤〔異人種間結婚〕
131 *Planet of the Apes* (1968)『猿の惑星』(1968)
人間（白人を表象）と猿（黒人等のマイノリティを表象）の立場の逆転世界［SF］〔逆人種差別〕
132 *Beneath the Planet of the Apes* (1970)『続・猿の惑星』(1970)
133 *Escape from the Planet of the Apes* (1971)『新・猿の惑星』(1971)
134 *Conquest of the Planet of the Apes* (1972)『猿の惑星・征服』(1972)
135 *Battle for the Planet of the Apes* (1973)『最後の猿の惑星』(1973)
136 *Planet of the Apes* (2001)『猿の惑星』(2001)［リイマジネーション］
137 *Rise of the Planet of the Apes* (2011)『猿の惑星：創世記』(2011)
138 *Dawn of the Planet of the Apes* (2014)『猿の惑星：新世紀』(2014)
14 *Soldier Blue* (1970)『ソルジャー・ブルー』(1971)
白人 対 アメリカインディアン〔少数民族の虐殺〕
15 *Little Big Man* (1970)『小さな巨人』(1971)
白人 対 アメリカインディアン〔少数民族の戦い〕
161 *The Godfather* (1972)『ゴッドファーザー』(1972)
イタリア系アメリカ人一族（マフィア）の栄光と悲劇〔エスニシティ〕
162 *The GodfatherII* (1974)『ゴッドファーザーⅡ』(1975)
163 *The GodfatherIII* (1990)『ゴッドファーザーⅢ』(1991)

い15作品とアメリカのテレビ映画5作品を含む〕を収録した労作であり、解説も映画評論を超えて人種問題等を含む文化論にも及んでいる個所も多く、たいへん参考になる。巻末に参考資料〔単行本・雑誌・新聞のリスト〕も収録されている。

Ⅱ－1　映画目録

⑴ アメリカでの公開順に、タイトルと（公開年）を記載する。ただし、続編は初回作品に続けて収録する。52項目（61作品）。
⑵ ほとんどの作品が日本でも公開されている。『邦題』と日本での（公開年）を併記する。
⑶ 登場人物・グループと概要ならびに〔主題〕を略記する。

01 *The Birth of a Nation* (1915)『国民の創生』(1924)
南北戦争とその後の再建時代の白人対黒人の対立・抗争、KKKの誕生物語、アメリカ映画初の長編作品〔奴隷制、人種差別〕

02 *Gone with the Wind* (1939)『風と共に去りぬ』(1952)
南北戦争時代の気性の激しい南部女の半生と彼女を取り巻く人々を描いた壮大なロマン・大スペクタクル〔奴隷制、人種問題〕

03 *Gentleman's Agreement* (1947)『紳士協定』(1987)
主人公がユダヤ人をよそおって、ユダヤ人の排斥運動を暴く〔反ユダヤ主義・運動〕

04 *Broken Arrow* (1950)『折れた矢』(1955)
白人とアメリカインディアン〔異人種間結婚、少数民族虐殺〕

05 *Go for Broke!* (1951)『二世部隊』(1951)
日系二世（第442部隊）〔日系アメリカ人のアイデンティティ〕

06 *Bad Day at Black Rock* (1955)『日本人の勲章』(1955)
日本人･日系二世（二世部隊）（に絡むストーリーだが劇中には登場しない）〔人種偏見〕

07 *Sayonara* (1957)『サヨナラ』(1957)
日本人女性と米国軍人〔異人種間恋愛〕

[映 画]

津田塾大学大学院文学研究科の「アメリカ文化コース（2001-2014年度の飯野正子教授のセミナー）」で取り上げられた「アメリカの人種・エスニシティを主題にしたアメリカで公開された映画」をベースにして映画目録を作成し（Ⅱ－1）、このなかの特選10作品について解説する（Ⅱ－2）。

① 主題のアメリカ映画に関して、さらに詳しく（網羅的に）知りたい方には、下記の書を推奨する：

Harry M. Benshoff and Sean Griffin, *America on Film — Representing Race, Class, Gender, and Sexuality at the Movies* (Second Edition), Wiley-Blackwell (2009)

本書の第2部（人種・エスニシティとアメリカ映画）のなかの下記の項が参考になる。

・白人性の概念；ヨーロッパ系アメリカ人とアメリカ映画〔158〕
・アフリカ系アメリカ人とアメリカ映画〔146〕
・アメリカ先住民（ネイティヴ・アメリカン）とアメリカ映画〔68〕
・アジア系アメリカ人とアメリカ映画〔141〕
・ラティーノとアメリカ映画〔119〕

〔　〕内の数字は、その項の解説文中に出てくる作品名（映画のタイトル）の数（筆者がカウントした概数）であり、合計632にのぼるが、日本未公開の作品も多い。

なお、初版の刊行から5年後に、この第2版が刊行されているので、今後のアップデイト版も期待できそうである。

② アジア系アメリカ人を取り上げたアメリカ映画（全般）に関して、さらに詳しく（網羅的に）知りたい方には、下記の書を推奨する：

村上由見子『イエロー・フェイス － ハリウッド映画にみるアジア人の肖像』［朝日選書469］（朝日新聞社、1993）

本書は、271作品〔ただし、ヨーロッパ等で制作されたアメリカ映画でな

WH の定義のゆらぎ（＝ NW の定義のゆらぎ）− 時代や社会情勢に応じた変遷 − は、まさに、人種というものの社会的・文化的構築性を如実に示していると言ってよいであろう。

アメリカ社会では、昔も今も中間人（IB 扱い）は事実上無視され、人種の二分法が根付いている。かつては専ら「白人（WH）/ 非白人（NW）」の二分法が幅を利かせていたが、最近では「黒人（BL）/ 非黒人（NB）」の二分法が台頭してきている〔たとえば、*Who Is White?* By George Yancey〔図書目録-120〕〕。

上記の筆者の見解とも重複するが、本書の結びの言葉（最終頁の二つのパラグラフ）を筆者なりに思い切って要約すると「WH の範疇がいくら拡大しても、二分法は健在であり、BL が WH の対極に置かれ続けることも変わらないであろう」と、本著者はかなり冷めた見方をしている。前記のジョージ・ヤンシーも同じ見方ではあるが、IB（ラティーノやアジア系アメリカ人）の今後の動向（役割）にかなりの期待感をにじませている。

実は、原著書は刊行（2010/3/15）後すぐに、『ニューヨーク・タイムズ』紙のベストセラーになり、『ニューヨーク・タイムズ』紙（2010/3/28）に、ニューヨーク大学歴史学教授のリンダ・ゴードンによる（前記のジョージ・ヤンシーの著書のタイトル—*Who Is White?*—とまったく同じタイトルの）かなり長文の書評が掲載された。筆者は当時「ホワイトネス・スタディ」への関心が大きかったので、さっそく本を取り寄せ、ほぼ読み終えたころに、すぐに邦訳版が出版されたので、その速さに驚いた。アメリカの白人と白人性について新しくよくまとめられた好著として推奨する。

録 -144〕もあるが、「アメリカ黒人の歴史」については、敢えて別の著者のものを紹介した〔図書解説 -07〕。本著者〔1942 年生まれ〕は生後 10 週のときに、一家がヒューストン(テキサス)からオークランド(カリフォルニア)に移住〔いわゆる「黒人の第二次 (1940-70) 大移住」〕している。

本書は、著者が序文で「書名を『アメリカにおける白人の形成－古代から現代まで』とすべきだったかもしれない」と述べているように、「第 1 章：ギリシア人とスキタイ人」から説き起こし、最後の「第 28 章：アメリカにおける白人の範疇の四度目の拡大」という現状の解説まで、アメリカにおける白人の範疇の形成史と言ってよいであろう。膨大な史料を調べ、さまざまな視点から、アメリカにおける「白人なるもの（ホワイトネス)」がいかに形づくられてきたのかを論考している。

筆者なりに、アメリカ人（AM）を大きく白人（WH）と非白人（NW）に二分すると：

AM = WH +NW と表すことができる。しかし、実際には WH と NW にクリアカットできるわけではなく、その中間に「WH でもあり、NW でもある人たち」がいる、「WH でもなければ、NW でもない人たち」とも言える。この人たちを仮に中間人（イン・ビトゥイーンの人たち；IB）と呼ぶことにすると、AM = WH + IB + NW と表すことができる。本書は、「(アメリカにおける）白人の歴史」のなかで「白人」、もしくは「白人の白人たる所以（ホワイトネス)」が、いかに変遷してきたかを詳しく解説したものと言ってもよいであろう。まずは、NW の範疇を決めて（IB も含めて WH と同等と見なしたくない人たちを NW と決めて)、消去法［WH = AM － NW］で、WH を決める。著者は、アメリカ史のなかで、WH の範疇の拡大（= NW の縮小や、IB の WH への変更等)が下記の四度あったと述べている：

Ⅰ（第 8 章）初期のアメリカ白人観察記、と以降の数章にわたって記述されている「アメリカ白人性（の定義）の拡大」

Ⅱ（第 14 章）アメリカ白人性（の定義）の二度目の拡大

Ⅲ（第 26 章）アメリカ白人性（の定義）の三度目の拡大

Ⅳ（第 28 章）アメリカ白人性（の定義）の四度目の拡大

という切り口でアメリカの移民史を明解に記述している好著と言ってよいであろう。本の表紙を飾る三葉の写真（カラー写真二葉と白黒写真一葉）が大変印象的である〔テキストの本文中には、特に説明している個所はないが、裏表紙にクレディットの記載がある〕：

① ニューメキシコ州とテキサス州とメキシコのチワワ州が合流する地点にある高い山の山頂にある大きなキリストの十字架像への巡礼者たちのカラー写真
② カリフォルニア州のマンザナー強制収容所跡にある慰霊塔での巡礼者たちの法要のカラー写真
③（黒人の第二次大移住が始まった頃の）イリノイ州シカゴにある黒人教会横を、祈りを唱えながらイースター行進をする黒人たちの白黒写真

表紙を見ただけで、急いでなかに目を通したくなったという記憶がある。「形あるものとしての宗教（慣行・制度・機関）」と「心の中にあるものとしての宗教（意味・目的・効能）」という二つのアプローチで、アメリカにおける宗教の多岐化を究明しながら、下記の構成で、移民の同化・定着を論じている〔延べ20名の専門筆者の論文を編集〕：

第１部　イタリアおよびメキシコからの移民の統合
第２部　日本および朝鮮からの移民の改宗
第３部　ヨーロッパのユダヤ教徒およびアラブのイスラム教徒の移民による新しい宗教の持ち込み
第４部　アフリカ系アメリカ人およびハイチからの移民の宗教の多様化

(10) Nell Irvin Painter, *The History of White People* (W. W. Norton & Company, Inc., 2010)〔図書目録 -167〕

著者は、プリンストン大学名誉教授（アメリカ史）、アメリカ歴史協会会長、アメリカ南部史学会会長を歴任。アメリカの人種問題・黒人問題に関する著書が多数あり、そのなかに「アメリカ黒人の歴史」についての著書〔図書目

721頁に及ぶ大作ではあるが、効果的な図表・写真・数値等が適切に駆使（配置）されていて大変読みやすい〔筆者は繰り返し数回通読したが、読むごとに頭の中が整理されて行くと感じた〕。移民の歴史と人口構成の変遷をタテ軸として、アメリカにおける移民の形と意義を明確な像として描き出している。印象に残っている具体例をいくつか挙げる：

・冒頭で、人種・エスニシティ・移民・植民地主義等に関連する重要な歴史的出来事が、2004年から1620年へと遡及して紹介されている。さらに、巻末(Appendix A)には、同期間の移民法・帰化法・関連判決（計101件）が年表として掲載されていて参考になる。

・Almost All Aliensという頭韻を踏んだ本のタイトルも印象的であるし、大部の本の記述内容の進行に合わせて節目節目に（各章ごとに）挿入されている人種構成を示す円グラフも効果的である（視覚的に記述内容の理解を助けてくれる）。

・巻末（Appendix B）の各種の統計数値の表は貴重であるし、文献の数と質にも圧倒される〔合計1,052の注記(Notes)のそれぞれに数件～数十件の文献が収録されていて、筆者のカウント（概数）では、2,300を超える膨大な数の参考図書が網羅されている〕。

肝心の本文（本論）は、人種をアメリカの移民史の周辺に置くのではなく、中心に据えて解析するというアプローチで、新しいコンセプトやパラダイムが次々に展開される。しかも読みやすくかつ説得力も大きい。一度は目を通してみることを強く勧めたい。

(09) Richard Alba, Albert J. Raboteau & Josh DeWind, ed., *Immigration and Religion : Comparative and Historical Perspectives* (NYU Press, 2008)〔図書目録 -161〕

アメリカの人種・エスニシティ・移民等の問題を取り扱うと、宗教が必然的に絡んでくるが、欧米の宗教問題は、われわれ日本人にはハードルがかなり高いと言わざるを得ない。本書は「宗教」を中軸に据えてというか、宗教年）まで刊行された。第 7 版（1994 年）以降のタイトルは *A History of Negro Americans* が *A History of African Americans* に改められた。第 7 版と第 8 版（2000 年）には共著者としてアルフレッド・A・モスが名を連ねている。最新版の第 9 版（2010 年）では、ジョン・ホープ・フランクリンの愛弟子であるエヴリン・B・ヒギンボサムが共著者になっている。フランクリンはこの分野の最高峰と言われていた人（2009 年に逝去）であり、ヒギンボサム女史は今やこの分野の第一人者と言われている人である。この第 9 版は大改訂・大増補版〔80% ぐらい書き直したと伝えられている〕で、2008 年の初の黒人大統領（オバマ）の誕生までカバーしていて、内容・製本（装丁）・読みやすさのいずれの点でも高い評価を得ている。筆者は古い版しか読んでいなかったので、本稿を書くに当たって入手し実物を目にしたとき、これが学術書（テキスト）なのかと驚いた。大判（25 × 20 × 2.5）の多色刷りで、収録されている図表・写真・地図・イラスト・見出しなども大変わかりやすく、文章も読みやすくわかりやすい。今後とも「アメリカ黒人の歴史」の定番本としての地位は揺るがないのではなかろうか。ベストセラーかつロングセラーであり続けるであろうと改めて感じた。

〔シュレシンジャーの *The Disuniting of America* の解説で、学術書としては異例のベストセラーであったと書いたのは、たしか 20 万部か 30 万部の発行部数という当時読んだ『ニューヨーク・タイムズ』紙の記事を記憶していたからであった。当時はそれでも驚異的だと思っていたが、本書は半世紀を超える息の長い書とはいえ、10 年ぐらい前に調べた時に、すでに累計発行部数が、300 万部を超えていた〕

(08) Paul Spickard, *Almost All Aliens: Immigration, Race, and Colonialism in American History and Identity* (Routledge, 2007)〔図書目録 -150〕

著者は、カリフォルニア大学サンタ・バーバラ校の歴史学部教授。研究分野は、アメリカの人種・民族・移民・歴史・文化・宗教・アイデンティティ等々、多岐にわたる。

本書は、著者の広範な知識と深い洞察力と創見が生み出した名著と言ってよいであろう。

版が目に留まったのでさっそく通読した〔原典のほうは、本稿を書くために後で目を通した〕。本書は邦訳書のタイトル（アメリカの奴隷制と黒人 — 五世代にわたる捕囚の歴史）が示しているように、アメリカにおける黒人の歴史を下記の五世代に分けて論じている：

プロローグ	奴隷制と自由
第1章	チャーター世代（第一世代）
第2章	プランテーション世代
第3章	革命期世代
第4章	移住世代
エピローグ	解放世代

時代区分は「期」ではなく、人に着目して「世代」となっている。奴隷制を軸にして論じているので、カバー範囲は、アフリカ人奴隷が北米〔当時、スペイン植民地であった現在のフロリダ〕に運び込まれた1565年ごろから、南北戦争後に奴隷制が廃止された1865年ごろまでの300年間である。筆者には、「奴隷のいる社会（societies with slaves）」、「奴隷制社会（slave societies）」、「自由社会（free societies）」の使い分けが興味深かった。「自由社会」とはいっても、公式の奴隷制廃止の前でも、公式の奴隷制廃止の後でも、アメリカにおける黒人の実質的な「捕囚（状態）」は続いていたと言わざるを得ないが。最近書かれた本であり、かつ読みやすい本なので、アメリカの奴隷制と黒人の歴史を知るための好著として取り上げた。しかしながら、「アメリカ黒人の歴史」に関するテキスト（定番本）としては下記の書に触れないわけにはいかないので以下に補足する〔もともとはこの本を再読するつもりだったが、後述するようにこの本の最新版に目を通すことになった〕：

John Hope Franklin, *From Slavery to Freedom: A History of Negro Americans*, 1st edition (Knopf, 1947)〔図書目録 -015〕

この書は、初版刊行（1947年）以来、「アメリカ黒人の歴史書」としての評価が定着し、版を重ねていて、猿谷要等による邦訳書（1978年）〔図書目録 -015に収録：原著の第4版（1974年刊）からの翻訳〕もある。〔図書目録〕に略記したように、改訂しながら第1版と同タイトルで第6版（1988

明している本や事典もあるが、「エ・プルリブス・ウヌム」はアメリカの国璽やアメリカのコインのなかに変わることなく現存しているし、何かでアメリカの国論が分裂して危機に陥ると、心あるリーダーが国民にこの句を想起することを呼びかける。最近の例では、若き上院議員にすぎなかったオバマに大統領への途を切り拓いたとされる2004年の有名なスピーチはこの句を使って国民が一つになろうと訴えた。

Pluribusはmany（→plurality）、Unumはone（→unity）、E Pluribus Unumはout of many, one、より英語らしくするとone out of manyで「多から一を取り出すこと；多数からできた一つ；多様の統一」などと邦訳されることが多い。シュレシンジャーは最終章で、アメリカ合衆国における「多様性（plurality）」と「統一性（unity）」のバランスをいかにして回復させるかが重要課題であり、アメリカ国民の素晴らしい多様性の正当な評価と個人の自由・政治的民主主義・基本的人権という基盤の上に国民を統合することの重視とを組み合わせるのが我々の責務であると述べ、これこそがアメリカの国民性を定義づける考え方であり、かつこれは今日、あらゆる大陸・あらゆる人種・あらゆる信条の人びとに力を付与する考え方であると力説している。

なお、第3版に巻末付録として追加収録された「シュレシンジャーのシラバス:アメリカ理解のための13冊の必読書」は貴重な指針である。本稿の〔図書目録〕に収録した図書では、〔002, 004, 013, 017〕がこのなかに入っている。

(07) Ira Berlin, *Generations of Captivity: A History of American Slaves* (Harvard University Press, 2003) 〔図書目録 -128〕

著者は、メリーランド大学歴史学科特別功労教授、歴史学の研究・教育に従事、アメリカの奴隷制研究の第一人者と目されている〔個人的なことではあるが、学部学生時代の専攻が筆者と同じ化学ということで、筆者はなんとなく著者に親しみを覚えた〕。実は、最後〔図書解説 -10〕に紹介する下記の書:

Nell Irvin Painter, *The History of White People* (W.W. Norton & Company, Inc., 2010)〔図書目録 -167〕

をほぼ読み終えて、この機会に「アメリカ黒人の歴史」の本も読み直しておきたいと思って大学図書館へ本を探しに行ったときに、たまたま本書の邦訳て事典的に活用するのにも好適な書である。

(06) Arthur Schlesinger, Jr., *The Disuniting of America: Reflections on a Multicultural Society* (1991); Revised and Enlarged edition (W. W. Norton, 1998)〔図書目録 -055〕

著者のシュレシンジャー（Jr.）は、同姓同名の父と同じくハーバード大学などの歴史学教授を歴任し、ケネディ大統領の特別補佐官として活躍、アメリカ随一の歴史学者としてあまりにも著名であったが、2007 年に逝去した。本書は、学術書としては異例のベストセラーとなり、初版 (Whittle Direct Books, 1991)、第 2 版（W. W. Norton, 1992）、第 3 版 (W. W. Norton, 1998) と版を重ねている。なお、〔図書目録〕に収録した邦訳書の原典は第 1 版（序説のみ第 2 版から）である。これから読む人には第 3 版を読むことを強く推奨する〔原文は、あたかもスピーチ原稿であるかのような、流暢でかつ力強い文章で書かれていて著者の心情がよく伝わってくる〕。1980 年代のアメリカにおけるエスニシティ重視の行き過ぎ〔エスニシティの急激な高まり、エスニシティというオカルト、過激な多元主義といった表現が本文中で繰り返し使用されている〕を憂慮し、このようなことが続くと、アメリカの建国の理念―アメリカをアメリカたらしめているもの― を脅かし、ひいてはアメリカの分解・分裂をもたらしかねないと危惧し、いわば警世の書としてこの本を上梓したと述べている。

本書の最終章（第 5 章）は「エ・プルリブス・ウヌム？（E Pluribus Unum?）」をタイトルとして掲げている。「エ・プルリブス・ウヌム」というラテン語の成句〔英語の読み方とはやや異なるが、ほぼ定着しているカタカナ表記を採用〕は、かなり昔から知られていたが、アメリカ建国初期に、アメリカ合衆国のナショナル・モットーとして採択されたもので、「最初のナショナル･モットー」とか、「非宗教的ナショナル･モットー」と呼ばれている。1956 年に「新たな（代わりの）ナショナル・モットー」とか、「宗教的ナショナル･モットー」と呼ばれる新しく採択されたナショナル･モットーである「われわれは神を信じる（In God We Trust)」に取って代わられた〔あるいは、「エ・プルリブス・ウヌム」は 1956 年より前のナショナル・モットーである〕と説外ではない、というより必須である。判例書（英米は日本と異なり判例法を採用）とか法律関係の書は、門外漢には難解なことが多いので選択が難しいが、本書は筆者が利用したもののなかではもっとも役に立った。

著者はハーバード・ロースクールで初めて終身地位に就いた黒人教授で、「批判的人種理論（CRT）」の創始者である。学者・法律家としてだけではなく公民権運動等の活動家としても著名である。本書は、人種・人種差別に関するケース・ブック〔解説付きの判例集〕としての評価が高く、1973 年に初版が刊行されてから 35 年間にわたって逐次改訂されて 2008 年に最新版（第 6 版）が刊行された。それ以降も重要な判決が続いているので、次の増補・改訂版を期待していたが、残念ながら著者が 2011 年に逝去してしまった〔後継版が出ることを期待したい〕。

また、著者は積極的行動主義者としても学内外で多彩な活動をしていて、毀誉褒貶をあまり顧みなかったようである〔オバマ大統領との関係で保守派から何度も攻撃されたことがあると伝えられている〕。筆者が通読したのは第 5 版（2004 年）であるが、最初の見開きの頁に、学術書としては異例の下記のイラストと著者の献辞〔アメリカの歴史の中で、リスクを顧みずに、アメリカの過ちに抗議の声をあげてきたこういう勇気あるすべての人たちにこの書を捧げる〕が掲載されている：

> 1968 年のメキシコ・オリンピックの表彰台で二人の黒人選手（金メダリストと銅メダリスト）が黒い手袋をはめた拳を天に向かって突きあげている有名なシーン。この時の二人のシルエットをイラストにしたもの。当時、大変な物議をかもした事件である。表彰式後の記者会見で、両選手は「アメリカの黒人差別に抗議するためのデモンストレーションだ。ブラック・パワーを誇示したかった」と語ったが、代償として、表彰式の翌日、二人ともアメリカ・オリンピック委員会から、選手団からの除名、さらに永久追放の処分を受けた。

筆者が最初に利用したのは、§ 5.3「ブラウン対トピーカ教育委員会事件」と、§ 7.2.3「ラヴィング対ヴァージニア事件」の項だったが、背景・意義等もよく理解でき、当時たいへん役に立った。無理に通読しなくても、必要に応じルの第三者としての冷徹な観察力や心情がよくうかがえる。それにしても調査・研究はきわめて多岐にわたり、当初に依頼された「総合的研究」の名に恥じない内容であると言ってよいであろう。後から見ると、また当事者のアメリカ人の目から見ると、いくつかの書評で指摘されているように、文句をつけたい箇所があるのは致し方ないであろう。

著者は、最後（1,021-1,024頁）〔第11部「アメリカのジレンマ」・第45章「アメリカはニグロ問題で再び岐路に」・第10節「アメリカの好機」〕に、アメリカの若々しい道徳主義的な楽観主義に言及し、サブタイトルに「ニグロ問題」と対比して挙げている「（アメリカの）最新式の民主主義」がこの困難な問題（ニグロ問題）を克服するであろうという期待感をにじませて締めくくっている。その要点は：

・この問題の明るい面は、アメリカにおける「カラー・カースト」の克服はアメリカ（人）自身が心の底では強く願望していること
・アメリカ（人）は国内でも国外でも「民主主義」へ向かう努力を続けており、「アメリカの信条」の漸進的実現が大きな潮流となるであろうこと
・「ニグロ問題」はアメリカ（人）の最大の失敗ではあるが、それだけにとどまらず、未来に向けての比類なき偉大な挑戦機会と捉えることもできること
・アメリカ（人）の若々しい道徳的楽観主義が必要とされるが、大いに期待できると信じていいと思われること
・アメリカ（人）は「ニグロ問題」を自分たちの負債のままにしておくか、その解決を自分たちの好機にしていくか、どちらでも自由に選べるが、後者の選択をする公算が大きいこと

(05) Derrick Bell, *Race, Racism, and American Law* (1973); the latest (6th) edition (Aspen Publishers, 2008)〔図書目録 -029〕

アメリカでは、学術的なことにせよ、政治的・経済的・文化的なことにせよ、あらゆる局面で法律的なことを抜きにして論ずることはできないと言っても過言ではない。「人種・エスニシティ」関連のスタディにおいても、これは例

当時と比べて今ではかなり高くなっているとは思われるが。

(04) Gunnar Myrdal, *An American Dilemma: The Negro Problem and Modern Democracy* (Harper & Row, 1944)〔図書目録 -013〕

著者のグンナー・ミュルダールはスウェーデン人の著名な経済学者（1974年にノーベル経済学賞を受賞）。1937年に、アメリカのカーネギー財団から「アメリカの黒人問題」について〔外国人なので、先入観がなく、新鮮で完全に客観的な見地からの〕総合的な調査・研究を実施することを委託され、1938年からこのプロジェクト・チームの責任者として行なった調査・研究結果の膨大なレポートをまとめた本である。本の著者名にも共同研究者名〔リチャード・スターナー、アーノルド・ローズ〕が記されている。

11部、45章で構成されている本文だけで1,000頁強、付録等が約500頁あり、計約1,500頁の膨大な本なので、歴史的名著ではあるが完読までしなくてよいであろう。

第1部「アプローチ」と第11部「アメリカのジレンマ」を通読し、あとは章と節のタイトルから適宜選んで部分読みすることを推奨する。

著者の母語ではない言葉で書かれているので、われわれにはむしろ読みやすいとも言える。ミュルダールにこの研究を委託した財団の理事長のF・P・ケッペルも「ミュルダールは母国語ではない言語（英語）で書いているので、かえって語や句の選び方が新鮮で、時に辛辣である（ピリッとする）」と評している。

タイトルの「アメリカのジレンマ」はミュルダールが使ったことで、すっかり定着し当時から今に至るまで、アメリカの黒人問題ばかりではなく、広くアメリカにおけるマイノリティの差別問題を論じる際に「アメリカが建国時に掲げた（以後も掲げ続けているはずの）高邁な理想と、それとはあまりにも乖離した現実との板挟み・葛藤；アメリカ（人）が抱える矛盾・難問を意味する言葉」としてよく使われるようになった。

本文中に、タイトルの「アメリカのジレンマ」が「アメリカ人の道徳的ジレンマ」となっている個所〔複数〕や、サブタイトルの「ニグロ問題」が「白人の問題」であると記述されている個所〔複数〕があることからも、ミュルダードイツ人もフランス人も、アイルランド人もイギリス人も、ユダヤ人もロシア人も ― あなたたち皆がその坩堝の中に投げ込まれて溶け合わされ改質される場・アメリカはまさに偉大なるメルティング・ポットなのだ！かくして神はアメリカ人を創り給う」

当時のアメリカでは、多国民・多人種・多民族の同化が課題であったが、その後、同化から統合へ、さらには共生へと進化していくなかで、「シチュー」、「サラダボウル」、「モザイク」、「カレイドスコープ（万華鏡）」等々の、アメリカ合衆国という場〔多民族国家〕とアメリカ人のアイデンティティに関する言説・メタファが連鎖反応的に提唱されるようになる。「メルティング・ポット」というメタファ自体は、この戯曲が生まれる前からアメリカ（の一部）で使われていたようであるが、この言葉（概念）が一挙に人びとの口にのぼるようになり、広く使われるようになったのはザングウィルのこの戯曲の大成功のおかげである。さらに前記のその後に産まれてきた言説・メタファの祖（出発点）であるという点でも、「メルティング・ポット」は今でもその輝きを失っていない。古典の一つとして推奨する。

筆者はもともと化学 (chemistry) を専攻した。当時の化学専攻の学生はそれぞれ専有の「坩堝 (crucible)」を持っていて実験に使用していたので馴染みがあるが、一般的には坩堝はあまり馴染みがないので、ザングウィルは、同義でより一般的な「メルティング・ポット」という言葉を併用したのではないかと推量する。現代化学の前身である中世の錬金術 (alchemy) では坩堝が主要器具の一つであった。錬金術とは、坩堝に色々な卑金属 (common metals) を入れ、賢者の石 (philosophers' stone) を加えて、混合・加熱溶融 (mixing and melting) して、貴金属（precious metals、代表的な金属が金）を生成させようというもの。メタファとしては、生成するものは単に新しいものというのではなく、どの原料（組成）〔色々な出自の人間（集団)〕よりも価値があるもの・最高の価値があるもの〔アメリカ人という最高の人間（集団)〕を意味しようとしたと考えられる。その後（1997 年に）出版され、大ベストセラーになった『ハリー・ポッターと賢者の石』(イギリスの児童文学作家 J・K・ローリング作の『ハリー・ポッターシリーズ』の第 1 巻) で坩堝 (crucible) の知名度は、

著者は英国の作家（推理小説などを執筆）。父親はロシアから亡命したユダヤ人、母親はポーランド人である。彼が書いた戯曲『メルティング・ポット』が 1908 年に米国で上演されて大成功をおさめ、翌年出版された。1914 年に英国で上演されたときに改訂新版が出版され、1915 年、1916 年、1917 年と毎年のように版を重ねている〔筆者が入手して目を通したのは 1917 年版〕。

冒頭の頁にはセオドア・ローズヴェルトへの献辞、次の頁には 1908 年ワシントン公演の出演者と 1914 年ロンドン公演の出演者のリストが掲載されている。以降の頁がシナリオ（第 1 幕〜第 4 幕）。その内容は、ロシア系ユダヤ人の青年作曲家・デイヴィッドがロシア人家族の娘・ヴェラと恩讐を超えて結婚するというもの：

> デイヴィッドの家族はロシアでユダヤ人迫害の犠牲になり、生き残った彼だけがアメリカに渡る。キリスト教徒のロシア系移民の女性・ヴェラとの結婚を考えるようになるが、彼女の父親がデイヴィッドの家族が犠牲になったポグロム〔ロシアにおけるユダヤ人の大量虐殺〕の指揮者であったことがわかる。彼は悩むが、異なる背景をもった多様な移民を吸収する偉大な力がアメリカにあることを認識し、その悩みを乗り越える。そして、アメリカがさまざまな移民が一つに溶け合っていく過程を謳い上げた彼の交響曲が完成し、大成功を収める。

当時大量に流入してくる移民にまつわる諸問題に、大統領としていかに対処するかに苦労してきたセオドア・ローズヴェルトは、大統領 2 期目を終えた半年後に、この戯曲の初演を観劇して感激し、ボックス席から身を乗り出して、「でかした！ザングウィル氏よ、でかしたぞ！」と大声で叫んだと伝えられている。さらに、ザングウィルにこの戯曲を絶賛する書簡を出している。ザングウィルがこの戯曲を出版するに際し、冒頭に前記の献辞を載せたのはこれに応えたものであろう。

劇の第一幕のなかで、デイヴィッドがヴェラに熱く語る場面でメルティング・ポットが登場する：

> 「アメリカは神の坩堝 (るつぼ) なのだ、ヨーロッパのあらゆる人種 —

(02) Alexis de Tocqueville, *De la dèmocratie en Amèrique* (Saunders and Otley, vol.1:1835; vol.2: 1840)〔図書目録 -002〕

① Alexis de Tocqueville, translated by George Lawrence, *Democracy in America* (Harper & Row, 1966)

② Alexis de Tocqueville; translated by George Lawrence; edited by J. P. Mayer, *Democracy in America* (Anchor Books, Doubleday & Co., Inc., 1969)

〔図書目録〕には、もともとの原典（フランス語版）とその邦訳書を記載したが、英語のテキストでは、いくつもある英訳版のなかで上記（①、②）のローレンス訳が使われていることが多い。邦訳書は 7 種類あるが、現在入手可能なもの 2 種類を記載した。松本礼二訳の岩波文庫版のほうを推奨する〔この第 2 巻（下）の巻末には、訳者によるかなり詳しい解説も収録されている〕。

本書は、トックヴィルが 19 世紀初頭に、当時新興の民主主義国家であったアメリカ合衆国を旅して著わしたものであるが、ヨーロッパでもアメリカでもよく読まれ、近代民主主義思想の古典としての評価が高い。今日でも民主主義に関しての議論では引き合いに出されることが多く、日本でも数多くの論文・研究書が刊行されている。2005 年には、トックヴィル生誕 200 年記念国際シンポジウム「アメリカとフランス～二つのデモクラシー？」が日本で開催され、ここで発表された報告を集めた下記の論文集が出版されている：

松本礼二･三浦信孝･宇野重規［編］『トックヴィルとデモクラシ－の現在』（東京大学出版会、1991）

なお、最近アメリカで公刊された下記の書は図書目録に収録：

Leo Domrosch, *Tocqueville's Discovery of America* (Farrar, Straus and Giroux, 2010)

レオ・ダムロッシュ［著］；永山大輔、高山裕二［訳］『トクヴィルが見たアメリカ － 現代デモクラシーの誕生』（白水社、2012）〔図書目録 -177〕

(03) Israel Zangwill, *The Melting Pot: Drama in Four Acts* (Macmillan, 1909)〔図書目録 -006〕

およびニューヨーク旅行記」を加えた構成になっている。
本書によれば、「アメリカ人」とはアメリカという「母なる地 (Alma Mater)」で生まれ育った「(まったく) 新しい人種」である。後で紹介するザングウィルのあまりにも有名な比喩「メルティング・ポット」の先駆をなすものと言ってもよいであろう。

本書のなかでは、「手紙 -3：アメリカ人とは何者か？」がもっともよく引用される有名な手紙であり、本稿の主題を取り扱った文献・図書にも頻出する。「アメリカ人の定義 (What is an American?)」や、「アメリカ人のアイデンティティ (What does it mean to be an American?)」を論じている個所では、目にすることが多い。たとえば、下記の書：

Wendy F. Katkin, Ned Landsman, and Andrea Tyree, eds., *Beyond Pluralism: The Conception of Groups and Group Identities in America* (University of Illinois Press, 1998)〔図書目録 -089〕

の第 5 章のタイトルは、「多元主義、プロテスタント主義、と繁栄 – クレヴクールのアメリカの農夫、とアメリカの多元主義の基盤」(ネッド・ランズマン著) であり、「クレヴクールの手紙 -3」をベースにした論が展開されている。

また、下記の書：

Stephen Steinberg, ed., *Race and Ethnicity in the United States : Issues and Debates* (Blackwell Publishing Ltd, 2000)〔図書目録 -099〕

の第 9 章のタイトルは、「アメリカ国民であることの意味」で、収録されている最初の論文は「アメリカ人であるということとは？」(マイケル・ウォルツァー著) である。編者による序論は「クレヴクールの手紙 -3」から議論が始まっている。

なお、渡辺利雄等による邦訳書〔図書目録 -001〕は、*Letters from an American Farmer* (New American Library, 1963) の全訳と、別書の *Eighteenth-Century Travels in Pennsylvania & New York* (University of Kentucky Press, 1961) の抄訳とからなる。公刊順ということで、たまたま最初に取り上げたという形になっているが、必読書としても筆頭にあげたい図書である。

ヴァンジェリカルズ － アメリカ外交を動かすキリスト教福音主義』（太田出版、2014）

188 Thomas Piketty, translated by Arthur Goldhammer, *Capital in the Twenty-First Century* (Belknap Press, 2014)

原典：Thomas Piketty, *Le Capital au XXIè sècle* (Seuil, 2013) ［in French］

トマ・ピケティ［著］；山形浩正、守岡桜、森本正史［訳］『21 世紀の資本』（みすず書房、2014）

189 OECD, *International Migration Outlook 2014* (OECD Publishing, 2006, 2007, 2008, 2009, 2010, 2011, 2012, 2013, 2014)

Ⅰ－2　特選 10 図書解説

前項の「図書目録」に収録した図書のなかから、筆者が特に推奨したい 10 図書を選んで、公刊順に解説する。

(01) Michael-Guillaume-Jean de Crèvecœur, *Letters from an American Farmer: Describing Certain Provincial Situations, Manners, and Customs not Generally Known; and Conveying Some Idea of the Late and Present Interior Circumstances of the British Colonies in North America* (Davies & Davis, 1782)〔図書目録 -001〕

〔著者はフランスからの移民。米国市民権取得後に英語のアメリカ名 J. Hector St. John (de Crèvecœur) を採用したため、後に新編集で出版された同書の著者名はこちらになっている〕

アメリカの人種・民族・移民問題に関する古典中の古典と言える名著であり、「アメリカ文明論の古典」とか「アメリカ文明論の起点」とよく言われる。書名から明らかなように、「友人（英国学士院会員アベ・レナール）宛ての 12 の手紙（手紙 -1 ～手紙 -12）」に、「(8 章からなる）18 世紀ペンシルヴェニア

ノム科学がわたしたちを変える』（NHK 出版、2011）
177 Leo Domrosch, *Tocqueville's Discovery of America* (Farrar, Straus and Giroux, 2010)
レオ・ダムロッシュ［著］；永井大輔、高山裕二［訳］『トクヴィルが見たアメリカ ― 現代デモクラシーの誕生』（白水社、2012）
178 (R) Arthur D'Souza, *The American Dream ― Discover America ―* (AuthorHouse, 2010, 2011)
179 (T) Michael O. Emerson and George Yancey, *Transcending Racial Barriers: Toward a Mutual Obligations Approach* (Oxford University Press, 2011)
180 (R) Marie Macey and Alan H. Carling, *Ethnic, Racial and Religious Inequalities: The Perils of Subjectivity* (Palgrave Macmillan, 2011)
181 Gerd Baumann and Steven Vertovec, eds., *Multiculturalism* (Routledge, 2011)
182 Stephanie Li, *Signifying Without Specifying: Racial Discourse in the Age of Obama* (Rutgers University Press, 2011)
183 Eric Muller (& ed.), Bill Manbo (photos), *Colors of Confinement: Rare Kodachrome Photographs of Japanese American Incarceration in World WarII* (Univ. of North Carolina Pr., 2012)
E・L・ミューラー［著・編］；ビル・マンボ［写真］；岡村ひとみ［訳］『ハートマウンテン日系人収容所 ― コダクロームフィルムで見る』（紀伊国屋書店出版部、2014）
184 Greg Robinson, *After Camp: Portraits in Midcentury Japanese American Life and Politics* (University of California Press, 2012)
185 Charles A. Murray, *Coming Apart: The State of White America, 1920-2010* (Crown Forum, 2012)
チャールズ・A・マレー［著］；橘明美［訳］『階級「断絶」社会アメリカ ― 新上流と新下流の出現』（草思社、2013）
186 (T) Lawrence R. Samuel, *The American Dream: A Cultural History* (Syracuse University Press, 2012)
187 Mark R. Amstutz, *Evangelicals and American Foreign Policy* (Oxford University Press, 2013)
マーク・R・アムスタッツ［著］；加藤万里子［訳］；橋爪大三郎［解説］『エ

165 Michael J. Sandel, *Justice: What's the Right Thing to Do?* (Farrar Straus & Giroux, 2009)
マイケル・サンデル［著］；鬼澤忍［訳］『これからの「正義」の話をしよう―いまを生き延びるための哲学』（早川書房、2010）
166 Tim Wise, *Colorblind: The Rise of Post-Racial Politics and the Retreat from Racial Equity* (City Lights Books, 2010)
ティム・ワイズ［著］；脇浜義明［訳］『アメリカ人種問題のジレンマ－オバマのカラー・ブラインド戦略のゆくえ』（明石書店、2011）
167 (R) Nell Irvin Painter, *The History of White People* (W.W. Norton & Company,Inc., 2010)
ネル・アーヴィン・ペインター［著］；越智道雄［訳］『白人の歴史』（東洋書林、2011）
168 (T) Jennifer Lee and Frank D. Bean, *The Diversity Paradox: Immigration and the Color Line in Twenty-First Century America* (Russell Sage Foundation Publications, 2010)
169 (R) Kathleen Odell Korgen ed., *Multiracial Americans and Social Class: The Influence of Social Class on Racial Identity* (Routledge, 2010)
170 (T) Shelly Tochluk, *Witnessing Whiteness: The Need to Talk about Race and How to Do It* (Rowman & Littlefield Education, 2010)
171 (R) Steve Martinot, *The Machinery of Whiteness: Studies in the Structure of Racialization* (Temple University Press, 2010)
172 (R) Vera Regan, *Multiculturalism and Integration: Canadian and Irish Experience* (University of Ottawa Press, 2010)
173 (R) Phil Ryan, *Multicultiphobia* (University of Toronto Press, 2010)
174 (R) Robert C. Smith, *Conservatism and Racism and Why in America They Are the Same* (Suny Series in African American Studies) (Suny Press, 2010)
175 (R) Leslie Bow, *Partly Colored: Asian Americans and Racial Anomaly in the Segregated South* (NYU Press, 2010)
176 Francis S. Collins, *The Language of Life: DNA and the Revolution in Personalized Medicine* (HarperCollins Publishers, 2010)
フランシス・S・コリンズ［著］；矢野真千子［訳］『遺伝子医療革命－ゲ

152 Amaney Jamal & Nadine Naber, *Race and Arab Americans Before and After 9/11: From Invisible Citizens to Visible Subjects* (Syracuse University Press, 2007)

153 (T) Eileen O'Brien, *The Racial Middle: Latinos and Asian Americans Living beyond the Racial Divide* (New York University Press, 2008)

154 Sanjeev Khagram and Peggy Levitt, eds., *The Transnational Studies Reader: Intersections and Innovations* (Routledge, 2008)

155 Debra Walker King, *African Americans and the Culture of Pain (Cultural Frames, Framing Culture)* (University of Virginia Press, 2008)

156 David R. Roediger, *How Race Survived US History: From Settlement and Slavery to the Obama Phenomenon* (Verso, 2008)

157 Douglas S. Massey ed., *New Faces in New Places: The Changing Geography of American Immigration* (Russell Sage Foundation, 2008)

158 Beth Frankel, *Immigrants and Modern Racism: Reproducing Inequality* (Lynne Rienner Pub, 2008)

159 Mark A. Noll, *God and Race in American Politics: A Short History* (Princeton University Press, 2008)
マーク・A・ノール［著］；赤木昭夫［訳］『神と人種 – アメリカ政治を動かすもの』（岩波書店、2010）

160 (T) John Zogby, *The Way We'll Be: The Zogby Report on the Transformation of the American Dream* (Random House, 2008)

161 (T) Richard Alba, Albert J. Raboteau & Josh DeWind, eds., *Immigration and Religion in America: Comparative and Historical Perspectives* (NYU Press, 2008)

162 Evan Thomas, Staff of Newsweek (ed.), *Long Time Coming*, Revised ed. (PublicAffairs, 2009)

163 (R) Erich Kolig, Vivienne SM. Angeles, Sam Wong, eds., *Identity in Crossroad Civilisations: Ethnicity, Nationalism and Globalism in Asia* (Amsterdam University Press, 2009)

164 Tim Wise, *Between Barack and a Hard Place: Racism and White Denial in the Age of Obama* (City Lights Books, 2009)
ティム・ワイズ［著］；上坂昇［訳］『オバマを拒絶するアメリカ – レイシズム 2.0 にひそむ白人の差別意識』（明石書店、2010）

University Press, 2005)
141 (R) Roger Hewitt, *White Backlash and the Politics of Multiculturalism* (Cambridge University Press, 2005)
142 (R) David R. Roediger, *Working toward Whiteness: How America's Immigrants Became White; The Strange Journey from Ellis Island to the Suburbs* (Basic Books, 2005)
143 Eiichiro Azuma, *Between Two Empires: Race, History, and Transnationalism in Japanese America* (Oxford University Press, Inc., 2005)
東栄一郎［著］；長谷川寿美、小澤智子、飯野朋美、北脇実千代［訳］；飯野正子［監訳］『日系アメリカ移民　二つの帝国のはざまで — 忘れられた記憶　1868 – 1945』（明石書店、2014）
144 Nell Irvin Painter, *Creating Black Americans: African-Anerican History and Its Meanings, 1619 to the Present* (Oxford University Press, 2005)
145 Shelby Steele, *White Guilt: How Blacks and Whites Together Destroyed the Promise of the Civil Rights Era* (HarperPerennial, 2006)
シェルビー・スティール［著］；藤永康政［訳］『白い罪 – 公民権運動はなぜ敗北したか』（径書房、2011）
146 (R) Ong Hing, *Deporting Our Souls: Values, Morality, and Immigration Policy* (Cambridge University Press, 2006)
147 Eric L. Goldstein, *The Price of Whiteness: Jews, Race, and American Identity* (Princeton University Press, 2006)
148 Barack Obama, *The Audacity of Hope: Thoughts on Reclaiming the American Dream* (Crown/Three Rivers Press, 2006)
バラク・オバマ［著］；棚橋志行［訳］『合衆国再生 – 大いなる希望を抱いて』（楓書店、2007）
149 (T) Elliot R. Barkan ed., *Immigration, Incorporation & Transnationalism* (Immigration History Society, 2007)
150 (T) Paul Spickard, *Almost All Aliens: Immigration, Race, and Colonialism in American History and Identity* (Routledge, 2007)
151 (R) Michael W. Foley and Dean R. Hoge, *Religion and the New Immigrants: How Faith Communities Form Our Newest Citizens* (Oxford University Press, 2007)

129 (T) Paul Spickard and G. Reginald Daniel, eds., *Racial Thinking in the United States: Uncompleted Independence* (University of Notre Dame Press, 2004)

130 (T) Mae M. Ngai, *Impossible Subjects: Illegal Aliens and the Making of Modern America* (Princeton University Press, 2004)

131 (R) Ellen Alexander Conley, *The Chosen Shore: Stories of Immigrants* (University of California Press, 2004)

132 (R) SanSan Kwan, Kenneth Speirs and Naomi Zack, *Mixing It Up: Multiracial Subjects* (Louann Atkins Temple Women & Culture Series) (University of Texas Press, 2004)

133 Samuel Truett and Elliot Young, eds., *Continental Crossroads: Remapping U.S.-Mexico Borderlands History* (Duke University Press, 2004)

134 Anatol Lieven, *America Right or Wrong : An Anatomy of American Nationalism* (Oxford University Press, 2004)

135 Howard Winant, *The New Politics of Race: Globalism, Difference, Justice* (University of Minnesota Press, 2004)

136 Samuel P. Huntington, *Who Are We? : The Challenge to America's National Identity* (Simon & Schuster, 2004)
サミュエル・P・ハンチントン［著］；鈴木主税［訳］『分断されるアメリカ』（集英社、2004）

137 Barack Obama, *Dreams from My Father – A Story of Race and Inheritance* (Three Rivers Press, 2004)
バラク・オバマ［著］；白倉三紀子、木内裕也［訳］『マイ・ドリーム － バラク・オバマ自伝』（ダイアモンド社、2007）

138 Yuri Kochiyama, *Passing It On* (UCLA Asian American Studies Center Press, 2004)
ユリ・コチヤマ［著］；篠田左多江、増田直子、森岡幸夫［訳］『ユリ・コチヤマ回顧録－ 日系アメリカ人女性　人種・差別・連帯を語り継ぐ』（彩流社、2010）

139 (T) Noah M. J. Pickus, *The Faith and Allegiance: Immigration and American Civic Nationalism* (Princeton University Press, 2005)

140 (R) Robert J. Norrell, *The House I Live In: Race in the American Century* (Oxford

of California Press, 2002)
116 (R) Paula J. Giddings, ed., *Burning All Illusions: Writings from the Nation on Race 1866-2002* (Thunder's Mouth Press/Nation Books, 2002)
117 Abigail Thernstrom and Stephan Thernstrom, eds., *Beyond the Color Line: New Perspectives on Race and Ethnicity* (Hoover Institution Press, 2002)
118 Loretta I. Winters and Herman L. DeBose, *New Faces in a Changing America: Multiracial Identity in the 21st Century* (Sage Publications Inc, 2002)
119 George M. Fredrickson, *Racism: A Short History* (Princeton University Press, 2002)
ジョージ・M・フレドリクソン［著］；李孝徳［訳］『人種主義の歴史』（みすず書房、2009）
120 (T) George Yancey, *Who Is White? : Latinos, Asians, and the New Black/Nonblack Divide* (Lynne Rienner Publishers, Inc., 2003)
121 (R) Michael K. Brown et.al., *White-Washing Race: The Myth of a Color-Blind Society* (University of California Press, 2003)
122 Joe R. Feagin and Eileen O'Brien, *White Men on Race: Power, Privilege, and the Shaping of Cultural Consciousness* (Beacon Press, 2003)
123 Cooper Thompson, Emmett Schaeffer, Harry Brod, eds., *White Men Challenging Racism: 35 Personal Stories* (Duke University Press Books, 2003)
124 (R) Richard Alba, *Remaking the American Mainstream: Assimilation and Contemporary Immigration* (Harvard University Press, 2003)
125 (R) Kevin R. Johnson, *The "Huddled Masses" Myth: Immigration and Civil Rights* (Temple University Press, 2003)
126 Richard H. Schneider, *Stars & Stripes Forever* (HarperCollins Publishers Inc., 2003)
127 (T) Jim Cullen, *An American Dream: A Short History of an Idea That Shaped a Nation* (Oxford University Press, 2003)
128 Ira Berlin, *Generations of Captivity: A History of African-American Slaves* (Harvard University Press, 2003)
アイラ・バーリン［著］；落合明子、大類久恵、小原豊志［訳］『アメリカの奴隷制と黒人 – 五世代にわたる捕囚の歴史』（明石書店、2007）

103 (R) Nancy Foner, *From Ellis Island to JFK: New York's Two Great Waves of Immigration* (Yale University Press, 2000)

104 Vivienne Saunders, *Access to History: Race Relations in the USA 1863-1980* (Hodder & Stoughton, 2000)

105 (R) Joe R. Feagin, *Racist America: Roots, Current Realities, & Future Reparations* (Routledge, 2000, 2010, 2014)

106 (R) Ida Susser and Thomas C. Patterson, eds., *Cultural Diversity in the United States: A Critical Reader* (Blackwell Publishers, 2001)

107 (R) Diana L. Eck, *A New Religious America: How a "Christian Country" Has Become the World's Most Religiously Diverse Nation* (HarperCollins, 2001)
ダイアナ・L・エック［著］；池田智［訳］『宗教に分裂するアメリカ － キリスト教国家から多宗教共生国家へ』（明石書店、2005）

108 (R) Gary Gerstle, *American Crucible: Race and Nation in the Twentieth Century* (Princeton University Press, 2001)

109 Steven G. Louie and Glenn K. Omatsu, eds., *Asian Americans: The Movement and the Moment* (UCLA Asian American Studies Center Press, 2001)

110 Eric L. Muller, *Free to Die for Their Country: The Story of the Japanese American Draft Resisters in World WarII* (University of Chicago Press, 2001)
E･L･ミューラー［著］;飯野朋美、小澤智子、北脇実千代、長谷川寿美［訳］;飯野正子［監訳］『祖国のために死ぬ自由 － 徴兵拒否の日系アメリカ人たち』（刀水書房、2004）

111 Kathy Wagoner, *365 Salute to America* (Sourcebooks, Inc., 2001)

112 James T. Patterson, *Brown v. Board of Education: A Civil Rights Milestone and Its Troubled Legacy* (Oxford University Press, 2001)
ジェイムズ・パターソン［著］；籾岡宏成［訳］『ブラウン判決の遺産 － アメリカ公民権運動と教育制度の歴史』（慶應義塾大学出版会、2010）

113 Bryan Sykes, *The Seven Daughters of Eve: The Science That Reveals Our Genetic Ancestry* (W. W. Norton & Company, 2001)

114 (R) Helen Rose Ebaugh and Janet Saltzman Chafetz, eds., *Religion Across Borders: Transnational Immigrant Networks* (AltaMira, 2002)

115 (T) David R. Roediger, *Colored White: Transcending the Racial Past* (University

Against Immigration (Columbia University Press, 1998)
089 (T) Wendy F. Katkin, Ned Landsman, and Andrea Tyree, eds., *Beyond Pluralism: The Conception of Groups and Group Identities in America* (University of Illinois Press, 1998)
090 (R) Karen Brodkin, *How Jews Became White Folks and What That Says About Race in America* (Rutgers University Press, 1998)
091 (R) Don E. Eberly, *America's Promise: Civil Society and the Renewal of American Culture* (Rowman & Littlefield Publishers, Inc., 1998)
092 (R) Peter H. Schuck, *Citizens, Strangers, and In-Between: Essays on Immigration and Citizenship* (Westview Press, 1998)
093 (T) David Jacobson, ed., *The Immigration Reader: America in a Multidisciplinary Perspective* (Blackwell Publishers, 1998)
094 Thomas K. Nakayama and Judith N. Martin, eds., *Whiteness: The Communication of Social Identity* (SAGE Publications, Inc., 1998)
095 (R) David Batstone and Eduardo Mendieta, *The Good Citizen* (Routledge, 1999)
096 (T) Rudolfo D. Torres, Louis F. Miron, and Jonathan Xavier Inda, eds., *Race, Identity, and Citizenship: A Reader* (Blackwell Publishers, 1999)
097 Gerd Baumann, *The Multicultural Riddle: Rethinking National, Ethnic and Religious Identities* (Routledge, 1999)
098 Jan Ellen Lewis and Peter S. Onuf, eds., *Sally Hemings & Thomas Jefferson: History, Memory, and Civic Culture (Jeffersonian America)* (University of Virginia Press, 1999)
099 (T) Stephen Steinberg, ed., *Race and Ethnicity in the United States: Issues and Debates* (Blackwell Publishing Ltd, 2000)
100 Helen Zia, *Asian American Dreams: The Emergence of an American People* (Farrar, Straus and Giroux, 2000)
101 (R) Desmond King, *Making Americans: Immigration, Race, and the Origins of the Diverse Democracy* (Harvard University Press, 2000)
102 (R) Helen Rose Ebaugh and Janet Saltzman Chafetz, *Religion and the New Immigrants: Continuities and Adaptations in Immigrant Congregations*, Abridged Student ed. (AltaMira Press, 2000)

077 Richard T. Schaefer, *Race and Ethnicity in the United States* (Pearson, 1995, 2000, 2004, 2006, 2008, 2010, 2012, 2015)

078 Jennifer L. Hochschild, *Facing Up to the American Dream: Race, Class, and the Soul of the Nation* (Princeton University Press, 1995, 1996, 2003)

079 (R) Silvia Pedraza & Ruben G. Rumbaut, *Origins and Destinies: Immigration, Race, and Ethnicity in America* (Wadsworth Publishing Company, 1996)

080 Eric Greene, *Planet of the Apes as American Myth: Race, Politics, and Popular Culture* (Wesleyan University Press, 1996)
Revised and Enlarged edition (1998)
エリック・グリーン［著］；尾之上浩司、本田有［訳］『猿の惑星 － 隠された真実』（扶桑社、2001）

081 Roy Beck, *The Case Against Immigration: The Moral, Economic, Social, and Environmental Reasons for Reducing U.S. Immigration Back to Traditional Levels* (W.W. Norton & Company, 1996)

082 Kwame Anthony Appiah and Amy Gutmann, *Color Conscious: The Political Morality of Race* (Princeton University Press, 1996)

083 Thomas J. Sugrue, *The Origins of the Urban Crisis: Race and Inequality in Postwar Detroit* (Princeton University Press, 1996)
トマス·J·スグルー［著］;川島正樹［訳］『アメリカの都市危機と「アンダークラス」－自動車都市デトロイトの戦後史』（明石書店、2002）

084 (T) Nathan Glazer, *We Are All Multiculturalists Now* (Harvard University Press, 1997)

085 (T) Montserrat Guibernau and John Rex, eds., *The Ethnicity Reader: Nationalism, Multiculturalism, and Migration* (Blackwell, 1997)

086 Richard Delgado and Jean Stefanicic, eds., *Critical White Studies* (Temple University Press, 1997)

087 Jared Diamond, *Guns, Germs, and Steel: The Fates of Human Societies* (W. W. Norton & Company, 1997)
ジャレド・ダイアモンド［著］；倉骨彰［訳］『銃・病原菌・鉄 － 一万三〇〇〇年にわたる人類史の謎』（草思社、2000）

088 (R) David M. Reimers, *Unwelcome Strangers: American Identity and the Turn*

063 (R) Paul M. Sniderman, Philip E. Tetlock, and Edward G. Carmines, eds., *Prejudice, Politics, and the American Dilemma* (Stanford University Press, 1993)

064 Ann Rinaldi, *Wolf by the Ears* (Reed Information, 1993)

065 Ronald Takaki, *A Different Mirror: A History of Multicultural America* (Little Brown, 1993)

ロナルド・タカキ［著］;富田虎男、飯野正子、粂井輝子、篠田左多江ほか［訳］『多文化社会アメリカの歴史 － 別の鏡に映して』（明石書店、1995）

066 James West Davidson et al, *Nation of Nations: A Narrative History of the American Republic* (McGraw-Hill, 1994, 2001, 2004, 2006, 2007)

067 (R) Austin T. Frangomen, Jr. and Steven C. Bell, *Immigration Fundamentals: A Guide to Law and Practice* (Practising Law Institute, 1994, 1996, 2004, 2013)

068 (R) David Theo Goldberg, ed., *Multiculturalism: A Critical Reader* (Blackwell Publishers, 1994)

069 (R) Stanford M. Lyman, *Color, Culture, Civilization: Race and Minority Issues in American Society* (University of Illinois Press, 1994)

070 Joe R. Feagin and Melvin P. Sikes, *Living with Racism: The Black Middle-Class Experience* (Beacon Press, 1994)

071 (R) Gary Y. Okihiro, *Margins and Mainstreams: Asians in American History and Culture* (University of Washington Press, 1994, 1996)

072 Richard J. Herrnstein and Charles Murray, *The Bell Curve: Intelligence and Class Structure in American Life* (Free Press, 1994)

073 (R) David Farber, *The Age of Great Dreams: America in 1960s*［American Century Series］(Hill and Wang, 1994)

074 (R) Stephen Steinberg, *Turning Back: The Retreat from Racial Justice in American Thought and Policy* (Beacon Press, 1995)

075 (R) David Hollinger, *Postethnic America: Beyond Multiculturalism* (Basic Books, 1995)

Revised & Updated ed. (Basic Books, 2000)

デイヴィッド・A・ホリンガー［著］；藤田文子［訳］『ポストエスニック・アメリカ － 多文化主義を超えて』（明石書店、2002）

076 Noel Ignatiev, *How the Irish Became White* (Routledge, 1995)

Martins Pr., 1990)
シェルビー・スチール［著］；李隆［訳］『黒い憂鬱 – 90年代アメリカの新しい人間関係』（五月書房、1994）

055 (R) Arthur M. Schlesinger, Jr., *The Disuniting of America: Reflections on a Multicultural Society* (Whittle Direct Books, 1991; W.W. Norton & Co., 1992)
アーサー・シュレージンガー, Jr.［著］；都留重人［監訳］『アメリカの分裂 – 多文化社会についての所見』（岩波書店、1992）
Revised and Enlarged ed. (W.W. Norton & Co., 1998)

056 Leo R. Chavez, *Shadowed Lives: Undocumented Immigrants in American Society* (Harcourt Brace Jovanovich College Publishers, 1991)

057 (R) Charles Taylor et al, *Multiculturalism and "The Politics of Recognition"* (Princeton University Press, 1992)
Charles Taylor et al, *Multiculturalism: Examining the Politics of Recognition* Expanded ed. (Princeton University Press, 1994)
チャールズ・テイラーほか［著］；エイミー・ガットマン［編］；佐々木毅、辻康夫、向山恭一［訳］『マルチカルチュラリズム』（岩波書店、1996）

058 (R) Oliver Trager, ed., *America's Minorities and the Multicultural Debate* (Facts on File, 1992)

059 Maria P. P. Root, ed., *Racially Mixed People in America* (Sage Publications, Inc., 1992)

060 James Crawford, *Hold Your Tongue: Bilingualism and the Politics of "English Only"* (Addison-Welsley, 1992)
ジェームズ・クロフォード［著］；本名信行［訳］『移民社会アメリカの言語事情 – 英語第一主義（イングリッシュ・オンリー）と二言語主義（バイリンガリズム）の戦い』（ジャパンタイムズ、1994）

061 Nina Glick Schiller, ed., *Towards a Transnational Perspective on Migration: Race, Class, Ethnicity, and Nationalism Reconsidered*［Annals of the New York Academy of Sciences］(New York Academy of Sciences, 1992)

062 Cornel West, *Race Matters* (Beacon Press, 1993)
コーネル・ウェスト［著］；山下慶親［訳］『人種の問題 – アメリカ民主主義の危機と再生』（新教出版社、2008）

(University of Texas Press, 1987)
045 William J. Wilson, *The Truly Disadvantaged: The Inner City, the Underclass, and Public Policy* (University of Chicago Press, 1987)
ウィリアム・J・ウィルソン［著］；平川茂、井草英晴［訳］；青木秀男［監訳］『アメリカのアンダークラス － 本当に不利な立場に置かれた人々』(明石書店、1999)
046 David H. Bennett, *The Party of Fear: From Nativist Movements to the New Right in American History* (University of North Carolina Press, 1988)
047 Yuji Ichioka, *The Issei: The World of the First Generation Japanese Immigrants, 1885-1924* (Free Press, 1988)
ユウジ・イチオカ［著］;粂井輝子、篠田左多江［訳］;富田虎男［監訳］『一世 － 黎明期アメリカ移民の物語り』（刀水書房、1992）
048 Thomas Weyr, *Hispanic U.S.A.: Breaking the Melting Pot* (Harper & Row, 1988)
トーマス・ワイヤー［著］；浅野徹［訳］『米国社会を変えるヒスパニック － スペイン語を話す人たち』（日本経済新聞社、1993）
049 John Hope Franklin, *Race and History: Selected Essays 1938-1988* (Louisiana State University Press, 1990)
ジョン・ホープ・フランクリン［著］；本田創造［監訳］『人種と歴史 － 黒人歴史家の見たアメリカ社会』（岩波書店、1993）
050 (R) Mary Waters, *Ethnic Options: Choosing Ethnic Identities in America* (University of California Press, 1990)
051 (T) Lawrence H. Fuchs, *The American Kaleidoscope: Race, Ethnicity and the Civic Culture* (Wesleyan University Press, 1990)
052 Howard Zinn, *Declarations of Independence: Cross-Examining American Ideology* (Perennial, 1990)
ハワード・ジン［著］；飯野正子、高村宏子［訳］；猿谷要［監修］『甦れ独立宣言 － アメリカ理想主義の検証』（人文書院、1993）
053 (R) Alejandro Portes and Ruben G. Rumbaut, *Immigrant America: A Portrait* (University of California Press, 1990)
Revised, Expanded, and Updated ed. (University of California Press, 2006)
054 Shelby Steele, *The Content of Our Character: A New Vision of Race in America* (St

Ghosts (Alfred A. Knopf, 1976)

034 Edward Said, *Orientalism* (Pantheon Books, 1978)

エドワード・W・サイード［著］；今沢紀子［訳］；板垣雄三、杉田英明［監修］『オリエンタリズム』（平凡社、1986）

同上（上下2巻、再版）（平凡社、1993）

035 (R) Studs Terkel, *American Dreams: Lost and Found* (Pantheon, 1980, 2005)

036 (T) Stephen Steinberg, *The Ethnic Myth: Race, Ethnicity, and Class in America* (Beacon Press, 1981, 1989, 2001)

037 Stephen Jay Gould, *The Mismeasure of Man* (W.W. Norton & Company, 1981)

スチーブン・J・グールド［著］；鈴木善次、森脇清子［訳］『人間の測りまちがい－差別の科学史』（河出書房新社、1989）

Stephen Jay Gould, *The Mismeasure of Man*, Revised and Expanded ed. (W.W. Norton & Company, 1996)

改訂増補版の邦訳書（河出書房新社、1998）

038 William E. Giemapp et al., *Essays on American Antebellum Politics, 1840-1860* (The University of Texas, 1982)

039 Bill Hosokawa, *JACL in Quest of Justice: The History of Japanese American Citizens League* (W. Morrow, 1982)

ビル・ホソカワ［著］；飯野正子、今井輝子、篠田左多江［訳］；猿谷要［監修］『120%の忠誠－日系二世・この勇気ある人びとの記録』（有斐閣、1984）

040 James M. Henslin, *Social Problems: A Down-to-Earth Approach* (Pearson, 1983; revised 11th edition, 2013)

041 (R) John Bodnar, *The Transplanted: A History of Immigrants in Urban America* (Indiana University Press, 1985)

042 (R) Michael Omi and Howard Winant, *Racial Formation in the United States: From the 1960s to the 1990s* (Routledge, 1986, 1994)

043 Arthur M. Schlesinger, Jr., *The Cycles of American History* (Houghton Mifflin(T), 1986)

アーサー・M・シュレシンジャー［著］；飯野正子、高村宏子［訳］；猿谷要［監修］『アメリカ史のサイクル（Ⅰ・Ⅱ）』（パーソナルメディア、1988）

044 David Montejano, *Anglos and Mexicans in the Making of Texas, 1836-1986*

訳］『人種のるつぼを越えて － 多民族社会アメリカ』（南雲堂、1986）
023 (R) Milton M. Gordon, *Assimilation in American Life: The Role of Race, Religion, and National Origins* (Oxford University Press, 1964)
M. M. ゴードン［著］；倉田和四生、山本剛郎［訳編］『アメリカンライフにおける同化理論の諸相 － 人種・宗教および出身国の役割』（晃洋書房、2000）
024 David M. Chalmers, *Hooded Americanism: The History of the Ku Klux Klan* (Duke University Press, 1965, 1968, 1981, 1987)
025 Charles A. Reich, *The Greening of America* (Bantam, 1970)
026 (R) Michael Novak, *The Rise of the Unmeltable Ethnics: Politics and Culture in the Seventies* (Macmillan, 1972)
027 (R) Robert Blauner, *Racial Oppression in America* (Harper & Row, 1972)
Bob Blauner, *Still the Big News: Racial Oppression in America*, Revised and Expanded ed. of *Racial Oppression in America* (Temple University Press, 2001)
028 Benjamin Quarles, *The Negro in the Making of America* (Touchstone, 1972)
ベンジャミン・クォールズ『著』;明石紀雄、岩本裕子、落合明子［訳］『アメリカ黒人の歴史』（明石書店、1994）
029 (R) Derrick A. Bell, *Race, Racism and American Law* (Little Brown, 1973; 6th edition, Aspen Publishers, 2008)
030 (R) John Higham, *Send These to Me: Jews and Other Immigrants in Urban America* (Atheneum, 1975)
John Higham, *Send These to Me: Immigrants in Urban America*, Revised ed. (The John Hopkins University Press, 1984)
ジョン・ハイアム［著］；斎藤真、阿部齊、古谷旬［訳］『自由の女神のもとへ － 移民とエスニシティ』（平凡社、1994）
031 (R) Leonard Dinnerstein and David M. Reimers, *Ethnic Americans: A History of Immigration and Association* (Podd Mead, 1975; 5th edition, Columbia University Press, 2009)
032 (R) Richard Kickus, *Pursuing the American Dream: White Ethnics and the New Populism* (Indiana University Press, 1976)
033 Maxine Hong Kingston, *The Woman Warrior: Memoirs of a Girlhood Among*

Relations in the Americas (Beacon Press, 1992)

015 John Hope Franklin, *From Slavery to Freedom: A History of Negro Americans*,1st to 6th edition (Knopf, 1947, 1957, 1967, 1974, 1978, 1988)

ジョン・ホープ・フランクリン［著］；井出義光、木内信敬、猿谷要、中川文雄［訳］『アメリカ黒人の歴史 − 奴隷から自由へ』（研究社出版、1978）原典は改訂増補第 4 版 (1974)

John Hope Franklin, Alfred A. Moss, *From Slavery to Freedom: A History of African Americans*, 7th & 8th edition (McGraw-Hill, 1994, 2000)

John Hope Franklin, Evelyn B. Higginbotham, *From Slavery to Freedom: A History of African Americans*, 9th edition (revised and enlarged) (McGraw-Hill, 2010)

016 (R) Oscar Handlin, *The Uprooted: The Epic Story of the Great Migrations that Made the American People* (Little, Brown, 1951)

017 Reinhold Niebuhr, *The Irony of American History* (Charles Scribner's Sons, 1952; University of Chicago Press, 2008)

R. ニーバー［著］；オーテス・ケーリ［訳］『アメリカ史の皮肉』（社会思想研究会出版部、1954）

ラインホールド・ニーバー［著］；大木英夫、深井智朗［訳］『アメリカ史のアイロニー』（聖学院大学出版会、2002）

018 (R) John Higham, *Strangers in the Land: Patterns of American Nativism, 1860-1925* (Rutgers University Press, 1955, 1963, 1975, 1988)

019 Leo Pfeffer, *Creeds in Competition* (Harper & Brothers, 1958)

020 Roger Daniels, *The Politics of Prejudice: The Anti-Japanese Movement in California, and the Struggle for Japanese Exclusion* (University of California Press, 1962)

021 (R) Oscar Handlin, *The Americans: A New History of the People of the United States* (Little, Brown, 1963)

022 (R) Nathan Glazer & Daniel P. Moynihan, *Beyond the Melting Pot: The Negroes, Puerto Ricans, Jews, Italians, and Irish in New York City* (M.I.T. Press, 1963, 1970)

ネイサン・グレイザー、ダニエル・P・モイニハン［著］;阿部齊、飯野正子［共

ハリエット・ビーチャム・ストウ［著］；小林憲二［監訳］『アンクル・トムの小屋』（新訳）（明石書店、1998）

004 Mark Twain (Samuel Langhorne Clements), *The Adventures of Huckleberry Finn* (Chatto & Windus/Charles L. Webster & Company, 1884 in UK and Canada, 1885 in US; Dover Publications, 1994)

マーク・トウェイン［著］；中村為治［訳］『ハックルベリー・フィンの冒険』（河出書房、世界文学全集［第20巻］、1950）

マーク・トウェイン［著］；大橋健三郎、石川欣一、中野好夫［訳］『ハックルベリー・フィンの冒険』（筑摩書房、筑摩世界文学大系［35］、1973）

005 W.E.B. Du Bois, *The Souls of Black Folk* (A.C. McClurg & Co., 1903)

W.E.B. デュボイス［著］；木島始〔ほか〕［訳］『黒人のたましい』（岩波文庫、1992）

006 (R) Israel Zangwill, *The Melting Pot: Drama in Four Acts* (Macmillan, 1909; new and revised edition, 1914, 1915, 1916, 1917)

007 (R) Mary Antin, *The Promised Land* (Houghton and Mifflin Company, 1912)

008 (R) Horace M. Kallen, "Democracy versus the Melting-Pot," *The Nation*, Feb.18 & 25, 1915, reprinted in *Culture and Democracy in the United States: Studies in the Group Psychology of the American People* (Transaction Publishers, 1924)

009 Ray Allen Billinton, *The Protestant Crusade 1800-1860: A Study of the Origins of American Nativism* (The Macmillan Company, 1938)

010 (R) Marcus Lee Hansen, *The Atlantic Migration, 1607-1860: A History of the Continuing Settlement of the United States* (Harvard University Press, 1940)

011 Marcus Lee Hansen, *The Mingling of the Canadian and American Peoples* (Yale University Press, 1940)

012 (R) Marcus Lee Hansen, *The Immigrant in American History* (Harvard University Press, 1942)

013 (R) Gunnar Myrdal, *An American Dilemma: The Negro Problem and Modern Democracy* (Harper & Row, 1944)

014 Frank Tannenbaum, *Slave and Citizen: The Negro in the Americas* (Random House Trade, 1946)

Frank Tannenbaum, *Slave and Citizen: The Classic Comparative Study of Race*

Ⅰ－１　図書目録

⑴ アメリカで公刊された初版本の公刊順に収録する。189 項目（延べ書籍数 261）。改訂版、増補版、改題版などは初版本の項に入れて、初版本との差異とその公刊年を記載する。複数の版がある場合、テキスト・参考図書に該当する版および / または公開年に下線を施す。それ以外の場合にも、推奨する版および / または公開年に下線を施す。

⑵ 邦訳書は該当する原典に引き続いて記載する。原典に複数の版がある場合には邦訳書の原典該当版をできるかぎり明示する。抄訳などの場合はその旨を補記する。

⑶ 番号の後に記載した (T) はセミナーのテキスト（Textbook）として使われた図書であることを示す。同じく、(R) はセミナーの参考図書 (Reference) として指定された図書であることを示す。

001 (R) Michel-Guillaume-Jean de Crèvecœur, *Letters from an American Farmer : Describing Certain Provincial Situations, Manners, and Customs not Generally Known; and Conveying Some Idea of the Late and Present Interior Circumstances of the British Colonies in North America* (Davies & Davis, 1782)
クレヴクール［著］; 秋山健、後藤昭次、渡辺利雄［訳］; 渡辺利雄［解説］『アメリカ農夫の手紙 / 18 世紀ペンシルヴェニアおよびニューヨーク旅行記』（研究社、1982）

002 (R) Alexis de Tocqueville, *De la démocratie en Amérique* (Saunders and Otley, vol.1:1835; vol.2:1840)
A. トクヴィル［著］; 井伊玄太郎［訳］『アメリカの民主政治（上下 2 巻)』（講談社学術文庫、1987）
トクヴィル［著］;松本礼二［訳］『アメリカのデモクラシー（全 4 巻)』（岩波文庫、第一巻［上、下]、2005；第 2 巻［上、下]、2008）

003 Harriet Beecher Stowe, *Uncle Tom's Cabin; or Life Among the Lowly* (The National Era & John P. Jewell and Company, in two volumes, 1852; Wordsworth Classics Ltd., 1992)

第十章　アメリカの人種･エスニシティ関係の図書と映画

小谷伸太

[図 書]

津田塾大学大学院文学研究科の「アメリカ文化コース（2001−2014 年度の飯野正子教授のセミナー)」で取り上げられた「アメリカの人種･エスニシティを主題にしたアメリカで公刊された図書」をベースにして目録を作成し（Ｉ－ 1)、このなかの特選 10 図書について解説する（Ｉ－ 2)。

① 主題の図書に関して、さらに詳しく（網羅的に）知りたい方には、下記の書の注記 (Notes) に収録されている参考図書（筆者がカウントした概数では 2,300 を超える）に目を通すことを推奨する：

Paul Spickard, *Almost All Aliens: Immigration, Race, and Colonialism in American History and Identity* (Routledge, 2007)〔図書目録 -150〕

本書の概要と、収録されている参考文献・資料の豊富さなどについては、Ｉ－ 2（08）で解説する。

② 邦訳書以外の和書なので、前記の本稿の収録範囲からは逸脱するが、主題に関するテキスト・参考図書として、初版刊行（1984 年）以来、主題に関する講座・セミナーが設けられている日本の多くの大学でテキストあるいは参考図書として採択され、増刷・増版を重ねている下記の書を必読書として紹介しておきたい：

明石紀雄、飯野正子［共著］『エスニック・アメリカ［第 3 版］－多文化社会における共生の模索』（有斐閣、2011）

本書の巻末の「参考文献・資料」には、本稿の主題に関する基本的な図書〔和書 50（邦訳書 17 を含む）と洋書 58〕が収録されている。

あとがき　深い感謝を込めて

執筆者のみなさんの大変なご努力によって、ここにまとめられた成果を読み、ただただ感動している。私がアメリカ研究の分野に足を踏み入れたころ、そしてアメリカの移民に関心をもったころから数えて、ほぼ五〇年。教師として学生のみなさんと接するようになって四〇年余。この間に、アメリカ研究・移民研究の分野で、そして私の周りで、優秀な研究者が育っていることをはっきりと確認できるのだ。私が蒔いた、というよりも、私を含む多くの研究者が蒔いた種は、こうして、はじけ、育ち、実りを提供している。そしてすでに次の世代を育てている。本書に示されたその姿をまぶしい思いで眺め、充実感を味わっている。

津田塾大学がカリキュラムにアメリカ研究コース（のちにアメリカ文化コースとなる）を設けたのは、一九六三年。アメリカ政府が日本でアメリカ研究を推進し始めたころだった。当時、アメリカ研究コースを新設した大学は、東京では東京大学と日本女子大学と津田塾大学のみだったと思う。その三つの大学にフルブライトの教授が招聘され、一コマではあったが、アメリカ社会の状況をじかに伝えてくださった。津田塾大学の歴史を振り返り、創立者津田梅子先生とアメリカとの関わりを考えると、一九六〇年代初めという早い時期に津田塾大学がアメリカ研究コースを設置したのは当然の進展であったといえる。そして、ここから多くのアメリカ研究者が育ったことは、津田塾大学にとって大変誇らしい実績である。それら研究者の長い列のなかで、本書に関わった若い研究者が輝いているのだ。

私は津田塾大学在学中の三年次に、このコースを選択した、「アメリカ研究コース第二期生」ということになる。私を含め、当時アメリカ研究を専攻した学生は、それまでになかった新しいコースへの関心と、刻々と変化しているアメリカ社会を知ることの面白さを感じて、そのコースを選択したのだと思う。もちろん、その基盤には、日米関係の緊密さ、アメリカが日本に及ぼす影響の大きさ、などを認識していたことがあったはずではあるが。

当時フルブライト教授として津田塾大学で教えておられた先生の勧めもあり、私は卒業と同時にフルブライト奨学生としてアメリカの大学院に入学するが、そこで移民研究に関心を持ったのは、学部でアメリカ研究を専攻したことの自然の流れだったろう。学部でのアメリカ研究分野のさまざまな授業から得た印象のなかでもっとも強い印象として私のなかに残ったのが、日本とアメリカの決定的な違いである人口構成、つまり、アメリカは移民によってできた国だということだった。そして大学院にいたときの体験は、まさに、その印象を強めることになった。たとえば、大学院のセミナーで私が一番親しくなった、そして助けてもらったのは、一九五六年のハンガリー動乱の際に家族でアメリカに移住した女性だった。彼女は、家庭ではハンガリー語を話し、美しいハンガリー刺繍の品々に囲まれた生活をしていたが、大学院修了後はアメリカの大学でアメリカ史を教えるキャリアをたどったのである。また、今でいうホームステイの形でお世話になっていた教授の家庭で普段の会話のなかに頻繁に出てくるエスニック集団のステレオタイプを示す表現が大変興味深かったことも思い出す。たとえば、お向かいの家族は、日曜日の朝、帽子をかぶり着飾った家族全員八人が大きな車でカトリック教会に向かう。「アイルランド系だからね」という教授夫人のコメント。教授の友人で四〇代の男性には、雨の朝、遠くに住む母親から「今日は傘をもって行きなさいよ」と電話がかかる。教授のコメントは、「彼はユダヤ系だから」。このような身近な人々の生活ぶりが、私のなかで移民・エスニック集団全体への強い関心につながった。

また、フルブライト奨学生として、私自身はアメリカの温かい部分、寛容な部分だけに接しているが、周囲を見回すと、アメリカ社会の大変厳しい部分に触れている人々がいる。アメリカ社会は、異質なものを受け入れず、排除しよう、競争相手になる者を蹴落とそうとしている。そんな印象を、ナイーブな私が強く受けたことも、移民・エスニック集団に関心を持ったきっかけである。学生ではなく、故郷を捨ててアメリカへ来た移民、そしてその子孫は、この厳しい競争社会にどのようにして入り込むのか、そして、そのような現象を含んだ国はどのように成り立っているのか、さらに知りたいと思ったのだ。

修士論文のテーマを選ぶときの指導教官であったネルソン・ブレイク先生の言葉も、私の気持ちを後押ししてくれた。当時のアメリカ研究分野では、すでに政治を中心とした歴史よりも社会史を重視する研究者が出始めていたときで、その流れのなかにおられたブレイク先生の当時の研究テーマは、アメリカ社会における離婚。私が修士論文のテーマとして移民を扱いたいと話すと、大いに関心を持ってくださり、私は日本語の史料が読めるのだから、日本からの移民を研究するのがいいと、まったく現実的な助言をくださった。そこから、私の日系人研究が始まったのである。

ただし、いま振り返ると、ブレイク先生以前に津田塾大学で教えていただいた、もう一人のフルブライト招聘教授の言葉が、私の頭に残っていたのかもしれない。その先生は、最初の授業のとき、教室に入ってこられるなり、「私の妻は美しい」と自己紹介を始められたのである。目をぱちくりしている私たちに、「妻はワスプで、ロスチャイルド家につながる良家の出身。しかし、私はユダヤ系だ」と続けた。そして、「私の名前は、もともとはユダヤ系のものだったけれど、いまはアングロサクソン的なものになっている。ちょっとその辺で拾った名前だ」という説明。先生の自己紹介を、当時の私が全部理解したとは思えないが、このような話が私の関心を移民・エスニック集団に結びつけることになったのかもしれないと、懐かしく思い出す。

結局、修士論文のテーマは、「日系人排斥運動と一九二四年移民法の成立過程」と決まったが、まだまだこの分野の研究はなされていず、一九六二年出版の Roger Daniels 著 *Politics of Prejudice* が日系人排斥について書かれた唯一の研究書であった。ただし、一次史料は豊富にあり、勇気づけられた。

その後、一九七〇年代、一九八〇年代、多数の日系アメリカ人に会い、インタビューを通して多くを学んだ。とくに一世の女性に聞く話は魅力的で、人間の生き方、見方など、研究以外にも学ぶことが多かった。彼女たちは、「移民は棄民」などといわれていた日本の状況からはかけ離れた、まさに「飛翔している女性」だった。インタビューを含む調査の楽しさ、そしてそこで味わう豊かさは、一世のかたがたから望まれているという気持ちからくるものであったかもしれない。

インタビューを終えて別れを告げると、「また来て、話を聞いてくださいね」とか「今度は、いつ来るの？ 待ってますよ」と、あたたかい言葉。「寸志」と自分で書いた封筒にお小遣いを入れて手渡してくださった一世もいた。いまも、封筒ごと、宝物として手元に残してある。

一方で、このように豊かにしていただいた人びと、友人になった人びとを研究材料としていいのだろうかという疑問が私のなかに生まれたことも、たしかである。また、「日本人に日系人の研究をする資格はない。日系人の経験は日本人にはわかるはずがない」といった批判的な意見も聞き、研究をする資格とは何か、私はなぜ、この研究をしたいと思っているのか、考えさせられもした。怠け者だったせいもあるが、その後すぐには研究を成果とすることができず、資料収集ばかりで時が過ぎた。

最終的には、何人かの一世女性の言葉――「日本の人たちに知ってほしいから、ぜひ発表してくださいね」――に励まされ、私は前向きになった。外に知らしめることも、一生懸命、話を聞かせてくださった日系人への恩返しなのだと。また、研究というのは、研究対象の事例を実際に経験したからできるというものではない。日系人の身になって考え、分析することは私にはできないが、むしろ、日本人としての私の視点からの日系人研究もありうる。こう考えられるようになったのは、調査・研究を始め、出版を勧められてから十数年たっていたと思う。ここで、一冊の成果を世に問うことができた。長い道のりであった。

並行して、一国の移民だけではなく、他の国の移民との比較という、若い頃からの夢――私自身は移民の研究をアメリカで始め、アメリカ社会が研究対象であったが、移民研究に必要なのは、送り出した国の状況を研究すること、そして、国を離れた移民が定着した先（いくつもの国）における彼らの状況が比較研究されなければならない。移民研究は世界を視野に入れたものであるべきだ、という生意気な夢――の一部が実現することになったのも一九八〇―一九九〇年代。たまたま、一九七〇年代後半にカナダ研究を専門とする先生を囲んでの勉強会が始まり、そこから、アメリカと似た国とされるが、いろいろな意味で大きく異なる特徴を持つカナダへの日本人移民・日系カナダ人の研究への興味が目覚めた。カナダとアメリカ、二つの国の日本人移民・日系人がそれぞれの社会にどのように受け入れられたか、この比較が興味深く、時間はかかったが、一つの成果を出すことができた。若いころに抱いていた夢に到達する方法の一つは共同研究だと考えていたが、思いを同じくする仲間がいたことは幸せであった。

アメリカとカナダの日系人の研究をしていて、何にもっとも関心を抱いたか——今になって振り返ると、彼らが日本をどうみていたかという点に集約されるのではないだろうか。それはつまり、日系人と日本人の絆を日米関係・日加関係という大きな枠のなかに位置づけてみることである。その絆を示す一例は「ララ物資」である。戦争直後、アメリカやカナダから日本に小包などを送ることが許されなかった時期（一九四六－一九五二）に、敗戦後の日本に救援物資を送ろうと、善意の民間人がアメリカ政府に働きかけて、LARA（Licensed Agencies for Relief in Asia, アジア救援公認団体）という組織を設置してもらい、その組織を通じて、日本に救援物資が送られることになった。その物資は、一万六〇〇〇トンを超える食料、衣料、医薬品、靴、石鹸などを含み、邦貨に換算すれば四〇〇億円以上となったが、重要なことは、その二〇パーセントが日系人（アメリカに限らず、カナダや南米の）の手によって集められたものであったという事実である。第二次世界大戦後、自分たちのアイデンティティを残酷な形で確認せざるを得なかった日系人が日本のために「ララ」に関わった。これまで多くの研究者が、戦後の日系人の多くは、日系であることを恥あるいは罪であるかのように思い、自分が日系人であることを示すもの、あるいは周囲の人々に自分が日系であることをわからせるものから離れようとしたと論じていた。たしかに自らのエスニシティを一種のスティグマと感じた日系人は多かったと思われる。しかし、このような論に反する動き、つまり日本における日本人の窮状に同情し、日系であることを隠さず行動した日系人——日本との絆をはっきり認識し、外に向けて示した日系人——もいたのである。

もう一つの例は、トロントに仏教会を創設した日系カナダ人の意識である。戦時中の立ち退き先から、日本への強制送還か「ロッキーの東」への移動かの選択を迫られ、トロント近辺に再定住した日系カナダ人——日本的なものから遠ざかろうとするはずの日系カナダ人——が、戦後間もない一九四六年に、日本文化の象徴を示す仏教会を創立した。調べてみると、日本との絆を確認することは自尊心をもって自分のアイデンティティを確認することであり、その自尊心があるからこそ立派なカナダ市民になれるのだという考え方をもって仏教会を建てた、と彼ら自身が表明していることがわかった。トランスナショナル、グローバル、そしてローカルな視点の交差点はここにもあったのである。

このような私のささやかな研究履歴の、いろいろな時点、さまざまな場で、もっとも重要であったのは、よき指導者と研究仲間である。学部時代に津田塾大学で指導を受けたことは、私にとって大きな幸いであった。私の人生における大切な師に巡り合い励ましていただけたことで、私の前に広い門が開かれたのである。研究仲間に恵まれたことも、私にとってはありがたいことであった。地域研究にしても、移民研究にしても、一人でできることには限りがある。アメリカ研究でいえば、その地域の特色を多様な立場から見る必要があり、移民研究においては、本来、人の移動を一国に関わるものとしてのみとらえるのでは不十分であり、トランスナショナルな動きとして把握すべきである。そのためには、共同研究などといった大きな仕組みのなかでの研究が有効であろう。そのような考えに基づいて、私は「移民研究会」という、移民研究の先達、佳知晃子先生がはじめられた研究会を重要な切磋琢磨の場とみなしてきた。本書に関わってくださった研究者は、みな、この「移民研究会」で育ち、また「移民研究会」を育ててきたのである。この「仲間」と、もっとも頻繁に、もっとも密接に、学ぶ機会を分かち合い、成果を出してきたことは、私にとっての大きな誇りであり、この上ない喜びである。

いまや、アメリカ研究の分野においても、移民研究の分野においても、研究の裾野が広がり、深みが増し、心強い限りである。本書に集められた論文等の多様性をみると、そのことがはっきりとわかる。と同時に、これらの成果は、裾野が広がり深みを増した二つの分野においても、なお新しい視点を提供している。これまで研究蓄積の少なかった興味深い研究領域が、これら新しい視点を持った成果によって開拓されることはきわめて重要であり、私にとっては大変うれしいことである。そして、それぞれの成果がさらに次のステップの研究につながっていることも、私を大いに勇気づけてくれる。これらの成果を生んだ研究者が今後いっそう発展していくことは明らかであり、また、次の世代の種がすでに蒔かれていることがはっきりと感じられる。満足感を味わいつつ、これからも全力を尽くして彼らを応援していきたいと思う。
私の退職を機に本書を作成しようと貴重な時間と力を注いでくださったみなさんに、深い敬意と感謝を捧げたい。

飯野正子

二〇一五年十月

フィギュール彩

〔既刊〕

㉑紀行　失われたものの伝説

立野正裕◉著

定価（本体 1900 円＋税）

荒涼とした流刑地や戦跡……いまは「聖地」と化した「つはものどもが夢の跡」。聖なるものを経験することとは何か。じっくりと考えながら二十世紀の「記憶」を旅する。

㉕アメリカ 50 年　ケネディの夢は消えた?

土田宏◉著

定価（本体 1800 円＋税）

ニューフロンティア精神を掲げたケネディの「暗殺」からはや半世紀余。彼の夢はいったいどのように実現し、あるいは歪められたのか。本書ではその後の大統領10人を斬る。

㉖ヘミングウェイとパウンドのヴェネツィア

今村楯夫／真鍋晶子◉著

定価（本体 1900 円＋税）

パウンドとヘミングウェイ、彼らが遺した足跡。それは「ヴェネツィア」体験を豊かに、深遠なものにしてくれた。二人の著者が二人の「巨人」と交錯するとき、何かが生まれる。

フィギュール彩

既刊

①人生の意味とは何か

T. イーグルトン◉著　有泉学宙／高橋公雄他◉訳

定価（本体 1800 円＋税）

「人生の意味とは何か？」と問うこと自体、哲学的に妥当なのだろうか？　本書は、オックスフォード大学出版局から出ているシリーズ“A Very Short Introduction”の一冊。

② イギリス文化と近代競馬

山本雅男◉著

定価（本体 1900 円＋税）

イギリス近代競馬の発祥など、競馬にまつわるエトセトラをとおして、近代競馬発祥の国、イギリスの文化を知る画期的な文化論。

③ ジョルジュ・サンドと四人の音楽家

リスト、ベルリオーズ、マイヤベーア、ショパン

坂本千代／加藤由紀◉著

定価（本体 1700 円＋税）

十九世紀フランスで常に文化の中心にいたジョルジュ・サンド。女性作家が書いた小説や日記などを通して、音楽史へ多大な足跡を残した四人の音楽家たちを浮かび上がらせる。

Sairyusha

エスニック・アメリカを問う

2015年11月25日　第1刷発行

［編］「人の移動とアメリカ」研究プロジェクト

発行者　竹内淳夫

発行所　株式会社 **彩流社**

〒102-0071　東京都千代田区富士見2-2-2

電話 03 (3234) 5931（代表）FAX 03 (3234) 5932

http://www.sairyusha.co.jp

装丁　中山銀士

印刷　(株)平河工業社

製本　(株)難波製本

定価はカバーに表示してあります。

落丁本・乱丁本はお取替えいたします。

ISBN978-4-7791-2159-3　C0022

❖ 編著者一覧

飯　野　正　子（津田塾大学名誉教授・前学長）
飯　野　朋　美（津田塾大学ライティングセンター特任講師）
小　澤　智　子（武蔵野美術大学言語文化研究室准教授）
北　脇　実千代（日本大学生物資源科学部准教授）
条　井　輝　子（白百合女子大学文学部英語英文学科教授）
小　谷　伸　太（津田塾大学大学院聴講生・元帝人（株）常務取締役）
菅［七戸］美　弥（東京学芸大学教育学部准教授）
長谷川　寿　美（東海大学外国語教育センター非常勤講師）
増　田　直　子（日本女子大学非常勤講師）
丸　山　悦　子（常磐大学国際学部助教）
三　浦　裕　子（津田塾大学言語文化研究所特別研究員）

飯野正子《いいのまさこ》 略歴および教育研究業績

学 歴

1966年3月　津田塾大学学芸学部英文学科卒業

1966年7月　フルブライト奨学生として留学、Syracuse大学（NewYork州）大学院歴史学科入学

1968年6月　Syracuse大学（NewYork州）大学院歴史学科修士課程修了（MA取得）

1969年3月まで同博士課程在籍（専攻：アメリカ史）

職 歴

1969年 4月　津田塾大学学芸学部英文学科非常勤講師

1978年 4月　同専任講師

1981年10月　同助教授

1988年 9月　McGill大学客員助教授（１年間）

1989年 9月　東京大学非常勤講師（1993年3月まで）

1989年 9月　東京外国語大学大学院非常勤講師（1996年3月まで）

1990年 4月　立教大学大学院非常勤講師（1993年3月まで）

1990年11月　Acadia大学客員教授（集中講義）

1991年 4月　津田塾大学学芸学部英文学科教授（2012年10月まで）

1993年 3月　Acadia大学客員教授（集中講義）

1995年 3月　Acadia大学客員教授（集中講義）

2004年 4月　California大学 Berkeley 校客員研究員（2004年10月まで）

2004年11月　津田塾大学学長（2012年10月まで）

2010年 4月　日米教育交流振興財団（フルブライト記念財団）理事長（現在まで）

2012年11月　法人津田塾大学理事長（2013年3月まで）

2013年 1月　Bryn Mawr大学招聘教授（2013年6月まで）

2013年 4月　津田塾大学名誉教授

その間、日本アメリカ学会、日本カナダ学会、日本移民学会、日本国際政治学会などの理事、評議員、役員、会長などを歴任。文部科学省中央審議会委員、文部科学省科学技術・学術審議委員、文部科学省国立大学法人評価委員会委員、大学評価・学位授与機構国立大学教育研究評価委員会委員、日本私立大学連盟理事、政府諮問委員会「日加フォーラム」委員その他、数多くの公的機関における役職を務める。現在、財団法人日米教育交流振興財団（フルブライト記念財団）理事長、東京農工大学監事、文部科学省研究大学強化推進事業推進委員会委員。

研究業績

単著

『日系カナダ人の歴史』（東京大学出版会、1997年）（カナダ首相出版賞受賞）

『もう一つの日米関係史―紛争と協調のなかの日系アメリカ人』（有斐閣、2000年）

『ジョージア州の日系企業とマイノリティ集団』（経団連・CBCC報告書、1996年）

編著書（主なもの）

『カナダを旅する』（明石書店、2012 年）（共編著）

『エスニック・アメリカ―多文化社会における共生の模索』（有斐閣、2011 年）（第 3 版）（共著）

『現代カナダを知るための 57 章』（明石書店、2010 年）（共編著）

『日本の移民研究動向と文献目録Ⅰ　明治初期-1992 年 9 月』（明石書店、2007 年）（共編著・移民研究会）

『日本の移民研究動向と文献目録Ⅱ　1992 年 10 月-2005 年 9 月』（明石書店、2007 年）（共編著・移民研究会）

『津田塾大学 100 年史』（ぎょうせい、2003 年）（100 年史編纂委員会委員）

『カナダを知るための 60 章』（明石書店、2002 年）（共編著）

『津田梅子を支えた人びと』（有斐閣、2000 年）（共編著）

『アメリカ合衆国とは何か―歴史と現在』（雄山閣、1999 年）（共編著）

『エスニック・アメリカ―多民族国家における統合の現実（新版）』（有斐閣、

1997年）（共著）

『戦争と日本人移民』（東洋書林、1996年）（共編著）

『日本の移民研究—動向と目録』（日外アソシェーツ、1994年）（共編著・移民研究会）

『引き裂かれた忠誠心』（ミネルヴァ書房、1994年）（共著）

The Attic Letters : Ume Tsuda's Correspondence to Her American Mother（New York: Weatherhill, 1991年）（共編）

Mutual Hostages: Canadians and Japanese during the Second World War（Toronto: University of Toronto Press, 1990）（共著）

分担執筆（本の章）（主なもの）

「トロントとモントリオールの日系人：多文化社会への定着」『カナダを旅する』（明石書店、2012年）255-263頁。

"Bukkyokai and the Japanese Canadian Community in British Columbia," Duncan Ryuken Williams and Tomoe Moriya, eds., *Issei Buddhism in the Americas*（Chicago: University of Illinois Press, 2010）, pp. 27-40.

「エスニック・トロントとエスニック・ヴァンクーヴァー—都市のエスニック状況」『現代カナダを知るための57章』（明石書店、2010年）84-89頁。

「日系カナダ人の歩み—苦難を乗り越えて」『現代カナダを知るための57章』（明石書店、2010年）90-99頁。

「カナダ人のアイデンティティ—アメリカ人でないという意識」『現代カナダを知るための57章』（明石書店、2010年）104-110頁.

"Projecting Canada in Japan : Reflections on the Japanese Association for Canadian Studies, 1979-2004." Greg Donaghy and Patricia E. Roy, eds, *Contradictory Impulses: Canada and Japaninthe Twentieth Century*（Vancouver: UBC Press, 2008）, pp. 244-250.

"A History of Japanese Canadians: Swayed by Canada-Japan Relations," *International Journal of Canadian Studies*（2006）, pp. 33-34.

「『ララ』—救援物資と北米の日系人」レイン・リョウ・ヒラバヤシ、アケミ・キクムラ=ヤノ、ジェイムズ・A.・ヒラバヤシ編・移民研究会訳『日系人とグローバリゼーション　北米、南米、日本』（人文書院、2006年）

112-135 頁。

「南北戦争後の憎悪—クー・クラックス・クラン」綾部恒雄監修・編『クラブが創った国アメリカ』（山川出版社、2005 年）163-173 頁。

「イタリア人移民・禁酒法・組織犯罪—マフィア」綾部恒雄監修・編『クラブが創った国アメリカ』（山川出版社、2005 年）203-212 頁。

"Licensed Agencies for Relief in Asia: Relief Materials and Nikkei Populations in the United States and Canada," Lane Ryo Hirabayashi, Akemi Kikumura-Yano, and James Hirabayashi, eds., *New Worlds, New Lives: Globalization and People of Japanese Descent in the Americas and from Latin America in Japan* (Stanford: Stanford University Press, 2002), pp. 59-75.

「トロント仏教会（TBC）と日系人—再定住期を中心に—」戸上宗賢編著『交錯する国家・民族・宗教—移民の適応—』（不二出版、2001 年）213-242 頁。

"Japanese Americans since World War II," Chihiro Hosoya and A50 Editorial Committee, eds., *Japan and the United States: Fifty Years of Partnership* (Japan Times, 2001), pp. 99-104.

「日系アメリカ人の戦後」細谷千博監修　A50 日米戦後史編纂委員会編『日本とアメリカ—パートナーシップの 50 年』（ジャパン・タイムズ、2001 年）542-559 頁。

「安孫子余奈子—関東大震災後の塾復興にかけた情熱」亀田、飯野、高橋編『津田梅子を支えた人びと』（有斐閣、2000 年）229-256 頁。

「津田梅子の女子教育観に見られるアメリカ文化の影響」『異文化交流と近代化：京都国際セミナー 1966』（大空社、1998 年）、129-133 頁。

「カナダとアメリカにおける日系人の地位の違い—強制立ち退きから補償まで—」三輪公忠編『日米危機の起源と排日移民法』（論創社、1997 年）553-585 頁。

「アジア系アメリカ人—『汎アジア系』のアイデンティティ？」有賀貞編『エスニック状況の現在』（日本国際問題研究所、1995 年）131-145 頁。

「『日本たたき』と日系およびアジア系アメリカ人」有賀貞編『日米関係におけるエスニシティの要素』（総合研究開発機構、1995 年）85-97 頁。

「『日本たたき』とアジア系アメリカ人」有賀貞編『米国のエスニック・グループの現状と日本』（日本国際問題研究所、1993 年）56-64 頁。

「ブリティッシュ・コロンビアと日系カナダ人」ダグラス・フランシス、木村和男編『カナダの地域と民族：歴史的アプローチ』（同文館、1993年）191-221頁。

「アメリカのネイティヴィズム」山内昌之編『二十一世紀の民族と国家』（日本経済新聞社、1993年）22-32頁。

「『ボス』とカトリック—アイルランド文化」綾部恒雄編『アメリカの民族』（弘文堂、1992年）145-163頁。

「カナダにおける広島県移民の状況」広島県史編纂室『広島県移住史』（1991年）180-191, 313-318, 431-434頁。

「日系人の太平洋戦争」高村直助編『海外視点・日本の歴史』（ぎょうせい出版、1986年）152-161頁。

「移民をめぐる日・米・加関係」細谷千博編『太平洋・アジア圏の国際経済紛争史』（東京大学出版会、1983年）85-112頁。

論　文（主なもの）

「『雄叫び』と『佛陀』にみられる日系人の意識—B.C.州の日系カナダ人コミュニティと仏教会」『龍谷大学経営学論集』第43巻第1号（2003年6月）1-14頁。

「B.C.州の仏教会と日系カナダ人コミュニティ」『東京大学アメリカ太平洋研究』Vol. 2 (2002年) 45-61頁。

「日系人にとっての戦後50年」『アメリカ研究』第30号（1993年）19-38頁。

「多文化主義と日系人」『アメリカ史研究』第19号（1996年）23-27頁。

「安孫子余奈子と女子英学塾」『津田塾大学言語文化研究所報』第9号（1994年）133-144頁。

「アメリカ移民—一世の女性たち」『歴史評論』第513号（1993年）66-67頁。

「BC州からモントオールへ—カナダにおける日系人の再定住」*The Journal of American and Canadian Studies*, No. 8 (Autumn 1991), 53-72頁。

「カナダの日系人」『外交時報』第1265号（1990年）19-40頁。

"Japanese Americans in Contemporary American Society: A 'Success Story'?" *The Japanese Journal of American Studies*, No. 3 (1989), pp. 115-140.

「日英通商条約とカナダの日本人移民問題」『国際政治』第79号（1985年）

1-18頁。

"Japan's Reaction to the Vancouver Riot of 1907," *B.C. Studies*, No.60 (1984), pp. 28-47.

「明治期の海外移住と国内移住」『龍谷大学社会科学研究年報』第12号（1982年）19-33頁。

翻　訳（主なもの）

『日系アメリカ移民―二つの帝国のはざまで』（明石書店、2014年）[Eiichiro Azuma, *Between Two Empires: Race, History, and Transnationalism in Japanese Americans* (New York: Oxford University Press, 2005)]（監訳）

『祖国のために死ぬ自由―徴兵を拒否した日系人』（刀水書房、2004年）[Eric L. Muller, *Free to Die for Their Country: The Story of The Japanese American Draft Resisters in World War II* (Chicago: University of Chicago Press, 2001)]（監訳）

『多民族社会アメリカの歴史―別の鏡に映して』（明石書店、1995年）[Ronald Takaki, *A Different Mirror: A History of Multicultural America* (Boston: Little, Brown & Co. Inc. 1993)]（共訳）

『甦れ独立宣言―アメリカ理想主義の検証』（人文書院、1993年）[Howard Zinn, *Declarations of Independence: Cross-Examining American Ideology* (New York: Harper Collins Publications, 1992)]（共訳）

『アメリカ史のサイクル』（パーソナルメディア社、1988年）[Arthur M. Schlesinger, Jr., *The Cycles of American History* (Boston: Houghton Mifflin Co., 1986)]（共訳）

『人種のるつぼを越えて―多民族社会アメリカ』（南雲堂、1986年）[Nathan Glazer & Daniel P. Moynihan, *Beyond the Melting Pot: The Negroes, Puerto Ricans, Jews, Italians, and Irish of New York City* (Boston: The M.I.T. Press, 1963)]（共訳）

『我ら見しままに―万延元年遣米使節の旅路』（平凡社、1984年）[Masao Miyoshi, *As We Saw Them: The First Japanese Embassy to the U.S.* (1860) (Berkeley: University of California Press, 1979)]（共訳）

『120％の忠誠―日系二世・この勇気ある人びとの記録』（有斐閣、1984年）[Bill Hosokawa, *JACL in Quest of Justice: The History of the Japanese American

Citizens League (New York: William Morrow and Co., 1981)]（共訳）

『ジャパニーズ・アメリカン』（有斐閣、1982年）［Robert Wilson & Bill Hosokawa, *East to America: A History of the Japanese in the U.S*. (New York: William Morrow and Co., 1982)］（共訳）

『カナダの歴史』（ミネルヴァ書房、1977年）[Kenneth McNaught, *The Pelican History of Canada* (Westminster: Penguin Books, 1977)]（共訳）

『アメリカ建国の思想—植民地から共和国へ』（時事通信社、1976年）[Ralph L. Ketcham, *From Colony to Country: The Revolution in American Thought, 1750-1920* (New York: Macmillan, 1976)]（共訳）

所属学会

日本アメリカ学会、日本カナダ学会、日本国際政治学会、日本移民学会、日本アメリカ史学会、移民研究会、American Studies Association、Organization of American Historians、Association for Asian American Studies、Canadian Association for Ethnic Studies、International Council for Canadian Studies

受　賞

1997（平成9）年3月　カナダ首相出版賞受賞

2001（平成13）年5月　国際カナダ研究カナダ総督賞受賞

注

まえがき

（1）Barack Obama, "Weekly Address: Happy Thanksgiving from the Obama Family (November 27, 2014)," The White House, June 1, 2015 <https://www.whitehouse.gov/the-press-office/2014/11/27/weekly-address-happy-thanksgiving-obama-family>（2015 年 8 月 13 日閲覧）。

第 1 章

（1）2000 年には、同年から可能となった複数人種回答による「2 つ以上の複数人種」という「集団」も計上されるようになった。U.S. Bureau of the Census, *Overview of Race and Hispanic Origin: 2010* (Washington, D.C.: GPO, 2011), p. 3. また本稿では「ムラトー」「カラード」「ニグロ」など、現在では一般に使用されない用語や差別的呼称も、米国センサス上で使われた歴史的事実を反映させるため使用する。その際、「ムラトー」のように括弧のなかに入れることで、センサスにおける分類名や記載であることを示す。

（2）センサスによれば「ヒスパニックまたはラティーノ」とは、「人種に関係なくキューバ人、メキシカン、プエルトリコ人、南・中央アメリカ人、または他のスペイン文化や出自の人」を指す。Ibid, p. 2.

（3）Ibid, pp. 17-22.

（4）「ヒスパニックまたはラティーノ」の増加率は 43％であり、僅差ではあるが「アジア系」が最高の増加率を示している。両者とも黒人や先住民とは異なり移民による増加が著しい「マイノリティ」集団である。

（5）Bureau of the Census, *Overview of Race and Hipanic Origin*, p. 3.

（6）Yen Le Espiritu, *Asian American Panethnicity: Bridging Institutions and Identities* (Philadelphia: Temple University Press, 1992).「アジア系アメリカ人」とは何か。この点について、集団名の歴史的経緯と「アジア系」の多様性を分析しつつ、ヘイト・クライムに対抗する「防御の団結」としたのは飯野正子である。本稿は飯野による長年にわたる「アジア系」に対する包括的な研究に多くを依拠している。明石紀雄・飯野正子『エスニック・アメリカ［第 3 版］—多文化社会における共生の模索』有斐閣選書、2011 年、329-345 頁。

（7）調査票はあらゆるセンサス・レポートの基礎的データである。調査原票には名前や性別、年齢、職業など、「個人情報」が記載されているため、当該センサスの 72 年後の公開が定められている（Title44, US Code）。そもそも調査票が消失し欠落している場合もみられる他、センサス局の火事により 1890 年調査票はほぼすべてが消失したため、本稿で

も検証対象とすることはできない。本稿のように大量の調査票を検証する場合には、マイクロフィルムによる検証作業よりもデータ・ベースを使った方がはるかに効率的である。ただしデータ・ベースを通じての検証には、スキャンのミスや漏れなどに十分注意する必要がある。このほか調査票の史料的価値については、拙稿「移民研究と米国人口センサスをめぐる史・資料—接近と課題—」、日本移民学会編『移民研究と多文化共生』（御茶の水書房、2011年）参照。

(8) むろん、太平洋を渡る航路にヨーロッパからの移民がいなかったわけではない。この点に関連して、エリカ・リーとジュディ・ヤンは、エンジェル・アイランドにおける拘留に直面した中国人移民のみならず、日本人、朝鮮人、ロシア人、メキシコ人、フィリピン人などの移民への管理と排斥（抑留、解放または強制退去）の比較検討を行ったが、ロシア人のシベリアと日本、太平洋を経た移住のルートを明らかにしている。Erika Lee and Judy Yung, *Angel Island: Immigrant Gateway to America* (Oxford: Oxford University Press, 2010).

(9) エドワード・サイード、板垣雄三・杉田英明監修、今沢紀子訳『オリエンタリズム』上（平凡社、2003年）、18頁。

(10) 同上、49-50頁。

(11) オックスフォード大辞典によれば「ヨーロッパ」の原意は「日の沈む場所」である。

(12) リンネは4つの人種区分に世界の大陸の名を与えたとされる。18世紀中葉の時代背景からいって、リンネのいう「アジアティクス」の地理的範囲は、ラテン語での元々の「地中海世界東方」からはるかに拡大されたアジアといえる。

(13) サイード、前掲書　下、214頁。

(14) ロバート・G.リー、貴堂嘉之訳『オリエンタルズ　大衆文化のなかのアジア系アメリカ人』（岩波書店、2007年）3頁。

(15) なかでも、白人の殺人容疑に対して中国人の証言を無効とした1854年のカリフォルニア州最高裁判決People v. Hallにおいて、中国人が「インディアン」として、また「黒人」同様の「非白人」として、従来のアメリカ国内の分類とのアナロジーによって位置づけられた重要性を指摘した論考として以下を参照。Neil Gotanda, "Exclusion and Inclusion: Immigration and American Orientalism," Evelyn Hu-DeHart, ed., *Across the Pacific: Asian American and Globalization* (Philadelphia: Temple University Press, 1999), pp. 134-135.

(16) 竹沢泰子「アジア人移民の帰化権問題と『人種』」、三輪公忠編『日米危機の起源と排日移民法』（論創社、1997年）、245頁。

(17) Ian Haney Lopez, *White by Law: The Legal Construction of Race* (NY: New York University Press, 2006).

(18) Sarah M.A. Gualtieri, *Between Arab and White: Race and Ethnicity in the Early Syrian American Diaspora* (Berkeley, University of California Press, 2009). 同様に、「ヨーロッパ的アジア」と「アメリカ的アジア」という2つの「オリエンタリズム」において決定的な異同を「西アジア」の不在とするスリデヴィ・メノンの議論も参照。Sridevi Menon, "Where

is West Asia in Asian America? 'Asia' and the Politics of Space in Asian America, *Social Text* 86, Vol.24, Spring, 2006, pp. 56-57.

(19) センサスと「人種」をめぐる研究の代表的なものには、Mellissa Nobles, *Shades of Citizenship: Race and the Census in the Modern Politics* (Stanford University. Press, 2000), Jennifer Hochschild and Brenna Marea Powell, "Racial Reorganization and the United Sates: Mulattoes, Half-Breeds, Mixed Parentage, Hindoos, and the Mexican Race," *Studies in American Political Development,* 22 (Spring 2008), Kenneth Prewitt, *What Is Your Race? The Census and Our Flawed Efforts to Classify Americans* (Princeton, Princeton University Press, 2013) がある。邦文では、例えば中條献『歴史のなかの人種：アメリカが創り出す差異と多様性』（北樹出版、2004 年）。

(20) Naomi Mezey, "Erasure and Recognition: The Census, Race and the National Imagination," *Northwestern University Law Review,* 97 (Summer 2003), p. 1723.

(21) Ibid.

(22) Ibid.

(23) Bureau of the Census, *The Story of the Census: 1790-1916* (Washington, D.C.: GPO, 1916), p. 14.

(24) Census Office, *Seventh Census of the United States: 1850* (Washington, D.C.: Robert Armstrong, 1853), p. 36.

(25) 調査票で数の多いところでは、1850 U.S. Census, population schedule, Calaveras District, Calaveras; Rattlesnake Bar and James Point, Sutter; Stockton, San Joaquin, California. 1850 年当時、カリフォルニア州に次いで中国人が居住していたルイジアナ州やニューヨーク州等でも、中国生まれの人びとの調査票を検証したところ、「肌の色」欄は 1 件を除きすべて白人を示す空欄であった。例えば、1850 U.S. Census, population schedule, "W Achin" New York Ward 7 District 1, New York; "At Foy" Louisiana, New Orleans Municipality 1 Ward 4, Orleans.

(26) ニューヨークのチャイナタウンの歴史研究においてジョン・K. W. チェンは、「ジョン・チャイナマン」とされた名前の記載は、1845 年までさかのぼることが出来、1869 年までにはニューヨークの紙面で盛んにつかわれるようになった。また「ジョン」が 1870 年センサスにみられる中国人の 3 分の 2 に当たる人びとが自称していたことに触れながら、他称の「ジョン」は「セレストリアル」や「マンダリン」と同様に保護ないしユーモアを伴う文脈で使われ、明らかな侮蔑的な意味では使われなかったとしている。John Kuo Wei Tchen, *New York before Chinatown: Orientalism and the Shaping of American Culture, 1776-1882* (Baltimore: Johns Hopkins University Press, 1999), pp. 230-231.

(27) 1852 California State Census, population schedule, Yuba, El Dorado, Sacramento.

(28) Census Office, *Statistics of the United States, (including mortality, property, &c.,) in 1860; Compiled from the Original Returns and being the Final Exhibit of the Eight Census* (Washington, D.C.: GPO, 1866), p. liii.

(29) 調査票検索によって導かれた件数。1860 U.S. Census, population schedule.

(30) 人類分類の思想的系譜については、神部武宣『さらばモンゴロイド 「人種」に物言いをつける』(生活書院、2007年)に詳しいほか、同著収録の竹沢泰子による解説を参照(153-167頁)。米国センサスではおそらく「コーカサス」はブルーメンバッハによる分類、「アフリカ」は「アジアティクス」同様、C.リンネ(1707-78)由来の分類名が使用されている。ただし、リンネやブルーメンバッハ等の「人種」分類のどれを参考にしているのかはセンサス・レポートでは説明されていない。また、ブルーメンバッハの『人類の自然的諸変種の起源について』第3版によれば、ヨーロッパの大部分と北アフリカに加えて「オビ川、カスピ海、ガンジス川までの東アジア(Eastern Asia)」が「コーカシアン」の分布地域になっている。パキスタン・イランおよびアラビア半島がここに含まれる。ここでの東アジアは「小アジア」の東側、の意味だと考えられ、現代の語彙とは異なる点に注意が必要である。「モンゴリアン」の分布は上記以外の「アジア」全体(「マレー」「フィン」等の例外あり)である。Johann Friedrich Blumenbach, *On the Natural Varieties of Mankind*, third edition, 1795 (NY: Bergman Publishers, 1969), pp. 265-266.

(31) Census Office, *Population of the United States in 1860; Complied from the Original Returns of The Eighth Census* (Washington, D.C.: GPO, 1864), p. xxix.

(32) 事実、1860年までは「自由人」と「奴隷」とでは異なるセンサス調査が行われ、奴隷州であったルイジアナ州においても、中国人の記載は「自由人」の枠内で調査が行われた。

(33) 1866年に出されたセンサス・レポート最終版中の市・郡ごとの人口表の脚注に「下記の36郡には2666名のインディアンと1万1352名のアジアティクスが白人人口のなかに含められている」(傍点は筆者)との記載がある。Eighth Census, 1866, p.32.

(34) Hochschild and Powell, p. 74.

(35) Carroll D. Wright and William C. Hunt, *History and Growth of the United States Census: 1790-1890* (Washington, D.C.: GPO, 1900), p. 54.

(36) Census Office, *Ninth Census-Volume 1, The Statistics of the Population of the United States* (Washington, D.C.: GPO, 1872), p. xii.

(37) U.S. House of Representatives, the Committee of on the Ninth Census, Ninth Census, 41st Cong., 2nd sess., *Report No.3* (Washington, DC: GPO, 1870), p. 51.

(38) 若松コロニーのメンバーについては、以下の調査票に記載がある。1870 U.S. Census, population schedule, Coloma, El Dorado, California.

(39) 詳細については拙稿「55名の『ジャパニーズ』:1870年人口センサス調査票 (population schedule) への接近」『東京学芸大学紀要　人文社会科学II』60 (2009年) 参照。

(40) エリカ・リーは、カリフォルニアの反中国人感情に根ざした地方発信の厳しい措置が連邦政策に反映される形で、移民管理行政の近代化、精緻化が行われていくプロセスをあぶり出した。Erika Lee, *At America's Gates: Chinese Immigration during the Exclusion Era, 1882–1943* (Chapel Hill: University of North Carolina Press, 2003), p. 48.

(41) 人種とジェンダー双方の交差からみるならば、中国人排斥の起源は1882年の中国人排斥法ではなく1875年ページ法にみられる、と議論したのはレティ・ヴォルプであ

る。Leti Volpp, "Divesting Citizenship: On Asian American History and the Loss of Citizenship through Marriage," 53 *UCLA Law Review*, 405, 2005-2006, pp.410-411, 461. ただし、ページ法において日本人が言及された理由についてはヴォルプをはじめとして先行研究では不問にされてきた。センサス上の「人種」分類チャイニーズと下位分類としてのジャパニーズの記載が、ページ法における両者への言及となって現れた経緯については別稿にて論じたい。

（42）Ninth Census-Vol.1, pp. 90-91.

（43）Ibid., pp. 165-168.

（44）Ibid., pp. 90-91.

（45）Census Office, *Statistics of the Population of the United States at the Tenth Census* (June 1, 1880) (Washington, D.C.: GPO, 1883), pp. 548-549. 以下各州別もすべて同様の分類。

（46）Tenth Census, p. xxxvi.

（47）U.S. Department of Homeland Security, *Yearbook of Immigration Statistics: 2012* (Washington, D.C.: Office of Immigration Statistics, 2013), p. 6.

（48）Tenth Census, p. xxxvi.

（49）Ibid., pp. xxxviii-xxxvix.

（50）Ibid., pp. 378-379.

（51）Ibid., p. 382.

（52）Census Office, *Report on the Population of the United States at the Eleventh Census: 1890, Part I* (Washington, D.C.: GPO, 1895), p. cxliii.

（53）Ibid.

（54）H.R. 6420, 51st Cong. session 1 (1890).

（55）カリフォルニア州選出民主党員トマス・ギアリが提案し、成立した 1892 年ギアリ法によって、すべての中国人に在留資格を得るための、居住証明登録が義務付けられることとなった。貴堂嘉之『アメリカ合衆国と中国人移民　歴史のなかの「移民国家」アメリカ』（名古屋大学出版会、2012 年）、230-31 頁。

（56）Eleventh Census Part I, p. 396.

（57）Ibid., p. 400.

（58）Ibid., pp. 378-379.

（59）Census Office, *Twelfth Census of the United States—Census Reports Vol.1, Population Part I* (Washington, D.C.: GPO, 1901), p. 487.

（60）Ibid., p. 565.

（61）Census Office, *Special Reports—Supplementary Analysis and Derivative Tables, Twelfth Census of the United States: 1900* (Washington, D.C.: GPO, 1906), p. 177.

（62）Bureau of the Census, *Chinese and Japanese in the United States 1910* (Washington, D.C.: GPO, 1914), pp. 42-49.

（63）Bureau of the Census, *Thirteen Census of the United States: 1910, Vol.1* (Washington, D.C.:

GPO, 1913) p. 125. 中野聡『歴史経験としてのアメリカ帝国—米比関係史の群像』、(岩波書店、2007年)、67頁。1910年のセンサスではフィリピンは対象に含まれていない。

(64) Thirteen Census Vol.1, p. 125. アラスカは1916年に準州となる。

(65) Ibid., p. 126.

(66) Ibid.

(67) U.S. Senate, Immigration Commission, *Dictionary of Races or Peoples,* 61st Cong., 3rd sess., S. Doc 662 (Washington, DC: GPO, 1911), p. 3, 75.

(68) Ibid., p. 97.

(69) Bureau of the Census, *Fourteen Census of the United States: 1920, Vol.2* (Washington, D.C.: GPO, 1923), p. 29.

(70) Ibid., pp. 25-26.

(71) Lopez, pp. 91-92.

(72) Ibid., p. 92.

(73) Ibid., p. 48.

(74) 調査票検索によって導かれた件数。1850-1880 U.S. Census, population schedule.

(75) 同上。1850 U.S. Census, population schedule.

(76) 1850 U.S. Census, population schedule, Washington, Washington, PA.

(77) 調査票検索によって導かれた件数。1860 U.S. Census, population schedule.

(78) 1870 U.S. Census, population schedule, Piqua Ward 4, Miami, Ohio.

(79) 調査票検索によって導かれた件数。1880 U.S. Census, population schedule.

(80) 1880 U.S. Census, population schedule, Monroe, Ouachita, LA; Beat 1, Oktibbeha, MS; Mayfield, Graves, KY; Clayton, Gloucester, NJ; Pittsburgh, Allegheny, PA.

(81) Seventh Census, p. xci.

(82) Eighth Census, 1866, p. lii.

(83) Ibid., p. liii.

(84) Ninth Census Vol.1, 1872, p. 336.

(85) レポート中「カラード」と記載された「アジア」出身の30人は、調査票上で「ブラック」「ムラトー」「チャイーズ」などと記載されたと思われるが、詳細については別項で検討することとしたい。ただし既述の検索方法で抽出できた調査票では71件で、レポートに反映された人数とは大幅なずれがあるため今後精査したい。現時点ではレポートの数字でみても、ホワイトと書かれた人々が大多数であることを指摘するにとどめる。

(86) 「アジアティクス」の定義は、「中国、日本生まれの人、およびその他のアジア地域の出身者」である。Eleventh Census Vol.1, p.cxliii. 表によっては、「アジアティクス」とはおもに中国人をさすと書かれている箇所もある。Ibid., p. cl.

(87) Ibid., p. 673. 同様の括りがレポート中一貫してみられる。表73「生まれた場所による州、テリトリーの外国人人口」にも、「アジアティク・ネーションズ」のなかに、特定されない「アジア」と中国、日本、インドが併記されている。Ibid., pp. 286-288.

(88) Ibid., p. cxxxv.

(89) Ibid.

(90) Department of Homeland Security, p. 6.

(91) Ibid., p. 6, 8.

(92) Bureau of the Census, *Measuring America: The Decennial Censuses from 1790 to 2000* (Washington, DC: GPO, 2002), p. 37.

(93) 調査票検索によって導かれた件数。1900-1920 U.S. Census, population schedule.

(94) Lopez, p. 70.

(95) Bureau of the Census, *Measuring America*, p. 49.

(96) Thirteen Census, Vol.1, p. 781.

(97) Ibid., p. 875.

(98) Gualtieri, p. 47.

(99) Immigration Commission, p. 139.

(100) Gualtieri, p. 57, 69, pp. 72-74.

(101) Ibid, p.68. Immigration Commission, p. 74.

(102) John Higham, *Strangers in the Land: Patterns of American Nativism, 1860-1925* (New Brunswick: Rutgers University Press, fourth paperback printing, 1998), p. 204.

(103) 水谷憲一、「1917 年移民法審議における日本人移民問題、1911-1917—帰化不能外国人入国禁止条項の帰趨をめぐって—」『アメリカ史研究』第 22 号、1999 年、61 頁。

(104) Thirteen Census, Vol.1, p. 126.

(105) Mae Ngai, "The Architecture of Race in American Immigration Law: A Reexamination of the Immigration Act of 1924," *The Journal of American History*, June 1999, pp. 67-80, 92.

(106) Menon, p. 69.

(107) Ibid.

(108) Fourteen Census, Vol.2, p. 687.

(109) Ibid., p. 693.

(110) Ibid., p. 695.

(111) Ibid., p. 693.

(112) Ibid.

(113) 事実、筆者の調査ではとりわけニューヨークでは日本人移民が「ホワイト」と調査票に記載される事例が多くみられた。拙稿「日本人移民と結婚をめぐる越境—20 世紀転換期の異人種間結婚を事例として—」『越境の動態的地域研究—空間とカテゴリーの越境の地域間比較をめざして—』(平成 26 年度東京学芸大学重点研究費研究成果報告書、2015 年)、5-11 頁。

(114) Ngai, pp. 73-77.

(115) サイード、前掲書 上、18 頁。

(116) ジョン・トーピー、藤川隆男監訳『パスポートの発明　監視・シティズンシップ・国家』

（法政大学出版局、2008年）20頁、24頁。

第２章

⑴「日系老人の便利屋ＮＹ走る」『日本経済新聞』1984年4月7日。レデラーによると、当時ニューヨークには65歳以上の日本人／日系人が約2500人いて、そのうち約800人が「貧困生活を余儀なくされたり、身寄りがなく1人暮らし」をしていたりした。言葉の問題により、生活保護をはじめとする福祉支援も受けられていない状況だったという。

⑵ ごく近年では、イーストヴィレッジに日本食レストランや食料品店が並び「日本人街」と呼ばれるエリアがあるが、本稿でいう可視的な「コミュニティ」とは、日本人の生活の拠点となる「場」を表す。

⑶ 木村昌人「ニューヨークと日本人社会」柳田利夫編著『アメリカの日系人―都市･社会･生活』（同文舘出版、1995年）を参照。

⑷ たとえば「紐育領事館管轄内ニ於ケル三十一年十二月在留本邦人々員及其状態」（一八九九年一月三十一日付在紐育領事館報告）外務省通商局編『通商彙纂』（復刻版；不二出版、1990年）第47巻、60-61頁、「紐育ニ於ケル本邦人」（1900年1月22日付在紐育帝国領事館報告）『通商彙纂』第52巻、394-395頁など。

⑸ 中西やすこ「日系人それぞれの道　2　ニューヨーク―大家族の妻、母としての70年」『世界週報』72（47）（時事通信社、1991）40-45頁。

⑹ ブルックリンは、1898年までは独立した市であった。

⑺ Yamato Ichihashi, *Japanese in the United States* (New York: Arno Press and the New York Times, 1969) pp. 94-95.1900年ごろのニューヨークの日本人人口は資料によって異なる。たとえば、ミチコ・サワダによると、日本側の数字が1,170人、アメリカ国勢調査では286人、ニューヨーク市の数字では311人であった。以下を参照。"Japanese Population in New York City, 1890-1924" Mitziko Sawada, *Tokyo Life, New York Dreams: Urban Japanese Visions of America, 1890-1924* (University of California Press, 1996) Appendix 2.

⑻ 阪田安雄編『国際ビジネスマンの誕生―日米経済関係の開拓者』(東京堂出版､2009年)。以下も参照。T. Scott Miyakawa, "Early New York Issei: Founders of Japanese-American Trade," Hilary Conroy and T. Scott Miyakawa eds., *East Across the Pacific: Historical and Sociological Studies of Japanese Immigration and Assimilation* (ABC-CLIO Inc., 1972).　労働者も含めた日本人史については、以下を参照。Mitziko Sawada, *Tokyo Life, New York Dreams: Urban Japanese Visions of America, 1890-1924* (University of California Press, 1996) , Eiichiro Azuma, "Issei in New York, 1876-1941," in *Japanese American National Museum Quarterly*, Vol. 13, No. 1, pp. 5-8 (1998).

⑼ 新井領一郎は生糸、森村豊は陶器をアメリカに輸入販売するビジネスに従事した。

⑽ Miyakawa, p. 156.

(11) 北米新報社編『紐育便覧』(北米新報社、1948 年) 3-8 頁。「ニューヨーク日系人会」ホームページも参照。<http://www.jaany.org/ja/jaa_history.html> (2015 年 3 月 31 日閲覧)。

(12) 紐育日本人会編『紐育日本人発展史』(紐育日本人会、1921 年、復刻版:PMC 出版、1984 年)。

(13) 同上、大隈重信「序」。

(14) 同上、「緒言」1 頁。

(15) 同上、「緒言」9 頁。このなかで水谷は「年代の誤聞、一部事実の相違等絶対に之無きを保せざるべし」と述べている。

(16) 同上、364-365 頁。茂木は、日本陶器や雑貨を扱う茂木桃井組の創立者である。

(17)「紐育領事館管轄内ニ於ケル三十一年十二月在留本邦人々員及其状態」(前掲)。

(18)『紐育日本人発展史』(前掲)、358 頁。『発展史』における労働者についての記述は、海軍勤務者や家内労働者に関するものが見られるが、断片的な情報にとどまっている。

(19) 同上、359 頁。

(20) 同上、359-360 頁。

(21) Sawada, p. 14. 1908 年、アメリカへの労働者の移民を制限するために、外務省は海外渡航者の旅券発行において「移民」と「非移民」の 2 種類のカテゴリーを設けた。「移民」は労働者、「非移民」は留学生や実業家などを指す。以下を参照。Sawada, Ibid., pp. 43-44.

(22)『紐育日本人発展史』(前掲)、364 頁。

(23)『北米新報』1952 年 4 月 24 日。

(24) 竹内幸次郎『米国西北部日本人移民史』(シアトル:大北日報社、1918 年、復刻版;雄松堂出版、1994 年) 29 頁。

(25) 竹内、前掲書、33 頁。以下も参照。ユウジ・イチオカ著、富田虎雄・粂井輝子・篠田左多江訳『一世:黎明期アメリカ移民の物語り』(刀水書房、1992 年) 35-41 頁。原書は *The Issei: The World of the First Generation Japanese Immigrants, 1885-1924* (Free Press, 1988). 東栄一郎著、飯野正子監訳『日系アメリカ移民二つの帝国のはざまで—忘れられた記憶 1868-1945』(明石書店、2014 年) 66 頁。原書は Eiichiro Azuma, *Between Two Empires: Race, History, and Transnationalism in Japanese America* (New York; Oxford University Press、2005).

(26)『続通信全覧』類輯之部九 (雄松堂、1985 年)、柳田利夫「解説」外務省通商部編『海外各地在留本邦人職業別人口表』1、2 (不二出版、2002 年) を参照。

(27)『日本郵船株式会社百年史』(日本郵船、1988 年)、商船三井ホームページ参照。〈www.mol.co.jp/corporate/history/index.html〉(2015 年 7 月 12 日閲覧)。

(28) 伊古田天囚『海員出身便覧』(牧書房、1908 年) を参照。掖済会の歴史については「日本海員掖済会」ホームページを参照。〈www.ekisaikai.com/info/hisotry.html〉(2015 年 7 月 12 日閲覧)。

(29) 伊古田、前掲書、36-48 頁。

(30) 同上、10-11 頁。

(31) 新島七五三太（のちの襄）は、アメリカへの密航を計画し、1864年、21歳の時にその計画を実行。品川から函館を経由して、上海からアメリカ船に乗りこみ、船長室で給仕をしながら、1865年7月にボストンから入国した。新島襄『わが人生』（日本図書センター、2004年）を参照。

(32)『紐育日本人発展史』（前掲）、818-826頁。

(33)「解雇外国水夫ノ移民待遇」（一八九九年十一月二十二日在タコマ帝国領事館報告）『通商彙纂』（前掲）第51巻、540-541頁。

(34) U.S. Immigration Commission, *Reports of the Immigration Commission: Abstracts of Reports of the Immigration Commission II* (New York: Arno & The New York Times, 1970; first published, Washington D.C.: Government Printing Office, 1911), p. 355.

(35) Ibid., pp. 354-358.

(36) "Japanese Landed Illegally," *The New York Times,* July 12, 1907.

(37) 中村吉二「会社より、戦争よりも船こそ大事」海員史話会『聞き書き海上の人生　対象・昭和　船員群像』人間選書152（農山漁村文化協会、1990年）、17-18頁。

(38) David C. Hammack, *Power and Society: Greater New York at the Turn of the Century* (New York: Russell Sage Foundation, 1982), p. 37.

(39)「紐育領事館管轄内ニ於ケル三十一年十二月在留本邦人々員及其状態」（前掲）、「紐育ニ於ケル本邦人」（前掲）。

(40)「紐育在留本邦人近況」（明治三十五年一月二十四日付在紐育帝国総領事館報告）『通商彙編纂』第63巻、118-119頁。

(41)『紐育日本人発展史』（前掲）、396頁。ここでは32人の「米人船員を傭ひ来り」と書かれているが、文脈からすると、「米人」ではなく「日本人」だと思われる。

(42) 同上、396-397頁。

(43) 高野房太郎については、以下を参照。二村一夫　『労働は神聖なり、結合は勢力なり—高野房太郎とその時代』（岩波書店、2008年）。

(44) 同上、120-148頁。

(45) 同上、121頁。

(46)「ニューヨーク日本人社会今昔—長老にきくその当時」『北米新報』1952年5月1日。海軍での給料については、高野のケースと金額が異なっている。訓練期間と軍艦勤務の違いも考えられるが、現時点では不明である。堀氏の情報については、氏の姪である東郷菊枝氏とその子息である伸一氏にご提供いただいた。

(47) *Muster Roll of the Crew of the U.S.S. Vermont on the 30th day of June, 1898.* RG24: Bureau of Naval Personnel, entry 134 Muster Rolls of Ships and Shore Establishments, ca. June 1898 – June 30, 1939.

(48) 二村一夫『二村一夫著作集　高野房太郎とその時代（44）』ウェブサイト参照。<http://oohara.mt.tama.hosei.ac.jp/nk/takanoden44.html>（2015年3月31日閲覧）。

(49)『日米週報』1903年2月14日。

（50）『紐育日本人発展史』（前掲）、397 頁。日米週報社編輯局『紐育の日本人』（New York: Anraku Publishing Co., 1908、復刻版；文生書院、2006 年）40 頁。

（51）『日米週報』1902 年 11 月 15 日。

（52）『日米週報』1903 年 3 月 7 日。

（53）帰化権をめぐる 20 世紀転換期の日本人の反応・対応については以下を参照。イチオカ、前掲書、233‐250 頁。粂井輝子『外国人をめぐる社会史―近代アメリカと日本人移民』（雄山閣、1995 年）、とくに 175-177 頁。飯野正子『もう一つの日米関係史―紛争と協調のなかの日系アメリカ人』（有斐閣、2000 年）とくに 30-34 頁。高村宏子『北米マイノリティと市民権―第一次大戦における日系人、女性、先住民』（ミネルヴァ書房、2009 年）、とくに 98-100 頁。

（54）イチオカ、前掲書、234-235 頁、粂井、前掲書、176 頁、高村、前掲書、109 頁。第 2169 条については以下を参照。U.S. Immigration Commission, Ibid., p. 828.

（55）『日米週報』1903 年 3 月 28 日、4 月 4 日、4 月 11 日。

（56）東、前掲書、44-46 頁。

（57）『紐育日本人発展史』（前掲）、356-357 頁。村井家と親交のあった新井領一郎の孫娘ハル・マツカタ・ライシャワーによると、帰化法により帰化アメリカ人となることができなかった村井は、アメリカ定着の次なる手段ともいえるアメリカ人女性との結婚を果たしたという。Haru Matsukata Reischauer, *Samurai and Silk: A Japanese and American Heritage* (Charles E. Tuttle Company, Inc., 1997; first published, Cambridge: Harvard University Press, 1986), p. 232. アメリカ人との結婚が定住の理由であるとは限らないが、高峰譲吉など、初期のニューヨーク日本人社会で成功した人物が異人種間婚をしている点は興味深い。

（58）『北米新報』1952 年 5 月 1 日。

（59）『日米週報』1903 年 3 月 28 日。

（60）*Muster Roll of the Crew of the U.S.S. Vermont on the 30th day of June, 1898.* 1910 年の国勢調査でニューヨーク在住の Charles T. Iwase という「日本人」が確認される。以下を参照。Family Search <https://familysearch.org/pal:/MM9.1.1/M5W3-VTG>（2015 年 3 月 31 日閲覧）。

（61）『日米週報』1903 年 4 月 4 日。以下を参照。U.S. Immigration Commission, Ibid., pp. 828-829.

（62）在紐育内田総領事ヨリ林外務大臣宛「對米移民政策ニ付意見上申ノ件」（明治三十九年五月三十一日）『日本外交文書』第 40 巻第 1 冊（日本国際連合協会、1960 年）397‐402 頁。

（63）同上、397-402 頁。

（64）U.S. Immigration Commission, pp. 830-831. 以下も参照。イチオカ、前掲書、234 頁、高村、前掲書、99 頁。

（65）『日米週報』1906 年 9 月 8 日。

（66）『日米週報』1906 年 7 月 14 日。1906 年の帰化法については、次を参照。
U.S. Immigration Commission, pp. 819-835.

（67）『日米週報』1907 年 3 月 9 日。

(68)『紐育日本人発展史』（前掲）、382 頁。

(69)『紐育便覧』(前掲) 12 - 13 頁。日本人とアメリカ人からなる「調査委員会」による。当時、1 世人口は 1100 人と推定され、うち 700 人が回答した。

(70)「紐育在留本邦人近況」（前掲）。

(71)『紐育日本人発展史』（前掲）、397 頁。中濱旅館はその後サンヅ街に移転している。

(72)『日米週報』1902 年 11 月 1 日など。

(73)『紐育の日本人』（前掲）、37-42 頁。

(74) 同上。

(75) 同上。

(76) 紐育日本人美以教会編「道を傳へて卅五年」奥泉栄三郎監修『初期在北米日本人の記録：北米編』第 61 巻、（ニューヨーク：紐育日本人美以教会、1936 年、復刻版；文生書院、2006 年）3-5 頁。『紐育日本人発展史』（前掲）、476-478 頁。

(77) "Japanese Boy's Home," *The New York Times*, June 4, 1900

(78)『紐育日本人発展史』（前掲）、470 頁。

(79) 同上、438 頁。

(80) 同上、438-439 頁。

(81) 同上、440 頁。

(82) 同上、438-448 頁。

(83) 同上、379-381 頁。結果的に、他の職業への転化はできなかった。

(84)「紐育領事館管轄内ニ於ケル三十一年十二月在留本邦人々員及其状態」（前掲）、「紐育ニ於ケル本邦人」（前掲）。以下も参照。Sawada, Ibid., Appendix 2, Table 5.

(85)『紐育便覧』（前掲書）12 - 13 頁。

(86) 注 57 を参照。

(87) 上出雅孝『桑山仙蔵翁物語』（淡交新社、1963 年）53 頁。

(88) 外務省「紐育地方在住邦人概況」1936 年。

(89) 同上。

第 3 章

(1) 当時アメリカの西部では、ワシントン州とニューメキシコ州を除くすべての州において異人種間結婚禁止法が制定されていた。多くの日本人移民が住んでいたカリフォルニア州でも、1905 年に日本人移民は「モンゴリアン」とみなされ、白人との結婚が禁止された。山田史郎『アメリカ史のなかの人種』（山川出版社、2006 年）58-63 頁。

(2) 飯野正子『もう一つの日米関係史―紛争と協調のなかの日系アメリカ人』（有斐閣、2000 年）38-41 頁；Kei Tanaka, "Japanese Picture Marriage in 1900-1924 California: Construction of Japanese Race and Gender," Ph.D. dissertation (New Brunswick, New Jersey: Rutgers University,

2002), pp. 49-52；柳澤幾美「『写真花嫁』は『夫の奴隷』だったのか」—「写真花嫁」たちの語りを中心に」島田法子編著『写真花嫁･戦争花嫁のたどった道—女性移民史の発掘』（明石書店、2009 年）56-64 頁。

(3) 在米日本人会『在米日本人史』在米日本人会、サンフランシスコ、1940 年、88−90 頁。

(4) 明石紀雄･飯野正子『エスニック･アメリカ［第 3 版］—多文化社会における共生の模索』（明石書店、2011 年）147-148、204-208 頁。

(5) 松本悠子『創られるアメリカ国民と「他者」—「アメリカ化」時代のシティズンシップ』（東京大学出版会、2007 年）30-31 頁。

(6) Stuart Ewen and Elizabeth Ewen, *Channels of Desire: Mass Images and the Shaping of American Consciousness* (Minneapolis: University of Minnesota, 1992), pp. 153-167.

(7) Daniel J. Boorstin: *The Americans: The Democratic Experience* (New York: Vintage Books, 1974), pp. 91-100.

(8) Elizabeth Ewen, *Immigrant Women in the Land of Dollars: Life and Culture on the Lower East Side 1890-1925* (New York: Monthly Review Press, 1985) pp. 25-26.

(9) Herbert Johnson, *Discrimination Against the Japanese in California: A Review of the Real Situation* (Berkeley, California: Press of The Courier Publishing Company, 1907), p. 27.

(10) 歴史学者ヘンリー・ユーは、白人宣教師だけでなく当時移民社会を調査していた社会学者も服装を同化に関する重要な指標として捉えていたと指摘している。Henry Yu, *Thinking Orientals: Migration, Contact, and Exoticism in Modern America* (New York: Oxford University Press, 2001), p. 66.

(11) Kathy Peiss, *Hope in a Jar: The Making of America's Beauty Culture* (New York: Henry Holt and Company, 1998), pp. 26-29; Frederick Lewis Allen, *Only Yesterday: An Informal History of the 1920's* (1931, New York: Perennial Classics, 2000), p. 93.

(12) Peiss, p. 97.

(13) ビューティ・カルチャーという用語は、キャシー・パイスをはじめとして広く用いられるようになっている。この用語には､化粧･髪型･洋服など容姿をめぐる美しさへの関心･実践や社会が規定する美しさに対する基準だけでなく、容姿をめぐるビジネスならびに消費活動、またその消費を後押しする新聞・雑誌・広告などのマスメディア、そして当事者である女性同士の情報交換のためのネットワークなどさまざまな事象が含まれている。Peiss, pp. 6-8.

(14) 常松洋「アメリカ的消費様式」常松洋、松本悠子編『消費とアメリカ社会—消費大国の社会史』（山川出版社、2005 年）6 頁；松本悠子「消費文化の成立—大量消費社会におけるジェンダー・地域・人種」常松、松本編『消費とアメリカ社会』128-129 頁。

(15) 松本悠子、『創られるアメリカ国民と「他者」』、36-37 頁。

(16) アイリーン・スナダ・サラソーン編、南条俊二訳、『The 一世—パイオニアの肖像』（読売新聞社、1991 年）134 頁。

(17)『婦人之友』の誌上では 1912 年 4 月号から洋装運動が本格化した。小檜山ルイ「『婦

人之友』における洋装化運動とモダンガール」伊藤るり、坂元ひろ子、タニ・E・バーロウ編『モダンガールと植民地的近代—東アジアにおける帝国・資本・ジェンダー』(岩波書店、2010年)178-184頁。

(18) 今和次郎、吉田謙吉「1925年(初夏)東京銀座街風俗記録」『婦人公論』第10巻、7号、1925年、94-95頁。

(19) Evelyn Nakano Glenn, *Issei, Nisei, War Bride: Three Generations of Japanese American Women in Domestic Service* (Philadelphia: Temple University Press, 1986),p. 47.

(20) アイリーン・スナダ・サラソーン編、前掲書、29-35、61-63、134-135頁。

(21) Yuji Ichioka, *The Issei: The World of the First Generation Japanese Immigrants 1885-1924* (New York: The Free Press, 1988), pp. 167-168; Emma Gee, "Issei Women," in Nobuya Tsuchida ed., *Asian and Pacific American Experiences: Women's Perspectives* (Minneapolis: Asian / Pacific American Learning Resource Center and General College, 1982), p. 71.

(22) 伊藤一男『北米百年桜(一)』(PMC出版、1984年)313頁。

(23) 柳澤幾美「『写真花嫁』問題とは何だったのか—その言説の形成を中心に」『異文化コミュニケーション研究』6号、愛知淑徳大学、2003年、20頁。

(24) たとえば『羅府新報』1921年6月12日。

(25) 粂井輝子『外国人をめぐる社会史—近代アメリカと日本人移民』(雄山閣、1995年)143頁;廣部泉「アメリカニゼーションと『米化運動』—1910年代後半カリフォルニアにおける日本人移民の矯風運動」油井大三郎、遠藤泰生編『浸透するアメリカ、拒まれるアメリカ—世界史の中のアメリカニゼーション』(東京大学出版会、2003年)72-88頁;南川文里『「日系アメリカ人」の歴史社会学—エスニシティ、人種、ナショナリズム』(彩流社、2007年)114-127頁。

(26) 『羅府新報』1915年8月8日。読点は筆者が挿入。

(27) 河井道子「天使島の一日」『女子青年界』12巻、8-9号、1915年、51頁。河井が移民女性や自身の服装についてどのように考えていたかは以下に詳しい。Tomoko Ozawa, "Besides the Letters of Transit: The Cultural Baggage and Identities of Transpacific Nikkei," Ph.D. dissertation (Tokyo: Tsuda College, 2010), pp. 30-37.

(28) 『羅府新報』1915年5月2日。

(29) 『渡航婦人講習所概覧』横浜基督教女子青年会渡航婦人講習所、1916年11月、3-4頁。

(30) Eiichiro Azuma, *Between Two Empires: Race, History, and Transnationalism in Japanese America* (New York: Oxford University Press, 2005), pp. 55-57.

(31) 『羅府新報』1918年6月19日。

(32) Suzan J. Matt, *Keeping Up with the Joneses: Envy in American Consumer Society, 1890-1930* (Philadelphia: University of Pennsylvania Press, 2003), pp. 3-4; Gary Cross, *An All-Consuming Century: Why Commercialism Won in Modern America* (New York: Columbia University Press, 2000), p. 23.

(33) 林収蔵「羅府婦人会音信」『在米婦人の友』第3巻、第4号、1920年、74-75頁。『在

米婦人の友』は1918年よりロサンゼルスの日本人移民社会で発行されていた女性雑誌である。以下に所収されている。奥泉栄三郎監修『初期在北米日本人の記録　第4期：北米編 第146 − 4』文生書院、2012年。

(34)『羅府新報』1915年8月8日。

(35) 高橋愛子「見たまま聞いたまま」『在米婦人の友』第10巻、第3号、1927年、43頁。

(36) Matt, pp. 23-24.

(37) たとえば、ロサンゼルス市内のブロードウェイにある「スコット・デパートメント」や「ボストン・ストア」の広告が日本語で掲載されており、ストッキングについても宣伝されている。『羅府新報』1924年2月15日および1925年5月14日。

(38)『羅府新報』1916年8月29日。

(39)『羅府新報』1924年1月1日。

(40) Makimi Kambayashi, "Issei Women: Life Histories of Six Issei Women Who Participated in Social and Other Activities in Los Angeles, 1984," (Master's Thesis., University of California Los Angeles, 1985), p. 238.

(41) 19世紀より、アメリカ主流社会では、敬虔、純潔、従順、家庭的といった美徳を遵守することが女性に求められ、妻として母としての役割を全うすることが期待されていた。Barbara Welter, "The Cult of True Womanhood: 1820-1860," *American Quarterly*, 18.2 (1966): p. 152.

(42)『羅府新報』1919年11月22日；1920年1月14日；粂井、前掲書、165-168頁；松本悠子『創られるアメリカ国民と「他者」』、39-41頁。

(43)『羅府新報』1920年1月1日。

(44)「スイートホーム」『在米婦人の友』第2巻、第10号、1919年;「婦人の労働に就て」『在米婦人の友』同書、5-6頁。

(45) 山内常子「婦人の屋外労働に就て」『在米婦人の友』第3巻、第6号、1920年、16-24頁。

(46) 伊藤一男、前掲書、315頁。

(47) Ruth O'Brien and Maude Campbell, "Present Trends in Home Sewing," Miscellaneous Publication No. 4 (Washington, DC: United States Department of Agriculture, 1927), pp. 2-9.

(48) Sarah A. Gordon, *"Make It Yourself": Home Sewing, Gender, and Culture, 1890-1930* (New York: Columbia University Press, 2009), pp. 6-7.

(49) Ibid., pp. 16-19.

(50) 山崎明子『近代日本の「手芸」とジェンダー』(世織書房、2005年) 199頁、237-238頁。

(51) 横川公子編著『服飾を生きる―文化のコンテクスト』(化学同人、1999年) 142頁。

(52) 熱美保子「19世紀日本における裁縫と女性」神戸女学院大学『女性学評論』第20号、2006年、150頁；池田雅則「明治後期における女子教育の一断面―私立裁縫女学校の地域内展開と歴史的位置」東京大学大学院教育学研究科教育学研究室『研究室紀要』第32号、2006年、39頁。

(53) 深谷昌志『教育名著選集 ② 良妻賢母主義の教育』(黎明書房、1998年) 50-51頁；小

山静子『良妻賢母という規範』(勁草書房、1991年) 41-42頁。なお、深谷は、学制発布当初より裁縫教育に重きを置く意図はあったものの、女性教員の少なさや設備の不足といった理由から、とくに地方を中心に「男女共通教育」の傾向があったと指摘している。深谷、54-57頁。

(54) その様子は、羅府第1学園の生徒による作文に描写されている。「大園遊会の記」『在米婦人の友』第3巻、第6号、1920年、71-74頁。

(55)『羅府新報』1924年1月1日。引用文の読点は筆者挿入。

(56) 吉本洋子「花開く洋裁学校」小泉和子編著『洋裁の時代—日本人の衣服革命』(OM出版、2004年) 24頁; Andrew Gordon, *Fabricating Consumers: The Sewing Machine in Modern Japan* (Berkeley, California: University of California Press, 2012), p. 25. なお、同女学院は、シンガーミシン裁縫女学校と記載される場合もある。

(57) 田村江東『活動せる實業界の婦人』(東京博文館、1908年) 116 − 118頁。

(58) Kambayashi, "Issei Women," pp. 214 - 219. この女性は、渡米後実際には夫が従事する農作業に忙殺され、裁縫学校に通うことはできなかった。皮肉にも第2次世界大戦中の強制収容所でようやく裁縫を学ぶことができたと語っている。

(59) Frank Van Nuys, *Americanizing the West: Race, Immigrants, and Citizenship, 1890-1930* (Lawrence, Kansas: University Press of Kansas, 2002) p. 124.

(60) State Commission of Immigration and Housing of California, *A Manual for Home Teachers* (Sacramento: California State Printing Office, 1919), pp. 33-37.

(61) Ibid., pp.26-27. 裁縫を教えることが英語を教えることにもつながっていったこともうかがえる。以下を参照。Ibid., p. 33.

(62) Ibid., p. 16.

(63)『羅府新報』1915年9月29日。

(64) 小島治子「女子青年会の仕事の一端」『在米婦人の友』第7巻、第9号、1924年、79頁。

(65)『羅府新報』1915年9月23日。

(66) 福島源太郎『南加州同胞発展寫眞帖』(文林堂書店、1913年) 22頁; 南加州日本人70年史刊行委員会『南加州日本人70年史』(南加日系人商業会議所、1960年) 142頁。福島は1907年に学校が設立されたと記しているが、70年史では1911年とされており定かではない。なお、日高は後に学校経営をやめて紀伊商会婦人裁縫部の主任となった。『在米婦人の友』第7巻、第9号、1924年。

(67)『在米婦人の友』第8巻、第4号、1925年。遠山潮徳は、1926年の修士論文において、当時ロサンゼルスに12校もの裁縫学校があり、それぞれ80名から150名の生徒がいたと記している。Chotoku Toyama, "The Japanese Community in Los Angeles," (Master's thesis, Columbia University, 1926), p. 20.

(68) この裁縫学校はフランス人女性が経営するもので、日系人女性を対象とした分校がリトル・トーキョーに開校され、分校校長を土井田阿佐代が務めた。土井田阿佐代「卒業式の思ひ出」『在米婦人の友』第10巻、第10号、1927年、69-71頁。

(69)『羅府新報』1914年10月28日、11月7日。

(70)『羅府新報』1915年8月17日、1919年12月20日。

(71) フレンチアメリカン裁方意匠学校分校は、午前、午後、夜間に分けて講座を開講していた。『羅府新報』1926年8月31日。

(72)『羅府新報』1922年11月3日。

(73) 伊藤謙哉「学科としての裁縫に就いて (1)」『在米婦人の友』第10巻、第10号、1927年、75頁。

(74) 旧姓は日隈のぶ子。日隈のぶ子「南加裁縫女学校の近況」『在米婦人の友』第3巻、第6号、1920年、58-59頁。1918年代、新里しげ子による新里裁縫女学校の広告に日隈の名前も掲載されており、後に南加裁縫女学校が同じ住所で設立されているため、何らかのかたちで引き継いだと推測される。『羅府新報』1918年6月19日、1919年10月26日。

(75) 賀川豊彦「序」、嘉悦孝「序」、小川信子「自序」小川『最新キースター式婦人小供洋服の裁方』(東京家政専修学校、1927年) 1-8頁。

(76)『在米婦人の友』第2巻、第10号、1919年。

(77) 日隈のぶ子「南加裁縫女學校の近況」『在米婦人の友』第3巻、第6号、1920年、59頁。さらに、2週間程度で集中的に学ぶ夏期講習会も提供された。「読者通信」『在米婦人の友』第2巻、第7号、1919年、70頁。

(78) 賀川豊彦「序」小川、前掲書、1頁。

(79) 小川、前掲書、8頁。

(80) とくにフラッパーを連想させる挿絵としては、次が挙げられる。小川、前掲書、90 − 93頁。

(81) 賀川豊彦「序」、小川、前掲書、1頁。なお、リトル・トーキョーの堀兄弟商会は、「モスリン友ぜん」を日本から輸入して販売していた。このことから、着物は渡米する際に持参したものだけでなく、夏祭りなどの行事用を中心にアメリカでつくられたものもあったことが推測される。『羅府新報』1926年11月25日。また富尾商店や亜細亜商会では、白人への贈答用にと絹や友禅、木綿縮などの日本製着物も販売していた。『羅府新報』1926年12月11日、12月12日。

(82) たとえばリトル・トーキョーにある堀兄弟商会は、「新しい型紙」と「新荷の流行柄切地」を売り出していることを宣伝している。『羅府新報』1925年5月16日。

(83) Evelyn Nakano Glenn, p. 47.

(84)『羅府新報』1920年3月20日;『南加州日本人70年史』、137頁; William M. Mason and Dr. John A. McKinstry, *The Japanese of Los Angeles* (California: A California Bicentennial Publication, 1969), p. 8, 21.

(85) 亜細亜商会の裁縫部は、婦人服や子ども服を好みに応じてつくるだけでなくボタン穴かがりやヘムかがりなど洋裁に関する部分的な依頼も受け付けていた。『羅府新報』1926年9月10日。

(86) たとえば歴史学者のヴァレリー・マツモトがインタビューした二世の女性は、一世である母親が、家計を助けるために富尾商店の洋服を縫う仕事を請け負っていたと回想し

ている。Valerie J. Matsumoto, *City Girls: The Nisei Social Word in Los Angeles 1920-1950* (New York: Oxford University Press, 2014), p. 18.

(87)『羅府新報』1923 年 1 月 1 日。

(88) 日隈のぶ子「南加裁縫女学校の近況」『在米婦人の友』第 3 巻、第 6 号、1920 年、59 頁。

(89) シアトルで裁縫学校を設立した一世の女性は、農閑期には夜間のクラスをやめて昼間のみにしたと語っている。伊藤一男、前掲書、345 頁。

(90) 中馬よね子「卒業生を送る」『在米婦人の友』第 10 巻、第 10 号、1927 年、38 頁。

(91) 篠山ひろ子「技藝展を観て」『在米婦人の友』第 7 巻、第 9 号、1924 年、72-73 頁。

(92)『羅府新報』1923 年 1 月 1 日。読点は筆者が挿入。

(93)『羅府新報』1928 年 1 月 1 日。羅府新聞社が南カリフォルニアにある日本語学校の協力を得て実施したアンケートである。二世の女子 491 人中、先生と挙げた女子が 128 人、裁縫師が 72 人、音楽師が 51 人、看護師と商業が 27 人という結果となった。

(94) David K. Yoo, *Growing Up Nisei: Race, Generation, and Culture among Japanese Americans of California, 1924-1949* (Urbana: University of Illinois Press, 2000), pp. 32-33.

(95)『羅府新報』1927 年 1 月 8 日。

(96) Shiho Imai, *Creating the Nisei Market: Race & Citizenship in Hawai'i's Japanese American Consumer Culture* (Honolulu: University of Hawai'i Press, 2010), pp. 98-99. イマイはハワイの事例を扱っているが、ロサンゼルスにおいても裁縫学校に通う二世が多く、同様の状況であると推測される。たとえば『南加州岡山縣人發展史』では岡山県からロサンゼルスを含む南カリフォルニアに渡った移民の家庭が紹介されており、裁縫学校に通っていると説明されている二世の子女が多く見受けられる。遠藤紫郎『南加州岡山縣人發展史』(南加岡山海外協會、1941 年)。

(97)『羅府新報』1940 年 6 月 23 日。

(98) Jenna Weissman Joselit, *A Perfect Fit: Clothes, Character, and the Promise of America* (New York: Henry Holt and Company, 2001), pp. 25-30.

(99) Los Angeles Times (Los Angeles), 25 September 1988.

(100) エリザベス・アーデンやヘレナ・ルビンスタインは、1910 年代に化粧品会社を興して成功を収めた女性の例であろう。とくにヘレナ・ルビンスタインはポーランド出身の移民女性であった。また黒人女性にもマダム・C・J・ウォーカーという 20 世紀初頭にヘアケア関連のビジネスを興して成功を収めた女性がいる。以下に詳しい。Kathy Peiss, *Hope in a Jar;* Noliwe M. Rooks, *Hair Raising: Beauty, Culture, and African American Women* (New Brunswick, New Jersey: Rutgers University Press, 1996).

第 4 章

(1) 米国に暮らす中南米系住民を総称する用語として、ヒスパニック (Hispanic) やラティー

ノ（Latino）、あるいはスペイン語話者（Spanish-speaking）など、さまざまな呼称が用いられてきた。本稿では、米国に居住する中南米諸国出身者、また同地域に出自をもつと自覚する人びとで、スペイン語話者あるいはスペイン語文化を背景にもつ人びとをラティーノ、あるいは中南米系と呼称する。ラティーノにはブラジルなど、非スペイン語圏の出身者も含まれるという解釈もあるが、本稿ではスペイン語系住民に限定してラティーノを用いる。

（2）テキサス州サンアントニオでは居住するラティーノの 91％、同様にロサンゼルスでは 78％、サンフランシスコ地域では 71％をメキシコ系が占めている。Seth Motel and Eileen Patten, Pew Research Center, "Characteristics of the 60 Largest Metropolitan Areas by Hispanic Population," September 19, 2012 < http://www.pewhispanic.org/2012/09/19 /characteristics-of-the-60-largest-metropolitan-areas-by-hispanic-population/>（2015 年 2 月 14 日閲覧）。

（3）同様の事例として、ワシントン D.C. 近郊にはエル・サルバドル系が多数居住しており、同地域におけるラティーノなかで 34％を占めている。さらにここでは、「その他」の中南米出自者が 33％住んでおり、メキシコ系住民の割合は 16％で、同地域のラティーノ構成は単純でないことが覗える。

（4）クリスティナ・ベルトランは Latinidad という言葉を用い、中南米系住民が共有する集団意識の存在を論じている。本来多様な人々から成るにも関わらず、歴史の中で人種的に他者化されてきたラティーノは、移民排斥の機運が社会で高まる時に、汎ラティーノ・アイデンティティを形成してきたと述べている。Christina Beltaln, *The Trouble With Unity: Latino Politics and the Creation of Identity* (Oxford University Press, 2010), pp. 4-7; Nicholas De Genova and Ana Y. Ramos-Zayas, *Latino Crossings: Mexicans, Puerto Ricans, and the Politics of Race and Citizenship* (New York: Routledge, 2003), pp. 29-30.

（5）NCLR ホームページ <http://www.nclr.org/index.php/about_us/>（2014 年 4 月 26 日閲覧）; Hispanic Business News, "NCLR's Evolution," <http://www.hispanicbusiness. com/news>（2014 年 4 月 27 日閲覧。）

（6）David G. Gutiérrez, *Walls and Mirrors: Mexican Americans, Mexican Immigrants, and the Politics of Ethnicity* (University of California Press, 1995).

（7）マニュエル・G・ゴンサレス、中川正紀訳『メキシコ系米国人・移民の歴史』（明石書店、2003 年）、319-323 頁。ブラセロ・プログラムとは第 2 次世界大戦中の労働力不足を解消するため、1942 年に米国がメキシコ政府と結んだ契約。1964 年に廃止されるまで、のべ 480 万人のメキシコ人移民が、短期契約労働者として米国南西部を中心に農業労働に従事した。

（8）Gutiérrez, 197; 中川正紀「カリフォルニア農業労働者運動と"非合法移民"：1970 年代前半を中心として」『フェリス女学院大学文学部紀要』第 37 号 (2002-2003), 74-76 頁。

（9）Gutiérrez, 63; アリアン・カンポフロレス「茶色 vs 茶色の奇妙な戦い」*Newsweek*（日本語版）（2000 年 9 月 27 日）。

（10）Mario T. García, *Mexican Americans: Leadership, Ideology, and Identity, 1930-1960* (Yale

University Press, 1989); Richard A. García, "The Mexican American Mind: A Product of the 1930s," in Mario T. García et al. eds., *History, Culture, and Society: Chicano Studies in the 1980s* (Bilingual Press, 1983); Gutiérrez (1995); George J. Sánchez, *Becoming Mexican American: Ethnicity, Culture, and Identity in Chicano Los Angeles, 1900-1945* (Oxford University Press, 1993); Lisa García Bedolla, *Fluid Borders: Latino Power, Identity, and Politics in Los Angeles* (University of California Press, 2005).

(11) Gilda Laura Ochoa, "Animosity and Unity: Mexican American and Mexican Immigrant Relations in La Puente, California" (Ph.D. diss., University of California, Los Angeles, 1997).

(12) De Genova and Ramos-Zayas, pp. 7, 32-33.

(13) 拙稿「チカノ学生のエスニック・アイデンティティと人種意識をめぐる考察―サンフランシスコ湾岸地域におけるインタビューを通して―」森本豊富編著『移動する境界人：「移民」という生き方』(現代資料出版、2009 年)、121-152 頁 ; 朝日新聞、2006 年 6 月 30 日。

(14) John Higham, *Strangers in the Land: Patterns of American Nativism 1860-1925* (Atheneum, 1971), 4.

(15) Ibid.

(16) 村田勝幸「"人種化されたネイティヴィズム" の史的背景：19 世紀末から 20 世紀初頭のアメリカにおける移民・人種・同化」『思想』962 (2004 年 6 月)、111 頁 ; 村田勝幸『＜アメリカ人＞の境界とラティーノ・エスニシティ：「非合法移民問題」の社会文化史』(東京大学出版会、2007 年)、3 頁。

(17) 飯野正子『もう 1 つの日米関係史：紛争と協調のなかの日系アメリカ人』(有斐閣、2000 年)、194-196 頁。

(18) 村田『＜アメリカ人＞の境界とラティーノ・エスニシティ』、46 頁。

(19) Pew Research Center, "An Awakened Giant: The Hispanic Electorate is Likely to Double by 2030," November 14, 2012 <http://www.pewhispanic.org/2012/11/14/an-awakened-giant-the-hispanic-electorate-is-likely-to-double-by-2030/> (2014 年 3 月 27 日閲覧。)

(20) Pew Research Center, "Between Two Worlds: How Young Latinos Come of Age in America," December 11, 2009 < http://www.pewhispanic.org/2009/12/11/ between-two-worlds-how-young-latinos-come-of-age-in-america/> (2014 年 3 月 30 日閲覧。)

(21) Pew Research Center, "An Awakened Giant."

(22) Juan Simón Onésimo Sandoval and J. Jennings, "Latino civic participation: Evaluating indicators of immigrant engagement in a Midwestern city," *Latino Studies*, Vol. 10-4(2012), pp. 523-545.

(23) Cong. Rec., 151st Cong. (15 December 2005), H11801-11802, H11807-11809.

(24) *Wall Street Journal*, 7 April, 2013.

(25) 移民法改正に言及した演説で、ブッシュは国境を管理するという表現ではなく、「護る (protect)」、「安全を確保する (secure)」という言葉を何度も用いていることからも、犯罪や治安悪化の温床としての米墨国境を前提としていたことがうかがえる。*New York Times*,

November 29, 2005; *New York Times*, October 26, 2006.

（26）Cong. Rec., 151st Cong. (15 December 2005), H11809, H11811.

（27）Cong. Rec., 151st Cong. (15 December 2005), H11820.

（28）Cong. Rec., 151st Cong. (15 December 2005), H11813-11814, H11820.

（29）*San Jose Mercury News*, March 22, 2010;『朝日新聞』、2006 年 4 月 6 日。

（30）NCLR ホームページ <http://www.nclr.org/index.php/about_us/history/>（2014 年 4 月 24 日閲覧。）

（31）NCLR の創設メンバーはメキシコ系アメリカ人で、中南米系住民に対し、様々な実務的なサービスを提供する団体だった。Beltrán, 174 頁を参照。

（32）National Council of La Raza, "Written Statement for a Hearing on 'Comprehensive Immigration Reform in 2009: Can We Do It and How?'," May 9, 2000.

（33）ゴンサレス、397 頁 ; Rosie Carbo, "Fighting Discrimination and Hate Crimes for 45 Years," *The Hispanic Outlook in Higher Education*, Vol. 23-9 (2013), pp. 16-18.

（34）"MALDEF Calls for Peace and Justice in Wake of Hate Crime," *US Fed News Service,* Including US State News, July 29, 2008; Mexican American Legal Defense and Educational Fund, Testimony Submitted to the Immigration, Border Security and Citizenship Committee Hearing on "Strengthening Enforcement and Border Security: 9/11 Commission Report on Terrorist Travel" (March 14, 2005).

（35）2009 年にはフロリダ州で、国際交流プログラムに参加するため米国に滞在していた 5 人のチリ人学生が、60 歳の近隣住民に発砲されて死傷するという痛ましい事件が起きてしまった。犯人は突然、チリ人学生に発砲するという凶行に及んだものであったが、以前から犯人による反移民的な発言が近所で目撃されていたという。MALDEF ホームページ <https://maldef.org/news/releases/hate_crimes_022709/index.html>（2014 年 5 月 13 日閲覧。）; Latinovasions ホームページ <http://www.latinovations. com/2009/05/04/pennsylvania-teens-acquitted-in- murder-of-mexican-immigrant/>（2014 年 8 月 20 日閲覧。）; The U.S. Department of Justice ホームページ <http://www.justice.gov/crt/about/ crm/selcases.php>（2014 年 8 月 20 日閲覧。）; *Hindustan Times,* Feb. 28, 2009.

（36）NCRL の Clanssa Martínez-De-Castro は、非合法移民青年層の強制送還を一時延期する行政措置に必要な予算調達を、共和党保守派のキング議員が差し止める法案を通過させたことに対し、厳しい批判記事を掲載した。その中で、共和党の反移民政策は 1100 万人の非合法移民だけでなく、アメリカ市民権をもつ 4000 万人のラティーノも疎外するものであると述べている。以下の NCLR ホームページを参照。Clanssa Martínez-De-Castro, "An Attack on Some Latinos is an Attack on All Latinos," < http://blog.nclr.org/2013/06/19/an-attack-on-some-latinos-is-an-attack-on-all-latinos/>（2014 年 5 月 9 日閲覧。）

（37）Cong. Rec., 151st Cong. (15 December 2005), H11808, H11810, H11816, H11823.

（38）Joanna Dreby, Center for American Progress, "How Today's Immigration Enforcement Policies Impact Children, Families, and Communities," August 2012; Pew Research Center, "A Portrait of

Unauthorized Immigrants in the United States," April 14, 2009.

(39)『朝日新聞』、2006 年 4 月 6 日。

(40) Janet Murgía, "A Commonsense Solution For Immigration Reform Must Be Enacted This Year," testimony presented to U. S. Senate Judiciary Committee, April 22, 2013.

(41) Alejandra Rincón, *Undocumented Immigrants and Higher Education: ¡Sí Se Puede!* (LFB Scholarly Publishing, 2008), pp. 26-29; MALDEF, "Letter from Eric M. Gutiérrez, legislative Staff Attorney, MALDEF, to the Honorable Zoe Lofgren, Chairwoman, Subcommittee on Immigration, Citizenship, Refugees, Border Security, and International Law," Congressional Hearings, May 22, 2007.

(42) 2014 年 11 月 20 日には、オバマは移民制度改革に関する特別演説を行った。膠着状態に陥っている移民法改革の遂行のため、非合法移民の国外退去処分の一時延期等の大統領行政命令を発布することを示唆した。The White House, "Remarks by the President in Address to the Nation on Immigration," Nov. 20, 2014; *New York Times,* March 21, 2010.

(43) 2011 年 10 月、カリフォルニア州知事はカリフォルニア・ドリーム法に署名した。これにより州内の大学に進学を希望する非合法移民は、学費援助のための奨学金制度を利用する権利を付与された。さらに 2013 年 9 月には、非合法移民であってもカリフォルニア州の運転免許証を取得することを認める法律が成立した。*San Jose Mercury News,* October 11, 2011; LULAC Newsletter, September 14, 2013.

(44) ドリーム法が適用されるのは、現在 30 歳以下の人である。Cong. Rec., 111th Cong. 2nd session, H.R. 6497 (7 December 2010); 第 17 章「アリゾナ州移民法判決：連邦権限、"正当な手続き" の問題」明石紀雄監修『新時代アメリカ社会を知るための 60 章』(明石書店、2013 年)、85-88 頁 ;『朝日新聞』、2010 年 12 月 12 日。前年に政府は、ドリーム法の適応対象となりうる非合法移民学生について、強制送還の一時停止を図ろうとしたが、そのことも共和党議員の批判を招くことになった。

(45) 移民擁護団体の働きかけや中南米系議員の尽力にもかかわらず、数日後の上院議会では法案は否決され、ドリーム法の実現は先送りとなった。共和党議員を中心とした反対の声は、オバマ大統領の予想以上に根強かったといえる。ドリーム法の適用対象は入国時に若年層だった非合法移民のみであり、全ての非合法移民に自動的に永住権を付与するものではない。だが、ドリーム法が「法を犯した」者に形を変えた恩赦を許すことになるという、保守派を中心とした反対意見が勝った結果といえる。*New York Times,* December 18, 2010.

(46) MALDEF, Testimony Submitted to the Immigration, Border Security and Citizenship Committee Hearing.

(47) カリフォルニアの公立大学には、カリフォルニア大学 (UC) システムとカリフォルニア州立大学 (Cal State) システムの 2 つがあるが、後者の方が地域密着型で授業料も低く、移民や低所得者層の学生も多く入学する。しかし近年の授業料値上げの影響は及んでおり、2011 年には授業料が 12%引き上げられ、半期だけで約 3500 ドルの納付が学生に必

要となった。カリフォルニア大学システムでも9．6パーセントの授業料引き上げが決定した。*San Jose Mercury News*, July 13, 2011.

（48）Hinda Seif, "'Wise Up!' Undocumented Latino Youth, Mexican-American Legislators, and the Struggle for Higher Education Access," *Latino Studies*, 2-2(2004), pp. 210-230; *Golden Gate Express*, September 7, 2011.

（49）*The San Diego Union Tribune*, March 21, 2006.

（50）Maria Lucia Chávez, Mayra Soriano, and Oliverez Paz, "Undocumented Students' Access to College: The American Dream Denied," *Latino Studies*, 5-2 (2007), pp. 254-263; California State Legislature, Assembly Bill No. 540, Bill Analysis <http:// legislature. ca.gov>（2014年7月2日閲覧。）; オレゴン州の下院議会では、非合法移民学生が大学進学を目指すうえで、大きな影響を与える法案が成立した。オレゴン州内の大学に入学した際には、米国市民の学生と同額の学費で済むという法案である。*El Hispanic News*, March 2013.

（51）United We Dream ホームページ <http://unitedwedream.org/about/history/>, <http://unitedwedream.org/about/the-team/staff-contractors/>（2014年5月3日閲覧。）; *The Volunteer*, "Undocumented and Unafraid: DREAMers tapped for Human Rights Award," March 15, 2013.

（52）United We Dream ホームページ <http://unitedwedream.org/about/history/>（2014年5月4日閲覧。）; *The Volunteer*, ibid.

（53）Beltrán, 126-127.

（54）明石紀雄、飯野正子『エスニック・アメリカ［新版］：多民族国家における統合の現実』（有斐閣、2006年）、323-328頁；共和党下院議員のスティーブ・キングは、非合法移民で卒業生総代となるような優秀な人もいるが、あとの100人はマリファナを担いで砂漠を渡り、非合法に国境を越えて来ると発言し、大きな批判を受けた。発言が問題となった理由は、あたかも非合法移民は、米墨国境を非合法に渡る中南米系の麻薬密売人であるというイメージを増長させるものだったからである。*Los Angeles Times*, July 25, 2013; LULAC News Letter, July 25, 2013; *New York Times*, August 12, 2013.

第5章

（1）Naoko Shimazu, *Japan, Race and Equality: The Racial Equality Proposal of 1919* (London: Routledge, 1998), pp. 164-166. シマヅによると、人種差別撤廃案の提案理由のなかで、日本の国際的地位を確かなものにすることが一番重要だったとされている。その他、人種差別撤廃案に関する先行研究としては、Marilyn Lake and Henry Reynolds, *Drawing the Global Colour Line: White Men's Countries and the International Challenge of Racial Equality* (Cambridge: Cambridge University Press, 2008); 池井優「パリ平和会議と人種差別撤廃問題」『国際政治』23号、1963年、44-58頁；岡義武「パリ平和会議におけるアメリカ外交とわが国世論」斎藤真編『現代アメリカの内政と外交－高木八尺先生古希記念』（東京大学出版会、1959年）

275-297頁；大沼保昭「遥かなる人種平等の思想」大沼保昭編『国際法、国際連合と日本』（弘文堂、1987年）427-480頁などがある。

（2）岡、前掲論文、289頁；大沼、前掲論文、444-445頁。

（3）マーガレット・マクミラン（稲村美貴子訳）『ピースメイカーズ－1919年パリ講和会議の群像』（芙蓉書房出版、2007年）上巻、7頁。

（4）池井、前掲論文、45頁。

（5）池井、前掲論文、47頁；チャオ埴原三鈴・中馬清福『「排日移民法」と闘った外交官－1920年代日本外交と駐米全権大使・埴原正直』（藤原書店、2011年）76頁。

（6）『新世界』1918年11月23日。

（7）『羅府新報』1918年11月14日。

（8）『布哇報知』1918年11月20日。

（9）『日米』1918年11月23日；『ユタ日報』1918年12月8日。

（10）首席全権であった西園寺公望は一緒にパリに行っておらず、遅れて渡仏。

（11）『日米』1918年12月27日。

（12）『新世界』1918年12月26日。

（13）『桜府日報』1919年2月6日；『羅府新報』1919年3月4日。

（14）『日米』1919年1月16日；『桜府日報』1919年2月5日。

（15）小林龍夫編『翠雨荘日記－伊東家文書　臨時外交調査委員会会議筆記等』（原書房、1966年）335頁。

（16）宮崎慶之「日本人移民問題をめぐる日本外交－ベルサイユ会議、ワシントン会議を中心に」三輪公忠編著『日米危機の起源と排日移民法』（論創社、1997年）379頁。

（17）Shimazu, pp. 78-79.

（18）間宮國夫「大隈重信と人種差別撤廃問題－1919年パリ講和会議との関連において」『早稲田大学史紀要』21巻、1989年、229頁。

（19）『日米』1919年1月16日。人種差別撤廃を求める当時の日本の知識人が『外交時報』、『日本及日本人』、『太陽』などの雑誌で主張したのは、移民を受け入れる余地が十分にあるアメリカ、カナダ、オーストラリアなどが、資源が乏しく人口の多い日本からの移民受け入れを拒否し、アジア進出をも妨害しているというものであった。増田直子「パリ平和会議における人種差別撤廃案と在米日本人」『社会文化史学』43号、2002年、3頁。

（20）『日米』1918年11月28日。

（21）『日米』1919年2月19日。

（22）『日米』1919年3月20日；『新世界』1919年2月3日。

（23）増田、前掲論文、6頁。

（24）間宮、前掲論文、219-220頁。

（25）広島県『広島県移住史　資料編』（第一法規出版、1991年）667頁。

（26）広島県『広島県移住史　通史編』（第一法規出版、1993年）263頁。広島県海外協会は意見書を出したことをホノルルの邦字新聞『布哇報知』に知らせた。『布哇報知』1919

年2月6日。

(27)『馬哇新報』1919年2月14日;『羅府新報』1919年1月31日。

(28) Shimazu, p. 60.

(29)『日米』1919年4月6日。

(30)『羅府新報』1919年4月20日。

(31) 藤岡紫朗『米國中央日本人會史』(米國中央日本人會、1940年)67頁;『日米』1919年2月11日。

(32)『大北日報』1919年2月3日。

(33)『新世界』1919年2月7日。

(34)『布哇報知』1919年3月3日;3月5日。

(35)『布哇報知』1919年3月11日。

(36)『羅府新報』1919年1月1日。

(37)『日米』1919年4月7日、4月6日。

(38) フィーランは電報のなかでOriental Peopleという言葉を使っている。Shimazu, pp. 138-139; Robert E. Hennings, *James D. Phelan and the Wilson Progressives of California* (New York: Garland Publishing Inc., 1985), p. 178.

(39) Roger Daniels, *The Politics of Prejudice* (Berkeley: University of California Press, 1962), pp. 81-82;『桜府日報』1919年4月8日。

(40)『桜府日報』1919年4月3日。

(41) Arthur Link, ed. *The Papers of Woodrow Wilson* (Princeton, NJ: Princeton University Press), vol. 57, pp. 49-50.

(42) Daniels, p.144; Hennings, p. 186.

(43) Daniels, p. 82. 同じように、1917年にアメリカの帰化権を求めて小沢孝雄が最高裁判所に上訴していたが、人種差別撤廃案を日本が提案したことへの配慮から、連邦政府の圧力によって判決が1922年まで延期された。M. Browning Carrot, "Prejudice Goes to Court; The Japanese and the Supreme Court in the 1920s," *California History*, vol.62, no. 2 (1983), p. 126.

(44) Daniels, p. 82.

(45)『羅府新報』1919年4月3日;4月16日。

(46)『日米』1919年4月11日;4月12日;4月26日。

(47)『羅府新報』1919年4月15日。

(48) 藤岡紫朗『民族発展の先駆者』(同文社、1927年)、59-64頁。

(49)『羅府新報』1919年3月11日。カリフォルニアの新聞発行人だったV. S. マクッラチーは、日本を「アジアのドイツ」と呼び、排日パンフレットを1919年に発行した。

(50) 藤岡、『米國中央日本人会史』69-70頁。

(51)『羅府新報』1919年1月16日。

(52)『羅府新報』1919年3月8日。

(53) 松本悠子『創られるアメリカ国民と「他者」−「アメリカ化」時代のシティズンシップ』

（東京大学出版会、2007年）、243-244頁。

(54)『日米』1919年4月13日;『布哇報知』1919年4月16日;『羅府新報』1919年4月16日;『ユタ日報』1919年5月10日。

(55) Shimazu, p. 114; 宮崎、前掲論文、383頁。少数ではあるが、石橋湛山や吉野作造のように人種差別撤廃を求めるなら、日本国内の差別や朝鮮人や台湾人への差別にも目を向ける必要があると主張した者もいた。『石橋湛山全集』第三巻（東洋経済新聞社、1971年）68-70頁。

(56) Andrea Geiger, *Subverting Exclusion: Transpacific Encounters with Race, Caste, and Borders, 1885-1928* (New Haven: Yale University Press, 2011), p. 80.

(57)『羅府新報』1919年1月18日。

(58)『日米』1918年11月23日。

(59)『羅府新報』1919年1月5日；2月19日。

(60)『羅府新報』1919年1月1日。

(61)『羅府新報』1919年1月5日。

(62) Geiger, p. 65.

(63) 南川文里『「日系アメリカ人」の歴史社会学－エスニシティ、人種、ナショナリズム』（彩流社、2007年）127-129頁。

(64)『羅府新報』1919年2月14日；2月16日。

(65)『日米』1919年1月14日。

(66) Richard S. Kim, *The Quest for Statehood: Korean Immigrant Nationalism and U.S. Sovereignty 1905-1945* (New York: Oxford University Press, 2011), p.56, p. 58; Lili Kim, "Korean Independence Movement in Hawai'i and the Continental United States," Lon Kurashige and Alice Yang, ed. *Major Problems in Asian American History* (Boston: Houghton Mifflin Co., 2003), p. 176.

(67)『日米』1918年12月5日；12月11日；1919年3月3日。朝鮮人や中国人に十分な自治能力がないとしながらも、3月3日の記事は日本の統治方針にも疑問を投げかけている。

(68)『布哇報知』1919年3月24日。

(69)『日米』1919年5月2日。

(70)『布哇報知』1919年5月20日。

(71) Shimazu, p. 169.

(72) Lake and Reynolds, p. 305.

(73)『大北日報』1919年5月9日。

(74)『日米』1919年5月13日。

(75)『馬哇新聞』1919年4月15日；4月11日。

(76) 南川、前掲書、127頁。

(77) 当時、西海岸に居住する黒人の数が少なかったこともあるが、日本人移民は黒人とも親密な接触を持とうとはしなかった。『日米』では日本人町に「黒奴」が増え、彼らを泊

める宿もあるので、「界隈の米人たちから指弾され」ており、「同胞の自衛上から適當の方法を講じて取締り」の必要があるとさえしている。『日米』1919年5月1日。

(78) 鷲津尺魔『在米日本人史観』(羅府新報社、1930年) 15-16頁。

(79) 藤岡『民族発展の先駆者』、20頁、63頁。ハワイの日本人移民も、第一次大戦終戦後に「今までほとんど人種的感情の存在するも知らざりし程の布哇に於て、何處からともなく排日の濁流が滾々として涌き出」たと感じた。「布哇同胞發展回顧誌」奥泉栄三郎監修『初期在北日本人の記録　布哇編』第五冊(文生書院、2004年) 8頁。

第6章

(1) 島伊子「柳友の声」『北米川柳』2014年2月号、9頁。

(2) 粂井輝子「在米日本人『移民地文芸』覚書(1)アメリカの「亡者」—翁久允の長編2部作『悪の日影』と「道なき道」」『白百合女子大学研究紀要』41号(2005年) 117-134頁。

(3) 翁久允『我が一生　帰国篇　翁久允全集第4巻』59頁。

(4) 翁久允「移民地文芸と移民の生活」『翁久允全集第5巻』177頁。もちろん、文芸は特定の地域性に影響されるべきではなく、芸術として時代と地域を越える普遍性を目指すべきだという意見もあった。『地響』3号(1923年)、30-32頁、『新世界』1921年4月18日。翁久允らの「移民地文芸」の考え方には、実社会を活写するという local color literature の影響もあるのかもしれないが、彼らがアメリカ文学作品をどの程度まで読み込んでいたのかは不明である。しかし、日本の文壇の動向に関してはきわめて高い関心を持っていたことは、翁自身の回想記にも書かれている。翁久允『わが一生　海のかなた　翁久允全集第2巻』95、125頁など。また、当時の日本語新聞の書店広告に多数の日本の新刊書や雑誌が掲載されていることからも推察できる。

(5) 翁「私の狭き要求」『翁久允全集第5巻』198頁。

(6) 1909年、「別れた間」で2等となった。翁久允『わが一生　海のかなた　翁久允全集第2巻』90頁。この短編は郷里での彼の体験に基づいている。移民地での文芸を唱道しても、実際にかけるようになるまでには、生活体験を咀嚼するための時間が必要であったのである。

(7) 竹内幸次郎『米国西北部日本移民史』大陸日報社、1929年、791-793頁。

(8) 在米日本人会事跡保存部編『在米日本人史(1940年)復刻版』(ＰＭＣ出版、1984年) 689頁。

(9) 同上、713-14頁。

(10) 沙香会「俳句六年」編纂所『俳句六年』1912年、1頁。

(11) 同上。

(12) 前句は1907年2月22日、後句は1907年2月24日掲載。

(13) 『新世界』1907年3月30日。バカビル無名会の第4回作品である。当時、日本人労働者が集まる場所には、散発的に、こうした文芸同好会が生まれ、活動したことを物語っている。1908年には「バカビル文壇」となっている。

(14)『新世界』1907年11月4日、6日「川柳漫評」、最後の句は1916年1月1日の応募川柳である。

(15) 上野稠次郎『川柳史観』(非売品、1964年) 207頁。後年、崎村白津の回顧によると、上野鈍突は、1908年以来ヤキマに居住していた。崎村白津「見かえるたのしさ」『まんはったん　インターナショナル川柳誌上大会記念号』マンハッタン川柳吟社、1963年、2-3頁。

(16) 公認ヤキマ日本人会創立三十周年記念事業委員会編『ヤキマ平原日本人史』(非売品、1935年) 282頁。白津の『まんはったん』寄稿文によれば、『ヤキマ日本人史』の川柳記事は、編集事務助手の中嶋梧街が本多華芳や黒川剣突に取材したものだという。崎村、2-3頁。断定できないが、中嶋の情報源と、取材年を考慮すると、1912年説の方が正しいのではないかと思われる。

(17)『川柳きやり』1935年5月号、49頁。

(18) 磯部鈴波『川柳きやり五十年史』(川柳きやり吟社、1970年) 138頁。

(19) 同上、11頁。

(20) 同上、3頁。

(21)「世界が川柳化したら　アメリカ同抱［ママ］川柳座談会」『川柳きやり』1940年10月号、10-14頁。華芳が送った句は、「耳うちに来た香水を軽く吸い」、「話したい目を冷やかに叛むけられ」と記されている。

(22)『川柳きやり』に掲載されることは、互選会のメンバーには名誉だったようで、上野鈍突は、11月号に特選に選ばれた「母の夢別れたままの母であり」を自己最高の句として、自著『川柳史観』の口絵に掲げている。

(23) 高須唖三昧「『親友』を探す (川柳試合に擬して)」『川柳きやり』1933年、12月号、47頁。

(24)『川柳きやり』1934年2月号、14-15頁。

(25)『川柳きやり』1935年2月号、58頁。

(26)『川柳きやり』1936年1月号、63頁。

(27)『川柳きやり五十年史』381頁。

(28)『川柳きやり』1937年3月号 14-15頁。

(29) 阿部佐保蘭「雑詠から覗いた海外の川柳」『川柳きやり』1939年11月号、7-8頁。

(30) 村上蘇山「北米だより」『川柳きやり』1937年7月号、62-63頁。

(31) 同上。なお『労働』は宮田主計により1920年以来継続して発行されている。竹内幸次郎、557頁。

(32) 村田周魚「明窓独語」『川柳きやり』1938年9月号、2-3頁。展覧会については、『北米時事』、7月5日に予想以上の大成功と報じられ、また平田素若が同紙に、同月16日、18日～20日、4回の連載記事を寄せている。

(33) 北米川柳互選会、シアトル市、市川土偶、本多華芳、土井海面子、渡辺柳雨、吉田松亭、村上蘇山、村岡鬼堂、上野鈍突、安武雀喜、山本竹凉、森田玉兎、清水迷舟、ワパト市、崎村白津、安井白色、ロングビュー市衣笠衣浪。

(34)『川柳きやり』1947年3月号、9頁。斉藤一流、峯岸不二夫、難波桂馬、松永松勝である。

(35) 崎村白津「在米邦人の川柳熱　アメリカ通信3」『川柳きやり』1947年5月号、6頁。

(36) 上野鈍突「北斗川柳発刊に際して」『北斗』創刊号、1946年1月、1頁。『北斗』は、北米川柳互選会の旧メンバーが中心となって結成した北斗川柳吟社の機関誌である。北米川柳という名は日本を意識した命名で、日本との連絡も取れず、また他にも多くの川柳吟社がある現状を考えれば、別の名称がよいということで、北斗としたという。同上、2頁。しかし数年で、伝統ある「北米川柳」に戻された。ＷＲＡの日系人収容所10カ所では川柳吟社活動が収容所新聞等から確認できる。各センターで柳誌が発行されたというが、現在川柳柳誌あるいは吟社発行物として所在が判明しているのは、吟社発行物で米岡日章編『川柳』上下、［ツーリレーキ収容所］四十八区川柳吟社（1945年）、満座那川柳句会『満座那川柳三周年記念号』（1945年）がある。句会記録としては『峰土香川柳』、『川柳しがらみ』（ジェローム版とヒラリバー版）がある。さらに、『ポストン文芸』の川柳壇（ポストン）、『怒濤』（ツーリレーキ収容所）の「筏」吟社の記録もある。なお、崎村白津によれば、ミゾラ抑留所で「美空川柳吟社」、ローズバークでは「留意路穴川柳吟社」、サンタフェでは「高原吟社」が設立され、活動したという。崎村、前掲。それらの記録は、サンタフェ収容所の高原吟社、ローズバーグ収容所の「川柳砂ぼこり会」の句会記録のみ確認している。

(37) 山本竹涼「在米柳友動静」『川柳きやり』9頁。

(38) サンタアニタ仮収容所としがらみ吟社の活動については、「『唇を噛んで試練へ血を誇り』川柳が詠むアメリカ強制収容所」佐々木みよ子、土屋宏之、粂井輝子編著『読み継がれるアメリカ：「丘の上の町」の夢と悪夢』（南雲堂、2002年3月）213-244頁；アメリカ合衆国強制収容所の短詩型文学覚書—「川柳しがらみ」考『白百合女子大学研究紀要』49号、2013年12月、57-76頁参照。

(39) T・オダナカ［恐らく小田中曲水　丈夫］からの書簡『川柳きやり』1947年11月号、15頁。

(40)『川柳きやり』1958年12月号、20頁。

(41)『川柳きやり』の誌面からは、アメリカから帰国した石川凡才や難波桂馬等から、戦中ツーリレーキ収容所で発行された句誌の『筏』や、戦争直後のスポケンで発行された『素市川柳1周年記念号』などの柳誌が寄贈されたことが記されているが、現在のきやり吟社には保存されていないという。

(42)『川柳きやり』1946年6月号。

(43)『川柳きやり』1946年7月号。

(44)『川柳きやり』1947年3月号、9頁。スポケンに素市川柳吟社、シカゴに鹿子川柳吟社、ニューヨークにマンハッタン川柳吟社が生まれ、シアトルは北米川柳互選会、ロサンゼルスはつばめ吟社が再興した。さらに、サンフランシスコに桑湾吟社、セコヤ吟社、ポートランドにバラ吟社、オレゴン州内陸部にオンタリオ吟社なども活発に活動した。

(45)『川柳きやり』1946年12月号、14頁、1948年1月号、8-9頁。

(46)『川柳きやり』1948年4月号、6頁。

(47)『川柳きやり』1955年2月号、17頁。

(48) マンハッタン川柳吟社『インターナショナル川柳誌上大会記念号』1963年。投句者数、年齢構成については、116-17頁。

(49) 矢形渓山「世界川柳誌上大会実現のよろこび」『インターナショナル川柳誌上大会記念号』、8-9頁。

第7章

(1) Rose Lewis, "Floyd and Ruth Schmoe: Idealism, Service, Adventure and Commitment in Two Quaker Lives" (unpublished manuscript, by courtesy of Rose Lewis). 筆者による和訳。以下、英文資料の和訳は筆者による。

(2) 広島現地取材による記事が海外の新聞に掲載されたのは、1945年8月30日付の『ホノルル・スター・ブリテン』紙が最初であった。記事を書いたレスリー・ナカシマはハワイ生まれの日系二世で、郷里の広島市に戻っていた母親を探すために市内に入り、現地の状況を打電した。続いて、9月5日にはイギリスの『デイリー・エクスプレス』紙、翌日には『ニューヨーク・タイムズ』紙などのアメリカ本土の新聞にも原爆の記事が掲載された。繁沢敦子「歪められた原爆報道―占領期における連合国側記者の活動を中心に―」広島大学文書館『被爆地広島の復興過程における新聞人と報道に関する調査研究』(2009年) 12-16頁。

(3) 一例を挙げれば、万国赤十字社代表として広島を訪れた医師のマルセル・ジュノー博士は被害者の治療にあたった後、赤十字国際委員会に対して広島援護の募金運動・資材調達を組織するよう要請する電報を作成したが、GHQの圧力により打電は阻止された。広島市衛生局原爆被害対策部編『広島市原爆被爆者援護行政史―被爆50年史』(広島市、1996年) 50、51頁。

(4) 飯野正子による「ララ」についての代表的な研究は以下の通り。飯野正子「『ララ』―救援物資と北米の日系人」、レイン・リョウ・ヒラバヤシ他編、移民研究会訳『日系人とグローバリゼーション―北米、南米、日本』(人文書院、2006年)。飯野正子『もう一つの日米関係史―紛争と協調のなかの日系アメリカ人』(有斐閣、2000年) 143-168頁。

(5) 多々良紀夫『救援物資は太平洋をこえて―戦後日本とララの活動』(財団法人保険福祉広報協会、1999年)。

(6) 国籍という点でいえば、当時、アメリカに住んでいた日本人を祖先とする人びとのうち、一世はアメリカへの帰化が認められず日本人のままであり、アメリカで誕生して市民権を得た二世はアメリカ人であった。本稿では敢えて両者を分けて呼ぶ必要性がないため、便宜上、一世と二世を総称して「日系人」と呼ぶ。

(7) 長谷川寿美「広島の戦後復興支援―南加広島県人会の活動を中心に」『JICA横浜海外移住資料館研究紀要』第4号 (2010年3月) 53-68頁。

(8) 広島平和記念資料館「海外からの支援―被爆者への援助と込められた再建への願い」(広

島平和記念資料館平成19年度第1回企画展パンフレット)。『広島市原爆者援護行政史』(前掲)、54-58頁。

(9) 川口悠子「広島の『越境』—占領期の日米における谷本清のヒロシマ・ピース・センター設立活動—」、博士論文、東京大学、2013年。

(10) 第2次世界大戦中に強制立ち退き・収容を強いられた日系人に対するシュモーの支援活動については以下を参照。Hisami Hasegawa, " 'Friends' of Nikkei in Seattle during World War II" 博士課程終了報告論文、津田塾大学、2006年。以下の論文にもシュモーの日系人支援活動への言及がある。Floyd Schmoe, "Seattle's Peace Churches and Relocation," Roger Daniels, Sandra C. Taylor, and Harry H. L. Kitano, eds., *Japanese Americans: From Relocation to Redress* (Seattle: University of Washington Press, 1986, 1991), pp.117-122; Sandra C. Taylor, " 'Fellow-Feelers with the Afflicted': The Christian Churches and the Relocation of the Japanese during World War II," *ibid.*, pp.124, 127. 島田法子『日系アメリカ人の太平洋戦争』(リーベル出版、1995年) 158、180頁。

(11) AFSCは、良心的兵役拒否者に戦闘行為に代わる仕事を提供し、ヨーロッパの戦争による犠牲者を救済することを目的としてフレンド派によって1917年に創設され、後に宗教色抜きの国際NGOに発展した。こうした活動により、1947年にイギリス・フレンズ協議会とともにノーベル平和賞を受賞した。ルース・ハント・ゲフバート『赤黒星章の話—アメリカ・フレンズ奉仕団小史—』日本基督友会有志訳(非売品、1954年)。戸田徹子「米国フレンズ奉仕団と日本(1)」『山梨県立大学国際政策学部紀要』第5号(2010年)。

(12) Lewis, 45. Peter Iron, *Justice at War: The Story of the Japanese American Internment Cases* (New York: Oxford University Press, 1983; Berkeley: University of California Press, 1995), p. 156. この時のゴードン・ヒラバヤシの有罪判決は1987年に覆された。ゴードン・ヒラバヤシ夫妻の双子誕生の記事は以下の新聞に掲載された。*Seattle Post Intelligencer*, 27 July 1945.

(13)「全米日系人学生転住協議会」(National Japanese American Student Relocation Council) は、日米開戦後にカリフォルニア大学バークレー校やワシントン大学等の職員が中心となり各大学の二世を西海岸の大学から転出させる運動から始まった。1942年3月に戦時転住局(WRA)がAFSCに要請する形で協議会を組織し、AFSC総書記のクラレンス・ピケットが代表となり、ワシントン大学ではシュモーも精力的に支援した。ワシントン大学からの二世の転校については以下を参照。Robert W. O'Brien, *The College Nisei* (Palo Alto, Calif.: Pacific Books, 1949; New York: Arno Press, 1978). Lawrence McK. Miller, *Witness for Humanity: A Biography of Clarence E. Pickett* (Pennsylvania: Pendle Hill Publications, 1999), p. 237.

(14) Lewis.

(15) 戸田徹子「フィラデルフィア・フレンドと日本年会1900—1947」『山梨県立女子短大紀要』第36号(2003年) 12、13頁。

(16) 飯野「『ララ』」128頁。

(17)「ララ物資」の2割が南北アメリカの日系人の手によって集められた(飯野「『ララ』」120頁)。主要な「ララ」救援公認団体であるAFSCの貢献は物資出荷量・金額ともに全

体の2割強を占めたが、そのAFSCの出荷量の約4割はハワイの日本難民救済団体によるものであり、アメリカの他地域の邦人・日系人の協力も含めると9割にのぼる（多々良、前掲書、82、95-97、115-117頁）。Lewis.

（18）Lewis.

（19）多々良、前掲書、1-32頁。エスター・B.ローズ記念出版委員会『一クエーカーの足跡—エスター・B.ローズを偲んで』（普連土学園、1980年）17、66-90頁。

（20）Lewis.

（21）同プロジェクトについては以下を参照。ハーバート・ニコルソン『やぎのおじさん行状記』湖浜馨訳（CLC暮しの光社、1974年）。

（22）Ferner Nuhn, "He Wanted to Build House for Hiroshima," Floyd Schmoe Papers, the University Archives, the University of Washington（以下、FSPと略記）, Accession No.（以下、Acc.と略記）496-8, Box 13, Folder 1. 広島市の資料によれば、戦後の厳しい食糧難は1948年秋まで続き、深刻な衣料不足が落ち着き始めたのは1949年に入ってからであった。厳しい住宅不足解消のためにバラックや簡易住宅等が年間に何千の単位で建設されたが、建築材料と職人の不足、資金難などから住宅建設ははかどらず、しばらく市民の住宅難は続いたという。（『広島市原爆者援護行政史』（前掲）46、47頁。

（23）この集会でのヤング・フレンズのなかに山崎富子と前川博がいた。シュモーと前川とは1947年の夏前から手紙の交換をしており、贈り物の交換もあったようだ。山崎と前川、妹の前川保子は翌年の広島での活動にボランティアとして参加する。（Floyd Schmoe to Hiroshi Maekawa, November 2, 1947; Schmoe to Mrs. Maekawa, March 7, 1948; Schmoe to Maekawa, April 5, 1949, 広島平和記念資料館所蔵）

（24）トミコ・シュモー「広島に関するメモ」（トミコ・ヤマザキ・シュモー氏への筆者インタビュー時にシュモー氏より提供されたもの、2003年8月3日、シアトルにて）。なお、トミコ・シュモーは旧姓・山崎で、シュモーの妻ルースの死後、1971年にシュモーと結婚した。Nuhn.

（25）Esther Schmoe to Rev. Andrews, December 13, 1943, Emery Andrews Papers, the University Archives, the University of Washington（以下、Andrews Papersと略記）, Acc. 1908-1, Box 1, Folder 15.

（26）Schmoe to Emery Andrews, January 24, 1949, Andrews Papers, Acc. 1908-1, Box 1, Folder 15.

（27）The *Seattle Times*, 17 May 1945; *Time*, 19 March 1945.

（28）Nuhn.　ジェンキンスはオハイオ州生まれの白人で、アリゾナ大学を卒業して小学校教師をしていたが、日本へ行くための交通費を賄うために、給料から400ドルを貯金した。ティブズはアラバマ州出身の黒人女性で、ワシントン大学を1948年に卒業後、サウスカロライナ州のハービソン大学という黒人大学の家庭科教師となった。ワシントン大学の二世学生も当初、参加を予定しており、日本語教師や通訳としての役割を期待されていたが、その後、学業のスケジュール調整がうまく行かず、訪日を断念した（Nuhn）。

（29）Floyd Schmoe to Daisy Tibbs and Ruth Jenkins, June 10, 1949, Andrews Papers, Acc. 1908-1,

Box 4, Folder 8. 占領軍のキリスト教政策については、以下を参照。川口、前掲論文、68-75 頁。

(30) "For the House for Hiroshima," Andrews Papers, Acc. 1908-1, Box 4, Folder 8. この募金依頼の手紙には少なくとも前ページがあったようだが欠落している。内容から 1948 年後半から 1949 年前半に書かれたものと推測される。

(31) 同上。

(32) Schmoe to Miss Thomson, September 14, 1949, SP, Acc. 496-8, Box 12, Folder 16. プエルトリコの歯科医から送られた 15 ドルには、「同封の小切手はある患者の治療代です。彼は私に『広島の家』の話を教えてくれたので、その治療代の小切手を彼と私からの献金として送ります」というメモが付いていた。シュモーはこれを「地球上のどこよりも支援の必要なプエルトリコ」からの支援として紹介している。

(33) Floyd Schmoe to friend, April 23, 1949, Andrews Papers, Acc. 1908-1, Box 4, Folder 8.

(34) Bill Kodani to Floyd Schmoe, (n.d.) Andrews Papers, Acc. 1908-1, Box 4, Folder 8. 占領期に約 6000 人の日系二世がアメリカ軍の戦時情報部 (MIS) の一員として日本に駐在し、通訳等の任務を行なった。生まれて初めて訪日した二世も多く、親戚を訪問したり日本各地を旅行したりした。以下を参照。長谷川寿美・小澤智子「MIS として占領下の日本に駐在した二世の体験談を聞く」『JICA 横浜海外移住資料館研究紀要』第 2 号 (2008 年 1 月) 25-36 頁。

(35) Mr. & Mrs. Geo Teraoka to Schmoe, June 13 (no year), Andrews Papers, Acc. 1908-1, Box 4, Folder 8.

(36) Floyd Schmoe, *Japan Journey* (Seattle: Silver Quoin Press, 1950), p. 15.

(37) Floyd Schmoe to Mrs. Kora, February 4, 1949, SP, Acc. 496-8, Box 12, Folder 16.

(38) Tomiko W. Kora to Floyd Schmoe, June 26, 1949, SP, Acc. 496-8, Box 12, Folder 14.

(39) Floyd Schmoe to Shinzo Hamai, May 12, 1949, SP, Acc. 496-8, Box 12, Folder 16.

(40) Tsunei Kusunose and Shinzo Hamai to Floyd Schmoe, June 20, 1949, SP, Acc. 496-8, Box 12, Folder 4.

(41) Floyd Schmoe to Tsunei Kusunose and Shinzo Hamai, June 30, 1949, SP, Acc. 496-8, Box 12, Folder 16.

(42) Kora to Schmoe, June 26, 1949.

(43)『中国新聞』1949 年 3 月 5 日。

(44)『中国新聞』1949 年 7 月 4 日。『広島市原爆者援護行政史』(前掲) 58 頁。義援金はその後、広島市と広島県が折半し、市では母子寮建設や養老施設の修復に充当したほか、養老施設の孤児や里親にも分配した。同様の義援金活動は南カリフォルニアの南加広島県人会でも進んでいた。ハワイと南カリフォルニアの日系人による広島戦後復興支援については以下を参照。長谷川、前掲論文、53-68 頁。

(45) Floyd Schmoe to the Emperor of Japan, July 6, 1949, SP, Acc. 496-8, Box 12, Folder 16.

(46) Nuhn. Floyd Schmoe to Takanobu Mitani, July 6, 1949, SP, 496-8, Box 12, Folder 16. 三谷隆信『回顧録—侍従長の昭和史』(中央公論社、1999 年) 23-34 頁。三谷はキリスト教徒で、

かつて新渡戸稲造の教え子でもあったことから、クエーカーへの理解があったと考えられる。

（47）Schmoe, *Japan Journey*, pp. 4-5.

（48）Nuhn.

（49）ジョン・ハーシー『ヒロシマ』（増補版）石川欣一ほか訳（法政大学出版局、1949年、2003年）1-116、181-222頁。全米行脚中に、谷本の募金活動の目的はヒロシマ・ピース・センターの設立へと変わっていった。占領期における谷本の活動については以下を参照。川口、前掲論文。

（50）『中国新聞』1949年7月28日。

（51）市長の通訳を務めたジョー・イカムラはワシントン州出身の二世で、広島市広報部のイシイはロサンゼルス生まれだった。また、シュモーの活動のボランティアを申し出たウィリー・トガシも日系二世で、YMCAの英語教師を務めながら土地の手配や建築許可などの事務手続きに奔走した。（Lewis）

（52）Lewis. 当時、広島市では「平和記念公園」を計画中であり、その中に含まれる施設として「児童センター」や「児童図書館」の建設案があった。その後、児童図書館はカリフォルニア州の南加広島県人会からの救済募金によって建設が可能となった。以下を参照。長谷川、前掲論文、56-58頁。

（53）『中国新聞』1949年7月28日。

（54）Lewis.

（55）Floyd Schmoe to Miss Thompson, September 14, 1949, SP, Acc. 496-8, Box 12, Folder 16.

（56）東京からの参加者は以下の通り。安積仰也（東京教育大）、前川博（早稲田大）と保子（保母）の兄妹、サカモトヒロシ（国会図書館司書）、吉田純子（薬科大卒）、山崎富子（日本女子大）。広島からの参加者は以下の通り。渡辺寛（広島大学）、津田豊彦（兵庫医科大生で、半日は病院で半日は「広島の家」建設のボランティアで働いた）、カサハラトシマサ（呉市の高校生）、那波敏雄（針工場勤務だが、休日にボランティア参加）、フナイマサミ（広島大）、ヤマザキ（谷本清夫人の兄弟）。Schmoe, *Japan Journey*, pp. 15-16. シュモーに学ぶ会『ヒロシマの家―フロイド・シュモーと仲間たち―』（2014年）40-50頁。

（57）筆者による布川謙氏へのインタビュー、2014年4月20日、東京三田のフレンズセンターにて。

（58）Nuhn. Schmoe, *Japan Journey*, p. 14.

（59）写真は広島平和記念資料館所蔵。

（60）Nuhn.

（61）Nuhn.

（62）Floyd Schmoe to friends, January 1, 1950, SP, Acc. 496-8, Box 12, Folder 16.

（63）Schmoe, *Japan Journey*, pp. 11-12.

（64）サダヒロ公子からエメリー・アンドリュースあての書簡、1949年11月9日、同年11月28日、Andrews Papers, Acc. 1908-1, Box 4, Folder 9. 翌夏には、シュモーはシアトルか

ら医療品や薬を持参して仲間とともに病院を訪問した。入院患者は再会を喜んだが、病院の経営者交代等の理由により、この活動は1950年で終了した。Floyd Schmoe, Terminal Report 1950, SP, Acc. 496-8, Box 12, Folder 16; Floyd Schmoe to Emery Andrews, June 26, 1950, Andrews Papers, Acc. 1908-1, Box 4, Folder 12.

（65）Nuhn. アンドリュースとティブズはアメリカに帰国し、ジェンキンスはその後、福岡で教員として働くために日本に残った。

（66）Schmoe, *Japan Journey*, pp. 20-26. Schmoe to the Crown Prince, July 15, 1950, SP, Acc. 496-8, Box 12, Folder 16.

（67）『中国新聞』1949年7月28日。

（68）『中国新聞』1950年2月28日。

（69）Floyd Schmoe to friends, January 1, 1950.

（70）東京からの参加者は吉田勝三郎、安積仰也、山崎富子、前川保子の4人で、広島からの参加者は那波敏雄、渡辺寛のほか、20名近い名前のリストが残っている。この年の宿泊地は前年と同じ流川教会と、原爆傷害調査委員会（Atomic Bomb Casualty Commission）で働くレオン・ウォルターズの住居であった。Floyd Schmoe to Emery Andrews, June 26, 1950, Andrews Papers, Acc. 1908-1, Box 4, Folder 12.

（71）複数の史料（Schmoe, "Terminal Report 1950" およびNuhn）で寄付金が1万ドル以上になったと書かれているが、中国新聞の記事には「シュモー博士の言葉」として、「シヤトル（ママ）を中心に6000ドルが集まった。また日本へ来る船の中で中国人、比島人、日本人から85ドルが私に託され［…］」とある（『中国新聞』1950年6月18日）。「広島の家」が建設されていた1949年から1953年は1ドル360円の固定相場であった。シュモーは1戸の住宅にかかる費用を400から500ドルと記している（Floyd Schmoe to Friends, n.d. FS, Acc. 496-8, Box 12, Folder 16）。

（72）『中国新聞』1950年7月31日。

（73）Schmoe, "Terminal Report 1950."

（74）『中国新聞』1950年7月31日。Tetsuya Okuda (acting mayor of Hiroshima) to Floyd Schmoe, July 26 1950, SP, Acc. 496-8, Box 12, Folder 4.

（75）Schmoe, "Terminal Report 1950." 1944年当時、広島には8万人以上の朝鮮人が暮らしており、そのうち2万5000人から2万8000人が被爆したとされる。（中国新聞ヒロシマ平和メディアセンターHP、http://www.hiroshimapeacemedia.jp/mediacenter/article.php?story=20120217155905251_ja、2015年2月25日閲覧）

（76）Schmoe, "Terminal Report 1950."

（77）Floyd Schmoe, "Greetings from Hiroshima," January 25, 1951, SP, Acc. 496-9, Box 12, Folder 16.

（78）筆者による布川謙へのインタビュー。

（79）"An Agreement" signed by Hisaaki Ito, Deputy Mayor of Nagasaki City and Floyd Schmoe, July 28, 1950, SP, Acc. 496-8, Box 12, Folder 20. 長崎のプロジェクトでは、アメリカ人のジム・

ウィルソンとヴィンセント・オレドソンが中心となり、日系二世のジョジョ・サカキバラが加わった。

(80) Tsutomu Togawa (Mayor of Nagasaki) to Floyd Schmoe, December 21, 1951, SP, Acc. 496-8, Box 12, Folder 11. Floyd Schmoe, "Progress Report November 1952," SP, Acc. 496-8, Box 12, Folder 16. 長崎の「シュモー住宅」のあった場所には現在、市営住宅が建てられ、「長崎市営シュモー住宅」としてその名前が残されている。

(81) アメリカからの他の参加者はヴィンセント・オードン（ワシントン大学大学院生）、ジーン・ストロング（シアトルのテレビ局プロデューサー）、アリス・ブライアントが広島へ、ジム・ウィルソンとジョジョ・サカキバラが長崎へ向かった。東京のフレンズセンターからは、毎年参加した山崎富子のほか、吉田勝三郎、安積仰也、布川謙を含む5人が広島のプロジェクトに参加し、広島の三宅幹夫、渡辺寛、那波敏夫など4人と合流した（『中国新聞』1951年6月27日、トミコ・シュモー提供「広島の家に関するメモ」）。シュモーに学ぶ会、前掲書、54-57頁。

(82) Floyd Schmoe, "Terminal Report 1951 Season," SP, Acc. 496-8, Box 12, Folder 16.

(83) Floyd Schmoe, "Hiroshima News Letter, November 1951," SP, Acc. 496-8, Box 13, Folder 3. 上映会初日の土曜日には、子どもを中心に60名、翌日には150名が集まり、GHQから借り受けた映画を鑑賞した。

(84) アメリカからはシュモーとともに日系二世のディック・ヒラバヤシがボランティアで参加し、東京から山崎富子、さらに広島から4人のボランティア学生が参加した。その他にも、地元の学生がボランティアで参加したので、多い日には22人もの人が作業することもあった。Floyd Schmoe, "Progress Report November 1952" ; Sumi Kuriyama, "House for Hiroshima Balance Sheet," December 5, 1952, SP, Acc. 496-8, Box 12, Folder 21.

(85)「ゲストハウス」は、1963年に山本初枝と広島女学院に譲渡された。山本は平屋1棟に住み続け、広島女学院はアパート部分を教職員または学生の住宅施設として使用した。その後、1969年に広島女学院は同地に学生寮を新築し、「シュモー・ホール」と名付けた。Floyd Schmoe, "Progress Report November 1952," SP, Acc. 496-8, Box 12, Folder 20; "Agreement" between Floyd Schmoe and Hiroshima Jogakuin on October 7, 1963, SP, Acc. 496-8, Box 12, Folder 20; Hamako Hirose (President of Hiroshima Jogakuin) to Floyd Schmoe, July 3, 1969, SP, Acc. 496-8, Box 12, Folder 14.

(86) Floyd Schmoe, "Progress Report November 1952"; Floyd Schmoe,「寄附採納願」、October 31, 1952, SP Acc. 496-8, Box 12, Folder 20.

(87)『中国新聞』1953年8月14日。

(88)『中国新聞』1954年5月18日。記事によれば、シュモーの「朝鮮での仕事は単に家を建てるだけでなく保健衛生等全般的な復興を目指し」ており、シュモー夫妻は1年間の滞在予定とされる。

(89) ハーシー、前掲書、1-131頁。

(90)『中国新聞』1985年8月1日。ハーシー、前掲書も参照。

(91) Floyd Schmoe, “Hiroshima News Letter, November 1951,” SP, Acc. 496-8, Box 13, Folder 3. この年、シュモーは夏の住宅建設に参加できなかったが、11 月頃に来日し、プロジェクトの詳細報告を行なった。

(92)「海外からの支援」(前掲)。

(93)『広島市原爆者援護行政史』(前掲) 55-58 頁。カズンズの広島支援は、谷本清牧師とのアメリカでの出会いから始まる。詳細は川口、前掲論文参照。

(94) シュモーはワシントン大学で教員を務めたこともあったため、新聞等で「シュモー博士」と呼ばれることがあったが、実際には博士号は持っていなかった。したがって、タフツ大学からの名誉博士号授与によって、事実上の博士となった。博士号授与の経緯に関しては、以下を参照。秋葉忠利『真珠と桜—「ヒロシマ」から見たアメリカの心』(朝日出版社、1986 年) 313-317 頁。このほか、生涯を通しての戦後支援活動に対し、3 度のノーベル賞平和賞候補にも選ばれた。

(95)『読売新聞』(西部版)、2004 年 7 月 20 日。

(96)「シュモーに学ぶ会」は 2014 年 11 月、『ヒロシマの家—フロイド・シュモーと仲間たち』を出版した。シュモーとその仲間による広島での活動について、多くの写真やインタビュー記事とともに知ることができる。

(97)「シュモーさんの『ヒロシマの家』を語りつぐ会」代表の今田洋子氏への筆者インタビュー、2014 年 6 月 11 日、シュモーハウスにて。同会は 2014 年 11 月より「シュモーに学ぶ会」と名称を変え、活動を続けている。

(98)『中国新聞』1981 年 7 月 20 日。

第 8 章

(1) 米軍ハウスは、「ヤンキーハウス」とも呼ばれることがある。

(2) 田上健一「米式住宅の再生に関する研究」『日本建築学会九州支部研究報告』39 (2000 年 3 月) 5 頁。田上健一他「米式住宅の住みこなしにみる適応と不適応」『日本建築学会九州支部研究報告』42 (2003 年 3 月) 101-104 頁。

(3) 横田基地ホームページ <http://www.yokota.af.mil/library/factsheets/factsheet.asp?id=6830> (2015 年 4 月 1 日閲覧)。福生市郷土資料室編『近代戦争のあゆみと戦時下の福生——平和のための戦争資料展』(2010 年 6 月) 36 頁。

(4) 横田基地の安生祐治氏 (当時住宅部カウンセラー) への筆者によるヒアリング、横田基地、2014 年 10 月 29 日。

(5) 芳賀羊介「米軍ハウスをめぐる社会県境の変遷と地域における役割の変化——福生市・瑞穂町を中心に」、修士論文、首都大学東京大学院、2014 年 2 月。松本正富他「立川米軍ハウスの居住者の構築に見る現代居住の要望」『住宅総合研究財団研究年報』29 (2002 年) 109-119 頁。北川哲他「居住者の住まい方の意識について——入間川地区に現存する米軍

ハウスの現状に関する研究その２」『日本建築学会大会学術講演梗概集』(2010 年 9 月) 199-200 頁など。

(6) 横田基地ホームページおよび在日米空軍横田基地第 374 空輸航空団広報部の担当者（松笠香織、2014 年 4 月 2 日メール回答）による。

(7) 福生市ホームページ <http://www.city.fussa.tokyo.jp/municipal/yokotabase/outline/m1cpmb0000009o7n.html>（2015 年 4 月 1 日閲覧）。

(8) 福生市ホームページ、前掲。東京都西多摩郡瑞穂町企画総務部秘書広報課基地・渉外係編『瑞穂町と横田基地』瑞穂町（2009 年 3 月）。

(9) U.S. Air Force, *475th Air Base Wing, History,* Vol. 1, November 1-December 31, 1972, p. 138.

(10) 立川市ホームページ、「立川市の歴史」< http://www.city.tachikawa.lg.jp/shise/gaiyo/shokai/rekishi/index.html >（2015 年 4 月 1 日閲覧）。立川市『立川基地』(1972 年 3 月)、立川市『続立川基地』(1974 年 3 月)。

(11) 扶養家族のうち子どもは 91 人であり、そのなかの 23 人は学童児だったと記録されている。

(12) U.S. Air Force, *7th Air Service Group, History,* June 1947, p. 13.

(13) U.S. Air Force, *3rd Bomb Group, History,* December 1-31, 1947, p. 29.

(14) U.S. Air Force, *3rd Bomb Wing, History*, January 1-March 31, 1949, p. 9.

(15) この時期、米軍ハウス配当制度を設定したのは、Army Forces と Far East and Far East Air Forces とされている。

(16) U.S. Air Force, *6161st Air Base Wing, History*, October 1-31, 1952, p. 10.

(17) U.S. Air Force, *6161st Air Base Wing, History*, November 1-30, 1952.

(18) U.S. Air Force, *6161st Air Base Wing, History*, December 1-31, 1952, p. 13.

(19) 指針として Commodity Credit Housing Act が制定された。

(20) 福生市史編さん委員会『福生史（下巻）』(1994 年 12 月) 482 頁。

(21) U.S. Air Force, *6161st Air Base Wing, History*, Vol. 1, January 1, 1954-June 30, 1954.

(22) U.S. Air Force, *475th Air Base Wing, History*, Vol. 1, November 1-December 31, 1972, pp. 136-138. 横田基地の現在の住宅部カウンセラーによると、アメリカン・ヴィレッジの米軍ハウスは立川基地から水道を供給されていた。今もその名残があり、各戸に水道メーターはない。居住者は一律料金をアメリカン・ヴィレッジに支払っている。

(23) 住居管理部署の英語名称は Family Housing Management Office である。

(24) U.S. Air Force, *475th Air Base Wing, History*, Vol. 1, November 1-December 31, 1972, pp. 136-138. 1972 年 6 月 1 日より、将兵とその扶養家族の住居に関する業務は、Wing Chief of Services から Wing Civil Engineer に移された。

(25) General Louis L. Wilson, Jr.（当時 CINCPACAF）の意見が紹介されている。

(26) 担当者とは、Richard C. McKeen (Chief Housing Assignments and Referral Section, Family Housing Management Branch) のことである。

(27) 横田基地の Housing Installation Commander のもとに設置された諮問委員会名は 475th

Air Base Wing Private Housing Control Board である。

(28) 交渉の担当者は、Chief Community Relations の Mr. Tsukimoto であった。

(29) U.S. Air Force, *475th Air Base Wing, History*, Vol. 2, January 1-June 30, 1977.

(30) この委員会の英語名称は、Per Diem Travel and Transportation Allowance Committee である。

(31) U.S. Air Force, *475th Air Base Wing, History*, Vol. 1, January 1-June 30, 1977.

(32) 同上。

(33) 上層部とは、General David C. Jones, Chief of the Joint Chiefs of Staff や Lieutenant General James A. Hill を指すようである。

(34) 1977 年 12 月 31 日の時点で、約 45 戸のアップグレード工事が完了し、それぞれ約 1 万 5000 円がかけられた。この計画の「成功」は Chief of Staff of the Air Force ほどランクの高い幹部の評価を得た。U.S. Air Force, *475th Air Base Wing, History*, Vol. 1, October 1-December 31, 1977, p. 48. 住居タイプ／家賃の上限額は、次のとおり。

アメリカン・ヴィレッジ家賃（1 月分）1 米ドル = 247 円

小ベッドルーム 2 部屋	70,000 円	286.00 ドル
中ベッドルーム 2 部屋	75,000 円	306.00 ドル
大ベッドルーム 2 部屋	80,000 円	327.00 ドル
小ベッドルーム 3 部屋	85,000 円	347.00 ドル
中ベッドルーム 3 部屋	90,000 円	367.00 ドル
大ベッドルーム 3 部屋	95,000 円	388.00 ドル
中ベッドルーム 4 部屋	100,000 円	408.00 ドル
大ベッドルーム 4 部屋	105,000 円	428.57 ドル

また、この当時アメリカン・ヴィレッジの管理人だった岩下氏は司令官に呼ばれ、じきじきに「家を改修する気があるのか、ないのかと問い詰められた」ことを、横田基地の現在の住宅部カウンセラーは岩下氏から聞かされたことがある、とのこと。

(35) 同上、*475th Air Base Wing, History*, Vol. 1, October 1-December 31, 1977, p. 49. 住居手当の増額は月 3 ドルから 24 ドル（階級による）。COLA 手当の増額は月 7. 50 ドルから 18 ドル。内部資料の記録をまとめている当時の歴史家（Staff Sergeant、着任 7 年目）の場合、基本給が月 594. 60 ドル、住居手当が月 156 ドル、600 フィート平米の 1 戸建て（2 ベッドルーム、セントラルヒーティングなし、断熱材なし）。1977 年 7 月（1 米ドル = 270 円）、家賃は月 4 万 3000 円（160 ドル）のほかに光熱費（夏はだいたい月 20 ドル、冬は 70 ドル）。それが少しの改装で家賃が 140 ドル値上がり、12 月には家賃が月 296 ドルになった、と記されている。

(36) 責任者とは、Colonel Edmund C.H. Yee, PACAF Director of Housing and Services である。

(37) U.S. Air Force, *475th Air Base Wing, History*, Vol.1, July 1-September 30, 1978.

(38) 1965 年ごろの配達地域は福生、瑞穂、砂川、昭島、羽村、五日市、桧原、青梅、奥多摩、八南、立川、東村山、小平、国分寺、府中方面であった。

(39) 占領下とその後の「売春」に関する研究は数多い。たとえば、谷村和枝「外国駐屯軍

慰安婦施設等整備から賣淫検挙に到る『国策』売買春再考——GHQ 間接統治下 RAA（特殊慰安施設協会）結成・閉鎖から『パンパン賣淫検挙』への小史」『立教大学大学院教育学研究集録』第 4 号（2007 年）63-79 頁、Michael S. Molasky, *The American Occupation of Japan and Okinawa: Literature and Memory* (New York: Routledge, 2001) など。

(40) 福生市立図書館『福生新聞』（福生デジタル）。創刊号を含め複数の欠号がある。

(41)「福生地區警察署　パンパン問題　防犯懇談會開く」『福生新聞』1952 年 6 月 15 日、第 2 号。

(42)「特殊婦人の會　撫子會組織」『福生新聞』1952 年 7 月 25 日、第 4 号。

(43) マイケル・モラスキー（坂元昌樹・鈴木直子訳）「戦後日本の表象としての売春——「特殊慰安施設協会」と娼婦をめぐる言説」41、通号 464（1999 年 11 月）2-18 頁。

(44) 平井和子『日本占領とジェンダー——米軍・売買春と日本女性たち』（有志舎、2014 年）136 頁。

(45)「オンリーが駄目になつたわけ」『福生新聞』1952 年 10 月 15 日、第 8 号。

(46)「各種團体長を招き公聴会を開く」『福生新聞』1952 年 9 月 20 日、第 7 号。公聴会では、福生病院長、横田病院長、消費者代表、青年団長や各学校の校長にも意見を求めている。

(47) 地元で育った立川市の行政職員の証言（筆者によるヒアリング、2014 年 3 月 16 日）。Michael Cullen Green, *Black Yanks in the Pacific: Race in the Making of American Military Empire after World War II* (Ithaca: Cornell University, 2010), p. 57.

(48) 平井、前掲書、30 頁。1945 年 9 月初め東京都衛生局予防係長の与謝野光（与謝野晶子・鉄幹の長男）は軍医総監から呼び出され、対応を求められた。Yukiko Koshiro, *Trans-Pacific Racisms and the U.S. Occupation of Japan* (New York: Columbia University Press, 1999).

(49) Green, *Black Yanks in the Pacific*, p. 39.

(50)「汚されていく“基地の十代（テン・エージャー）”中学生が売春婦に」『福生新聞』1956 年 9 月 5 日、第 58 号。

(51)「小河内ダムの補償金変じて売春宿に」『福生新聞』1956 年 9 月 5 日、第 58 号。

(52) 立入禁止令は状況に応じて、たびたび 2、3 日という短期間の発令が続いた。

(53) 福生市史編さん委員会編、前掲書、475-476 頁。

(54) 平井、前掲書、99、113 頁。

(55)「立入禁止善後策で全員協議會を開く」『福生新聞』1952 年 9 月 20 日、第 7 号。

(56) 福生市史編さん委員会編、前掲書、472-478 頁。「町浄化の徹底」『福生新聞』、1955 年 11 月 20 日、第 48 号。

(57) 1945 年 9 月、アメリカ軍第 1 騎兵師団が進駐して間もなく、日本政府は基地の近くにアメリカ人相手の慰安施設を設けたが、アメリカ側はそのような公娼制度を認めず、開設後すぐに禁止された。平井、前掲書、30-31、99 頁。

(58)「横田基地司令官「頭の切り換えへ」を要望」『福生新聞』1952 年 10 月 15 日、第 8 号。

(59)「赤線區域内の置家等三好會結成」『福生新聞』1952 年 10 月 15 日、第 8 号。この記事によると、三好会の参加者は、会長浜中平男、副会長荒幡忠次郎、理事長木村高雄、会計森戸光、山本栄子であり、福生町商店連合会（駅前通り中央商栄会と銀座通り商店連盟）、

牛浜商栄会、富士見通りの商店街の組織などを合わせた全福生の単一商業者団体の連合会として結成された。総間数225軒の内49軒は「置家」31軒、「オンリーハウス」18軒。

(60)「赤線区域の業者　団体は一本になれ」『福生新聞』1953年8月15日、第21号。

(61)「三好會（赤線區域で）街路燈の建設を」『福生新聞』1952年11月25日、第10号。

(62)「荒削なりに一應は出来たが　町浄化の理想に犠牲多し　適切果敢な施策を要望す」『福生新聞』1952年11月1日、第9号。

(63) 同上、『福生新聞』1952年11月1日、第9号。

(64) 福生市史編さん委員会編、前掲書、481-482頁。

(65)「基地を圍る福生町外町村代表等　日米觀善委員會の第1回目會同」1952年12月25日、第11号。「日米親善委員会　基地内將校クラブで開く」『福生新聞』1953年2月1日、第13号。1953年1月23日に横田基地将校クラブにおいて第2回日米親善委員会が開催された。日本側より福生、瑞穂、西多摩、砂川、村山各町村長、議長、アメリカ軍側よりブレナー少佐をはじめ各委員が集まり、小委員会を組織し、レクリエーション（スポーツ、手工芸、ダンス、ファッションショー、日本の芝居、写真の展覧会など）を通じて日米文化交流を図ることなどを掲げている。

(66)「西郡婦人生活会館愈々4月着工予定」『福生新聞』1954年3月15日、第29号。「環境の美化を運動目標に……西郡婦人協議会総会」『福生新聞』1954年6月15日、第32号。同会館は2階建木造瓦葺延60坪で1階に30坪のホール15坪の相談室兼事務室、3坪のモデル台所等にあて2階は結婚式場にあてられていると説明されている。

(67)「美人は招く　福生の赤線地帯」『福生新聞』1960年7月10日、第200号。「今は日本人来遊をPRする　福生バー東組合」『福生新聞』1960年11月10日、第202号。

(68) 有賀夏紀「アメリカ占領軍向け『慰安施設』に見られるジェンダー・人種・階級——RAAをめぐって——」瀧田桂子編『太平洋世界の文化とアメリカ——多文化主義・土着・ジェンダー』（彩流社、2005年）77-101頁。Sarah Kovner, *Occupying Power: Sex Workers and Servicemen in Postwar Japan* (Stanford: Stanford University Press, 2012).

第9章

(1) 有吉佐和子『非色』（中央公論社、1964年：本稿では角川書店、1967年、第13版を使用）125頁。

(2) 有吉佐和子「ああ十年！」佐伯彰一他監修 宮内淳子編『作家の自伝』（日本図書センター、2000年）189頁。アメリカへ留学をした［…］私は幾つかの作品をこの時期に書き初め、書き上げている。『香華』［…］『非色』などは、いずれもこのころの小説である」と述懐されている。

(3) 千頭 剛『有吉佐和子』（汐文社、1975年）5頁。

(4) 佐藤泉「『非色』」井上謙他編『有吉佐和子の世界』（翰林書房、2004年）219頁。当時、

有吉佐和子を揶揄する「才女」の呼び名は流布していた。作家本人も次のように当時を振り返っている「私にとって最大の不幸は、才女という流行語が生まれて、どうやら私がその代表選手のように取り沙汰され始めたことであった。私が苦労して、書いた小説も、それゆえに『器用なものだ』と片付けされてしまうようになった」（佐伯彰一他監修 宮内淳子編、前掲書、185頁）。当時のこの風潮は、「才女」の「女」が示すとおり、女性作家をジェンダー視（二流視）したものとして、現代顧みられている。

(5) 本稿では、メアリイをはじめ、原文から引用するする人名、地名、後出する「デイト」などのカタカナ表記は、原文どおりとする。ただし、原文に付されたルビ表記は省略し、必要に応じ括弧（　）書きで記す。

(6) 林かおり「進駐軍兵士の妻」林他編『戦争花嫁：国境を越えた女性たちの半世紀』（芙蓉書房、2002年）30-31頁。

(7) 安冨成良「戦争花嫁のステレオタイプ形成」安冨他『アメリカに渡った戦争花嫁』（明石書店、2005年）104頁。

(8) 林かおり『私は戦争花嫁です』（北国新聞社、2005年）45頁。

(9) 橋本治「誰が彼女を殺したか」『恋愛論』（講談社、1986年；本稿では1991年第11版を使用）所収40頁。橋本は、「芸者も女優も踊り子も、そして日本舞踊の家元夫人も、ただの主婦も、みんな働いている！『恍惚の人』の主人公昭子が、最後までかたくななまでに“共稼ぎの主婦”をやめなかったということを思い出してほしい」と述べ、「有吉佐和子ほど、女が働くことの重要さを強調した作家はいない」と評価している。

(10) 有吉、前掲書、4-7頁。

(11) 原田弘『MPのジープから見た占領下の東京』（草思社、1994年）127頁。

(12) 有吉、前掲書、8頁。

(13) 同上、14頁。

(14) 秋尾沙戸子『ワシントンハイツ：GHQが東京に刻んだ戦後』（新潮社、2011年）259-67頁。

(15) 原田、前掲書、167頁。

(16) 有吉、前掲書、26-29頁

(17) 同上、32頁。

(18) 同上、38頁。

(19) 同上、59頁。

(20) 同上、66-69頁。

(21) 同上、72頁。

(22) 佐藤洋1『図説占領下の東京』（河出書房、2006年）90頁。

(23) 同上、91頁。

(24) 有吉、前掲書、73頁。

(25) 秋尾、前掲書、222頁。

(26) 同上、209頁。

(27) 同上、126-27頁。

(28) 有吉、前掲書、75 頁。

(29) 同上、94 頁。

(30) 同上、96 頁。

(31) 同上、94-96 頁（原文では「色つき」には「カラード」のルビあり。以降本稿で引用する原文中のすべての「色つき」はルビ表記の「カラード」と読み替える）

(32) 同上、96 頁。

(33) 淵田美津雄『真珠湾攻撃総隊長の回想』（講談社、2007 年）273 頁。

(34) 同上、274 頁。

(35) 同上、274 頁。

(36) 同上、274 頁。

(37) 秋尾、前掲書、313 頁。

(38) 原田、前掲書、96 頁。

(39) 有吉『非色』、前掲書、96 頁。

(40) 同上、45 頁。

(41) 同上、84-85 頁。

(42) 同上、106 頁。

(43) 同上、116-17 頁。

(44) 同上、125 頁。

(45) 同上、135 頁。

(46) 同上、135 頁。メアリイの外見については「ニグロの女性用の特別粘っこいポマードがある［…］根元から縮れ上った髪につけて揉み始めたのは、まだ彼女が七つになったかならない頃だったと思う［…］ニグロが黒い肌以上に気をつかうのが、その細かく縮れ上った髪の毛の始末だ。［…］『エボニ』［…］いわば『ライフ』の黒人版といったものだ。その中に、殆ど十頁おきぐらいに、様々な特製ポマードの広告が出ている」(238-39 頁)から想像できる。

(47) 同上、138 頁。

(48) 同上、155 頁。

(49) 同上、235 頁。

(50) 同上、155-56 頁。

(51) 同上、44 頁。

(52) 同上、149 頁。

(53) 同上、201-02 頁。

(54) 同上、196 頁。

(55) 同上、127 頁。

(56) 図録中南米の諸国の民族構成＜ http://www2/ttcn.ne.jp/honkawa/8820.html ＞（2014 年 5 月 1 日閲覧）。

(57) 阿部小涼「肌の色の地誌学：プエルトリカン移民研究における人種の議論」（琉球

大学政策科学・国際関係論集第7号、2005年）159-61頁＜ http://ir.lib.u-ryukyu.ac.jo/handle/123456789/7167 ＞（2014年5月11日閲覧）。

（58）なお、映画（1961年）では、ジェット団は、イタリア移民とポーランド移民の混成（下層の白人移民の集団）とされている。

（59）明石紀雄・飯野正子共著『エスニック・アメリカ』第3版（有斐閣、2011年）248頁。

（60）Philip Martin, "Regional Patterns of International Migration: North American Present and Future"（2004）＜ www.julgojp/foreign/event-v/event/2004sopemi p.58 ＞（2014年6月2日閲覧）

（61）明石・飯野、前掲書、249頁。

（62）同上、248頁。

（63）有吉、前掲書、213頁。

（64）有吉佐和子『ぷえるとりこ日記』（文藝春秋新社、1964年、のち岩波書店2008年）12頁。作品は、社会学専攻の学生ジュリア・ジャクソンと日本人留学生である会田崎子の日記が交互に出てくる構成になっている。

（65）同上、11頁。

（66）阿部、前掲論文、151-61頁。阿部はJoseph P. FitzpatrickのPuerto Rican AmericansやClara Rodriguezの"Racial Themes in the Literature"などに言及し議論を展開している。

（67）有吉『非色』、前掲書、321頁。

（68）同上、322頁。

（69）同上、313頁。

（70）同上、155頁。

（71）同上、328頁。

（72）同上、347頁。このような笑子の激しい言葉は、本文の「何という大喰いシモンだ。台所には我家の六人のために少なくとも一日分は充分まかなえる食糧があった［…］それを、シモンは一人で、たった一度の食事で食べてしまった。［…］その胃袋の大きさには私はすっかり呆れるより怖ろしくなってきた。［…］家の中で一日中ぶらぶらしていて、表紙の千切れたぼろぼろの『エボニ』などのページをめくって暮らしている。シモンはトムより二フィートも高く［…］子供たちとふざけると家の中に台風が起きたようになる」（333-45頁）などからその胸中が察せられる。

（73）同上、367頁。

（74）有吉『ぷえるとりこ日記』、前掲書、12頁。

（75）有吉『非色』、前掲書、364頁。

（76）同上、390-91頁。

（77）同上、394-95頁。シモンと同じ黒い肌を持つメアリイが、以前に発したすべての言葉は次の通り。「ニューヨークではあんな馬鹿はなんの役にも立たないわ。シモンのような男がいるからニグロは馬鹿にされるのよ。私が見てたってそう思うのだもの。あれが文明国アメリカのニグロではないわ。アフリカの土人だわ。未開国の非文明人よ！」（372-73頁）

（78）同上、394-95頁。

(79) 同上、402-03 頁。

(80) 同上、322-23 頁。

(81) 同上、397 頁。

(82) 同上、400-01 頁。

(83) 同上、104 頁。

(84) 同上、408 頁。

(85) 同上、406 頁。

(86) 同上、236-37 頁。

(87) 同上、236 頁。

(88) 同上、322-23 頁。